EDITORA DO CONHECIMENTO

Auxiliando a humanidade a encontrar a Verdade

Fisiologia da Alma

FISIOLOGIA DA ALMA
Ramatís

CONHECIMENTO EDITORIAL LTDA.
Fone: 19 34515440
www.edconhecimento.com.br
vendas@edconhecimento.com.br

Revisão: • Mariléa de Castro • Paulo Gontijo de Almeida • Sebastião de Carvalho
Projeto Gráfico: Sérgio Carvalho
Ilustração da Capa: Banco de imagens

ISBN 978-65-5727-000-4
17ª edição - 2020

Edição comemorativa aos 70 anos das obras de Ramatís

• Impresso no Brasil • *Presita en Brazilo*

Produzido no departamento editorial da
CONHECIMENTO EDITORIAL LTDA
Impresso na
PRIMEIRA LEITURA
grafica@edconhecimento.com.br

Dados Internacionais de Catalogação na Publicação (CIP)
(Angélica Ilacqua CRB-8/7057)

Ramatís (Espírito)
Fisiologia da Alma / Ramatís ; obra mediúnica ditada pelo espírito Ramatís ao médium Hercílio Maes. — 17ª ed. — Limeira, SP : Editora do Conhecimento, 2020.
346 p.

Edição comemorativa aos 70 anos das obras de Ramatís
ISBN 978-65-5727-000-4

1. Carma 2. Doenças - Causas 3. Espiritismo 4. Homeopatia 5. Mediunidade 6. Psicografia 7. Vida espiritual 8. Vícios I. Maes, Hercílio, 1913-1993. II. Título.

20-1676 CDD — 133.93

Índice para catálogo sistemático:
1. Mensagens psicografadas : Espiritismo 133.93

Ramatís

FISIOLOGIA DA ALMA

Obra mediúnica ditada pelo espírito Ramatís ao médium Hercílio Maes

17ª edição — 2020

EDITORA DO CONHECIMENTO

Obras de Ramatís editadas pela **EDITORA DO CONHECIMENTO**

HERCÍLIO MAES

- A Vida no Planeta Marte e os Discos Voadores - 1955
- Mensagens do Astral - 1956
- A Vida Além da Sepultura - 1957
- A Sobrevivência do Espírito - 1958
- Fisiologia da Alma - 1959
- Mediunismo - 1960
- Mediunidade de Cura - 1963
- O Sublime Peregrino - 1964
- Elucidações do Além - 1964
- Semeando e Colhendo - 1965
- A Missão do Espiritismo - 1967
- Magia de Redenção - 1967
- A Vida Humana e o Espírito Imortal - 1970
- O Evangelho à Luz do Cosmo - 1974
- Sob a Luz do Espiritismo (Obra póstuma) - 1999

SÁVIO MENDONÇA

- O Vale dos Espíritas - 2015
- Missão Planetária - 2016
- A Derradeira Chamada - 2017
- O Sentido da Vida - 2019

MARIA MARGARIDA LIGUORI

- Jornada de Luz
- O Homem e o Planeta Terra
- O Despertar da Consciência
- Em Busca da Luz Interior
- O Sentido da Vida - 2019

AMÉRICA PAOLIELLO MARQUES

- Mensagens do Grande Coração

OBRAS COLETÂNEAS:

- Ramatís uma Proposta de Luz
- Face a Face com Ramatís
- Um Jesus que Nunca Existiu
- A Origem Oculta das Doenças
- Simplesmente Hercílio
- A Missão do Esperanto
- O Objetivo Cósmico da Umbanda
- A Origem Oculta das Doenças
- O Além - Um guia de viagem
- Do Átomo ao Arcanjo
- Marte: O Futuro da Terra
- Geografia do Plano Astral

Coletâneas de textos organizadas por SIDNEI CARVALHO:

- A Ascensão do Espírito de A a Z - Aprendendo com Ramatís
- Ciência Oculta de A a Z - O véu de Ísis
- Evangelho de A a Z - A caminho da angelitude
- Jesus de Nazaré - O avatar do amor
- Mecanismos Cósmicos de A a Z - O amor do Pai
- Mediunidade de A a Z - O portal da Luz
- Saúde e Alimentação de A a Z - O amor pelos animais
- Transição Planetária de A a Z - A chegada da Luz
- Universalismo de A a Z - Um só rebanho

Obs: A data após o título se refere à primeira edição.

Minha homenagem no limiar desta obra:
A Luis Guerrero Ovalle e Margarida Olivares devotados discípulos de Ramatis encarnados em Cuba e fieis tradutores da revelação espiritual.

A Manuel Valverde
Fiel e laborioso discípulo de Ramatis encarnado na Argentina e divulgador das mensagens ramatisianas no idioma castelhano.

Curitiba, agosto de 1959
Hercílio Maes

Sumário

Nota de repúdio à pirataria

Respeitar o sacrifício alheio para produzir uma obra espírita é o mínimo que se espera de todos que almejam alcançar a condição de "bons espíritas", conforme nos ensina *O Evangelho Segundo o Espiritismo*, no capítulo 17, intitulado "Sede perfeitos", item **Os bons espíritas**.

O capítulo 26 desta obra básica ("Dai de graça o que de graça recebestes") nos conduz a uma importante reflexão sobre o tema "mediunidade gratuita", explicando, de forma muito objetiva, o papel do médium como intérprete dos Espíritos:

> ... receberam de Deus um dom gratuito – o dom de ser intérpretes dos Espíritos –, a fim de instruir os homens, mostrar-lhes o caminho do bem e conduzi-los à fé, e não para vender-lhes palavras que não lhes pertencem, porque não são produto de suas concepções, nem de suas pesquisas, nem de seu trabalho pessoal.
> ...

Contudo, muitos seguidores da Codificação têm um entendimento equivocado a respeito da produção das obras espíritas e/ou espiritualistas, atribuindo a elas o ônus da gratuidade, ao confundir a produção editorial com a mediunidade gratuita, universo do qual ela não faz parte.

É fundamental separar uma coisa da outra, para que os espíritas não sejam induzidos a erros, cujos efeitos morais e éticos conflitam com os princípios espirituais.

Para que um livro de qualquer gênero literário chegue às mãos dos leitores, é preciso mais que a participação do autor (ou do médium escrevente), uma vez que o processo editorial depende de inúmeros profissionais qualificados em áreas diversas. Sem eles, as ideias e conteúdos não se materializariam em forma de livros.

Portanto, tradutores, revisores, editores, digitadores,

diagramadores, ilustradores, capistas, artefinalistas, impressores, distribuidores, vendedores e lojistas fazem parte desse rol de profissionais empenhados na veiculação das obras espíritas/espiritualistas. Sem citar os custos da produção gráfica com papel e insumos que influem no preço final do livro.

Como se pode perceber, para que um conteúdo, uma psicografia, chegue aos leitores, percorre-se um longo caminho que envolve uma equipe diversa, em que muitos dos profissionais não são médiuns nem voluntários e, portanto, não se inserem na máxima: "Dai de graça o que de graça recebestes".

Por isso, ao se praticar a pirataria, apropriando-se indevidamente de uma obra literária, seja através da reprodução de seu conteúdo por arquivo pdf ou digital, visando ao compartilhamento "fraterno" dos ensinamentos da Doutrina Espírita, se está na realidade infringindo a lei da Primeira Revelação: "Não roubarás!". Sim, porque apropriação indébita de bens que também fazem parte do plano material é um delito, qualquer que seja a suposta boa intenção.

Este é o alerta que a maioria das editoras, inclusive as espíritas, gostaria de fazer chegar aos leitores e que a Editora do Conhecimento inclui na conclusão desta belíssima obra, fruto de um trabalho editorial que não envolveu voluntários, mas sim profissionais remunerados que exigem respeito por suas atividades.

Deixamos aqui registrado nosso repúdio a sites, blogs, fóruns e outras mídias que pirateiam e armazenam obras literárias. Ao fazer uso ilícito desses depósitos de livros roubados, "espíritas e espiritualistas" se distanciam cada vez mais do seu aprimoramento moral.

Finalizando, lembramos que "o homem de bem respeita todos os direitos que as leis da natureza atribuem aos seus semelhantes, como gostaria que respeitassem os seus" (*O Evangelho Segundo o Espiritismo*, capítulo 17 "Sede perfeitos", item **O homem de bem**).

Conhecimento Editorial
Seus editores.

Explicação preliminar

Estimado leitor:

Creio que me cumpre dar-te algumas explicações quanto à recepção mediúnica e ao assunto desta obra, cujo conteúdo difere um tanto das anteriores. O título ***Fisiologia da Alma*** não comporta qualquer pedantismo acadêmico; eu o escolhi porque o texto desta obra se refere particularmente a alguns vícios, paixões e desatinos humanos, que realmente afetam as funções dos "órgãos" do perispírito e influem no processo terapêutico de sua reabilitação sideral.

Desta vez, foi o próprio Ramatís quem escolheu os assuntos a serem indagados, encadeando e disciplinando o curso de cada capítulo, mas deixando-nos a liberdade de efetuarmos toda e qualquer pergunta sobre as dúvidas que fossem surgindo à medida que ditava a obra. Ele preocupa-se muito em esclarecer-nos quanto aos prejuízos e sofrimentos que nos acometem após a desencarnação quando ainda possuímos lesões no perispírito, que são comumente produzidas pelos vícios e desregramentos da vida carnal.

Ramatís não condena os viciados, nesta obra mediúnica, mas apenas os alerta quanto às situações prejudiciais que resultam das práticas viciosas por ferirem a delicadeza da vestimenta perispiritual. Referindo-se ao vício do fumo, do álcool e à alimentação carnívora, ele insiste bastante em aconselhar-nos a mais breve libertação dos costumes perniciosos que ainda prendem a alma e a fazem sofrer sob o magnetismo denso gerado pelo condicionamento vicioso.

Referindo-se à homeopatia, Ramatís realizou um estudo progressivo e aprofundado para o melhor aproveitamento dessa terapêutica tão delicada, demonstrando que, através das doses infinitesimais, desprendem-se energias que vitalizam a contextura do perispírito, renovam a rede eletrônica das células do corpo físico e curam tão rapidamente quanto seja a eletividade do enfermo em relação aos valores espirituais elevados que já tenha conquistado. As suas considerações sobre o carma servem-nos de importante advertência e esclarecimento quanto à justa colheita dos efeitos das boas ou más ações que foram semeadas na vida passada. Considerando a função da dor e do sofrimento para evolução do nosso espírito, Ramatís esclarece-nos também sobre a questão das toxinas "psíquicas", que se produzem durante o desregramento mental e emotivo, e depois subvertem a harmonia e o funcionamento do perispírito no Além, ou mesmo durante a sua encarnação no mundo físico. Finalmente, além do roteiro já delineado, ele ainda presta-nos esclarecimentos sobre uma das moléstias mais controvertidas da época, como seja o câncer, estendendo suas considerações até o limite permitido pela administração sideral.

É certo que, nesta obra, Ramatís retorna algumas vezes ao mesmo assunto que ele já havia abordado e exemplificado, como no caso do câncer, quando responde-nos a algumas perguntas, argumentando com alguns exemplos do conteúdo já exposto no capítulo sobre a dor e o sofrimento, embora os tenhamos achado otimamente correlatos entre si. No entanto, como já no-lo disse certa vez, as suas comunicações mediúnicas não devem ser encaradas como um motivo de entretenimento ou uma literatura atraente, só porque é ditada por um espírito desencarnado, nem mesmo rigidamente escravizada aos cânones acadêmicos do mundo físico. O essencial é que o leitor tire suas próprias ilações dos temas que descrevem, tanto quanto possível, a ação do espírito e a consequente reação da matéria. As repetições, insistências ou martelamentos sobre um mesmo tema têm por escopo auxiliar o leitor menos familiarizado com assuntos mediúnicos espiríticos a assimilar mais facilmente o que pode clarear-lhe a dúvida.

Embora possam existir nesta obra os senões naturais de minha insuficiência mediúnica, há nelas um sentido doutrinário benfeitor, enquanto a natureza elevada das argumentações de Ramatís, sempre persistentes, cingem-se à necessidade de nossa renovação urgente e ao cultivo das virtudes expressas por uma vida digna e sadia. As suas mensagens, embora respeitando-se qualquer direito de crítica ou censura daqueles que não se afinem ao seu conteúdo ou modo de argumentação, têm a finalidade de nos demonstrar que a prática da virtude compensa e beneficia a alma, enquanto o pecado é prejuízo a prolongar-se por muito tempo arraigado à nossa vestimenta perispiritual. Ramatís buscou todas as razões e exemplos possíveis para nos explicar que, seja a virtude ou o pecado, ambos se expressam sob as fases técnicas de um mecanismo científico e lógico, cujos resultados influem profundamente na especificidade magnética do perispírito.

Ramatís lembra-nos, outrossim, que Jesus, ao expor a sua admirável filosofia evangélica, não foi apenas sublime legislador sideral ou profundo psicólogo senhor das artimanhas da alma humana mas, acima de tudo, um abalizado cientista que, ao indicar-nos o "caminho do Paraíso" ou advertir-nos da "senda do Inferno", aludia à nossa movimentação voluntária sob o comando de leis científicas e imutáveis, derivadas do mecanismo cósmico do próprio Universo!

Convidando-nos à renúncia do mundo ilusório da carne e do ciclo triste das reencarnações sucessivas, a que nos algemamos tão negligentemente, Ramatís oferece-nos princípios que, ao serem esposados, modificam também o próprio eletronismo do nosso perispírito e o tornam mais diáfano e fluente, susceptível de ser atraído mais facilmente para os planos paradisíacos.

O objetivo principal do autor desta obra é o de advertir a nossa mente para que reflita com mais frequência quanto aos prejuízos espirituais que decorrem da constante negligência humana, sempre propensa a "matar o tempo" ou "passar o tempo", que é consumido geralmente no trato das futilidades, distrações banais, leituras tolas, vícios e paixões perigosas que fascinam, divertem e contemporizam a existência humana, mas também fortalecem os laços cármicos e conservam a alma hipnotizada pela ilusão da matéria. Ele faz um convite para realizarmos com ânimo e sinceridade as experimentações espirituais no contato com a vida física, a fim de podermos ampliar a consciência humana em direção à Consciência Cósmica do Pai. *Fisiologia da Alma* não tem o propósito de semear discussões de ordem técnica, ou mesmo o de defender quaisquer teses científicas muito ao gosto acadêmico do mundo material, pois é apenas uma tentativa despretensiosa no sentido de auxiliar o leitor a despertar mais um pouco da "grande ilusão" proporcionada pelos vícios e paixões da vida física. Essa vida é necessária para o nosso maior adiantamento espiritual, pelo que devemos aproveitá-la para buscar incessantemente o estado psíquico que mais breve nos liberte do seio das forças agressivas que nos enlaçam tão vigorosamente! Embora as energias condensadas na matéria sejam utilíssimas para o espírito durante a sua educação encarnatória, devem elas ser dirigidas e nunca comandarem, conforme é frequente acontecer com as criaturas desavisadas da realidade imortal do espírito.

Torno a dizer que as censuras ou críticas que possa merecer a exposição do pensamento de Ramatís, nesta nova obra intitulada *Fisiologia da Alma,* devem ser dirigidas exclusivamente a mim, o médium, porquanto não pude transferir para o papel a contextura exata e a profundidade do pensamento do autor, nem mesmo aquilo que, em noites tranquilas e a distância do corpo físico, ele me fez ver, ouvir e sentir, para maior segurança dos seus ditados mediúnicos. Já expliquei ao leitor que não sou médium excepcional ou algum fenômeno mediúnico de alta transcendência espiritual, como felizmente já possuímos alguns na seara espírita de nossa terra; na realidade, consegui disciplinar e desenvolver o mediunismo intuitivo, que me põe em contacto mais ou menos satisfatório com os espíritos desencarnados, mas que exige que eu efetue a vestimenta de suas idéias com o palavreado de minha capacidade singela e humana.

No entanto, sentir-me-ei bastante compensado e satisfeito, apesar dos possíveis enganos em minha recepção mediúnica, se alguém aflito, desanimado ou alimentando dúvidas quanto ao objetivo santificado da vida material, encontrar nesta obra o conforto para a sua aflição, o estímulo para vencer o seu desânimo ou a solução procurada em suas indagações sobre a imortalidade da alma. O certo é que *Fisiologia da Alma*, em seu texto arrazoado e focalizando assuntos vários sobre as relações entre a vida espiritual e a física, sem quaisquer pretensões acadêmicas, estriba o seu valor no inatacável e indiscutível convite crístico para o Bem, haurido na fonte imortal e sublime dos ensinamentos doados pelo inesquecível Jesus!

Que o leitor ansioso por melhor compreender os desígnios elevados de Deus e o sentido educativo de nossa vida humana ainda eivada de amarguras e desilusões, possa encontrar nas páginas desta obra um estímulo vigoroso para dinamizar a sua fé absoluta no destino glorioso que nos espera tanto mais cedo quanto seja a nossa renúncia às seduções do mundo transitório, da matéria. Não me preocupa, ao editar esta obra, nenhuma exaltação pessoal, nem a obtenção dos louros ou as veleidades literárias; apenas aceitei a incumbência de transferir para a visão física aquilo que outros seres mais entendidos e elevados elaboram no mundo oculto do espírito para nos servir de orientação nos momentos confusos de nossa vida ainda tão incompreendida em sua finalidade. Para mim, basta gozar dessa confiança do Além, participando modestamente de um serviço que reconheço acima de minha capacidade comum e endereçado ao Bem, não me cabendo discutir o seu mérito ou demérito. Ainda não me considero a "caneta viva", fiel e exata, capaz de servir sem defeitos nas tarefas medianímicas, pois isso é conquista que só o tempo, o desinteresse material, o devotamento contínuo e o exercício fatigante poderão aprimorar.

Curitiba, 13 de julho de 1959.

Hercílio Maes

Introito

Meus irmãos:

Reconhecemos que poderia ser dispensada qualquer introdução a esta obra, uma vez que, mercê da bondade do Criador, nós mesmos a ditamos através da janela viva mediúnica que se entreabre para o mundo carnal e que ora nos atende no serviço da boa vontade. Realmente, nada mais temos a acrescentar ao que já expusemos no texto principal, onde atuamos com a sinceridade e fidelidade pelas quais somos responsáveis perante os seres mais dignos que ousaram confiar-nos a oportunidade abençoada de servir por intermédio dos nossos singelos valores espirituais.

Aqui nestas páginas ditamos algumas sugestões que nos parecem mais sensatas e acertadas quando entrevistas pela nossa visão espiritual, a fim de concorrermos para exortar-vos à necessária vigilância na travessia da "hora profética" dos "tempos chegados" e vos prepirardes para o severo exame da direita ou esquerda do Cristo. Os nossos pensamentos foram vertidos para a linguagem humana, a fim de contribuirmos com a pétala da boa-vontade no roseiral do serviço do Senhor Cristo-Jesus.

Somos partícipes de algumas falanges de responsabilidade espiritual definida, nos círculos adjacentes ao vosso orbe; e, se não tem sido maior o êxito dos trabalhadores invisíveis, daqui, é porque as teses elaboradas no Além sofrem hiatos e às vezes truncamentos quando precisam fluir pelas constituições mediúnicas ainda condicionadas às imagens do mundo material. Raros médiuns estão capacitados para o serviço exato, ou se colocam sob a diretriz definitiva do Cristo e, se assim não fosse, de há muito tempo o intercâmbio espiritual entre o vosso mundo e o Espaço estaria solucionado.

Quanto a nós, esperamos que a bondade do Pai permita podermos cumprir o mandato espiritual conforme o nosso humilde merecimento. Sabeis que as medidas do cientificismo humano aproximam-se de modificações acentuadas e bastante compreensíveis, nos próximos anos, pois algumas demarcações tradicionais e já consagradas nos compêndios terrenos deverão sofrer novas equiparações, a fim de atender a novos padrões específicos da ciência em evolução. Em face do progresso da astrofísica e do alcance do homem além de sua vivência planetária, do domínio dos teleguiados, satélites, naves interespaciais, obviamente ampliar-se-ão todos os conceitos de estabilidade física e far-se-ão novos ajustes no direito humano, focalizando novas propriedades aerográficas, ante a competição aflita para conquista dos domínios extraterráqueos!

Entretanto, apesar desses acontecimentos insólitos ou incomuns, que parecem mesmo ultrapassar as fronteiras do cognoscível permitido por Deus, lembramo-vos que ainda se trata de assunto demarcado pela transitoriedade do mundo material, isto é, admiráveis realizações porém provisórias e inerentes ao tempo de durabilidade da massa planetária em que habitais. Deste modo, não poderíamos cessar estas palavras sem insistirmos em vos dizer que a maior conquista do homem ainda não é a interplanetária, mas a vitória em si mesmo ao vencer suas paixões, vícios e orgulho, que demoram a alma na vestimenta da personalidade humana.

E destacando entre os mais vivos e febricitantes conhecimentos e descobertas atuais a fórmula de matemática sideral definitiva para a suprema glória do espírito, somos compelidos a vos afirmar que essa fórmula ainda é a mesma enunciada pelo inolvidável Jesus, quando preceituou que "Só pelo AMOR será salvo o homem".

Curitiba, 12 de julho de 1959

Ramatís

1.

A alimentação carnívora e o vegetarianismo

PERGUNTA: — Em vista das opiniões variadas e por vezes contraditórias, tanto entre as correntes religiosas e profanas como até entre a classe médica, quanto ao uso da carne dos animais como alimento, gostaríamos que nos désseis amplos esclarecimentos a respeito, de modo a chegarmos a uma conclusão clara e lógica sobre se o regime alimentar carnívoro prejudica ou não o nosso organismo ou influi de qualquer modo para que seja prejudicada a evolução do nosso espírito. Preliminarmente, devemos dizer que no Oriente — como o afirmam muitas das pessoas antivegetarianas — a abstenção do uso da carne como alimento parece prender-se apenas a uma tradição religiosa, que os ocidentais consideram como uma absurdidade, dada a diferença de costumes entre os dois povos. Que nos dizeis a respeito?

RAMATÍS: — A preferência pela alimentação vegetariana, no Oriente, fundamenta-se na perfeita convicção de que, à medida que a alma progride, é necessário, também, que o vestuário de carne se lhe harmonize ao progresso espiritual já alcançado. Mesmo nos reinos inferiores, a nutrição varia conforme a delicadeza e sensibilidade das espécies. Enquanto o verme disforme se alimenta no subsolo, a poética figura alada do beija-flor sustenta-se com o néctar das flores. Os iniciados hindus sabem que os despojos sangrentos da alimentação carnívora fazem recrudescer o atavismo psíquico das paixões animais, e que os princípios superiores da alma devem sobrepujar sempre as injunções da matéria. Raras criaturas conseguem libertar-se da opressão vigorosa das tendências hereditárias do animal, que se fazem sentir através da sua carne.

PERGUNTA: — Mas a alimentação carnívora, principalmente no Ocidente, já é um hábito profundamente estratificado no psiquismo humano. Cremos que estamos tão condicionados organicamente à ingestão de carne, que sentir-nos-íamos debilitados ante a sua mais reduzida dieta!

RAMATÍS: — Já tendes provas irrecusáveis de que podeis viver e gozar de ótima saúde sem recorrer à alimentação carnívora. Para provar o vosso equívoco, bastaria considerar a existência, em vosso mundo, de animais corpulentos e robustos, de um vigor extraordinário e que, entretanto, são rigorosamente vegetarianos, tais como o elefante, o boi, o camelo, o cavalo e muitos outros. Quanto ao condicionamento biológico, pelo hábito de comerdes carne, deveis compreender que o orgulho, a vaidade, a hipocrisia ou a crueldade, também são estigmas que se forjaram através dos séculos, mas tereis que eliminá-los definitivamente do vosso psiquismo. O hábito de fumar e o uso imoderado do álcool também se estratificam na vossa memória etérica; no entanto, nem por isso os justificais como necessidades imprescindíveis das vossas almas invigilantes.

Reconhecemos que, através dos milênios já vividos, para a formação de vossas consciências individuais, fostes estigmatizados com o vitalismo etérico da nutrição carnívora; mas importa reconhecerdes que já ultrapassais os prazos espirituais demarcados para a continuidade suportável dessa alimentação mórbida e cruel. Na técnica evolutiva sideral, o estado psicofísico do homem atual exige urgente aprimoramento no gênero de alimentação; esta deve corresponder, também, às próprias transformações progressistas que já se sucederam na esfera da ciência, da filosofia, da arte, da moral e da religião.

O vosso sistema de nutrição é um desvio psíquico, uma perversão do gosto e do olfato; aproximai-vos consideravelmente do bruto, nessa atitude de sugar tutanos de ossos e de ingerirdes vísceras na feição de saborosas iguarias. Estamos certos de que o Comando Sideral está empregando todos os seus esforços a fim de que o terrícola se afaste, pouco a pouco, da repugnante preferência zoofágica.

PERGUNTA: — Devemos considerar-nos em débito perante Deus, devido à nossa alimentação carnívora, quando apenas atendemos aos sagrados imperativos naturais da própria vida?

RAMATÍS: — Embora os antropófagos também atendam aos "sagrados imperativos naturais da vida", nem por isso endossais os seus cruentos festins de carne humana, assim como também não vos regozijais com as suas imundices à guisa de alimentação ou com as suas beberagens repugnantes e produtos da mastigação do milho cru! Do mesmo modo como essa nutrição canibalesca vos causa espanto e horror, também a vossa mórbida alimentação de vísceras e vitualhas sangrentas, ao molho picante, causa terrível impressão de asco às humanidades dos mundos superiores. Essas coletividades se arrepiam em face das descrições dos vossos matadouros, charqueadas, açougues e frigoríficos enodoados com o sangue dos animais e a visão patética de seus cadáveres esquartejados. Entretanto, a antropofagia dos selvagens ainda é bastante inocente, em face do seu apoucado entendimento espiritual; eles devoram o seu prisioneiro de guerra, na cândida ilusão de herdar-lhe as qualidades intrépidas e o seu vigor sanguinário. Mas os civilizados, para atenderem às mesas lautas e fervilhantes de órgãos animais, especializam-se nos caldos epicurísticos e nos requintes culinários, fazendo da necessidade do sustento uma arte enfermiça de prazer. O silvícola oferece o tacape ao seu prisioneiro, para que ele se defenda antes de ser moído por pancadas; depois, rompe-lhe as entranhas e o devora, famélico, exclusivamente sob o imperativo natural de saciar a fome; a vítima é ingerida às pressas, cruamente, mas isso se faz distante de qualquer cálculo de prazer mórbido. O civilizado, no entanto, exige os retalhos cadavéricos do animal na forma de suculentos cozidos ou assados a fogo lento; alega a necessidade de proteína, mas atraiçoa-se pelo requinte do vinagre, da cebola e da pimenta, desculpa-se com o condicionamento biológico dos séculos em que se viciou na nutrição carnívora, mas sustenta a lúgubre indústria das vísceras e das glândulas animais enlatadas; paraninfa a arte dos cardápios da necrofagia pitoresca e promove condecorações para os "mestres-cucas" da culinária animal!

Os frigoríficos modernos que exaltam a vossa "civilização", construídos sob os últimos requisitos científicos e eletrônicos concebidos pela inteligência humana, multiplicam os seus aparelhamentos mais eficientes e precisos, com o fito da matança habilmente organizada. Notáveis especialistas e afamados nutrólogos estudam o modo de produzir em massa o "melhor" presunto ou a mais "deliciosa" salsicharia à base de sangue coagulado!

Os capatazes, endurecidos na lide, dão o toque amistoso e fazem o convite traiçoeiro para o animal ingressar na fila da morte; magarefes exímios e curtidos no serviço fúnebre conservam a sua fama pela rapidez com que esfolam o animal ainda quente, nas convulsões da agonia; veterinários competentes examinam minuciosamente a constituição orgânica da vítima e colocam o competente "sadio", para que o "ilustre civilizado" não sofra as consequências patogênicas do assado ou do cozido das vísceras animais!

Turistas, aprendizes e estudantes, quando visitam os colossos modernos que são edificados para a indústria da morte, onde os novos "sansões" guilhotinam em massa o servidor amigo, pasmam-se com os extraordinários recursos da ciência moderna; aqui, os guindastes, sob genial operação mecânica, erguem-se manchados de rubro e despejam sinistras porções de vísceras e rebotalhos palpitantes; ali, aperfeiçoados cutelos, movidos por eficaz aparelhamento elétrico, matam com implacável exatidão matemática, acolá, fervedores, prensas, esfoladeiras, batedeiras e trituradeiras executam a lúgubre sinfonia capaz de arrepiar os velhos caciques, que só devoravam para matar a fome! Em artísticos canais e regos, construídos com os azulejos da exigência fiscal, jorra continuamente o sangue rútilo e generoso do animal sacrificado para a glutonice humana!

Mas o êxito da produção frigorífica ainda melhor se comprova sob genial disposição: elevadores espaçosos erguem-se, implacáveis, sobrecarregados de suínos, e os depositam docemente sobre o limiar de bojudos canos de alumínio, inclinados, na feição de "montanha-russa." Rapidamente, os suínos são empurrados, em fila, pelo interior dos canos polidos e deslizam velozmente, em grotescas e divertidas oscilações, para mergulharem, vivos, de súbito, nos tanques de água fervente, a fim de se ajustarem à técnica e à sabedoria científica modernas, que assim favorecem a produção do "melhor" presunto da moda!

Quantos suínos precisarão ainda deslizar pela tétrica montanha-russa, criação do mórbido gênio humano, para que possais saborear o vosso "delicioso" presunto no lanche do dia!

PERGUNTA: — Esses métodos eficientes e de rapidíssima execução, na matança que se processa nos matadouros e frigoríficos modernos, evitam os prolongados sofrimentos que eram comuns no tipo de corte antigo. Não é verdade?

RAMATÍS: — Pensamos que o senso estético da Divindade há se sempre preferir a cabana pobre, que abriga o animal amigo, ao matadouro rico que mata sob avançado cientificismo da indústria fúnebre. As regiões celestiais são paragens ornadas de luzes, flores e cores, onde se casam os pensamentos generosos e os sentimentos amoráveis de suas humanidades cristificadas. Essas regiões também serão alcançados, um dia, mesmo por aqueles que constróem os tétricos frigoríficos e os matadouros de equipo avançado, mas que não se livrarão de retornar à Terra, para cumprir em si mesmos o resgate das torpezas e das perturbações infligidos ao ciclo evolutivo dos animais. Os métodos eficientes da matança científica, mesmo que diminuam o sofrimento do animal, não eximem o homem da responsabilidade de haver destruído prematuramente os conjuntos vivos que também evoluem, como são os animais criados pelo Senhor da Vida! Só Deus tem o direito de extingui-los, salvo quando eles oferecem perigo para a vida humana, que é um mecanismo mais evoluído, na ordem da Criação.

PERGUNTA: — Surpreendem-nos as vossas asserções algo vivas; muita gente não compreende, ainda, que essa grave impropriedade da alimentação carnívora causa-nos tão terríveis consequências! Será mesmo assim?

RAMATÍS: — O anjo, já liberto dos ciclos reencarnatórios, é sempre um tipo de suprema delicadeza espiritual. A sua tessitura diáfana e formosa, e seu cântico inefável aos corações humanos não são produtos dos fluidos agressivos e enfermiços dos "patê de foie-gras" (pasta de fígado hipertrofiado), da famigerada "dobradinha ao molho pardo" ou do repasto albumínico do toucinho defumado!

A substância astral, inferior, que exsuda da carne do animal, penetra na aura dos seres humanos e lhes adensa a transparência natural, impedindo os altos voos do espírito. Nunca havereis de solucionar problema tão importante com a doce ilusão de ignorar a realidade do equívoco da nutrição carnívora e, quiçá, tarde demais para a desejada solução.

Expomo-vos aquilo que deve ser meditado e avaliado com urgência, porque os tempos são chegados e não há subversão no mecanismo sideral. É mister que compreendais, com toda brevidade, que o veículo perispiritual é poderoso ímã que atrai e agrega as emanações deletérias do mundo inferior, quando persistís nas faixas vibratórias das paixões animais. É preciso que busqueis sempre o que se afina aos estados mais elevados do espírito, não vos esquecendo de que a nutrição moral também se harmoniza à estesia do paladar físico. Em verdade, enquanto os lúgubres veículos manchados de sangue percorrerem as vossas ruas citadinas, para despejar o seu conteúdo sangrento nos gélidos açougues e atender às filas irritadas à procura de carne, muitas reencarnações serão ainda precisas para que a vossa humanidade se livre do deslize psíquico, que sempre há de exigir a terapia das úlceras, cirroses hepáticas, nefrites, artritismo, enfartes, diabetes, tênias, amebas ou uremias!

PERGUNTA: — Por que motivo considerais que o homem se inferioriza ao selvagem, na alimentação carnívora, se ele usa de processos eficientes, que visam evitar o sofrimento do animal no corte? Não concordais em que o homem também atende à sua necessidade de viver e se subordina a um imperativo nutritivo que lhe requer uma organização industrial?

RAMATÍS: — O selvagem, embora feroz e instintivo, serve-se da carne pela necessidade exclusiva de nutrição e sem transformá-la em motivos para banquetes e libações de natureza requintada; entre os civilizados, entretanto, revivem esses mesmos apetites do selvagem mas, paradoxalmente, de modo mais exigente, servindo de pretexto para noitadas de prazer, sob as luzes fulgurantes dos luxuosos hotéis e restaurantes modernos. Criaturas ruidosas, álacres, e que apregoam a posse de genial intelecto, devoram, em mesas festivas, os cadáveres dos animais, regados pelos temperos excitantes, enquanto a orquestra famosa executa melodias que se casam aos odores da carne carbonizada ou do cozido fumegante! Mas sabei que as poéticas e sugestivas denominações dos pratos, expostas nos cardápios afidalgados, não livram o homem das consequências e da responsabilidade de devorar as vísceras do irmão inferior!

Apesar dos floreios culinários e do cardápio de iguarias "sui generis", que tentam atenuar o aspecto repugnante das vitualhas sangrentas, os homens carnívoros não conseguem esconder a realidade do apetite desregrado humano! Aqui, a designação de "dobradinha à moda da casa" apenas disfarça o repulsivo ensopado de estômago de boi; ali, os sugestivos "miúdos à milanesa" são apenas retalhos de vesículas e fígado, traindo o sabor amargo da bílis animal; acolá, os "apetitosos rins no espeto" não conseguem sublimar a sua natureza de órgãos excretores da albumina e da uréia, que ainda se estagnam sob o cutelo mortífero. Embora se queira louvar o esforço do mestre culinário, o "mocotó à europeia" não passa de viscoso mingau de óleo lubrificante de boi abatido; os "frios à americana" não vão além de vitualha sangrenta, e a "feijoada completa" é apenas um nauseante charco de detritos cozidos na imundície do chouriço denegrido, dos pés, películas e retalhos arrepiantes do porco, que ainda se misturam à uréia da banha gordurosa!

É evidente que se deve desculpar o bugre ignorante, que ainda se subjuga à nutrição carnívora e perverte o seu paladar, porque a sua alma atrasada ignora a soma de raciocínios admiráveis que ao civilizado já é dado movimentar na esfera científica, artística, religiosa e moral. Enquanto os banquetes pantagruélicos dos Césares romanos marcam a decadência de uma civilização, a figura de Gandhi, sustentado a leite de cabra, é sempre um estímulo para a composição de um mundo melhor.

PERGUNTA: — Deveríamos, porventura, violentar o nosso organismo físico, que é condicionado milenarmente à alimentação de carne? Certos de que a natureza não dá saltos e não pode adaptar-se subitamente ao vegetarianismo, consideramos que seria perigosa qualquer modificação radical nesse sentido. O nosso processo de nutrição carnívora já é um automatismo biológico milenário, que há de exigir alguns séculos para uma adaptação tão insólita. Quais as vossas considerações a esse respeito?

RAMATÍS: — Não sugerimos a violência orgânica para aqueles que ainda não suportariam essa modificação drástica; para esses, aconselhamos gradativamente adaptações do regime da carne de suíno para o de boi, do de boi para o de ave e do de ave para o de peixe e mariscos. Após disciplinado exercício em que a imaginação se higieniza e a vontade elimina o desejo ardente de ingerir os despojos sangrentos, temos certeza de que o organismo estará apto para se ajustar a um novo método nutritivo de louvor espiritual. Mas é claro que tudo isso pede por começar e, se desde já não efetuardes o esforço inicial que alhures tereis de enfrentar, é óbvio que hão de persistir tanto esse tão alegado condicionamento biológico como a natural dificuldade para uma adaptação mais rápida. Mas é inútil procurardes subterfúgios para justificar a vossa alimentação primitiva e que já é inadequada à nova índole espiritual; é tempo de vos assseardes, a fim de que possais adotar novo padrão alimentício. Inegavelmente, o êxito não será alcançado do modo por que fazeis a substituição do combustível de vossos veículos; antes de tudo, a vossa alma terá que participar vigorosamente de um exercício, para que primeiramente elimine da mente o desejo de comer carne.

Muitas almas decididas, que já comandam o seu corpo físico e o submetem à vontade da consciência espiritual, têm violentado esse automatismo biológico da nutrição de carne, do mesmo modo por que alguns seres extinguem o vício de fumar, sob um só impulso de vontade. Também estais condicionados ao vício da intriga, da raiva, da cólera, do ciúme, da crueldade, da mentira e da luxúria; no entanto, muitos se libertam repentinamente dessas mazelas, sob hercúleos esforços evangélicos.

É reconhecendo a debilidade da alma humana para as libertações súbitas, e preparando-vos psiquicamente para repudiardes a carne, que temos procurado influenciar o mecanismo do vosso apetite, dando-vos conselhos cruamente e de modo ostensivo, de modo a que mais facilmente vos liberteis dos exóticos desejos de assados e cozidos, que, na realidade, não passam de rebotalhos e cadáveres que vos devem inspirar náuseas e aversão digestivas. Daí as nossas preocupações sistemáticas, em favor do vosso bem espiritual, para que ante a visão, por exemplo, de dobradinhas "saborosas" que recendem ao molho odorante, reconheçais, na verdade, as tétricas cartilagens que protegem a região broncopulmonar do boi, em cujo local se processam as mais repugnantes trocas de matéria corrompida!

PERGUNTA: — Porventura os cuidadosos exames a

que são submetidos os animais, antes do corte, não afastam a possibilidade de contaminarem o homem com qualquer enfermidade provável?

RAMATÍS: — Essa profilaxia de última hora não identifica os resíduos da enfermidade que possa ter predominado no animal destinado ao corte e que, evidentemente, não deixou vestígios identificáveis à vossa instrumentação de laboratório. Apesar dos extremos cuidados de higiene e das medidas de prevenção nos matadouros, ainda desconheceis que a maioria dos quadros patogênicos do vosso mundo se origina na constituição mórbida do porco! O animal não raciocina, nem pode explicar-vos a contento as suas reais sensações dolorosas consequentes de suas condições patogênicas. O veterinário criterioso enfrenta exaustivas dificuldades para atestar a enfermidade do animal, enquanto que o ser humano pode relatar, com riqueza até de detalhes, as suas perturbações, o que então auxilia o diagnóstico médico. Assim mesmo, quantas vezes a medicina não descobre a natureza exata dos vossos males, surpreendendo-se com a eclosão de enfermidade diferente e que se distanciava das cogitações familiares! Às vezes, um simples exame de urina, requerido para fins de somenos importância, revela a diabete que o médico desconhecia no seu paciente; um hemograma solicitado sem graves preocupações pode atestar a leucemia fatal! As enfermidades próprias da região abdominal, embora explicadas com riqueza de detalhes pelos enfermos, muitas vezes deixam o clínico vacilante quanto a situar uma colite, uma úlcera gastroduodenal ou um surto de ameba histolítica! Uma vez que no ser humano é tão difícil visualizar com absoluta precisão a origem dos seus males, requerendo-se múltiplos exames de laboratório para o diagnóstico final, muito mais difícil será conhecer-se o morbo que, no animal, não se pode focalizar na sintomatologia comum. Quantas vezes o suíno é abatido no momento exato em que se iniciou um surto patogênico, cuja virulência ainda não pôde ser assinalada pelo veterinário mais competente, salvo o caso de rigorosa autópsia e meticuloso exame de laboratório! Para isso evitar, a matança de porcos exigiria, pelo menos, um veterinário para cada animal a ser sacrificado.

Os miasmas, bacilos, germes e coletividades microbianas famélicas, que se procriam no caldo de cultura dos chiqueiros, penetram na vossa delicada organização humana, através das vísceras do porco, e debilitam-vos as energias vitais. Torna-se difícil para o médico situar essa incursão patogênica, inclusive a sua incubação e o período de desenvolvimento; por isso, mais tarde, há de considerar a enfermidade como oriunda de outras fontes patológicas.

PERGUNTA: — Julgais, porventura, que a alimentação carnívora possa trazer prejuízos físicos, de vez que a criatura já está condicionada, há milênios, a essa forma nutritiva? Qual a culpa do homem em ser carnívoro, se desde a sua infância espiritual ele foi assim condicionado, de modo a poder sobreviver no mundo físico?

RAMATÍS: — Repetimo-vos: nem todas as coisas que serviram para sustentar o homem, nos primórdios da sua vida no plano físico, podem ser convenientes, no futuro, quando surgem então novas condições morais ou psicológicas e a criatura humana pode cultuar concepções mais avançadas. Antigamente, os ladrões tinham as suas mãos amputadas, e arrancava-se a língua aos perjuros. Desde que vos apegais tanto ao tradicionalismo do passado, por que aos maledicentes modernos não aplicais essas disposições punitivas, brutais e impiedosas? Os antigos trogloditas comiam sem escrúpulo os retalhos de carne impregnados dos detritos do chão; no entanto, atualmente, usais pratos, talheres, e lavais o alimento. Certamente, alegareis a existência, agora, de um senso estético mais progressista, e que também tendes mais entendimento das questões de higiene humana; mas não concordais, no entanto, em que esse senso estético avançado está a pedir, também, a eliminação da carne de vossas mesas doentias!

Quando o homem ainda se estribava na ingestão de vísceras de animais, a fim de sobreviver ao meio rude e agressivo da matéria, a sua alma também era compatível com a rudeza do ambiente inóspito mas, atualmente, o espírito humano já alcançou noções morais tão elevadas, que também lhe compete harmonizar-se a uma nutrição mais estética. Não se justifica que, após a sua verticalização da forma hirsuta da idade da pedra, o homem prossiga nutrindo-se tão sanguinariamente como a hiena, o lobo, a raposa ou as aves de rapina! Além de brutal e detestável para aqueles que desejam se libertar dos planos inferiores, a carne é contínuo foco de infecção à tessitura magnética e delicada do corpo etéreo-astral do homem.

PERGUNTA: — E que dizeis, então, daqueles que são avessos à ingestão da carne de porco e que a consideram realmente doentia e repugnante, devido à forma nauseante de engorda dos porcos nos chiqueiros?

RAMATÍS: — Embora essa aversão particular pela carne de porco seja um passo a favor da própria saúde astrofísica, nem por isso desaparecem outros nefastos processos nutritivos, que preferem, e que lhes anulam a primeira disposição. Os mórbidos cuidados técnicos e as exigências científicas continuam noutros setores onde se procura o bem exclusivo do homem e o máximo sacrifício do animal. Aqui, mórbidos industriais criam milhões de gansos sob regime específico, desenvolvendo-lhes o fígado de tal modo, que as aves se arrastam pelo solo em macabros movimentos claudicantes, a fim de que a indústria do "patê de foie-gras" obtenha substância mais rica para o enlatamento moderno; ali, peritos humildes batem apressadamente o sangue do boi, para transformarem-no em tétricos chouriços de substância animal coagulada; acolá, não perdeis, sequer, os órgãos excretores do animal, embora os saibais depósitos de venenos e detritos repugnantes; raspados e submetidos à água fervente, os transformais em quitutes para a mesa festiva! A panela terrícola absorve desde o miolo do animal até os sulcos carcomidos de suas patas cansadas!

E, não satisfeitas da nutrição mórbida da semana, algumas criaturas escolhem o mais belo domingo de céu azul e sol puro para, então, praticar a caça destruidora às aves inofensivas, completando cruelmente a carnificina da semana! Os bandos de avezitas, de penas ensanguentadas, vêm para seus lares onde, então, se transformam em novos pitéus epicurísticos, a fim de que o caçador de aves obtenha alguns momentos lúbricos enquanto tritura a carne tenra dos pássaros inofensivos. Quantas vezes a própria Natureza se vinga da ignomínia humana contra os seus efeitos vivos! Súbito, o caçador tomba agonizante junto ao cano assassino de sua própria arma, no acidente imprevisto, ou do disparo imprudente do companheiro desavisado! Alhures, a serpe, a bactéria infecciosa ou o inseto venenoso termina tomando vingança contra a caçada inglória!

Que importa, pois, que muitos sejam avessos à ingestão da carne do boi ou do suíno, quando continuam requintando-se noutros repastos carnívoros e igualmente incoerentes para com o sentimento espiritual que já devia predominar no homem!

PERGUNTA: — Que dizeis dos novos recursos preventivos, nos matadouros modernos, em que se aplicam antibióticos para se evitar a deterioração prematura da carne? Essa providência não termina extinguindo qualquer perigo na sua ingestão?

RAMATÍS: — Trata-se apenas de mais um requinte doentio do vosso mundo, e que revela o deplorável estado de espírito em que se encontra a criatura humana. O homem não se conforma com os efeitos daninhos que provêm de sua alimentação pervertida e procura, a todo custo, fugir à sua tremenda responsabilidade espiritual. Mas não conseguirá ludibriar a lei expiatória; em breve, novas condições enfermiças se farão visíveis entre os insaciáveis carnívoros protegidos pela "profilaxia" dos antibióticos. Além do efeito deletério da carne, que se intoxica cada vez mais com a própria emanação astral e mental do homem desregrado, encontrar-vos-eis às voltas com o preciosismo técnico de novas enfermidades situadas no campo das alergias inespecíficas, como produtos naturais das reações antibióticas nos próprios animais preparados para o corte!

Espanta-nos a contradição humana, que primeiramente, produz a enfermidade no animal que pretende devorar, e em seguida aplica-lhe a profilaxia do antibiótico!

PERGUNTA: — Podeis dar-nos um exemplo dessa contradição?

RAMATÍS: — Pois não. A vossa medicina considera que o homem gordo, obeso, hipertenso, é um candidato à angina e à comoção cerebral; classifica-o como um tipo hiperalbuminóide e portador de perigosa disfunção cárdio-hépato-renal. A terapêutica mais aconselhada é um rigoroso regime de eliminação hidrossalina e dieta redutora de peso; ministra-se ao homem alimentação livre de gorduras e predominantemente vegetal, e o médico alude ao perigo da nefrite, ao grave distúrbio no metabolismo das gorduras e à indefectível esteatose hepática. Cremos que, se os velhos pajés antropófagos conhecessem algo de medicina moderna e pudessem compreender a natureza mórbida do obeso e sua provável disfunção orgânica, de modo algum permitiriam que suas tribos devorassem os prisioneiros excessivamente gordos! Compreenderiam que isso lhes poderia causar enfermidades inglórias, em vez de saúde, vigor e coragem que buscavam na devora do prisioneiro em regime de ceva!

Mas o homem do século XX, embora reconheça a enfermidade das gorduras, devora os suínos obesos, hipertrofiados na engorda albumínica, para conseguir a prodigalidade da banha e do toucinho: primeiro os enferma em imundo chiqueiro, onde as larvas, os bacilos e microrganismos, próprios dos charcos, fermentam as substâncias que alimentam os oxiúros, as lombrigas, as tênias, as amebas colis ou histolíticas. O infeliz animal, submetido à nutrição putrefata das lavagens e dos detritos, renova-se em suas próprias dejeções e exsuda a pior cota de odor nauseante, tornando-se o transformador vivo de imundícies, para acumular a detestável gordura que deve servir às mesas fúnebres. Exausto, obeso, letárgico e suarento, o porco tomba ao solo com as banhas fartas e fica submerso na lama nauseante; é massa viva de uréia gelatinosa, que só pode ser erguida pelos cordames, para a hora do sacrifício no matadouro. Que adianta, pois, o convencional beneplácito de "sadio", que cumpre ao veterinário, na autorização para o corte do animal, quando a própria ciência humana já permitiu o máximo de condições patogênicas!

De modo algum essa tétrica "profilaxia" antibiótica livrar-vos-à da sequência costumeira a que sois submetidos implacavelmente; continuareis a ser devorados, do mesmo modo, pela cirrose, a colite, a úlcera, a tênia, o enfarte, a nefrite ou o artritismo; cobrir-vos-eis, também, de eczemas, urticárias, pênfigo, chagas ou crostas sebáceas; continuareis, indubitavelmente, sob o guante da icterícia, da gota, da enxaqueca e das infecções desconhecidas; cada vez mais enriquecereis os quadros da patogenia médica, que vos classificarão como "casos brilhantes" na esfera principal das síndromes alérgicas.

PERGUNTA: — Uma vez que os animais e as aves são inconscientes e de fácil proliferação, a sua morte, para nossa alimentação, deve ser considerada crime tão severo, quando se trata de costume que já nasceu com o homem? Cremos que Deus foi quem estabeleceu a vida assim como ela é, e o homem não deve ser culpado por apenas seguir as suas diretrizes tradicionais. Cumpria a Deus, na sua Augusta Inteligência, conduzir as suas criaturas para outra forma de nutrição independente da carne; não é verdade?

RAMATÍS: — A culpa começa exatamente onde também começa a consciência, quando já pode distinguir o justo do injusto e o certo do errado. Deus não condena suas criaturas, nem as pune por seguirem diretrizes tradicionais e que lhes parecem mais certas; não existe, na realidade, nenhuma instituição divina destinada a punir o homem, pois é a sua própria consciência que o acusa, quando desperta e percebe os seus equívocos ante a Lei da Harmonia e da Beleza Cósmica. Já vos dissemos que, quando o selvagem devora o seu irmão, para matar a fome e herdar-lhe as qualidades guerreiras, trata-se de um espírito sem culpa e sem malícia perante a Suprema Lei do Alto. A sua consciência não é capaz de extrair ilações morais ou verificar qual o caráter superior ou inferior da alimentação vegetal ou carnívora. Mas o homem que sabe implorar piedade e clamar por Deus, em suas dores; que distingue a desgraça da ventura; que aprecia o conforto da família e se comove diante da ternura alheia; que derrama lágrimas compungidas diante da tragédia do próximo ou de novelas melodramáticas; que possui sensibilidade psíquica para anotar a beleza da cor, da luz e da alegria; que se horroriza com a guerra e censura o crime, teme a morte, a dor e a desgraça; que distingue o criminoso do santo, o ignorante do sábio, o velho do moço, a saúde da enfermidade, o veneno do bálsamo, a igreja do prostíbulo, o bem do mal, esse homem também há de compreender o equívoco da matança dos pássaros e da multiplicação incessante dos matadouros, charqueadas, frigoríficos e açougues sangrentos. E será um delinquente perante a Lei de Deus se, depois dessa consciência desperta, ainda persistir no erro que já é condenado no subjetivismo da alma e que desmente um Ideal Superior!

Se o selvagem devora o naco de carne sangrenta do inimigo, o faz atendendo à fome e à ideia de que Tupã quer os seus guerreiros plenos de energias e de heroísmos; mas o civilizado que mata, retalha, coze e usa a sua esclarecida inteligência para melhorar o molho e acertar a pimenta e a cebola sobre as vísceras do irmão menor, vive em contradição com a prescrição da Lei Suprema. De modo algum pode ele alegar a ignorância dessa lei, quando a galinha é torcida em seu pescoço e o boi traumatizado no choque da nuca; quando o porco e o carneiro tombam com a garganta dilacerada; quando a malvadez humana ferve os crustáceos vivos, embebeda o peru para "amaciar a carne" ou então satura o suíno de sal para melhorar o chouriço feito de sangue coagulado.

Quantas vezes, enquanto o cabrito doméstico lambe as mãos do seu senhor, a quem se afinizara inocentemente, recebe o infeliz animal a facada traiçoeira nas entranhas, apenas porque é véspera do Natal de Jesus! A vaca se lamenta e lambe o local onde matam o seu bezerro; o cordeiro chora na ocasião de morrer!

Só não matais o rato, o cão, o cavalo ou o papagaio, para as vossas mesas festivas, porque a carne desses seres não se acomoda ao vosso paladar afidalgado; em consequência, não é a ventura do animal o que vos importa, mas apenas a ingestão prazenteira que ele vos pode oferecer nas mesas lúgubres.

PERGUNTA: — Como poderíamos vencer esse condicionamento biológico e mesmo psíquico, em que a nossa constituição orgânica é hereditariamente predisposta à alimentação carnívora?

A ciência médica afirma que, à simples ideia de nos alimentarmos, o sistema endócrino já produz sucos e hormônios de simpatia digestiva à carne, e dessa sincronia perfeita entre o pensamento e o metabolismo fisiológico, achamos que fica demonstrada a fatal necessidade de nutrição carnívora. Em compensação, muitos vegetarianos hão revelado alergia a frutas ou hortaliças!

Não é isso bastante para justificar a afirmativa de que o nosso organismo precisa evidentemente de carne, a fim de poder-se desenvolver sadia e vigorosamente?

RAMATÍS: — O cigarro também não foi criado para ser fumado fanaticamente pelo homem; este é que imita a estultice dos bugres descobertos por Colombo e termina transformando-se num escravo da aspiração de ervas incineradas. À simples lembrança do cigarro, o vosso sistema endócrino, num perfeito trabalho psicofísico, de prevenção, também produz antitoxinas que devem neutralizar o veneno da nicotina e proteger-vos da introdução da fumaça fétida nos pulmões delicados. A submissão ao desejo de ingerir a carne é igual à submissão do fumante inveterado para com o seu comando emotivo, pois ele é mais vítima de sua debilidade mental do que mesmo de uma invencível atuação fisiológica. O viciado no fumo esquece-se de si mesmo e, por isso, aumenta progressivamente o uso do cigarro, acicatado continuamente pelo desejo insatisfeito, criando, então, uma segunda natureza, que se torna implacável e exigente carrasco.

Comumente fumais sem notar todos os movimentos preliminares que vos comandam automaticamente, desde a abertura da carteira até a colocação do cigarro nos lábios descuidados; completamente inconscientes dessa realidade viciosa, já não fumais, mas sois fumados pelo cigarro, guiados pelo instinto indisciplinado. No vício da carne ocorre o mesmo fenômeno; viveis distanciados da realidade de que sois escravos do hábito de comer carne. Se o sistema endócrino produz sucos e hormônios à simples ideia de ingerirdes carne, nem por isso se comprova que fostes especificamente criados para a nutrição carnívora. É apenas um velho hábito, que atendeu às primeiras manifestações da vida grosseira do homem das cavernas trogloditas e que, pelo vosso descuido, ainda vos comanda o mecanismo fisiológico, submetendo-o à sua direção.

As providências preventivas, no metabolismo humano, devem ser tomadas em qualquer circunstância; o hindu que se habituou à ingestão de frutos sazonados e vegetais sadios, também fabrica os seus hormônios e sucos digestivos à simples ideia da alimentação com que está acostumado. A diferença está em que ele carece de hormônios destinados à nutrição puramente vegetal, enquanto que vós tendes que produzi-los para a cobertura digestiva dos despojos da nutrição carnívora.

Alegais que muitas pessoas se tornam enfermiças, ao se devotarem à alimentação vegetariana; em verdade, comprovais, assim, que sois tão estratificados pelo mau hábito de alimentação carnívora, que o vosso metabolismo fisiológico já não consegue assimilar a contento os frutos sadios e os vegetais nutritivos, manifestando-se em vós os pitorescos fenômenos de alergia. No entanto, desde que disciplinásseis a vontade e vigiásseis mentalmente o desejo mórbido, despertando da inconsciência imaginativa da nutrição zoofágica, logo sentir-vos-ieis mais libertos do indefectível condicionamento biológico carnívoro.

PERGUNTA: — Quais alguns exemplos que nos possam

fazer compreender essa "inconsciência imaginativa" diante da carne?

RAMATÍS: — É que há mais invigilância mental do que condicionamento biológico, de vossa parte, no tocante à alimentação carnívora, e isso podeis verificar pela contradição do vosso gosto e paladar, que se pervertem sob a falsa imaginação. Quantas vezes, diante de cadáveres de animais vítimas de um incêndio ou de uma explosão, costumais sentir náuseas e repugnância devido ao fato de vísceras carbonizadas exalarem o odor fétido de carne queimada! Entretanto, momentos depois, atraídos pelo aspecto da churrascaria pitoresca, excitai-vos, dominados pelo mórbido apetite, esquecendo-vos de que o churrasco também é carne de animal queimada a fogo lento, diferindo apenas pela natureza dos molhos que se lhe acrescentam. A contradição é flagrante: ali, a repugnância vos domina diante do cadáver assado na explosão; acolá, o condicionamento biológico ou a negligência de raciocínio produz sucos e hormônios que ativam o apetite degenerado. Tudo isso ocorre, no entanto, só porque ainda alimentais a ilusão de um prazer nutritivo, que é sugerido por igual resto mortal, porém ao molho excitante.

A fumaça repulsiva, que se exala do cadáver de um boi carbonizado no incêndio, é a mesma que ondula sobre as grades gordurosas da churrascaria, em que as vísceras do animal vertem albumina com vinagre e suco de cebola. O pedaço de carne recortado dos despojos cadavéricos da vitela assada ao fogo da estrebaria pode ser tão "macio e gostoso" quanto o *filet mignon* que o garçom de camisa engomada vos oferece sobre o prato de porcelana. A língua arrancada do bovino crestado, na pólvora da explosão inesperada, pode ser tão "apetitosa" quanto a que vos é oferecida em luxuoso restaurante e sob as ondulações melodiosas da festiva orquestra!

Enquanto vos deixardes comandar discricionariamente por essa vontade débil e pela imaginação deformada, ou inconsciência imaginativa, sereis sempre as vítimas dos vícios tolos do mundo e da alimentação perniciosa da carne. É evidente que não há condicionamento de espécie alguma, quando se trata dessa disposição infantil, em que a vossa imaginação ora se torna lúcida, lobrigando a realidade da carne queimada, ora se ilude completamente vendo um suculento petisco naquilo que antes era uma realidade repugnante.

PERGUNTA: — Além da enfermidade que pode ser transmitida pelo animal hipertrofiado na engorda e da culpa do homem quanto à sua morte, a ingestão de carne causa também prejuízos diretos à alma?

RAMATÍS: — O animal possui o "duplo-astral", que é revestido de magnetismo astral; esse veículo etéreo-astral, sobrevive à dissolução do corpo físico e serve de "matriz" para que, no futuro, o animal se integre novamente na sua espécie particular. Embora esse duplo-astral seja ainda destituído de substância mental, que lhe permitiria alguns reflexos de razão, é poderosamente receptivo às energias existentes no meio em que vive o animal. Conforme a vida deste último, o seu invólucro sobrevivente também revela a natureza melhor ou pior da espécie a que o animal pertence. Em consequência, a aura do porco, por exemplo, é sumamente grosseira, instintiva e letárgica, em comparação com a aura do cão, do gato ou do carneiro, os quais já se situam num plano mais afetivo e revelam alguns bruxuleios de entendimento racional.

O chiqueiro é de um clima repulsivo e repleto de energias deletérias, que atuam tanto no campo físico como na esfera astral. Quando o suíno é sacrificado, a sua carne reflui sob o impacto violento, febricitante e doloroso da morte; o choque que lhe extingue a existência, ainda plena de vitalidade física, também exacerba-lhe o duplo etéreoastral, e que está sob o comando geral do espírito-grupo. Essa matança prematura, que interrompe de súbito a corrente vital energética, irrita furiosamente as forças de todos os planos interpenetrantes no animal; os demais veículos se contraem e se confrangem, ao mesmo tempo, atritando-se num turbilhão de energias contraditórias e violentas, que se libertam como verdadeiros explosivos etéricos. Há completa "coagulação físio-astral"; o sangue, que é a linfa da vida e o portador dos elementos mais poderosos do mundo invisível, estagna em seu seio o "quantum" de energia inferior do mundo astral e que o próprio porco carreia para o seu corpo físico.

No instante da morte, as energias deletérias, que flutuam na aura do suíno e lhe intercambiam o fenômeno da vida inferior, coagulam-se na carne sacrificada e combinam-se com o "tônus-vital" degradante, que provém da engorda e do sofrimento do animal no charco de albumina e uréia. A carne do porco fica verdadeiramente gomosa, pela substância astral que se coagula ao seu redor e se fixa viscosamente nas fibras cadavéricas.

Os espíritas e demais estudiosos da alma sabem que todas as coisas e seres são portadores de um veículo etéreo-astral, o qual absorve as energias ambientais e expele as que são gastas nas trocas afins aos seus tipos psíquicos ou físicos.

Quando ingeris retalhos de carne de porco, absorveis também sua parte astral inferior e que adere à coagulação do sangue; essa energia astral desregrada e pantanosa é agressiva e nauseante nos planos etéricos; assim que os sucos gástricos decompõem a carne física no estômago humano, liberta-se, então, esse visco astral, repelente e pernicioso. Sob a lei de atração e correspondência vibratória nos mesmos planos, a substância gomosa, que é exsudada pela carne digerida no estômago, incorpora-se, então, ao corpo etéreo-astral do homem e abaixa as vibrações de sua aura, colando-se à delicada fisiologia etérica invisível, à semelhança de pesada cerração oleosa e adstringente. O astral albuminoso do porco, que também é ingerido com o "delicioso petisco" assado, transforma-se em densa cortina fluídica no campo áurico do homem demasiadamente carnívoro. Deste modo, dificulta-se o processo normal de assistência espiritual daqui, pois os Espíritos Guias já não conseguem atravessar a barreira viscosa do baixo magnetismo, a fim de formularem a intuição orientadora aos seus pupilos carnívoros. A aura se apresenta suja das emanações do astral inferior e ofuscante, que se exsuda da carne do suíno.

Os homens glutônicos e excessivamente afeiçoados à carne de porco afirmam-se dotados de invejável vigor sexual, enquanto que as criaturas exclusivamente vegetarianas são algo empalidecidas, letárgicas e distanciadas da virilidade costumeira do mundo das paixões humanas. Esse fato comprova que o aumento da nutrição de carne acarreta também o aumento da sensação de ordem mais primitiva. Mas, em sentido oposto, a preferência pela alimentação vegetariana é poderoso auxiliar para o espírito se libertar do jugo material.

Os antigos banquetes pantagruélicos, dos romanos e babilônicos, em cujas mesas lautas se amontoavam assados e cozidos cadavéricos, terminavam sempre nas mais lúbricas orgias, que ainda mais se superexcitavam com a influência do astral inferior dos animais devorados. Ainda hoje, o excesso de alimentação carnívora, que é preferida pelos aldeões, estigmatiza muitos deles com o "fácies suínico" ou o "estigma bovino", que lhes dá um ar pesadão e letárgico, caracterizando fisionomias que lembram vagamente o temperamento dos animais devorados. É a excessiva carga astral que lhes interpenetra o perispírito e transforma a configuração humana, fazendo transparecer os contornos do tipo animal inferior.

Nos planos erráticos do Além, é muito comum encontrarmos espíritos que se afeiçoaram tão fanaticamente aos despojos dos animais, que passam a reproduzir certas caricaturas circenses, com visíveis aspectos animalescos caldeados pelo astral inferior!

PERGUNTA: — Os orientais, que são absolutamente vegetarianos, têm conhecimento completo dos efeitos que nos relatais, sobre a carne?

RAMATÍS: — O mestre hindu, meditativo e místico, que procura continuamente o contato com os planos mais delicados, evita a ingestão de carne, que lhe contamina a aura com o astral inferior. Os "guias", muito conhecidos na tradição espírita, sempre lutam com dificuldade quando desejam intuir-vos após os lautos banquetes de vísceras engorduradas, que digeris para atender ao sofisma das proteínas. Principalmente nos trabalhos de materializações, os delicados fenômenos são imensamente prejudicados pela presença de assistentes com os estômagos saturados de carne, e que identificam o clima repulsivo do necrotério onde estão se decompondo vísceras.

É esse, também, um dos motivos por que a maioria dos médiuns, obcecados pelas churrascadas e pelos banquetes opíparos onde se abusa da carne, estaciona em improdutivo animismo e mantém só apagados contatos com os planos mais altos. Alguns médiuns glutões e exageradamente carnívoros ironizam e subestimam as práticas e os ensinamentos esoteristas, destinados a apurar a sensibilidade psíquica através do regime vegetariano. Essas criaturas pensam que as forças sutis dos planos angélicos podem-se casar discricionariamente às erutações fluídicas da digestão provinda dos retalhos cadavéricos! Raras são as que compreendem que, nos dias de trabalhos mediúnicos, passes ou radiações, a carne deve ser eliminada de suas mesas. Outras há que ignoram que o êxito de operações fluídicas à distância não depende absolutamente de proteínas animais mas, principalmente, da exsudação ectoplasmática de um sistema orgânico limpo de impurezas astrais.

PERGUNTA: — Qual o processo mais eficiente para o discípulo eliminar de sua aura ou perispírito os fluidos deletérios que são exsudados pela carne animal?

RAMATÍS: — É a terapêutica do jejum o processo que melhor auxilia o espírito a drenar as substâncias tóxicas que provêm do astral inferior pois, devido ao descanso digestivo, eliminam-se os fluidos perniciosos. A Igreja Católica, ao recomendar o jejum aos seus fiéis, ensina-lhes inteligente método de favorecimento à inspiração superior. As figuras etéreas dos frades trapistas, dos santos ou dos grandes místicos, sujeitos a alimentação frugal, comprovam o valor terapêutico dessa alimentação. O jejum aquieta a alma e a libera em direção ao mundo etéreo; auxilia a descarga das toxinas do astral inferior, que se situam na aura humana dos "civilizados".

Aliás, já existem no vosso mundo algumas instituições hospitalares que têm podido extinguir gravíssimas enfermidades sob o tratamento do jejum ou pela alimentação exclusivamente à base de suco de frutas. Jesus, a fim de não reduzir o seu contato com o Alto, ante o assédio tenaz e vigoroso das forças das trevas, mantinha a sua mente límpida e a governava com absoluta segurança graças aos longos jejuns, em que eliminava todos os resíduos astrais, perturbadores dos veículos intermediários entre o plano espiritual e o físico. O Mestre não desprezava esse recurso terapêutico para a tessitura delicada do seu perispírito; não se esquecia de vigiar a sua própria natureza divina, situada num mundo conturbado e agressivo, que atuava continuamente como poderoso viveiro de paixões e detritos magnéticos a forçarem-lhe a fisiologia angélica. Evitava sempre a alimentação descuidada e, quando sentia pesar em sua organização as emanações do astral inferior, diminuía a resistência material ao seu espírito, praticando o jejum, que lhe favorecia maior libertação para o seu mundo celestial.

Nunca vimos Jesus partindo nacos de carne ou oferecendo pernis de porco aos seus discípulos; ele se servia de bolos feitos de mel, de fubá e de milho, combinados aos sucos ou caldos de cereja, morangos e ameixas.

PERGUNTA: — Na hora da desencarnação, a alimentação carnívora pode prejudicar o desprendimento do espírito?

RAMATÍS: — A Lei é imutável em qualquer setor da vida; o êxito liberatório na desencarnação depende, acima de tudo, do tipo de vibrações boas ou más na hora em que o desencarnante é submetido à técnica espiritual desencarnatória. O perverso que se lançou num abismo de crueldade, na vida física, será sempre um campo de energias trevosas e impermeáveis à ação dos espíritos benéficos; mas o santo, que se dá todo em amor e serviço ao próximo, torna-se uma fonte receptiva de energias fulgentes, que lhe abrem clareiras para a ascensão radiosa. Justamente após o abandono do corpo físico é que o campo energético do perispírito revela, no Além, mais fortemente, o resultado do metabolismo astral que entreteve na Terra. Em consequência, o homem carnívoro, embora evangelizado, sempre há de se sentir mais imantado ao solo terráqueo do que o vegetariano que, além de ser espiritualizado, incorpore energias mais delicadas em seu veículo perispiritual. Reconhecemos que, enquanto o facínora vegetariano pode ser um oceano de trevas, o carnívoro evangelizado será um campo de Luz; no entanto, como a evolução induz à harmonia completa no conjunto psicofísico, entre o homem carnívoro e o vegetariano, que cultuem os mesmos princípios de Jesus, o último sempre haverá de lograr mais êxito na sua desencarnação.

A ausência de carne no organismo livra-o do excesso de toxinas; na desencarnação, a alma se liberta, assim, de um corpo menos denso e menos intoxicado de albumina e uréia, que provocam sempre o abaixamento das vibrações do corpo etérico. O boi ou o porco entretêm a sua vida em região excessivamente degradante, cuja substância astral pode aderir à aura humana, não só retardando o dinamismo superior, como ainda reduzindo a fluência das emoções angélicas.

PERGUNTA: — Porventura, o homem evangelizado, que se alimenta de carne, contraria ainda as disposições divinas? Não existem tantos vegetarianos de má conduta e até pervertidos?

RAMATÍS: — Não temos dúvida em afirmar que mais vale um carnívoro evangelizado do que um vegetariano anticrístico. Mas não estamos cogitando agora das qualidades espirituais que devem ser alcançados por todos os entes humanos, mas sim considerando se procede bem ou não a criatura evangelizada que ainda coopera para o progresso dos matadouros, charqueadas, frigoríficos ou matanças domésticas. A alma verdadeiramente evangelizada é plena de ternura, compassividade e amor; o espírito essencialmente angélico não se regozija em lamber os dedos impregnados da gordura do irmão inferior, nem se excita na volúpia digestiva do lombo de porco recheado ou da costela assada, com rodelas de limão por cima.

É profundamente vergonhoso para o vosso mundo que o boi generoso, cuja vida é inteiramente sacrificada para o bem da humanidade e o prazer glutônico e carnívoro do homem, seja mais inteligente que ele em sua alimentação, que é exclusivamente vegetariana! Não se compreende como possa o homem julgar-se um ser adiantado, ante o absurdo de que o animal irracional prefere alimento superior ao do seu próprio dono, que é dotado do discernimento da razão!

Louvamos incondicionalmente o homem evangelizado, ainda que carnívoro, mas o advertimos de que, enquanto mantiver no ventre um cemitério, há de ser sempre um escravo preso à roda das reencarnações retificadoras, até acertar as suas contas cármicas com a espécie animal! Se ele é um evangelizado, deve saber que o ato de sugar tutano de osso e devorar bifes o retém ainda bem próximo dos seus antepassados silvícolas, que se devoravam uns aos outros devido à sua profunda ignorância espiritual. A ingestão de vísceras cadavéricas e o ato de matar o irmão inferior tanto distanciam a fronteira entre o anjo e o homem, como agravam o fardo cármico para os futuros ajustes espirituais.

PERGUNTA: — Mas não nos estamos referindo à ação de matar, isto é, de tirar a vida, porquanto muitíssimas criaturas carnívoras, mas cuja bondade e piedade conhecemos, não são capazes de matar um simples inseto, quanto mais de destruir uma ave ou animal!

RAMATÍS: — Os corações integralmente bondosos e piedosos não só evitam matar o animal ou ave, como ainda não têm coragem para devorar-lhes as entranhas sob os temperos de cebola, sal e pimenta... Aquele que mata o animal e o devora ainda pode ser menos culpado, porque assume em público a responsabilidade do seu ato. No entanto, o que não mata, por piedade ou receio de remorso, mas devora gostosamente a carne do animal ou da ave, trucidados por outros, age manhosamente perante Deus e a sua própria consciência. A piedade a distância não identifica o caráter bondoso, pois muita gente foge aflita, quando o cutelo fere o infeliz animal, mas retorna satisfeita logo que a panela para de ferver e as vísceras se apresentam apetitosas. Isso lembra o clássico sábado de "Aleluia", em que os fiéis se mantêm em estóico jejum de carne, na Quaresma preceituada pela Igreja, mas estão aguardando ansiosamente que o relógio marque o meio-dia, para então se atirarem famintos sobre os retalhos fumegantes, que se cozem na moderna panela de pressão! O homem "piedoso", que se recusa a assistir à matança do animal, é quase sempre o mais exigente quanto ao assado e ao tempero destinado à carne sacrificada a distância.

PERGUNTA: — A recusa em matar o animal ou ave já não é um protesto contra a existência de matadouros e charqueadas? Isso não comprova a posse de uma alma com melhor aprimoramento espiritual?

RAMATÍS: — As criaturas que matam a ave ou o animal no fundo do quintal, ou que obtêm o seu salário no trabalho dos matadouros, podem ser almas primitivas, que não avaliam o grau de sua responsabilidade espiritual junto à coletividade do mundo físico. Mas aqueles que fogem na hora cruel do massacre do irmão bem demonstram compreender a perversidade do ato e o reconhecem como injusto e bárbaro. Em consequência, ratificam o conhecimento de sua responsabilidade perante Deus, recusando-se a assistir àquilo que em sua mente significa severa acusação ao espírito. Confirmam, portanto, ter conhecimento da iniquidade de se matar o animal indefeso e inocente. É óbvio que, se depois o devoram cozido ou assado, ainda maior se lhes torna a culpa, porque o mesmo ato que condenam, com a ausência deliberada, fica justificado pessoal e plenamente na hora famélica da ingestão dos restos mortais do animal.

Os fujões pseudamente piedosos não passam, aliás, de vulgares cooperadores das mesmas cenas tétricas do sacrifício do animal; o consumidor de carne também não passa de um acionista e incentivador da proliferação de açougues, charqueadas, matadouros e frigoríficos.

O vosso código prevê, na delinquência do vosso mundo, penas severas tanto para o executor como para o mandante dos crimes de co-participação mental, pois a responsabilidade pesa sobre ambos. Os que não matam animais ou aves, por piedade, mas digerem jubilosamente os seus despojos, tornam-se co-participantes do ato de matar, embora o façam à distância do local do sacrifício; são, na realidade, cooperadores anônimos da indústria de carnes, visto que incentivam o dinamismo da matança ao consumirem a carne que mantém a instituição fúnebre dos matadouros e do trucidamento injusto daqueles que Deus também criou para a ascensão espiritual.

PERGUNTA: — Cremos que muitos seres divinizados, que já viveram em nosso mundo, também se alimentaram de carne; não é verdade?

RAMATÍS: — Realmente, alguns santos do hagiológio católico, ou espíritos desencarnados considerados hoje de alta categoria, puderam alcançar o céu, apesar de comerem carne. Mas o portador da verdadeira consciência espiritual, isto é, aquele que, além de amar, já sabe por que ama e por que deve amar, não deve alimentar-se com a carne dos animais. A alma efetivamente santificada repudia, incondicionalmente, qualquer ato que produza o sofrimento alheio; abdica sempre de si mesma e dos seus gozos, em favor dos outros seres, transformando-se numa Lei Viva de contínuo benefício e, na obediência a essa Lei benéfica, assemelha-se à força que dirige o crescimento da semente no seio da terra: alimenta e fortifica, mas não a devora!

Essa consciência espiritual torna-se uma fonte de tal generosidade, que toda expressão de vida do mundo a compreende e estima, pela sua proteção e inofensividade. Sabeis que Francisco de Assis discursava aos lobos e estes o ouviam como se fossem inofensivos cordeiros; Jesus estendia sua mão abençoada, e as cobras mais ferozes se aquietavam em doce enleio; Sri Maharishi, o santo da Índia, quando em divino "samadhi", era procurado pelas aranhas, que dormiam em suas mãos, ou então afagado pelas feras, que lhe lambiam as faces; alguns místicos hindus deixam-se cobrir com insetos venenosos e abelhas agressivas, que lhes voam sobre a pele com a mesma delicadeza com que o fazem sobre as corolas das flores! Os antigos iniciados essênicos mergulhavam nas florestas bravias, a fim de alimentarem os animais ferozes que eram vítimas das tormentas e dos cataclismos. Inúmeras criaturas gabam-se de nunca haverem sido mordidas por abelhas, insetos daninhos, cães, ou cobras. Geralmente são pessoas vegetarianas, que assim mantêm integralmente vivo o amor pelos animais.

As almas angelizadas, que já chegaram a compreender realmente o motivo da vida do espírito no mundo de formas, que possuem um coração magnânimo e incapaz de presenciar o sofrimento dos animais, também não lhes devoram as entranhas, do mesmo modo como os verdadeiros amigos dos pássaros não os prendem em gaiolas mesmo douradas! É ilícito ao homem destruir um patrimônio valioso que Deus lhe confia para uma provisória administração na Terra; cumpre-lhe proteger desde a flor que enfeita a margem dos caminhos até ao infeliz animal escorraçado e que só pede um pouco de pão e de amizade. O devorador de animais, por mais evangelizado que seja, ainda é um perturbador da ordem espiritual na matéria; justifique-se como quiser, mas a persistência em nutrir-se com despojos animais prova que não se adaptou ainda, de modo completo, aos verdadeiros objetivos do Criador.

PERGUNTA: — Qual a reação psicofísica que deve sentir a pessoa, sob o impacto do fluido magnético-astral que se liberta da carne de porco?

RAMATÍS: — A reação varia de conformidade com o tipo individual: o homem comum, e demasiadamente condicionado à ingestão de carne de porco, sentir-se-á ainda mais fortalecido e instigado energeticamente para a vida de relação, assim como um motor pesado e rude funciona melhor com um combustível mais grosseiro. Os homens coléricos, irascíveis e descontrolados nas suas emoções, que se escravizam facilmente aos impulsos do instinto animal, são comumente fanáticos adoradores das mesas lautas, e grandemente afeiçoados às churrascadas. O magnetismo vital inferior, que incorporam continuamente ao seu organismo físico e astral, ativa-lhes bastante os centros do comando animal, mas prejudica-lhes a natureza angélica no metabolismo para a absorção de um magnetismo superior. As reações variam, portanto, conforme a sensibilidade psíquica e a condição espiritual dos carnívoros; um simples pedaço de carne de porco, que seria suficiente para perturbar o perispírito delicado de um Gandhi, ou de um Francisco de Assis, poderia acelerar a vitalidade do psiquismo descontrolado de um Nero ou de um Heliogábalo!

PERGUNTA: — Desde que estamos operando num mundo físico e compacto, que requer de nós atividades exaustivas, não poderá o abandono da alimentação carnívora provocar-nos uma anemia perigosa?

RAMATÍS: — Sabeis que o corpo humano é apenas uma conglomerado de matéria ilusória, em que um número inconcebível de espaços vazios, interatômicos, predomina sobre uma quantidade microscópica de massa realmente absoluta. Se pudésseis comprimir todos os espaços vazios que existem na intimidade do corpo físico, até que ele se tornasse o que em ciência se denomina "pasta nuclear", reduzi-lo-íeis a uma pitada de pó microscópico, que seria a massa real existente. O organismo humano é maravilhosa rede de energia, sustentada por um gênio cósmico. O homem é espírito aderido ao pó visível aos olhos da carne; na realidade, é mais nítido, dinâmico, verdadeiro e potencial no seu "habitat" espiritual, livre do pó enganador. Vós ingerís grande quantidade de massa material, na forma de lauta alimentação, atendendo mais às contrações espasmódicas do organismo, do que mesmo à sua necessidade magnético-vital. O corpo, em verdade, só assimila o "quantum" de que necessita para suster a forma aparente, pelo que excreta quase toda a quota ingerida. Nos planetas mais evoluídos, a alimentação é quase toda à base de sucos, que penetram na organização viva, alguns até pelo fenômeno comum da osmose e absolutamente sem excreção. Neles, as almas apuradas sabem alimentar-se, em grande parte, através dos elementos etéricos e magnéticos hauridos do Sol e do ambiente, inclusive o energismo prânico do oxigênio da atmosfera.

Não vos será difícil comprovar que inúmeros operários mal alimentados conseguem realizar tarefas pesadas, assim como os tradicionais peregrinos de passado, que pregavam a palavra do Senhor ao mundo conturbado, viviam frugalmente e abjuravam a carne. O progresso espiritual se evidencia em todos os campos de ação em que o espírito atua, pelo qual — se realmente pretendeis alcançar o estado angélico — tereis também que procurar desenvolver um metabolismo mais delicado e escolhido, na alimentação do vosso corpo. A ascensão espiritual exige a contínua redução da bagagem de excessos do mundo animal. Seria ilógico que o anjo alçasse voo definitivo para as regiões excelsas, saudoso ainda da ingestão de gordura dos seus irmãos inferiores!

PERGUNTA: — E se o homem teimar em se alimentar de carne, quais os recursos que os Mestres poderão empregar para afastá-lo dessa nutrição?

RAMATÍS: — Sabeis que os excessos nas mesas pantagruélicas, principalmente na alimentação carnívora, quando atestam a negligência e a teimosia do espírito humano para com a sua própria felicidade, são sempre corrigidos com a terapêutica das admiráveis válvulas de segurança espiritual, que aí no vosso mundo funcionam sob a terminologia clássica da ciência médica com as sugestivas denominações de úlceras, cânceres, cirroses, nefrites, enterocolites, chagas, inclusive a criação de condições favoráveis para o "habitat" das amebas coli ou histolíticas, giárdias ou estrongilóides, tênias, ou irrequietos protozoários de formas exóticas. Sob a ação desses recursos da natureza, vão-se acentuando, então, as trocas exigíveis à entidade espiritual, e a compulsória frugalidade vai agindo para a transformação exaustiva, mas concretizável, do animal na figura do anjo. As excrescências anômalas e mórbidas, que se disseminam pelo corpo físico, funcionam na prodigalidade de sinais de advertência, que regulam harmônica e equitativamente o tráfego digestivo. Elas obrigam a dietas espartanas ou substituições por nutrições mais delicadas, ao mesmo tempo que se retificam impulsos glutônicos e se aprimoram funções que purificam o astral em torno e na intimidade da tessitura etérica. Quantas vezes o teimoso carnívoro se submete a rigorosa abstinência de carne, devido à úlcera gástrica que surge para obrigá-lo a se ajustar a uma nutrição mais sadia!

PERGUNTA: — Podemos pressupor que a Divindade tudo fará para que no futuro sejam extintos os matadouros, frigoríficos ou açougues da Terra?

RAMATÍS: — Não temos dúvida alguma a esse respeito! Em virtude de no terceiro milênio não deverem existir mais as instituições que se mantêm à custa da indústria da morte, elas deverão desaparecer, pouco a pouco, tanto por motivos de ordem econômica, epidêmica ou acidental, como pelo repúdio humano e a melhoria nutritiva do homem. Sabeis que o repúdio à carne é um dos principais fundamentos das doutrinas do Oriente, em que se destacam o hermetismo, o hinduísmo, o budismo, a ioga, o esoterismo e a teosofia, além de milhares de outras seitas que vicejam à sua sombra. A proverbial negligência do ocidental para com a abstenção da carne, que lhe favoreceria um carma suave para o futuro, termina envolvendo-o demoradamente na engrenagem melancólica das enfermidades, que obrigam a dietas angustiosas e despesas com médico e farmácia.

PERGUNTA: — Visto que a indústria da carne oferece trabalho a milhões de criaturas, cremos que a sua paralisação súbita representaria um desastre econômico para o nosso mundo. Uma vez que se multiplicam açougues, charqueadas, frigoríficos e indústrias de carne enlatada, é porque a Divindade o permite; não é assim?

RAMATÍS: — Quando apareceram no vosso mundo os primeiros automóveis, os antigos cocheiros e construtores de veículos de tração animal também se apavoraram ante a iminência de terrível desastre econômico, pois temiam pelo fechamento das ferrarias, das fábricas de viaturas, e mais os prejuízos dos criadores de cavalos, dos seleiros, dos artesãos, pintores e estofadores. No entanto, a sabedoria da vida transformou tudo isso em oficinas mecânicas, em postos de gasolina, de lavagem de autos, surgindo então os artífices da borracha, os garagistas, os petroleiros, os fiscais de trânsito, niqueladores, toldistas, fabricantes de pára-brisa, pintores, e extensa indústria de tambores, latas, frascos, enfeites, e de tecidos adequados à fabricação de automóveis. Em lugar da falência prevista com angustioso pessimismo, desenvolveu-se uma das mais poderosas atividades que têm enriquecido os países operosos. Do mesmo modo, a paralisação da fúnebre indústria da carne, além de se tornar inefável bênção para a vossa humanidade, há de favorecer a edificação do mais rico parque industrial de produtos frugívoros, vegetais e seus derivados, capaz de atender ao paladar mais exigente, e que atualmente se encontra deformado pela nutrição cadavérica. A química e a botânica serão chamadas a contribuir decisivamente para a nova riqueza, produzindo os mais variados tipos de frutas, que hão de se transformar em bocados paradisíacos!

A suposição de que a Divindade está de acordo com a manutenção de açougues e matadouros é consequente de interpretação falsa dos desígnios de Deus; reparai como se tornam atualmente mais dificultosas as aquisições de carne por parte dos pobres, que se vêem obrigados, por isso, a recorrer a outras fontes de alimentação. Ignorais que, à medida que aumenta a dificuldade para o homem ingerir carne, atrofia-se o mecanismo psíquico do desejo carnívoro, que pouco a pouco vai desaparecendo com a abstinência compulsória.

Ante a comprovação científica de que a carne do animal cansado, ou com o seu metabolismo perturbado, provoca também perturbações nos que ingerem, porque ficam aumentadas as toxinas que circulam no sangue, já devíeis ter percebido que todas as vezes em que ingerirdes carne estareis absorvendo um pouco do veneno do animal. Os médicos estudiosos poderão notar que o recrudescimento de surtos amebisíacos e das infecções inespecíficas do cólon intestinal, inclusive as ulcerações e fístulas retais, eventos hemorroidários e aumento de viscosidade sanguínea, são causados, em parte, pelo uso imoderado da carne de porco. Em vista do aumento constante dos indivíduos hiperproteinizados, cujos cadáveres povoam os cemitérios, em consequência de síncopes, enfartes e derrames cerebrais, em breve ouvireis o grito alarmante da vossa ciência médica: evitem a carne de porco!

PERGUNTA: — Mas, deixando de lado a indústria da carne, propriamente dita, não considerais os vultosos prejuízos que decorreriam da extinção dos matadouros ou charqueadas, devido à falta de matéria-prima para o fabrico de artefatos de couro?

RAMATÍS: — Dificilmente conseguís compreender as divinas mensagens que Deus vos envia, solicitando-vos a modificação de velhos hábitos perniciosos e oferecendo, em troca, outros meios mais valiosos e que atendem à substituição desejada. De há muito que proliferam no vosso orbe as indústrias abençoadas do "nylon" e de outros produtos de manufatura plástica, capazes de substituir com êxito a mórbida fabricação de artefatos de couro arrancado ao infeliz animal. No terceiro milênio não serão mais preferidos o sapato, a bolsa, a carteira ou o traje confeccionado com a matéria-prima sangrenta, que estimula hoje a indústria da morte.

Hoje mesmo, no tocante aos acessórios de vossa alimentação, o azeite e a banha de coco já substituem a repulsiva gordura cultivada no chiqueiro e no charco de albumina do porco.

PERGUNTA: — Quer isso dizer que o terrícola, no futuro, tornar-se-á exclusivamente vegetariano; não é assim?

RAMATÍS: — Não tenhais dúvida alguma. Esse é um imperativo indiscutível para a humanidade futura. O progresso econômico à base da indústria da morte, no fabrico do presunto enlatado, do "patê de foie-gras", que é pasta de fígado hipertrofiado de ganso ou galinha, dos cozidos de vísceras saturadas de uréia do boi pacífico, ou dos repulsivos chouriços de sangue coagulado, tudo sob invólucros atrativos, não consta dos planos siderais para atender às necessidades do mundo no terceiro milênio!

Assim como vos horrorizais ante a antropofagia dos selvagens, que devoram músculos e trituram nos dentes as tíbias dos seus adversários — o que, sob o vosso código penal, seria considerado crime horroroso — no futuro, quando imperarem as Leis Áureas de Proteção às Aves e aos Animais, também serão processados criminalmente os "virtuosos civilizados" que tentarem devorar os seus irmãos menores para adquirir as famosas proteínas!

PERGUNTA: — Mas já existem, em nosso mundo, algumas sociedades de proteção aos animais e às aves, o que nos parece provar já haver sido dado um grande passo para o estabelecimento do regime vegetariano na Terra. Que dizeis a esse respeito?

RAMATÍS: — Consideramos louvável tal empreendimento, mas a maioria dessas sociedades só se preocupa, por enquanto, com a regulamentação da caça ou apenas com os maus tratos para com os animais de carga e de transportes. A verdadeira sociedade de proteção ao animal e à ave, que pretenda realmente se enquadrar nos cânones divinos, terá que lutar tenazmente para que se evite a morte do infeliz ser que ainda é sacrificado para atender às mesas dos civilizados. Paradoxalmente, muitos dos vossos contemporâneos que superintendem as sociedades de proteção aos animais são comedores de carne e, portanto, cooperadores para que prossigam a carnificina nos matadouros e as chacinas nas charqueadas, onde o sentido utilitarista desconhece a mansuetude, a piedade e o amor!

Não duvidamos de que possais chegar, um dia, ao ridículo mesmo de comemorardes os aniversários das instituições terrenas, de proteção aos animais e às aves, sob festiva e suculenta churrascada de carne de boi sacrificado na véspera, e onde os brilhantes oradores hão de proferir discursos sobre a

Lei da Caça ou o amor ao animal, enquanto o magarefe prepara o "apetitoso" filé no espeto, ao tempero da moda.

A questão de se restringir a caça a uma época determinada do ano, longe do período de procriação da ave ou do animal, não identifica proteção alguma ou prova de piedade para com esses seres; é apenas extremoso cuidado para não se extinguirem prematuramente as espécies reservadas à destruição pelos caçadores, em tempo oportuno. A piedade e a proteção aos pássaros ou animais das selvas, só as demonstrareis com a absoluta recusa ou proibição de matá-los em qualquer período do ano. A oficialização de época apropriada para a matança de pássaros e de animais indefesos é apenas um subterfúgio, que não vos eximirá, perante as leis da vida, da responsabilidade de matar. Apesar de a utlização da cadeira elétrica e os fuzilamentos oficiais serem considerados, por um grupo de juristas sentenciosos, como medida perfeitamente legal, perante Deus é um crime oficializado e muito pior do que o homicídio a que o indivíduo foi impelido por um mau sentimento, pelo amor, pela fome, ou num momento de cólera ou mesmo desejo incontrolável de vingança. O criminoso, embora useiro e vezeiro na delinquência, não avalia, comumente, a extensão do seu delito a que, quase sempre, é instigado por feroz egoísmo do instinto de conservação; mas os criadores de leis que autorizam assassinatos premeditados serão responsáveis pelo delito de matarem por cálculo, embora aleguem que assim o fazem em defesa das instituições sociais.

PERGUNTA: — Como poderíamos lograr desfazer esse condicionamento biológico da alimentação carnívora, sem sofrermos a violência de uma substituição radical?

RAMATÍS: — Alhures já vos temos dito que os peixes, os mariscos e os crustáceos são "corpos coletivos", correspondentes a um só "espírito-grupo", que lhes dirige o instinto e gera-lhes uma reação única e igual em toda a espécie. Um peixe, fora d'água ou dentro dela, manifesta sempre a mesma reação, igual e exclusiva, de todos os demais peixes do mesmo tipo. Entre milhões de peixes iguais, não conseguireis distinguir uma única reação diferente no conjunto. No entanto, inúmeras outras espécies animais já revelam princípios de consciência; podem ser domesticadas e realizar tarefas distintas entre si. O boi, o suíno, o cão, o gato, o macaco, o carneiro, o cavalo, o elefante, o camelo, já revelam certo entendimento consciencial a parte, em relação às várias funções que são chamados a exercer. Eles requerem, cada vez mais, a vossa atenção e auxílio, a fim de se afirmarem num sentimento evolutivo para outros planetas, nos quais as suas raças poderão alcançar melhor desenvolvimento, no comando de organismos mais adequados às suas características. Quando o seu psiquismo se credenciar para o comando de cérebros humanos, as suas constituições psicoastrais poderão então retornar ao vosso globo e operar na linha evolutiva do homem terrícola. Eis o motivo por que Jesus nunca sugeriu aos seus discípulos que praticassem a caça ou a matança doméstica, mas aconselhou-os a que lançassem as redes ao mar.

Os peixes e os mariscos ainda se distanciam muitíssimo da espécie animal que é dotada de rudimentos de consciência. Mesmo que não sejais absolutamente vegetarianos, e vos alimenteis de peixes, crustáceos ou mariscos, já revelareis grande progresso no domínio ao desejo doentio da zoofagia. Não vos aconselhamos a desistência violenta do uso da carne, se ainda não sois dotados de vontade poderosa que vos permita a mudança radical de regime; podeis eliminar, primeiramente, o uso da carne dos animais, em seguida a das aves, e depois vos manterdes com a alimentação de peixe e congêneres, até que naturalmente o vosso organismo se adapte à alimentação exclusiva de vegetais e frutas.

É preciso, entretanto, que governeis a vossa mente, para que ela se possa modificar pouco a pouco, e vá abandonando o desejo de uma nutrição que é vilmente estigmatizada com a morte do animal. Se assim procederdes, em breve o desejo mórbido de ingerirdes vísceras cadavéricas poderá ser substituído pelo salutar desejo da alimentação vegetariana, em que trocareis as vitualhas sangrentas pelos frutos suculentos e sadios.

O primeiro esforço para vos livrardes da nutrição carnívora deve ser no sentido de compreenderdes a realidade intrínseca de que se constitui a carne e que se disfarça sob a forma de saborosos pitéus.

PERGUNTA: — Dai-nos um exemplo objetivo de como poderemos governar a mente e controlar o instinto, para extinguirmos o desejo de saborear a carne de animais.

RAMATÍS: — Primeiramente é necessário que não vos deixeis fascinar completamente pelo aspecto festivo das mesas repletas de pratos com carnes, aos quais a arte mórbida ainda ajusta enfeites que não passam de sugestões pérfidas para que mais se acicatem os desejos inferiores. Diante do presunto "apetitoso", convém que mediteis sobre a realidade fúnebre que está à vossa frente; há que recordar a figura do suíno metido no charco, na forma de malcheiroso e detestável monturo de albumina, suarento, balofo e imundo, que depois é cozido em água fervente, para dar-vos o presunto "rosado e cheiroso". Ante o churrasco "delicioso", não vos deixeis seduzir pelo cheiro da carne a crepitar sob apetitoso condimento, mas considerai-o na sua verdadeira condição de musculatura sangrenta, que durante a vida do animal eliminou o suor acidulado pelos poros, verteu toxinas e uréia, figurando-o, também, como a rede microscópica que canaliza bacilos de todos os matizes e de todas as consequências patogênicas.

Na realidade, o vosso estômago não foi criado para a macabra função de cemitério vivo, dentro do qual se liberta a fauna dos germens ferozes e famélicos e se desmantelam as fibras animais! Se não vos deixardes dominar pelo impulso inferior, que perverte a imaginação e vos ilude com a falsidade da nutrição apetitosa, cremos que em breve sentir-vos-eis libertos da necessidade de ingestão dos despojos animais, assim como há homens que mental e fisicamente se libertam do vício de fumar e não mais sofrem diante dos fumantes inveterados. E, se o desejo impuro ainda comandar o vosso psiquismo negligente e enfraquecer a vontade superior, é mister que, pelo menos, recordeis a comoção dolorosa do animal, quando é sacrificado sob o cutelo impiedoso do magarefe ou quando sofre o choque operatório da faca perversa, em suas entranhas inocentes.

PERGUNTA: — Consultam-nos alguns confrades sobre se há acréscimo de responsabilidade para os espíritas que são carnívoros. Que dizeis?

RAMATÍS: — Não podemos assinalar-lhes "acréscimo de responsabilidade", nesse caso, pois a maioria ainda obedece ao próprio condicionamento biológico do pretérito, que se consolidou na formação animal e humana. Evidentemente, são poucos os espíritas que encaram o problema da alimentação como um delicado assunto que deva ser digno de atenção. Mas o costume carnívoro não se coaduna, de maneira alguma, com os princípios elevados do espiritismo que, além de se fundamentar nos preceitos amorosos de Jesus, se firma nos postulados iniciáticos do passado, em que a alimentação vegetariana era norma indiscutível para o discípulo bem intencionado.

Os espíritas que estiverem seriamente integrados no sentido revelador e libertador da doutrina codificada por Kardec indubitavelmente hão de exercer contínuos esforços para extinguir o péssimo costume de ingerir a carne de seus irmãos menores. O seu entendimento superior e progressivo há de distanciá-lo cada vez mais dos retalhos cadavéricos.

É óbvio que a questão de comer carne ou não comê-la é assunto de foro íntimo da criatura e, por isso, aqueles que não se dispuserem a mudar a sua alimentação doentia de modo algum concordarão com os nossos enunciados. Muitos saberão tecer comentários ardilosos e sugestivos, para chegarem a conclusões que justifiquem a sua nutrição bárbara, considerando a sua escravidão mental ao desejo impuro como sendo imposição natural da vida humana. Mas aqueles que procuram um mais alto nível de espiritualidade saberão compreender que a carne é prejudicial ao organismo físico, porque este lhe absorve as toxinas uréicas, com o que fica violentada a tessitura delicada do veículo astral, onde se gravam as emoções da alma. Se o espírita pretende alcançar melhor coeficiente físico, moral, social, artístico, intelectual ou espiritual, é óbvio que a abstinência da carne é um imperativo indiscutível para o êxito completo em atingir esse ideal superior.

As figuras santificadas dos líderes espirituais do vosso mundo, tais como Buda, Gandhi, Maharshi, Francisco de Assis e outros, entre os quais se destaca a sublime figura de Jesus, deixaram-vos o exemplo de uma vida distante dos banquetes carnívoros ou dos "colchões-mole" assados no braseiro das churrascadas tétricas. É de senso comum que os povos mais belicosos e instintivos são exatamente os maiores devoradores de carne, assim como as figuras brutais, obesas e antipáticas, dos antigos césares romanos, ferem a vossa retina espiritual pelo mesmo motivo apontado.

Embora não se agrave a responsabilidade dos espíritas que ainda se alimentem com despojos animais, nem por isso se lhes reduz a culpa de serem tradicionais cooperadores para a existência de matadouros e açougues, além de flagrante desmentido que oferecem à observância dos preceitos de amor e bondade para com o infeliz animal sacrificado.

PERGUNTA: — Então, sob esse vosso raciocínio, é incoerente que o espírita devore os despojos dos animais. Não é isso mesmo?

RAMATÍS: — Cremos que só devem ser consideradas razoáveis as desculpas dos carnívoros, quando não forem espiritualistas, vivendo, portanto, à sombra das igrejas conservadoras, a maior parte das quais é absolutamente tolerante para com a alimentação carnívora. Mas quando essa prática macabra é tolerada pelos cultores do espiritismo, que é um despertador de consciência e divino fermento que renova todos os costumes, torna-se evidente a contradição entre o que o espírita professa e aquilo que pratica.

PERGUNTA: — E quais as vossas considerações quanto aos mentores da doutrina espírita que ainda se alimentam de carnes? Em virtude de serem divulgadores da doutrina, não deveriam também ser vegetarianos?

RAMATÍS: — Aqueles que se aprofundam sinceramente no conhecimento dos conceitos do amoroso Jesus e desejam transmitir aos outros os seus inefáveis conselhos, entre os quais figura o do "Sede mansos de coração", evidentemente estarão se contradizendo-se quando ingerem o produto da dor e do sofrimento do animal inocente, e muito mais ainda se tomarem parte, ostensivamente, em churrascadas, ao redor de uma vala onde o boi é assado, como se estivesse emergindo de seu próprio túmulo violado!

PERGUNTA: — Somos de parecer que os espíritas ainda não podem ser censurados em consequência de sua alimentação carnívora, pois é um costume que, além de bastante natural, é próprio do nosso atual estado evolutivo espiritual. É-nos difícil compreender que ao promovermos uma inofensiva e tradicional churrascada, ou tomarmos parte em uma refeição carnívora, possa situar-nos culposamente perante o Criador. Não temos, pelos menos, certa razão?

RAMATÍS: — É tempo de raciocinardes mais sensatamente no tocante ao verdadeiro sentido da espiritualidade, fazendo distinção, também, com mais clareza, entre os vícios mais próprios do reino de Mamon e os valores que promovem a cidadania para o mundo de Deus.

Malgrado as contestações que apresentais quanto à nutrição carnívora, alegando o condicionamento natural do pretérito, é tempo de compreenderdes que já soou a hora do definitivo despertamento espiritual. Em concomitância com a próxima verticalização do vosso orbe em seu eixo imaginário, há que também vos verticalizardes em espírito, libertando-vos, outrossim, da alimentação cruel e ignominiosa das vísceras animais. Não são poucas as vezes em que as vossas contradições chegam a assumir caráter de um insulto aos bens generosos que provêm da magnitude do Pai!

PERGUNTA: — Não percebemos o que quereis dizer. Dai-nos um exemplo de alguma dessas contradições a que vos referis em tom tão enérgico.

RAMATÍS: — Já tivemos ocasião de presenciar homenagens que espíritas prestaram a seus confrades, oferecendo-lhes retalhos cadavéricos assados, ao mesmo tempo que sobre suas cabeças pendiam cachos de uvas dos lindos parreirais que lhes ofereciam, além dos seus frutos, a sombra amiga para o festim mórbido! Enquanto a carne queimava no braseiro ardente, a sua fumaça fétida e viscosa engordurava as macieiras, as videiras e os dourados laranjais pejados de frutos nutridos, que são ofertas divinas desdenhadas pelo homem ingrato!

Os pregadores espíritas, integrados no messianismo de salvar as almas escravizadas à matéria, devem cooperar para a sanidade da vida em todas as suas expressões físicas ou morais. Consequentemente, nunca deverão incentivar processos mórbidos que contrariem o ritmo harmonioso dessa existência sadia. Assim como nas festividades espíritas os alcoólicos são repudiados, por serem perniciosos e deprimentes, as churrascadas e os banquetes carnívoros também devem ser repelidos, porque vos afastam das vibrações delicadas das almas superiores. Estranhamos que, para o êxito da festividade espírita, o cadáver do irmão inferior tenha que ser torrado no braseiro da detestável churrascaria viciosa do mundo profano!

Do lado de cá perambulam espíritas desencarnados, tão condicionados, ainda, aos banquetes pantagruélicos e carnívoros, que rogam a bênção de um corpo físico em troca dos próprios bens do ambiente celestial! Outros há que ainda não se compenetraram do papel ridículo que representam recitando, compungidos, versículos evangélicos em festividades fraternas do espiritismo, ao mesmo tempo que o confrade serviçal assa o cadáver do irmão inferior, para o cemitério do ventre!

PERGUNTA: — Muitos espíritas afirmam que a alimentação nada tem que ver com o espiritismo, motivo pelo qual vossas considerações a esse respeito são improdutivas e mesmo censuráveis. Que dizeis?

RAMATÍS: — É sabido que todas as filosofias do Oriente que pregam a libertação do espírito do jugo da matéria, sempre hão preceituado que a primeira conquista de virtude do discípulo consiste no abandono definitivo da nutrição carnívora. Como Allan Kardec, ao codificar a doutrina espírita, também se inspirou nos postulados da filosofia espiritualista oriental, não devem os espíritas considerar improdutivo e até censurável recomendar-lhes que não se alimentem com a carne dos animais. Isso equivale a louvar e defender a alimentação carnívora, no que Kardec nunca pensou. Todo esforço moderno, de espiritualização do mundo, nunca pôde fugir de situar as suas raízes iniciáticas no experimento milenário do Oriente, cuja tradição religiosa, de templos dignos de respeito, traz por fundamento essencial a doutrina vegetariana. Nada estranharíamos, se essa censura proviesse de membros de religiões sectaristas, que não compreendem ainda o que seja a evolução do espírito e não acreditam que o animal possa ter alma, nem que os prejuízos que causais ao corpo carnal se refletem no corpo espiritual; mas é sempre contraditório que o espírita advogue a prática da ingestão do cadáver do seu irmão inferior, quando já é portador de uma consciência mais ampla e desenvolvida sob a alta pedagogia de amadurecidos valores iniciáticos do passado.

É provável que as nossas cogitações sobre o vegetarianismo sejam consideradas improdutivas e ostensivas, por parte de certa porcentagem de espíritas; no entanto, as suas censuras contra aquele sistema e os seus louvores à nutrição carnívora implicam em se considerar que Deus fracassou lamentavelmente quanto à criação de recursos para nutrir os seus filhos e teve, por isso, de lançar mão do execrável recurso de criar cabritos, coelhos, porcos, bois e carneiros, destinados exclusivamente ao sacrifício cruel das mesas humanas!

Se os animais pudessem falar, que diriam eles a respeito dessa gentil disposição de muitos espíritas de os devorarem sob festivos cardápios e requintados molhos que deixariam boquiabertos muitos zulus antropófagos?

É estranhável, portanto, que ainda se façam censuras às solicitações seguintes, em que temos situado o nosso principal labor:

1) que não coopereis para o aumento de matadouros, charqueadas e açougues;

2) que não promovais as efusivas churrascadas sangrentas, na confraternização espírita;

3) que eviteis que penetre na vossa aura o visco nauseante e aderente do astral inferior, que se liberta do animal sacrificado;

4) que vos distancieis, o mais depressa possível, dos velhos antepassados caiapós ou tamoios que, devido à ignorância dos postulados espíritas, se entredevoravam em ágapes repugnantes;

5) que, se não encontrar eco em vossos espíritos tudo quanto vimos solicitando, pelo menos tenhais piedade do animal inocente, que é vosso irmão menor perante Deus!

Deste modo, podereis integrar-vos nos preceitos amorosos de Jesus e corresponder à dádiva generosa do Criador, que veste o solo terráqueo de hortaliças, legumes e árvores pejadas de frutos, na divina e amorosa oferta viva para uma nutrição sadia!

PERGUNTA: — Há quem conteste as vossas opiniões, alegando que Allan Kardec não censurou, em suas obras, a alimentação carnívora, nem a considerou indigna ou imprópria de espíritas. Que dizeis?

RAMATÍS: — Allan Kardec viu-se compelido a adaptar os seus sensatos postulados ao espírito psicológico da época, evitando conflito não só com a mentalidade profana — ainda bastante acanhada devido à escravidão ao dogma religioso como também com as instituições responsáveis pela economia em que a indústria da carne representava uma de suas bases fundamentais. Dado que o vegetarianismo era doutrina praticada por pequeno número de iniciados que se aproximavam das fontes espiritualistas do Oriente, seria prematuro e inconsequente que o nobre codificador firmasse esse postulado no espiritismo recém-exposto ao público, e que bem poderia se tornar ridículo para os neófitos da doutrina. Naquela época a simples recomendação da abstinência completa da carne, como princípio de uma doutrina codificada para a massa comum, acarretaria o fracasso incontestável dessa doutrina. O espiritismo, em seu início, foi encarado mais como revelação de preceitos esotéricos do que mesmo como doutrina de ordem moral e disciplina evangélica, cujas virtudes ainda eram consideradas como exclusividade da religião dogmática dominante. No entanto, em sua base oculta-se a mensagem claríssima para "os que tiverem olhos de ver", na qual Allan Kardec vos legou sugestiva e sibilina advertência que endereça particularmente aos seus adeptos, com relação ao vegetarianismo.

Examinando a magnífica obra de Kardec, que constitui a Terceira Revelação no âmbito do vosso planeta em progresso espiritual, dar-vos-emos apontamentos que distinguem, perfeitamente, o pensamento do autor quanto à alimentação vegetariana.

Diz o codificador, em nota pessoal, de esclarecimento à resposta da pergunta nº 182, do cap. IV, do *O Livro dos Espíritos*; Encarnação dos Diferentes Mundos:

> À medida que o espírito se purifica, o corpo que o reveste se aproxima igualmente da natureza espírita. Torna-se-lhe menos densa a matéria; deixa de rastejar penosamente pela superfície do solo; menos grosseiras se lhes fazem as necessidades físicas, não mais sendo preciso que os seres vivos se destruam mutuamente para se nutrirem.

Está obviamente implícito nesta nota que, se a destruição entre os seres vivos, para se nutrirem, é sempre um estado de inferioridade e de "necessidade grosseira", o fato de a criatura não se nutrir de seres vivos corresponde-lhe a um estado de superioridade espiritual. E mais culposa e inferior se torna tal prática entre os espíritas, porque estes já são portadores de uma consciência mais nítida da verdade superior da vida do espírito, ao mesmo tempo que a adesão ao espiritismo também implica em aumento de responsabilidade moral.

No capítulo IV, é feita a pergunta nº 692:

> Será contrário à lei da natureza o aperfeiçoamento das raças animais e vegetais, pela ciência? Seria mais conforme a essa lei deixar que as coisas seguissem o seu curso normal?

A entidade consultada, e que firma o princípio espírita, responde:

> Tudo se deve fazer para chegar à perfeição, e o próprio homem é um instrumento de que Deus se serve para atingir seus fins. Sendo a perfeição a meta para que tende a natureza, favorecer essa perfeição é corresponder às vistas de Deus.

Evidentemente, se o homem, como intermediário de Deus, tudo deve fazer para que até o próprio animal chegue à perfeição, a fim de corresponder ao que Deus preceitúa, indiscutivelmente um ato contrário a tal preceito não atende aos desígnios do Criador e não favorece ao aperfeiçoamento do animal. Em consequência, os espíritas que realmente hão compreendido essa disposição doutrinária, de elevado conceito espiritual, de modo algum deverão continuar a transformar os seus estômagos num cemitério da carne do seu irmão inferior, pois essa prática de modo algum o aperfeiçoa, mas cruelmente o destrói.

Ainda em resposta de nº 693, a entidade conceitua textualmente:

> Tudo o que embaraça a natureza em sua marcha é contrário à lei geral.

PERGUNTA: — Temos recebido explicações de que devem sobreviver apenas os seres inteligentes, conforme se poderia deduzir das obras de Kardec. Está certa essa interpretação?

RAMATÍS: — Recomendamos a leitura do capítulo V, "Da Lei de Conservação", parte 3 do *O Livro dos Espíritos* (pergunta e resposta 703):

> *PERGUNTA: — "Com que fim outorgou Deus a todos os seres vivos o instinto de conservação?"*
>
> RESPOSTA: — "Porque todos têm que concorrer para cumprimento dos desígnios da Providência. Por isso foi que Deus lhes deu a necessidade de viver. Acresce que a vida é necessária ao aperfeiçoamento dos seres. Eles o sentem instintivamente, sem disso se aperceberem".

Escusamo-nos de entrar em amplos detalhes sobre este tópico muitíssimo claro, em que o espírito interpelado frisa a grande responsabilidade de se dever manter a vida de todos os seres, porque "todos têm que concorrer para o cumprimento dos desígnios da Providência". A necessidade de viver, que deve ser "respeitada e protegida", é uma das conclusões lógicas e decisivas do espírito que se comunicava com Kardec, e que implica, portanto, em nova censura doutrinária ao extermínio do animal para ser devorado nas mesas lautas dos espíritas!

E a nobre entidade prossegue, delineando em contornos mais claros e incisivos a ignomínia da alimentação carnívora, em lugar da vegetariana ou frugívera. Em resposta à pergunta nº 703, "Tendo dado ao homem a necessidade de viver, Deus lhe facultou, em todos os tempos, os meios de o conseguir?", diz a entidade:

> Certo e, se ele os não encontra, é que não os compreende. Não fora possível que Deus criasse para o homem a necessidade de viver, sem lhe dar os meios de consegui-

-lo. Essa a razão por que faz com que a terra produza, de modo a proporcionar o necessário aos que a habitam, visto que só o necessário é útil. O supérfluo nunca o é.

É óbvio que, se o homem continua a se alimentar dos despojos de animais e não se serve dos meios, ou seja, os frutos e vegetais que Deus faz a terra produzir — e que ele não encontra porque não os compreende — cabe ao homem a culpa de ser carnívoro, porque o solo possui tudo o que se faz necessário a uma alimentação natural e sadia.

No final da resposta à pergunta nº 705, o espírito comunicante é bem claro, quando confirma a sua conclusão anterior:

> Em verdade vos digo "improvidente não é a natureza; é o homem, que não sabe regrar o seu viver".

O carnívoro é quase sempre um insaciável; ele devora miolos, rins, fígado, estômago, pulmões, pés, mocotó, músculos e até a própria língua do animal! O seu apetite é incontrolável e o seu paladar deformado; consegue usufruir um gozo epicurístico nos pratos mais detestáveis de vísceras cozidas ou assadas, que disfarçam os odores fétidos por meio do tempero excitante.

Os banquetes carnívoros e as churrascadas constituem um espetáculo comprometedor à luz do espiritismo. Os espíritos que assistiram a Kardec o declaram, indiretamente, nas respostas às perguntas 713 e 714, do tema "Gozo dos Bens Terrenos", nos seguintes termos:

> A natureza traçou limites aos gozos, para vos indicar o necessário; mas, pelos vossos excessos, chegais à saciedade e vos punis a vós mesmos.

À indagação feita sobre que se deve pensar do homem que procura nos excessos de todo gênero o requinte dos gozos, o espírito deu a seguinte resposta, sob nº 714:

> Pobre criatura! Mais digna é de lástima do que de inveja, pois bem perto está da morte.

Perto da morte física, ou da morte moral? — perguntou Kardec ao espírito comunicante. E este respondeu: — "De ambas!"

Allan Kardec, não satisfeito ainda com a resposta decisiva e insofismável do seu nobre mentor, acrescenta a seguinte nota às perguntas acima:

> O homem que procura nos excessos de todo gênero o requinte do gozo coloca-se abaixo do bruto, pois que este sabe deter-se, quando satisfeita a sua necessidade. Abdica da razão que Deus lhe deu por guia e, quanto maiores forem os seus excessos, tanto mais preponderância confere o homem à sua natureza animal sobre a sua natureza espiritual. As doenças, as enfermidades e ainda, a morte, que resultam do abuso, são, ao mesmo tempo, o castigo à transgressão da lei de Deus.

O genial codificador do espiritismo estatui, nas considerações acima, a norma exata que deve seguir o adepto espírita, em matéria de alimentação. Indubitavelmente, o espírita é aquele que procura melhorar a sua conduta através de um contínuo esforço de aperfeiçoamento; deve agir incessantemente para que "a sua natureza espiritual predomine sobre a sua natureza animal", o que não lhe será possível conseguir nos excessos pantagruélicos, que o "colocam abaixo do bruto".

A natureza espiritual de modo algum se apura ou se revela diante das valas onde se assam churrascos repugnantes ou diante das terrinas fumegantes onde sobrenadam os retalhos da carne sacrificada, do irmão menor. Há de ser, incontestavelmente, aprimorada a distância dos despojos animais e "com os meios que Deus facultou ao homem, produzidos pela terra", como se disse na resposta 704.

PERGUNTA: — Mas Allan Kardec registra no O Livro dos Espíritos, em seguida à pergunta 723, a seguinte resposta do espírito comunicante: — "Dada a vossa constituição física, a carne alimenta a carne; do contrário, o homem perece". E o espírito completa essa resposta, conceituando que "o homem tem que se alimentar conforme o reclame a sua organização". Que dizeis, agora, a esse respeito?

RAMATÍS: — O conceito ao pé da letra, de que "a carne alimenta a carne", está desmentido pelo fato de que o boi, o camelo, o cavalo e o elefante, como espécies vigorosas e duradouras, são avessos à carne, e não se ressentem da falta das famosas proteínas provindas das vísceras animais. Quanto ao de que o homem **perece** quando não se alimenta de carne, Deus mostra a fragilidade da afirmação, obrigando, por vezes, um ulceroso, à beira do túmulo, a viver ainda alguns lustros sem ingerir carne. Se o enfermo sobrevive evitando a carne, por que há de perecer quem é são? Quanto à afirmativa de que "o homem deve alimentar-se conforme reclame a sua organização", não há dúvida alguma, pois enquanto a organização bestial de um Nero pedia fartura de carne fumegante, Jesus se contentava com um bolo de mel e um pouco de caldo de cereja! Assim como não haveria nenhum proveito espiritual para Nero, se ele deixasse de comer carne, de modo algum Gandhi careceria mais do que um copo de leite de cabra, para sua alimentação.

Na pergunta 724, do *O Livro dos Espíritos*, Kardec consultou o mesmo espírito sobre se será meritório abster-se o homem da alimentação animal, ou de outra qualquer, por expiação, ao que o mentor espiritual respondeu: "Sim, se praticar essa privação em benefício dos outros", evidenciando, portanto, aos espíritas, que há mérito em se deixar de comer carne, pois isto resulta em benefício do animal, que é um irmão menor. Este pode, assim, continuar a sua evolução, estabelecida por Deus, livre da crueldade dos matadouros, charqueadas e matanças domésticas. A alimentação vegetariana fica, pois, definitivamente endossada pela doutrina espírita, porque da privação da carne, por parte do homem, este se enobrece e o animal se beneficia.

No capítulo VI do *O Livro dos Espíritos* (Da Lei da Destruição) elimina-se qualquer dúvida a esse respeito, quando Allan Kardec indaga sobre se entre os homens existirá sempre a necessidade da destruição, e o espírito responde que essa necessidade se enfraquece à medida que o espírito sobrepuja a matéria, e que o horror à destruição cresce com o desenvolvimento intelectual e moral. Ora; se o horror à destruição cresce tanto quanto o desenvolvimento intelectual e moral do homem, subentende-se, logicamente, que aqueles que ainda não manifestam horror à destruição também não se desenvolveram moral e intelectualmente; são retardatários no progresso espiritual, pois como "destruição" pode ser também considerada a que é produzida pelo desejo de comer carne, e que demonstra acentuada predominância da natureza animal sobre a espiritual. No final da resposta à pergunta 734, o espírito, embora afirme que o direito de destruição se acha regulado pela necessidade que o homem tem de prover o seu sustento e segurança, faz a ressalva de que o abuso jamais constitui direito!

Este conceito final tem relação mais direta com os espíritas e espiritualistas em geral, pois constitui realmente um abuso, perante o sentido mais puro da vida, o fato de que, ante a prodigalidade de frutas, legumes e hortaliças, os homens, já cientes de tal conceito, ainda teimem em devorar os despojos dos seus servidores inocentes. E os espíritas que houverem compulsado as obras sensatas e progressivas de Allan Kardec tornar-se-ão muitíssimo onerados perante a justiça sideral quando, após terem recebido ensinamentos que pedem frugalidade, equilíbrio, piedade e pureza, contradizem o esforço de se libertarem da matéria prosseguindo no banquete mórbido de vísceras assadas ou cozidas epicuristicamente para o necrotério do estômago!

O inteligente codificador da doutrina espírita — como que pressentindo, com um século de antecedência, a ignomínia da destruição dos animais e das aves — inclui na sua obra citada a resposta nº 735, que é um libelo contra a caça:

> A caça é predominância da bestialidade sobre a natureza espiritual. Toda destruição que excede aos limites da necessidade é uma violação da lei de Deus. Os animais só destroem para satisfação de suas necessidades, enquanto que o homem, dotado de livre arbítrio, destrói sem necessidade. Terá que prestar contas do abuso da liberdade que lhe foi concedida, pois isso significa que cede aos maus instintos.

Matar o animal ou a ave indefesa, que precisa do carinho e da proteção humana, constitui, realmente, grave dano de ordem espiritual! Tendo Kardec perguntado ao seu mentor se pode ligar o sentimento de crueldade ao instinto de destruição, foi-lhe respondido o seguinte: "A crueldade é o instinto de destruição no que tem de pior, porquanto se, se algumas vezes, a destruição constitui uma necessidade, com a crueldade jamais se dá o mesmo".

Ratificamos, pois, as nossas considerações anteriores, de que a alimentação carnívora — que é responsável pela matança cruel nos matadouros e charqueadas ou açougues — é produto de uma natureza humana "impiedosa e má", como afirmou o mentor de Kardec ao se referir à destruição acompanhada de crueldade (752).

PERGUNTA: — Se é assim, deve ser contraproducente, aos médiuns, o sentarem-se à mesa espírita com o estômago saturado de carne; não é verdade?

RAMATÍS: — Isso depende da natureza das comunicações, do ambiente e do tipo moral do médium. Se este for criatura distanciada do Evangelho, não passará de fácil repasto para os espíritos glutões e carnívoros, que hão de se banquetear na sua aura poluída de fluidos do astral do porco ou do boi. Se se tratar de criatura evangelizada e afeita aos comunicados de benefício humano, será então protegida pelos seus afeiçoados, embora portadora de repulsiva carga de eructações astrais incomodativas às entidades presentes mais evoluídas.

Mas o carnívoro e glutão pouco produz no trabalho de intercâmbio com as esferas mais altas; o seu perispírito encontrar-se-á saturado de miasmas e bacilos psíquicos exsudados da fermentação das vitualhas pelos ácidos estomacais, criando-se um clima opressivo e angustiante para os bons comunicantes. Com as auras densas e gomosas das emanações dos médiuns carnívoros que, fartos de retalhos cadavéricos, se apresentam às mesas espíritas, os guias sentem-se tolhidos em suas faculdades espirituais, à semelhança do homem que tenta se orientar sob pesada neblina ou intensa nuvem de fumaça asfixiante.

O que prejudica o trabalho do médium não é apenas a dilatação do estômago, consequente do excesso de alimentação, ou os intestinos alterados profundamente no seu labor digestivo, ou pâncreas e fígado em hiperfunção para atenderem à carga exagerada da nutrição carnívora, mas é a própria carne que, impregnada de parasitas e larvas do animal inferior, contamina o perispírito do médium e o envolve com os fluidos repugnantes do psiquismo inferior.

Os centros nervosos e o sistema endócrino da criatura

se esgotam dolorosamente no trabalho exaustivo de apressar a digestão do carnívoro sobrecarregado de alimentação pesada, comumente ingerida poucos minutos antes de sua tarefa mediúnica. Como os guias não se podem transformar em magos miraculosos, que possam eliminar, instantaneamente, os fluidos nauseantes das auras dos médiuns glutões e carnívoros, estes permanecem nas mesas espíritas em improdutivo trabalho anímico, ou então estacionam na forma de "passistas" precários, que melhor seria não trabalhassem, para não prejudicarem pacientes que ainda se encontrem em melhor condição psico-astral.

PERGUNTA: — Em face de certas argumentações de confrades contrários ao vegetarianismo, os quais afirmam que a boa literatura mediúnica não corrobora as vossas afirmações, ficar-vos-íamos gratos se nos citásseis algumas obras de valor espiritual, ou de natureza mediúnica, que nos comprovassem as vossas asserções.

Ser-vos-ia possível dispensar-nos essa atenção?

RAMATÍS: — Achamos inconveniente — por tomar muito espaço nesta obra — reproduzir aqui tudo o que diz a literatura doutrinária espiritualista do Oriente e mesmo a literatura espírita. Reproduziremos o que nos parece mais proveitoso e de melhor clareza para os vosso atuais entendimentos. A *A Sabedoria Antiga*, de Annie Besant, diz à página 69, capítulo II, "O Plano Astral":

> O massacre organizado e sistemático dos animais, nos matadouros, as matanças que o amor pelo esporte provoca, lançam cada ano, no mundo astral, milhões de seres cheios de horror, de espanto, de aversão pelo homem.

Terapêutica Magnética, de Alfonso Bué, página 41, nº 26:

> Para desenvolver as faculdades magnéticas, o regime vegetariano, aplicado sem exagero e sem prevenção exclusiva, é incontestavelmente o melhor; faz-se preciso comer pouca carne, suprimir por completo o uso do álcool e beber muita água pura.

Em face dos dizeres supra, ser-vos-á fácil avaliar quão dificultoso se torna, para o médium que é passista, cumprir os seus deveres com o estômago abarrotado de carne!

Afirma um médico do vosso orbe, que goza de excelente conceito científico — professor Radoux, de Lausanne:

> É um preconceito acreditar que a carne nutre a carne. O regime da carne e do sangue é, pelo contrário, nocivo à beleza das formas, ao viço da tez, à frescura da pele, ao aveludado e brilho dos cabelos. Os comedores de carne são mais acessíveis que os vegetarianos às influências epidêmicas e contagiosas; os miasmas mórbidos e os vírus encontram um terreno maravilhosamente preparado para o seu desenvolvimento nos corpos saturados de

humores e de substâncias mal elaboradas, nocivas ou já meio fermentadas e em decomposição.

Da literatura mediúnica espírita, podemos citar alguns trechos de obras que reconhecemos de incontestável valor e que servem para orientar a atitude dos espíritas para com os objetivos superiores. Em *Missionários da Luz*, obra de André Luís receptada por Francisco Cândido Xavier, o autor espiritual focaliza situações que bem comprovam a importância do vegetarianismo entre os adeptos do espiritismo. Diz o autor no capítulo IV, página 41, evocando a sua existência física:

> A pretexto de buscar recursos protéicos, exterminávamos frangos e carneiros, leitões e cabritos incontáveis. Sugávamos os tecidos musculares, roíamos os ossos. Não contente em matar os pobres seres que nos pediam roteiros de progresso e valores educativos, para melhor atenderem à obra do Pai, dilatávamos os requintes da exploração milenária e infligíamos a muitos deles determinadas moléstias para que nos servissem ao paladar, com mais eficiência. O suíno comum era localizado por nós em regime de ceva, e o pobre animal, muita vez à custa de resíduos, devia criar para o nosso uso certas reservas de gordura, até que se prostrasse, de todo, ao peso de banhas doentias e abundantes. Colocávamos gansos nas engordadeiras que lhes hipertrofiassem o fígado, de modo a obtermos pastas substanciosas destinadas a quitutes que ficaram famosos, despreocupados com as faltas cometidas com a suposta vantagem de enriquecer valores culinários. Em nada nos doía o quadro das vacas-mães, em direção ao matadouro, para que as nossas panelas transpirassem agradavelmente.

Adiante, à página 42 da mesma obra, o autor cita parte de um diálogo com uma autoridade técnica do lado de cá:

> Os seres inferiores e necessitados, do planeta, não nos encaram como superiores generosos e inteligentes, mas como verdugos cruéis. Confiam na tempestade furiosa que perturba as forças da natureza, mas fogem, desesperados, à aproximação do homem de qualquer condição, excetuando-se os animais domésticos que, por confiarem em nossas palavras e atitudes, aceitam o cutelo no matadouro, quase sempre com lágrimas de aflição, incapazes de discernir, com o raciocínio embrionário, onde começa a nossa perversidade e onde termina a nossa compreensão.

O efeito deplorável da matança do animal, no vosso mundo, repercute neste lado, de modo contristador; ainda é um problema que requer esforços heróicos por parte dos desencarnados bem-intencionados, pois o sangue derramado a esmo é alimento vigoroso para nutrir os perversos e infelizes espíritos sem corpo físico, e prolongar-lhes os intentos mais abjetos.

Da mesma obra *Missionários da Luz*, e em atenção aos vosso rogos, indicamos a página 135 onde encontrareis a corroboração do que vos relatamos em outros labores despretensiosos. Diante do quadro estarrecedor do matadouro, onde se processava a matança dos bovinos, o autor descreve a turba de espíritos famintos que, em lastimáveis condições, se atiravam desesperados aos borbotões de sangue vivo, tentando obter o tônus vital que lhes favorecesse um contacto mais nítido com o mundo físico. Diz o autor, reproduzindo a palavra do seu mentor:

> Estes infelizes irmãos, que nos não podem ver, pela deplorável situação de embrutecimento e inferioridade, estão sugando as forças do plasma sanguíneo dos animais. São famintos que causam piedade.

A cena identifica mais uma das funestas realidades que se produzem devido à matança do animal, pois as almas ainda escravas das sensações inferiores, que perambulam no Espaço sem objetivos superiores, encontram nos lugares onde se derrama em profusão o sangue do animal os meios de que precisam para consolidar as perseguições e incentivar o desregramento humano. O autor em questão transcreve, em seguida, novo diálogo com o seu interlocutor desencarnado:

> Por que tamanha sensação de pavor, meu amigo? Saia de si mesmo, quebre a concha da interpretação pessoal e venha para o campo largo da justificação. Não visitamos, nós ambos, na esfera da Crosta, os açougues mais diversos? Lembro-me de que em meu antigo lar terrestre havia sempre grande contentamento familiar pela matança dos porcos. A carcaça de carne e gordura significava abundância da cozinha e conforto do estômago. Com o mesmo direito, acercam-se os desencarnados, tão inferiores quanto já fomos, dos animais mortos cujo sangue fumegante lhes oferece vigorosos elementos vitais.

Ficou demonstrado, nessa obra mediúnica, de confiança, que o vício da alimentação carnívora é sinal de inferioridade espiritual; a ingestão de vísceras cadavéricas e a consequente adesão ao progresso dos matadouros mantêm a fonte que ainda sustenta a vitalidade dos obsessores e dos agentes das trevas sobre a humanidade terrestre. O terrícola paga, diariamente, sob a multiplicidade de doenças, incômodos e consequencias funestas em seu lar, a incúria espiritual de ainda devorar os restos mortais do animal criado por Deus e destinado a fins úteis.

Outro autor espiritual (Irmão X, em *Cartas e Crônicas*, sob o tema "Treino para a Morte") através do mesmo médium que enunciamos, conceitua corajosamente:

> Comece a renovação de seus costumes pelo prato de cada dia. Diminua gradativamente a volúpia de comer a carne dos animais. O cemitério na barriga é um tormento, depois da grande transição. O lombo de porco ou o bife de vitela, temperados com sal e pimenta, não nos situam muito longe dos nossos antepassados, os tamoios e os caiapós, que se devoravam uns aos outros.

Emmanuel, o mentor do referido médium, em comunicação que destacamos, aludindo ao aparecimento e evolução do homem assim se manifesta:

> Os animais são os irmãos inferiores dos homens. Eles também, como nós, vêm de longe, através de lutas incessantes e redentoras, e são, como nós, candidatos a uma posição brilhante na espiritualidade. Não é em vão que sofrem nas fainas benditas da dedicação e da renúncia, em favor do progresso dos homens.

Evidencia-se, portanto, através dessas declarações de espíritos credenciados no labor mediúnico espiritista e de vossa confiança, que muito grave é a responsabilidade dos espíritas no tocante à alimentação carnívora. De modo algum ser-lhes-á tolerada pela Lei da Vida, da qual não podem alegar desconhecimento, qualquer desculpa posterior, que lhes suavize a culpa de trucidarem o seu irmão menor! É a própria bibliografia espiritista e comumente apontada como a diretriz oficial da conduta espírita, que vos notifica de tais deveres e acentua a urgente necessidade do vegetarianismo. Já vos temos dito que as humanidades superiores são inimigas do macabro banquete de vísceras cadavéricas. Lembramo-vos o conceito sensato de Allan Kardec, de que "a natureza espiritual deve predominar sobre a natureza animal". E disso podeis ter a comprovação através das próprias obras mediúnicas que afirmais serem de confiança.

Em *Novas Mensagens*, obra recebida pelo criterioso médium Francisco Cândido Xavier, à página 63, no capítulo "Marte", ser-vos-á fácil encontrardes o seguinte:

> Tais providências, explica o espírito superior e benevolente, destinam-se a proteger a vida dos reinos mais fracos da natureza planetária porque, em Marte, o problema da alimentação essencial, através das forças atmosféricas, já foi resolvido, sendo dispensável aos seus habitantes felizes a ingestão das vísceras cadavéricas dos seus irmãos inferiores, como acontece na Terra, superlotada de frigoríficos e de matadouros.

Não nos estendemos neste trabalho de transcrição de obras mediúnicas, porquanto ultrapassaríamos o limite do nosso programa; apenas vos apontamos o conteúdo de confiança que desejáveis e que podereis abranger em suas minúcias consultando as próprias fontes mencionadas.

PERGUNTA: — Poderíeis nos esclarecer, ainda, quanto às palavras de Jesus, quando afirmou que o homem não se perde pelo que entra pela boca, mas pelo que dela sai?

RAMATÍS: — O Mestre foi bem explícito na sua advertência pois, se afirmou que não vos tornaríeis imundos pelo que entrasse pela vossa boca, e sim pelo que dela saísse, também não vos prometeu graças ou merecimentos superiores se continuásseis a comer carne. Nenhuma tradição cristã vos mostra a figura do Meigo Nazareno trinchando vísceras animais. Jesus lembrou-vos, apenas, o que não "perderíeis", mas não aludiu ao que deixaríeis de "ganhar" se não vos purificásseis na alimentação. A imensa bondade e compreensão do Mestre não o levaria a emitir conceitos ainda imaturos para aqueles homens rudes e brutalmente carnívoros, do seu tempo. A sua missão principal era a de ressaltar o supremo valor do espírito sobre a matéria, assim como a necessidade da purificação interior sobre qualquer preocupação de alimentação. A sua mensagem era de grande importância para os fariseus e fanáticos, da época, que praticavam ignomínias espirituais, enquanto se escravizavam a fatigantes regras de alimentação.

É preciso não olvidar o "espírito" da palavra ditada por Jesus, pois, se o homem não se perde pelo que entra pela boca, mas pelo que dela sai, nem por isso louvais a ingestão do álcool, que embrutece, ou a do formicida, que mata, os quais também entram pela boca. Se tomardes a advertência do Mestre ao pé da letra, chegareis à conclusão, também, de que podereis comer o vosso irmão, como o fazem os antropófagos, pois o que entra pela boca — segundo o princípio evangélico a invocar — não põe ninguém a perder. Entretanto, esse malicioso sofisma, levado à responsabilidade de Jesus, de modo algum vos justificaria perante ele da culpa de serdes canibais, de vez que viveis em um mundo civilizado.

Jesus, ao pronunciar as palavras que citais, estava se referindo à crítica feita a seus discípulos pelo fato de não haverem lavado as mãos antes de comer pão e, com aquelas palavras, quis dizer que é preferível deixar de lavar as mãos a deixar de lavar o coração sujo, mas não que se deva comer tudo quanto possa entrar pela boca, pois isso seria uma absurdidade que não sairia dos lábios do Nazareno!

Não há pureza integral, psicofísica, quando se ingere despojos sangrentos ou monturos vivos de ureia e albumina cultivados no caldo repulsivo dos chiqueiros, nem há limpeza no coração quando se despreza frutos, legumes e hortaliças em abundância, para se alimentar as pavorosas indústrias da morte, que sangram e retalham a carne de seres também dignos de piedade e proteção.

Allan Kardec é bastante claro a esse respeito, quando insere em sua obra *O Livro dos Espíritos*, capítulo VI, a resposta nº 734, em que a entidade espiritual preceitua categoricamente: "O direito ilimitado de destruição se acha regulado pela necessidade que o homem tem, de prover ao seu sustento e à sua segurança. O abuso jamais constituiu direito".

Não há dúvida quanto ao espírito dessa resposta; o homem é culpado se matar o animal, porquanto não lhe assiste esse direito, uma vez que não lhe falta a fruta ou o legume para o seu sustento; nem carece da morte do irmão inferior para a sua segurança biológica ou psicológica.

O vegetarianismo, em verdade, embora aconselhemos que ele substitua gradativamente a alimentação carnívora, para não debilitar, de princípio, aqueles que são demasiadamente condicionados à carne, deve ser a alimentação dos espíritas e espiritualistas já conscientes da realidade reencarnatória e da marcha ascensional a que também os animais estão obrigados.

PERGUNTA: — Não seria contraproducente a alimentação vegetariana nos países de clima frio, em que se precisa bastante de proteínas e calorias?

RAMATÍS: — Sem dúvida, convém que nos climas frios, ou durante as estações invernais, a alimentação vegetariana seja a mais racional possível, à base de alimentos oleosos e graxos, em que devem entrar manteiga, queijo, creme de leite, gema de ovo, nozes, castanhas, amêndoas, pinhão, avelãs, abacate, azeitonas e azeites de soja, de oliva ou de amendoim, banha de coco ou de outras sementes oleaginosas, a fim de se obterem as calorias necessárias para equilíbrio do organismo carnal. Mas, nos climas quentes, a alimentação vegetariana impõe-se como uma necessidade terapêutica pois, deste modo, depura-se o organismo e se reduz a toxicose proveniente da ingestão excessiva de carnes gordurosas.

PERGUNTA: — Que dizeis de existirem vegetarianos magros e gordos, à semelhança do que acontece com os carnívoros?

RAMATÍS: — Realmente, existem ambos os tipos tanto entre os carnívoros quanto entre os vegetarianos. Mas a verdade é que a saúde nada tem a ver com a gordura ou magreza do indivíduo, pois a obesidade tanto pode ser devida à ingestão de alimentos com excesso de hidratos de carbono, como oriunda do tipo de linhagem ancestral biológica, ou também proveniente de distúrbio das glândulas de secreção interna, principalmente por parte da tireoide, hipófise e anexos, que retardam o metabolismo responsável pelo equilíbrio das gorduras no organismo.

PERGUNTA: — Mas é evidente que a carne é a maior fonte de proteínas; não é assim?

RAMATÍS: — Sob o uso de muita proteína ou da ingestão indiscriminada de carne, eleva-se a pressão arterial e, com o tempo, podem surgir a arteriosclerose, o mal de Bright, assim como reduzir-se o calibre das coronárias, com graves perturbações cardíacas e não raro fatais. O próprio canceroso, quando ingere muita carne, demonstra maior virulência de seu mal. Alguns nutrólogos modernos, e atenciosos pesquisadores, não vacilam em afirmar que, devido ao grande consumo de carne por parte da humanidade, ainda grassam enfermidades como apendicite, asma, congestão do fígado, gota, hemorróidas, prisão de ventre, úlceras e excrescências no corpo, enquanto reconhecem que a alimentação à base de frutas e vegetais contribui admiravelmente para recuperar os elementos que favorecem o curso e a flora no tubo intestinal.

Convém notar que os venenos da carne são bastante nocivos ao fígado e o obrigam a um trabalho fatigante, saturando-o de modo a dificultar-lhe o processo delicado da filtração. Acresce ainda que o homem, pelo seu hábito pernicioso de ainda acrescentar ao cozido ou assado das vísceras animais a pimenta, o molho picante, a mostarda, o cravo, o sal em excesso e toda sorte de condimentos excitantes, efetuando as mais violentas combinações químicas com outros condimentos, como a cebola, o alho e o vinagre, termina por aniquilar mais cedo o seu organismo carnal.

Depois, ele mesmo trata de imunizar-se contra os efeitos perniciosos que lesam o seu organismo, socorrendo-se de toda sorte de medicamentos heterogêneos da farmacologia pesada moderna, crente de poder compensar a agressividade da química violenta e corrosiva, que fez eclodir. O uso da carne ainda é acompanhado do molho picante, o que obriga os órgãos físicos a um funcionamento intensivo e fatigante, a fim de produzirem maior quantidade de fermentos, bílis, sucos e hormônios que atendem às necessidades digestivas e proporcionam a filtração dos venenos e sua expulsão para o exterior.

Sob o excesso de alimentação imprudente, que produz a toxicose daninha, os rins e o fígado fatigam-se e congestionam-se para atender ao serviço de filtros vivos do corpo; o pâncreas esgota-se pela hiperprodução de fermentos e as ilhotas de Langerhans, atrofiam-se, reduzindo o seu fornecimento de insulina e culminando na diabete insolúvel. As vísceras animais vertem ainda outras toxinas nocivas, que perturbam o movimento peristáltico do intestino, aumentam a viscosidade sanguínea, concorrendo para a apoplexia, enquanto o ácido úrico dissemina-se pelo sangue, causando o artritismo.

Não vos deve ser desconhecido que os povos orientais, alimentados só com arroz, frutas, legumes e feijão de soja, não padecem de arteriosclerose, angina do peito, enfarte do miocárdio ou hemorragias cerebrais, enquanto no Ocidente essas doenças aumentam incontrolavelmente entre os homens supernutridos pela carne, que é rica de colesterol. Em certos povos ocidentais, o seu desjejum já é farto de presunto, toucinho, chouriço ou carne enlatada, ainda em mistura com queijo, manteiga, ovos, nata e leite que, embora aconselhados na boa alimentação, ainda mais os saturam porque também são gorduras animais.

Deste modo, aumenta continuamente o número de atestados de óbitos que lhes oficializam o falecimento sob a responsabilidade das moléstias do sangue e das veias supersaturadas de proteínas!

PERGUNTA: — Temos ouvido afirmarem que a alimentação carnívora também aumenta o terreno para a proliferação de certos parasitas intestinais, como por exemplo as solitárias. Há fundamento nessa afirmação?

RAMATÍS: — Alguns tipos de parasitas intestinais, de que o homem se torna hospedeiro, procriam-se antes em forma larval no organismo dos animais; é o caso da "Taenia saginata", que vive sua primeira fase larval no boi; a *Taenia solium*, que prefere o porco, ou o *Bothriocephalus*, a solitária, cuja fase larval se processa entre certos peixes da água doce e que, ao atingir a fase adulta no intestino do homem, chega a alcançar até alguns metros de comprimento. Alguns outros parasitas pertencentes aos cestódios e vermes do grupo dos helmintos, que podem ser examinados no seu ciclo de vida parasitária no homem, têm a sua procedência larval em certos animais que também são devorados famelicamente pelo homem, fazendo-o sofrer, depois, os efeitos daninhos de sua própria insaciabilidade zoofágica!

PERGUNTA: — Porventura, a carne de boi também não é, em essência, um amálgama de vitaminas, proteínas e minerais que procedem diretamente dos vegetais e são assimilados pelo animal, pelo qual deveriam se tornar de maior favorecimento ao homem?

RAMATÍS: — A carne é deficiente de vitaminas, pois o animal não as assimila com tanta precisão como se desejaria; elas são abundantes nos frutos, legumes, cereais e hortaliças, a verdadeira fonte natural de sua vivência. Acresce, ainda, que as vitaminas da carne se consomem sob a ação da fervedura ou do assado, agravando-se o seu poder maléfico pela junção de outras substâncias corrosivas, que são fornecidas pelos molhos picantes, pimenta e outros condimentos tóxicos. A prova mais evidente destas asserções está em que a humanidade terrícola, quanto mais se entrega à alimentação carnívora, principalmente com a facilidade atual da carne enlatada, tanto mais é compelida a consumir maior quantidade de vitaminas artificiais.

Qualquer compêndio ou manual de cozinha, que trate da qualidade da alimentação, explica-vos que a carne magra, por exemplo, contém quase dois terços de água, vinte por cento de proteína, cinco por cento de gordura e três por cento de resíduos e matéria mineral, contendo pouca vitamina A, B, e C. As carnes enlatadas ainda são vitaminicamente mais pobres porque, submetidas a rigoroso processo de fervura industrial, volatizam grande parte dos seus elementos energéticos e, mesmo quanto aos sais minerais, ficam restando pouco sódio e cálcio; o próprio ferro ali encontrado ainda é proveniente dos resíduos de sangue que ficam retidos e coagulados nos tecidos musculares.

No caso da doença do escorbuto, por exemplo, a medicina explica que se trata de uma "discrasia hemorrágica" proveniente da falta de ingestão de vegetais ou frutas frescas, culminando em profunda avitaminose. Antes de ser descoberta a carência vitamínica que provocava escorbuto, os exércitos em campanhas, as caravanas de longo percurso ou os marinheiros que passavam muito tempo no mar, alimentados exclusivamente de carne, se dizimavam abatidos por essa moléstia que lhes afetava a nutrição pela falta de vitamina C, a qual só é pródiga nos frutos, legumes, cereais, tais como limão, uvas, tomate, repolho cru, cebola ou espinafre. É evidente que, se a carne possuísse o teor vitamínico exato e necessário ao organismo humano, o escorbuto não afetaria os carnívoros, mas unicamente os vegetarianos. No entanto, o resultado é diametralmente oposto, pois essa moléstia debela-se justamente quando os doentes são tratados com frutas e vegetais frescos!

PERGUNTA: — Mas existem raças robustas que se alimentam exclusivamente de carne, como certos povos ou tribos da Ásia; não é verdade?

RAMATÍS: — Não há dúvida de que se pode comprovar isso, principalmente entre os povos nômades da Ásia, que passam quase que exclusivamente a carne de carneiro, cabrito ou caça selvagem; no entanto, eles são produtos de um meio agreste, cuja vida é liberta do artíficialismo da cozinha das metrópoles; estão mais próximos da vida selvagem, que exige nutrição mais primitiva, o que é mais uma prova de a alimentação carnívora ser incompatível com o homem altamente civilizado ou de sensibilidade espiritual.

É a própria medicina do vosso mundo que, após longas e exaustivas pesquisas à procura dos elementos que produzem a fadiga no organismo humano, firmou as conclusões que aconselham indiretamente ao homem o abandono da carne. Assim é que se comprovou ser a fadiga produzida pelos venenos do corpo e sob três causas distintas: a primeira, como um efeito das modificações químicas que se processam nos músculos; a segunda, consequente dos ácidos minerais e outras substâncias que exaurem o homem e são ingeridos com a própria alimentação; a terceira, consequente dos venenos excretados pelas bactérias proteolíticas, que produzem a putrefação das proteínas não absorvidas pelo cólon intestinal. Ora; a carne não é digerida completamente pelo homem numa porcentagem de cinco a dez por cento, e se putrefaz acelerando o desenvolvimento da amebíase, colite, irritações ou fístulas, porquanto nesse processo de putrefação dominam o escatol e indol, como venenos causadores da fadiga.

Os alimentos carnívoros também sofrem grande perda de sua energia vital durante a combustão interna, assim como acentuam a produção de ácidos nocivos e que afetam o equilíbrio bioquímico intestinal, fato do qual resulta a intoxicação de órgãos, tecidos e sangue, com a presença do ácido úrico causador do artritismo.

A alimentação vegetariana, portanto, é superior a qualquer regime carnívoro, uma vez que os hidratos de carbono predominam nos vegetais, constituindo-se em uma ótima fonte de energia para o bom funcionamento dos músculos, principalmente com o uso da batata e cereais, ou frutos doces, como a ameixa, uva, figo, pêra, cana-de-açúcar, caqui, melancia e passas.

PERGUNTA: — Que nos aconselharíeis quanto à nutrição vegetariana mais adequada para aqueles que pretendem abandonar o regime carnívoro, a fim de poderem compensar o abandono da carne? Cremos que o nosso longo condicionamento à alimentação carnívora ainda não nos aconselha qualquer modificação violenta nesse sentido; não é verdade?

RAMATÍS: — Já vos dissemos anteriormente que a transição completa da alimentação de carne para a vegetal deve ser feita gradativamente por aqueles que ainda não estão preparados para suportar a transformação violenta. É óbvio, também, que tanto o carnívoro quanto o vegetariano não podem prescindir das proteínas; a diferença está em que, enquanto o primeiro obtém-nas da carne, o segundo aproveita-as do vegetal, frutas e hortaliças. A proteína, cuja raiz grega "protos" quer dizer "primeira", é considerada um elemento insubstituível e fundamental da alimentação, embora hoje também se comprove a valiosidade das vitaminas, que ainda eram desconhecidas quando há cem anos o químico holandês Mulder descobriu as proteínas. Estas representam na criatura humana perto de metade do material orgânico e constituem mais ou menos dezesseis por cento do peso do próprio corpo físico, sendo indispensáveis para a combinação de hormônios e fermentos utilizáveis pelo processo nutritivo.

Conforme conclusões a que chegou a medicina atual, acredita-se que basta ao homem um grama de proteínas por quilograma de peso por dia; assim, para atender à sua necessidade protéica, um homem de 60 quilos deve ingerir pelo menos 60 gramas de proteínas por dia. Mas é sabido que, embora o homem atenda satisfatoriamente à sua carência proteínica, em geral ele não sabe ainda alimentar-se convenientemente, nem mesmo corresponde às combinações e exigências alimentares apropriadas ao seu tipo orgânico. Não basta ingerir a quantidade exata de proteínas, vitaminas, minerais, ou atender às calorias prescritas pelas tabelas médicas, pois a alimentação requer outros fatores de suma importância para a saúde corporal como também para a harmonia psíquica do encarnado.

O homem deveria evitar sempre a ingestão de alimentos em momentos impróprios, quer quando não se harmoniza o seu processo de produção de sucos, fermentos, bílis e hormônios, assim como quando se perturbam os estímulos psíquicos. Eis por que não basta só repudiar a carne e preferir o legume, a fruta ou a hortaliça para a boa alimentação e boa saúde, mas sim que sejam respeitadas as demais exigências que a natureza estabelece para o ritmo preciso no mecanismo da nutrição, assim como o melhor aproveitamento obtido através de um estado de espírito tranquilo.

PERGUNTA: — Poderíeis nos esclarecer melhor esse assunto?

RAMATÍS: — O homem não deveria alimentar-se exclusivamente em razão do velho hábito de "matar a fome", fazendo do seu estômago a fornalha ardente de porções de alimentos mal digeridos. Em geral, os terrícolas não mastigam nem digerem bem os alimentos, porque os engolem, esfaimados, em retalhos ou pedaços, sem a salivação adequada e a desintegração aconselhada, imitando os hábitos da avestruz ou dos selvagens, que devoram mas não comem.

A boa mastigação é fundamental para a boa saúde; e esta ainda seria mais prolongada se o homem não regasse os alimentos com os molhos picantes, mostarda, pimenta, "pickles" e demais excitantes que atacam os rins e o fígado, subvertem o paladar e o condicionam a só reagir em face das excitações tóxicas. Há certos tipos de frituras que absorvem excessiva quantidade de gorduras, azeite, manteiga ou margarina, e por isso a digestão se torna difícil e ainda mais se agrava com a pressa do homem em engolir a comida, reduzindo o tempo para o organismo fabricar os sucos, fermentos e hormônios necessários para a digestão normal, de cuja precariedade provêm as dispepsias, indigestões, hiperacidez e demais perturbações do aparelho digestivo.

Também é conveniente que o homem não se alimente quando está agitado, ou logo em seguida a trabalhos exaustivos e exercícios violentos, assim como após as alterações violentas ou estados de cólera, momentos nos quais é intensa a produção de ácidos e resíduos nocivos ao organismo, que depois intervêm hostilmente no metabolismo da digestão.

Cria-se então um círculo vicioso, em que a alimentação influi no psiquismo e este, por sua vez, influi no fenômeno da digestão.

O êxito na manutenção da saúde muito se acentuaria se fosse feita uma prece antes das refeições, pois ela acalma os temperamentos excitados e, pelo fato de estabilizar o vagossimpático, afrouxa a vertência biliar e acerta os estímulos duodenais durante a digestão. A oração ajusta a uma mesma frequência vibratória os familiares e presentes à mesa, afastando as conversas contundentes ou os comentários impróprios à hora das refeições sobre crimes, desastres ou assuntos que mexem com o fígado, perturbam o fluxo biliar e intervêm até nos estímulos psíquicos do apetite.

PERGUNTA: — Embora reconhecendo a valiosidade dessas recomendações sobre a alimentação, não podemos olvidar quão difíceis ou mesmo irrisórias elas serão para aqueles que mal conseguem obter um naco de pão ou retalho de carne para mitigar a fome! Como se poderia entregar a tais cuidados e disciplina educativa da alimentação essa maioria da humanidade ainda vítima da pobreza?

RAMATÍS: — Sob a justiça e a sabedoria da Lei do Carma, são os próprios espíritos que geram seus destinos, mas também são advertidos quanto à colheita de resultados bons ou maus, sempre em conformidade com as causas geradas. Em consequência, aqueles que ainda não usufruem o direito de uma alimentação sadia ou suficiente, é evidente que criaram situações semelhantes no passado, em prejuízo de outros seres. E possível que tenham abandonado suas famílias à miséria, ou então tenham sido industriais, comerciantes, ou intermediários de negócios que se locupletaram à custa de exploração de gêneros alimentícios, para enriquecer a si e à parentela, em detrimento de outras criaturas infelizes, que se viram despojadas até do leite para seus filhinhos! Aqui fazendeiros rapaces e egoístas reduziam o alimento dos seus escravos para aumentar o lucro cobiçado e manter o luxo exagerado da família; ali, reis ou senhores feudais, cruéis, exploravam e exauriam os seus súditos, levando-os até à fome, a fim de garantirem seus vastos domínios; acolá, administradores dos bens públicos os desviavam através de negociatas ou combinações ilícitas, concorrendo para a falta do alimento imprescindível.

Nenhum deles, entretanto, tem do que se queixar, pois é mais que certo que, em face da necessidade do pagamento obrigatório "até o último ceitil", a Lei Cármica os apanha no processo de recuperação espiritual, somando-lhes todas as horas, minutos e segundos de sofrimento e carência alimentar que obrigaram outros a suportar, para então os filiarem às massas de criaturas que, depois, curtem a existência física passando pelo mundo com as faces macilentas e o olhar morto dos sub-alimentados! O destino equitativo impõe-lhes também a sina de recolherem os restos de comidas das mesas fartas ou viverem de expedientes humilhantes para proverem o estômago. São almas revivendo em si mesmas as angústias que também causaram ao próximo devido à cobiça, astúcia, avareza ou rapacidade; hão de cumprir os destinos que elas mesmas forjaram no passado, incursos na lei de que "a semeadura é livre, mas a colheita é obrigatória". E, se assim não fora, dever-se-ia acreditar, realmente, que existem o erro, a injustiça e o sadismo na execução das leis criadas por Deus que, deste modo, permitiria a existência de grupos privilegiados agindo impunemente no seio da humanidade e sem assumir qualquer responsabilidade de seus atos!

PERGUNTA: — Cremos que a maioria da humanidade ainda não está em condições de poder enquadrar-se sob as regras da boa alimentação; não é assim?

RAMATÍS: — Reconhecemos que a maioria da humanidade não seria capaz de cumprir, sequer, a décima parte do que recomendam sobre a alimentação os compêndios científicos e nutrologistas para se alcançar a saúde do corpo e a satisfação do espírito, ajustando-se à máxima de Juvenal: "*Mens sana in corpore sano*".

Àqueles que não têm horário para comer, que ingerem às pressas um pirão d"água com um retalho de charque, é certo que seria irrisório aconselhar a mastigação cuidadosa, o repúdio aos temperos excitantes, molhos epicurísticos, alimentos agressivos ou inócuos, ou que evitem as más combinações de alimentos. Estes esclarecimentos são endereçados aos que ainda podem dispor e decidir de sua alimentação, concorrendo para sua modificação salutar em concomitância com os ensinamentos da ciência que, mostrando qual a nutrição mais adequada ao organismo físico, ajuda o homem a se livrar dos consultórios médicos, hospitais e intervenções cirúrgicas, que tanto pesam na economia humana.

Não é preciso que o homem participe de banquetes opíparos ou se ponha a ingerir alimentos raros, para que consiga maior êxito nutritivo. Isso depende muito mais do modo de mastigar, ou seja, se conseguir melhor desintegração dos alimentos e aproveitamento do seu energismo liberto dos átomos das substâncias em ingestão. O que a criatura ingere pela boca e depois excreta pelos rins, intestinos ou pela pele, é quase a mesma porção, pois o organismo só aproveita, na verdade, a energia liberta na dissocíação atômica do alimento e a incorpora à "energia condensada", do seu edifício orgânico.

Mesmo o pobre e o mendigo, se se decidissem a mastigar

convenientemente o singelo naco de pão, a modesta banana ou o resíduo do almoço dos fartos, absorvendo todo o energismo ou o "prana" desprendido em uma mastigação demorada e cuidadosa, sem dúvida também teriam mais saúde e também seriam mais vigorosos. Mas o certo é que muita pobreza não passa de produto da preguiça, negligência espiritual e repúdio à disciplina do trabalho ou à higiene do corpo. Em geral, falta o leite, o pão ou a fruta nos lares terrenos, mas é dificílimo que falte o cigarro ou o álcool!

Não vemos razões, portanto, para que tais seres venham a se preocupar com os cuidados profiláticos de sua saúde, sobre a melhor combinação de alimentos, quando não lhes importa, sequer, saber como mastigar.

PERGUNTA: — Desde que é de suma importância para todos nós o melhor aproveitamento nutritivo e energético dos alimentos, poderíeis descrever-nos algumas combinações favoráveis ou desfavoráveis em nossa alimentação mais comum?

RAMATÍS: — Em face da multiplicidade de compêndios, revistas, tratados e recomendações que já existem sobre a melhor maneira de o homem alimentar-se, e do crescente progresso da Nutrologia moderna, cremos que seria desnecessário fazermos quaisquer outras recomendações que já devem ser assunto conhecido e de senso comum. Médicos inteligentes, nutrologistas e estudiosos da saúde humana já elaboraram métodos eficientes e seguros para a melhor forma de alimentação entre os terrícolas; no entanto, atendendo à vossa solicitação, procuraremos dar algumas sugestões referentes às combinações alimentícias mais comuns.

A boa combinação de alimentos não é somente aquela que proporciona boa digestão, mas também a que melhora a disposição de espírito durante as refeições; que não provoca fenômenos antagônicos no aparelho digestivo ou de repercussão nociva no psiquismo pelo vagossimpático; é isenta de alimentos adversos entre si, que se anulam ou então produzem reações desagadáveis e tóxicas. Há alguns séculos, já recomendava Hipócrates, num dos seus belos preceitos: "Que o teu alimento seja o teu medicamento e que o teu medicamento seja o teu alimento", destacando, pois, a grande importância da nutrição.

No caso da alimentação vegetariana, em que se recomendam as frutas oleaginosas para compensar a falta das proteínas da carne, tais como nozes, avelãs, amendoim, pinhão, azeitonas, coco, etc., deve-se evitar a má combinação alimentícia, deixando de acrescentar-se o mel, a rapadura, a marmelada ou as frutas doces, como a uva, o figo, a ameixa, a tâmara ou a pêra, que então formam reações desagradáveis entre si. No entanto, essas frutas oleaginosas podem ser ingeridas sem causar prejuízos digestivos, quando combinadas com os legumes secos, cereais, hortaliças, frutas ácidas como o limão, os morangos, a laranja, o pêssego, o abacaxi, a cereja, e também com os alimentos feitos na gordura da manteiga, gergelim, margarina, azeite de soja, de oliva ou de amendoim.

Certos alimentos bastante comuns e cotidianos, da cozinha ocidental, também podem apresentar combinações nocivas, que exigem do organismo carnal um excesso de sucos gástricos, hormônios, bílis ou fermento pancreático, contribuindo para a dispepsia, sonolência e a fadiga para a refeição seguinte. Às vezes as criaturas queixam-se de que certo alimento lhes é adverso em determinados dias e, no entanto, doutra feita não lhes causam prejuízo algum, o que é quase sempre consequente das combinações alimentícias, que produzem efeitos heterogênos e excessiva fermentação devido às reações químicas.

O leite, que é tão comum nos lares, nunca deveria ser ingerido com açúcar, mel, doces ou geléias açucaradas de frutas, nem combinado com substâncias gordurosas como o azeite, óleo de gergelim, de soja, de algodão, de amendoim, ou com verduras ou frutas secas; no entanto, pode ser usado a contento do aparelho digestivo menos sadio quando misturado com frutas doces e frescas, que já citamos anteriormente. O pão de trigo, outro alimento imprescindível à cozinha do pobre ou do rico, não se combina favoravelmente com a maioria dos cereais, legumes, hortaliças secas, nem com maçã, castanha, batata ou banana, mas serve otimamente com as frutas doces, como uva, ameixa, tâmara, pêra, etc., com frutas frescas e mesmo secas, e ainda com o leite, ovo, nata, queijo, manteiga, margarina, verduras e hortaliças frescas, assim como com algumas frutas oleaginosas, o azeite, o amendoim, a avelã e o coco.

Mesmo algumas combinações de alimentos simpáticos entre si, para uma digestão favorável em conjunto, podem resultar em mau aproveitamento, caso não sejam atendidas as precauções exigíveis para certos tipos de frutas, legumes ou verduras e que, embora se harmonizem no mesmo prato, ainda contêm resíduos e partes nocivas que deveriam ser eliminadas. É o caso da cenoura, da qual deve ser retirada sempre a parte central; a couve, o repolho, o espinafre, a mostarda, cujos talos também precisam ser extirpados das folhas, assim como a parte branca e interna do tomate que, depois, em reação química imprevista, vertem substâncias inadequadas à harmonia digestiva. A melhor combinação de alimentos pode ser às vezes sacrificado pelo mau hábito de o homem misturar-lhe vinagre, canela, pimentão picante, mostarda, "pickles", extratos acres, muito sal ou cravo e que sob o molho de cebola ainda apresentam um quimismo nocivo à mucosa delicada do estômago e exigem fartura de bílis e fermentos, obrigando ainda o intestino a um serviço excepcional e lesivo.

Ignora a criatura humana que, tanto os vegetais como as frutas, já possuem elementos intrínsecos que lhes disciplinam as reações químicas exatas para a melhor desintegração atômica, motivo pelo qual o acréscimo de substâncias estranhas e antipáticas serve apenas para alterar o curso normal da digestão.

PERGUNTA: — Em virtude de se considerar atualmente o feijão soja como o alimento mais indicado para substituir e até superar a nutrição carnívora, poderíeis nos dizer qualquer coisa a esse respeito, antes de encerrarmos este capítulo?

RAMATÍS: — É verdade que agora o feijão soja, que é planta asiática e pertencente à família das "leguminosas papillionáceas", começa a ser conhecido entre os ocidentais. Trata-se, na verdade, de um dos mais completos alimentos, cuja fartura de proteínas vegetais compensa admiravelmente o abandono da alimentação carnívora. Conforme estudos e conclusões da vossa ciência, um quilo de feijão soja equivale, mais ou menos, a dois quilos de carne, ou então a sessenta ovos, ou ainda a doze litros de leite. Há muito tempo é um dos alimentos mais conhecidos no Japão e na China, e muitíssimo preferido nas zonas mais pobres de leite, ovos, queijos, carnes ou peixes. Contém ainda boa quantidade de gorduras, apesar de ser uma planta leguminosa; e devido à sua reduzida quantidade de hidratos de carbono, pode servir de alimento para os diabéticos. Embora com menor dose de vitaminas, sendo insuficiente para a necessidade diária do homem, é uma das melhores fontes de calorias, e só perde em quantidade para o amendoim e o queijo gordo, levando grande vantagem sobre a carne pois, enquanto um quilo de carne de vaca apresenta de 1.800 a 1.900 calorias, o feijão soja alcança até 3.500 calorias! Devido à pouca quantidade de hidrato de carbono, a farinha de soja não se presta para uso isolado, tal como acontece com o trigo, mas pode ser usada em combinação com o leite, azeite, queijo ou mistura com outros produtos ou alimentos, e os grãos selecionados também proporcionam ótimas saladas. O azeite de soja, que pouco a pouco vai-se tornando comum no vosso país é, realmente, uma boa fonte de compensação para aqueles que se devotam à alimentação vegetariana.

Encerrando nossas considerações sobre a alimentação vegetariana, em que apresentamos dietas e recomendações já bastante comuns entre vós, sugerimo-vos a leitura e o estudo das obras, publicações ou tratados que vos possam oferecer minúcias ou detalhes para o maior êxito da nutrição isenta de carne, que tanto afeta a saúde corporal, como já é imprópria para o nível psíquico em que o homem atual está ingressando.

Não aconselhamos a ninguém, no Ocidente, que repudie o leite, ovos, manteiga, queijo ou quaisquer produtos derivados do animal e que não dependem do seu sacrifício, morte ou dor; pois só quando isso acontece é que estareis em conflito com as leis da sobrevivência do irmão menor.

PERGUNTA: — Consta-nos que muitos vultos importantes da História foram vegetarianos, o que quer dizer que essa alimentação não é preferida apenas por aqueles que são mais sugestionáveis a tal doutrina; não é assim?

RAMATÍS: — Sem dúvida, devem ter sido vários os motivos pelos quais se fez a preferência vegetariana neste ou naquele sábio, cientista ou apenas líder espiritual. E o certo é que almas de escol hão preferido o vegetal sobre a carne; assim o fizeram Gandhi, Cícero, Sêneca, Platão, Pitágoras, Apolônio de Thyana, Bernardo Shaw, Epicuro, Helena Blavatski, Anne Besant, Bernardin de Saint-Pierre, santos como Santo Agostinho, São Basílio, o Grande, São Francisco Xavier, São Bento, São Domingos, Sta. Teresa de Jesus, São Afonso de Liguori, Inácio de Loyola, São Francisco de Assis, Buda, Krishna, Jesus, assim como os membros das ordens religiosas dos Trapistas, os teosofistas, iogues e inúmeros adeptos das seitas japonesas, que se alimentam de arroz, mel e soja. Seria extensa a lista daqueles que já compreenderam que o homem continuará em desarmonia com as leis avançadas do psiquismo enquanto fizer do seu estômago um cemitério de vísceras conseguidas com a morte do infeliz animal!

PERGUNTA: — Quando da revelação simbólica de nossa descida espiritual ao mundo material, constante do Gênesis, já se poderia inferir que nos devíamos alimentar com vegetais em lugar da carne?

RAMATÍS: — Compulsando a Bíblia, podeis encontrar passagens como estas: — Gênesis, 1/29; "E disse Deus: Eis aí vos dei todas as ervas que dão suas sementes sobre a terra; e todas as árvores que têm em si mesmas a semente do seu gênero, para servirem de sustento a vós". Gênenis 2/9; "Tinha também o Senhor Deus produzido da terra toda casta de árvores formosas à vista e cujo fruto era suave para comer". Gênesis 3:18; "E tu terás por sustento as ervas da terra". No Salmo 104, versículo 14, diz David: "Que produzes feno para as alimárias e erva para o serviço dos homens, para fazeres sair o pão do seio da terra". Paulo, em sua epístola aos romanos, capítulo 14, versículo 21, adverte: "Bom é não comer carne nem beber vinho, nem coisa em que teu irmão ache tropeço ou se escandalize ou se enfraqueça". Inúmeras outras preceituações sobre a abstinência de carne ser-vos-ão fáceis de encontrar na Bíblia e em inúmeras obras do Oriente.

2.

O vício de fumar e suas consequências futuras

PERGUNTA: — O vício de fumar é, porventura, considerado um ato que ofende a dignidade de Deus?

RAMATÍS: — O vício de fumar não significa nenhuma ofensa à magnanimidade de Deus, pois o Criador não é atingido pelas estultícias e ignorâncias humanas. Os resultados maus do vício do fumo não são consequentes de sanções divinas ou de punições corretivas à parte, mas sim de exclusiva responsabilidade do homem viciado. Sem dúvida, o uso do fumo é um delito que a criatura pratica para consigo mesma, motivo porque deve sofrer-lhe as consequências nefastas, tanto na saúde física como no perispírito, devido à quebra das leis naturais do mundo terreno e também à das que regem o mundo astral, cujos efeitos terá de sentir após a sua desencarnação.

PERGUNTA: — Como poderíamos entender melhor essa resposta a respeito do fumante inveterado e que por isso não pode abandonar o vício de fumar?

RAMATÍS: — Naturalmente o consideram uma vítima de sua própria negligência espiritual, pois se trata de criatura que age voluntariamente contra a sua integridade física e ainda cria uma situação má para a vida que a aguarda além da cova terrena. O fumante inveterado é um infeliz escravo que abdica de sua vontade própria, cedendo o seu comando instintivo a um cérebro implacável e exigente, como o é o tabaco.

PERGUNTA: — Qual a opinião dos mestres espirituais a vossa explicação?

RAMATÍS: — O tabagismo é uma doença da qual padece grande parte da humanidade quando, devido à sua proverbial displicência, se deixa escravizar ao culto insano para com o "senhor" fumo que, então, a subjuga tanto na esfera dos pensamentos, das relações sociais e aptidões psíquicas, como interfere até no campo das inspirações superiores. Cada homem dominado por esse vício tenta apresentar suas razões pessoais para justificar sua escravidão à tirania do tabaco, cujo vício, por ter desenvolvido fortes raízes, já lhe comanda o próprio psiquismo. Uns alegam que fumam para "matar o tempo" ou então porque precisam de recursos hipnóticos para acalmarem os nervos; outros atribuem à fumaça preguiçosa do cigarro ou do cachimbo o poder inspirativo para o êxito dos bons negócios ou para incentivo à produção literária.

Atualmente, fumam professores, médicos, militares, advogados, engenheiros, poetas, filósofos ou cientistas; fumam sacerdotes e malfeitores; operários e patrões! O vício só varia quanto à técnica e o modo de se queimar a erva escravizante, que é ajustado de conformidade com a classe, a fortuna, a hierarquia ou a distinção social. Os sertanejos e os aldeões fumam o malcheiroso cigarro de palha ou então usam sarrentos pitos de barro; os homens de classe média fumam cigarros de papel, enquanto os mais afortunados se distinguem pelo uso de vistosas piteiras de aro de ouro; sugam polpudos charutos ou então se utilizam de finíssimos cachimbos que lhes pendem dos lábios salivosos. Mas é claro que não tem valor essa ostensiva e pitoresca diferença no modo de se queimar o fumo de conformidade com a classe ou a posse da criatura, pois o vício traz a todos as mesmas consequências nocivas e a escravidão mental execrável!

Notai que o fumante inveterado vive inconsciente de sua própria escravidão, pois mete a mão no bolso, retira a cigarreira pobre ou luxuosa, abre-a, toma de um cigarro, põe-no aos lábios e o acende, alheio a todos esses movimentos que o próprio vício guia instintivamente. É um autômato vivo e tão condicionado ao vício de fumar que, em geral, desde o momento em que retira a cigarreira do bolso até quando acende o cigarro, cumpre exclusivamente uma vontade oculta, nociva e indomável.

Em consequência, o fumante inveterado já não fuma; ele é estupidamente fumado; já não comanda a sua vontade, mas é comandado servilmente pelo tabaco. O comando subvertido no seu psiquismo, como se fora entidade estranha, controla todos os seus movimentos e assenhoreia-se do seu automatismo biológico, para intervir discricionariamente, a seu bel-prazer, no espírito do fumante, mesmo quando este se distrai preso a outras preocupações. É uma perda completa de vontade e de domínio da criatura, porquanto o seu corpo físico se transforma em um vivo e inconsciente incinerador de tabaco.

PERGUNTA: — Através de vossas explicações, deixais transparecer que o fumo se transforma numa entidade tão objetiva, que até nos parece possuir força física! Não é assim?

RAMATÍS: — Realmente, o tabaco é uma entidade subvertida, que a maior parte da humanidade vive alimentando diariamente! Serve-a docilmente em sua exigência devoradora, tributando-lhe culto e sacrifício por meio da fumaça fétida e irritante, através das vias respiratórias. O tabaco então se torna o cérebro, o comandante ou o senhor que, através de vários ardis hipnóticos, como o cigarro, o cachimbo, o charuto ou a piteira luxuosa, satisfaz a negligência viciosa e a vaidade humana, mas também age de modo sub-reptício e impõe a sua própria força sobre a mecânica fisiológica dos fumantes. Embora muitas criaturas afirmem que fumam apenas como inofensivo divertimento, são raras aquelas que conseguem se livrar da obsessão tabagista que, imperiosa e mórbida, lhes comanda o automatismo biológico e as decisões mentais.

PERGUNTA: — Cremos que o vício de fumar não é tão degradante ou pervertedor quanto o vício do álcool ou de entorpecentes, que chegam até a modificar o aspecto fisionômico e a harmonia da estética humana! Que achais?

RAMATÍS: — Não discordamos de vossas considerações, mas lembramos que o vício de fumar proveio de uma raça, desconhecedora de qualquer sistema de vida civilizada e sem credencial superior do espírito humano, como eram os índios da América Central, que os invasores espanhóis encontraram nas adjacências de Tobaco, província de Yucatan.

Narra-vos a História que as naves de Cristóvão Colombo, quando de retorno de sua segunda viagem feita às novas terras, levaram dali mudas de tabaco para a Espanha; mais tarde, Monsenhor Nicot, então embaixador da França sediado em Portugal, obteve sementes de tabaco nos jardins do reino português e plantou-as em sua horta, nos terrenos da embaixada francesa, para em seguida levar mudas também para sua terra natal. Daí, pois, a denominação de "nicotina" dada à principal toxina existente no tabaco, o que foi feito em memória de Monsenhor Nicot, o embaixador francês em Portugal. Pouco a pouco o hábito de fumar difundiu-se por toda a Europa, proliferando o comércio das tabernas de tabaco e a indústria manual de confecção de cigarros. No entanto, não tardaram a surgir os primeiros sintomas de envenenamento pelo fumo, com as tradicionais enxaquecas, tonteiras, palidez, vômitos e perturbações bronquiais motivadas pela desesperada luta do organismo físico ao se defender ou se adaptar aos terríveis venenos que, de modo brutal, penetravam-lhe pelo aparelho respiratório e se disseminavam na corrente sanguínea. Apesar da decidida campanha ofensiva contra o uso do fumo, efetuada por parte de médicos, reis, príncipes, governadores e autoridades em geral, esse uso alastrou-se, infiltrando-se por todas as camadas sociais, avolumando-se, então, as competições comerciais na venda do fumo e impondo-se a moda detestável.

Assim é que, no século atual, quando também se degradam mais fortemente todos os costumes humanos, em vésperas da grande seleção espiritual de "fim de tempos", o fumo já conseguiu estabelecer o seu império tóxico, anti-higiênico e tolo, que teve origem no vício inocente do bugre ignorante, que se divertia aspirando fumaça de ervas irritantes! Não há dúvida de que, para o silvícola, foi de grande sucesso a desforra contra os civilizados — tão orgulhosos de suas realizações morais e científicas — que passaram a imitá-los na estultícia de também encherem os pulmões de gases fétidos...

No passado, só os homens e as mulheres de má reputação é que fumavam ou bebiam às claras. Hoje, entretanto, fumam quase todos os seres de todas as classes, pois mesmo os sacerdotes, que do alto dos púlpitos excomungam os pecados e os vícios humanos, depois da oferenda religiosa acendem o seu charuto finíssimo, enquanto as cinzas miúdas caem sobre os versículos da Bíblia que estão sendo estudados para o sermão do dia seguinte...

PERGUNTA: — Como nos explicaríeis esse caráter obsessivo do fumo, que descreveis como um cérbero ou um "senhor" que nos domina através do vício de fumar?

RAMATÍS: — Quereis prova evidente da ação obsessiva do fumo? Refleti que o fumante inveterado se pode resignar a passar longo tempo sem comer, e às vezes até sem beber, mas descontrola-se e se desespera com a falta do cigarro! A falta de satisfação desse vício deixa-o completamente angustiado, com o psiquismo em estado de excitação incontrolável; o seu desejo é terrivelmente obsessivo: fumar! E essa ação obsessiva e oculta, do tabaco, recrudesce à medida que o indivíduo se descuida do seu comando psíquico após abrir as portas de sua vontade a tal hóspede indesejável.

Pouco a pouco, o fumante já não mais se satisfaz com 10 ou 20 cigarros diariamente; ele então aumenta a quantidade para 30, 40 ou mais, tornando-se cada vez mais viciado, porém nunca saciado! Então procura diminuir a ação tóxica do fumo por meio de filtros modernos, de piteiras especiais, ou se devota ao uso do cachimbo elegante, iludido pela inofensividade do fumo cheiroso, manufaturado ardilosamente, com fins comerciais, para disfarçar o seu efeito nocivo. E assim o fumante cria em torno de si um ambiente ridículo que encheria de inveja os velhos caciques mastigadores de tabaco!

Para atender à implacável exigência do "senhor" tabaco, o fumante gasta uma parte das suas economias na aquisição de cigarros; comumente vive irritado devido ao defeito do acendedor automático, que ora está com falta de combustível, ora exige nova pedrinha de isqueiro. Quando fuma cachimbo, carrega ao sair de casa estojo apropriado para a guarda do instrumento de holocausto ao deus tabaco, mune-se de limpador de tubo do cachimbo, lata para fumo, ou então leva consigo o cortador de charutos, a cigarreira incômoda ou um punhado de filtros de piteira! Ante a perspectiva de uma viagem, de um piquenique ou de uma visita, o que primeiro o preocupa é o fumo! Se ele faltar, não importarão sacrifícios pois, se preciso for, o fumante viajará até a cidade, perderá o almoço ou subestimará a ceia nutritiva, mas de modo algum arriscar-se-á a ficar com falta do inseparável alimentador do vício que o domina.

Submetendo-se passivamente a esse obsessor imponderável que lhe comanda o psiquismo, ele suja de cinza as vestes, os tapetes, as toalhas e as roupas de cama, deixando a sua marca nicotinizada pelos lugares onde perambula. De vez em quando, corre a apagar um princípio de incêndio, cuja origem foi o descuido em atirar o fósforo aceso, que caiu sobre a poltrona luxuosa, ou então, o toco de cigarro caído sobre o tapete ou a toalha da mesa. Até a tapera deserdada o fogo pode destruir, devido ao vício do fumo e ao uso do tição com que o sertanejo acende o seu "caipira".[1]

Conforme asseguram as estatísticas das companhias de seguros, os incêndios comprovam um terço de culpa dos fumantes inveterados. É indubitável que só pode ser de natureza obsessiva esse hábito nefasto e que faz o fumante perder até o senso lógico da prudência e pôr em perigo a sua própria vida.

O fumante que perde o seu controle mental na queima do fumo entre os lábios displicentes já é um obsidiado malgrado se queira isentar o tabaco de qualquer ofensividade. Quantos fumantes, à hora do repouso no leito amigo, se afligem ao verificar que lhes falta o cigarro, a ponto de não trepidarem em enfrentar intempéries ou noites avançadas para sair em busca do seu cérbero cruel! Mal lhes desce o café ao estômago e o vício já lhes impõe o desejo de fumar; mal abandonam as cobertas do leito para a costumeira higiene dental, e o maço de cigarros, da mesa de cabeceira, é o primeiro objeto a passar-lhes para o bolso do pijama!

PERGUNTA: — Temos tido conhecimento de que grandes homens também fumavam; o próprio Lord Byron considerava o tabaco como um ensejo sublime, e Bulwer Lytton, grande romancista e poeta, também fumava, assegurando que o fumo é

1 "Caipira": nome dado ao cigarro feito com fumo de rolo e palha de milho. N. R.

um excelente calmante para os nervos. Como explicais esse fato?

RAMATÍS: — Muitos dos chamados "grandes homens", da Terra, embora se destaquem admiravelmente nos setores científicos, acadêmicos e artísticos do vosso mundo, ainda podem ser vítimas de paixões perigosas e tornarem-se escravos do mundo astral inferior. O que menos o homem ainda conhece é a si mesmo, e sobre isto não podeis guardar dúvidas. Os "grandes" da espiritualidade quase sempre são os mais humildes da Terra, mantendo-se isentos de quaisquer vícios ou coisas que possam escravizar-lhes o espírito ao jugo das paixões animais. Eles não são apenas humildes, heróicos ou serviçais ao próximo, quando encarnados, mas também bastante zelosos pela sua integridade espiritual.

Como não há privilégios no curso evolutivo da alma para a sua ventura sideral, mas "a cada um será dado segundo as suas obras", mesmo quando alguns fumantes inveterados são criaturas de nobres sentimentos, nem por isso se eximem da nocividade do tabaco em seus perispíritos e do desejo vicioso após a morte corporal.

PERGUNTA: — Ainda temos lido, alhures, que mesmo Rudyard Kipling, o insigne autor do maravilhoso poema "Se", além de ser fumante inveterado, costumava dizer que "um bom charuto, mesmo que dure só meia hora, nos envolve em fumaça inigualável". Não vos parece digno de considerações que cérebros tão talentosos tenham o fumo em tão boa conta?

RAMATÍS: — Embora tal conceito possa ter partido de um espírito tão inteligente quanto o era Kipling, nem por isso deixa de existir visível contradição entre o homem inspirado, que escreveu o admirável poema "Se", e o homem comum que, amoldado às circunstâncias do mundo, no entanto elogiou o fumo! É bem grande a diferença do estado de espírito do homem que compôs o inesquecível poema "Se", comparado com o do "homem carne" que, depois, louva o suposto prazer concedido pela "inigualável" fumaça nociva de um charuto. O próprio conteúdo filosófico do seu poema é uma afirmação de que o homem verdadeiro é aquele que se liberta completamente das convenções do mundo, da mentalidade acanhada e viciada do povo, e sobrepaira acima de todas as vicissitudes e condicionamentos humanos.

Lembramos, por isso, a preciosa advertência de outro espírito consagrado no mundo, que foi Pedro, quando diz: "Porque todo aquele que é vencido é também escravo daquele que o venceu" (II-2:19). Sem dúvida, aquele que é vencido pelo fumo obviamente dele também será servo.

PERGUNTA: — Acresce que entre as próprias autorida-

des médicas há desacordo quanto a essa questão de tabagismo, pois algumas afirmam que o fumo é inofensivo ao organismo, enquanto outras, no entanto, alardeiam até o perigo do câncer pulmonar e de outras doenças perigosas, que podem ser causadas pelo fumo. Que nos dizeis a respeito?

RAMATÍS: — Infelizmente, a vossa humanidade ainda é orientada pelos conceitos subvertidos e sofismas inspirados pelos espíritos viciados, das sombras, que nutrem toda sorte de caprichos e imprudências para o terrícola indiferente ao seu destino espiritual. Interessa a tais espíritos astuciosos desenvolverem cada vez mais o reinado vicioso no mundo que deixaram, pois assim os próprios encarnados servir-lhes-ão de instrumentos dóceis para satisfazer-lhes os desejos enfermiços e que foram interrompidos com a morte do corpo físico. Então semeiam a confusão e subvertem as advertências dos mentores espirituais, procurando contradizer as opiniões sensatas, entre os homens, a respeito dos vícios comuns. Assim se dá com o vício do fumo, em que varia até a opinião médica a respeito e se divide o julgamento favorável e desfavorável, fazendo com que se duvide dos efeitos daninhos dos venenos tabagistas na delicadeza do organismo humano.

Malgrado bastar um simples exame de laboratório para revelar a natureza agressiva do alcalóide nicotina, que existe profusamente no tabaco, o fato é que a maioria dos médicos fuma e cuida dos seus clientes com os dedos amarelecidos pela mesma nicotina, ou mal consegue disfarçar o conhecido pigarro do tabagista inveterado. Consequentemente, o cientista, o médico ou o sábio viciado no fumo não poderá opinar quanto à conveniência ou inconveniência de se fumar, pois se ainda não se pôde livrar do vício pernicioso, também não possui o mérito suficiente para impor um sensato esclarecimento científico.

PERGUNTA: — Afirmam alguns médicos que o organismo humano cria resistência suficiente para neutralizar os efeitos nocivos do fumo. Que dizeis?

RAMATÍS: — Naturalmente, não desconheceis as reações violentas que se produzem no fumante ainda não habituado ao tabaco quando, ao fumar o seu primeiro cigarro, este causa-lhe sintomas terríveis de envenenamento e obriga o organismo a mobilizar os mais desesperados recursos para produzir com urgência as antitoxinas defensivas contra os venenos tabagistas. Sem dúvida, à medida que o homem se vicia e aumenta cada vez mais o número de cigarros diários, é certo que o seu organismo é obrigado a mobilizar maiores defesas, até que o fumante chega a fumar, sem perigo imediato, uma carga de nicotina capaz de matar 10 homens abstêmios do tabaco. Enquanto bastam uns 50 miligramas de nicotina para matar um fumante calouro, o tabagista viciado suporta até 120 miligramas sem consequência mortal, em face do seu treinado condicionamento defensivo contra o fumo.

Mas o fato de o organismo humano sempre se encontrar com suas defesas orgânicas mobilizadas para uma resistência mais ampla e permanente, não comprova a inofensividade do tóxico do fumo, uma vez que essa defesa elogiável da rede orgânica só se processa através do gasto oneroso de forças e energias que são roubadas de outras regiões do corpo físico e o deixam enfraquecido contra outros surtos de enfermidades mais perigosas.

Quando durante a guerra, e para enfrentar qualquer ofensiva perigosa, o comando militar ordena desesperada concentração de forças num só ponto da fronteira ameaçada, é óbvio que o restante da mesma fica à mercê de qualquer bandoleiro mais atrevido. Assim também acontece com as defesas orgânicas, que são mobilizadas pela natureza contra os venenos do fumo pois, enquanto ela gasta as suas reservas neutralizando as grandes doses de nicotina, o organismo fica à mercê de micróbios e vírus de qualquer outra enfermidade. E a arregimentação dessas energias para combater a nicotina do fumo obriga então o corpo a estabelecer novos processos químicos, que enfraquecem e oneram outras necessidades orgânicas.

PERGUNTA: — Qual a opinião dos espíritos de vossa esfera com relação ao vício de fumar por parte de nossa humanidade?

RAMATÍS: — É evidente que em nossa esfera não cultivamos esse vício deprimente, mas reconhecemos, ali, que o fumo, além dos prejuízos psíquicos causados no Além-Túmulo, é um veneno lento que lesa o corpo físico na Terra. Além da nicotina, o tabaco contém venenos perigosos e que são facilmente identificados em análise de laboratório, dentre os quais se destacam os ácidos tânico, pectósico, málico, nítrico, oxálico, a amônia, extratos azotados e outras substâncias ofensivas. Em sua fumaça pode-se perceber a presença do próprio ácido cianídrico, mais ou menos na base de 0,10 grama para 20 gramas de tabaco analisado. O fumante inveterado também inala certa quantidade de gás venenoso na forma de óxido de carbono e que, embora seja absorvido em pequena quantidade, também exige a mobilização de outras defesas importantes do organismo.

PERGUNTA: — Conhecemos criaturas que conseguiram viver até 100 anos, embora fumando ininterruptamente! Como se explica isso?

RAMATÍS: — Embora se verifique o caso de criaturas viverem até um cento de anos, fumando e demonstrando boa saúde, como no caso dos camponeses e escravos africanos do Brasil colonial, o fumo é sempre um terrível inimigo da criatura humana. Sem dúvida, a maioria da humanidade não consegue imunizar-se satisfatoriamente contra os seus efeitos perniciosos. Não vemos razões sensatas para se fumar e sofrer as consequências do tabaco só pelo fato de serem notadas algumas exceções em criaturas que, embora fumando exageradamente, ainda gozam saúde. É de senso comum que as resistências orgânicas variam de indivíduo para indivíduo, motivo pelo qual o mais sensato, ainda, é não fumar! Todas as lesões orgânicas são afetadas pelos venenos do fumo; o cardíaco, principalmente, é uma das maiores vítimas da nicotina e dos ácidos venenosos do tabaco, pois a sua respiração, perturbada pela insuficiência do trabalho do coração, ainda mais se perturba com os tóxicos voláteis que lhe afetam os brônquios e os pulmões. Os hepáticos — cujo fígado funciona com dificuldade para filtrar até as substâncias mais inofensivas — são outras tantas vítimas da ação insidiosa do fumo, pois este, com a sua carga de nicotina, amoníaco, extratos azotados, substâncias minerais, matérias oleosas e graxosas, os ácidos málico, nítrico e oxálico, exige-lhe trabalhos anormais que agravam ainda mais a saúde do enfermo. É de lamentar que muitos dos que ignoram ou fazem pouco caso da nocividade do fumo, já portadores de um fígado combalido pela toxicose alimentar, ainda pratiquem a insensatez de, nas fases de convalescença, fumar cigarro após cigarro!

PERGUNTA: — Desde que a principal defesa orgânica contra o veneno do fumo consiste em neutralizar a ação da nicotina, porventura os filtros que se usam modernamente nos cigarros e nas piteiras não bastam para eliminar a sua agressividade tóxica?

RAMATÍS: — O uso de cigarros com filtros nas extremidades, feitos com algodão, ou de piteiras com filtros de diversas espécies, já indica que o fumante está convencido de que o fumo pode prejudicá-lo e, por isso, qual pessoa que veda as narinas com um lenço para entrar em lugar infecto, tenta diminuir os efeitos das toxinas do fumo através do filtro. Mas não consegue o seu intento, visto que, se penetra em seu organismo um volume de fumaça portador de menor quantidade de toxinas, o organismo reclama o restante da quantidade com a qual está acostumado e, assim, o indivíduo passa a fumar o dobro do número de cigarros que fumava, compensando desse modo a quantidade de nicotina faltante. Há fumantes que, lançando mão de piteiras com filtro, para se livrarem dos efeitos tóxicos do fumo e, notando que com a piteira o cigarro não os satisfaz, tornando-se "fraco", passam a fumar cigarros de fumo bem "forte" e, assim, pensam que estão ingerindo, devido à piteira, menor quantidade de nicotina, quando a verdade é que estão sendo enganados, pois a quantidade de veneno é a mesma, visto que o número de cigarros fumados com piteira foi dobrado. Quando o fumante reconhecer o mal que lhe causa o fumo, o melhor é abandoná-lo de vez, em lugar de procurar paliativos para o vício.

PERGUNTA: — Mas a natureza não sabe defender-se das toxinas do fumo?

RAMATÍS: — Se a natureza não soubesse defender-se tão sabiamente quando a criatura fuma o primeiro cigarro, é quase certo que esta tombaria irremediavelmente envenenada! Por isso, assim que o menino pratica a estultícia de estrear no vício do fumo, o seu organismo lança mão dos mais aflitivos e desesperados recursos, quer na tentativa de fazê-lo desistir de sobrecarregar-se com o excesso de nicotina mortal, como também para ganhar tempo e neutralizar o veneno já inalado através do primeiro cigarro.

Daí o motivo das náuseas, da salivação abundante, dos vômitos imediatos e coercitivos com que o corpo lança fora certa parte dos venenos já condensados no estômago pela queima do tabaco. Depois dessa expulsão urgente pela via bucal, surgem os suores frios que, examinados em laboratórios, revelam conter várias substâncias perigosas que foram drenadas apressadamente pela eliminação sudorífera. Em certos casos de debilidade orgânica do paciente, a natureza ainda se serve de outros recursos, apressando a diurese ou produzindo surtos disentéricos com que elimina a carga tóxica e agressiva, produzida pelo fumo. Se, porém, o indivíduo teima em se entregar ao vício do fumo, o seu organismo o pressente e mobiliza outros recursos para constituírem sua defesa futura. Daí o condicionamento gradativo e instintivo que se efetua pouco a pouco no indivíduo, permitindo-lhe, mais tarde, consumir grande quantidade de cigarros sem se envenenar de imediato.

Mas, no futuro, surgem outros efeitos das toxinas do fumo e que, do caráter agudo dos primeiros envenenamentos, os transforma desapercebidamente em casos crônicos no fumante inveterado, embora sob melhor controle do seu organismo contra os venenos. Surgem então periódicas dores de cabeça, que geralmente provêm do monóxido de carbono; as irritações dos brônquios, da garganta e dos pulmões, produzidas pela amônia ou piridina, e também das fossas nasais, devido ao calor da brasa do cigarro, que cresta as mucosas sensíveis das narinas. Há, ainda, os efeitos danosos dos derivados alcatroados do fumo, que também atuam por longo tempo, atacando os pulmões e enegrecendo os dentes.

Além da nicotina, que é o alcalóide mais ofensivo contido

no fumo, a absorção incessante das outras substâncias agressivas que enunciamos também lesa todas as defesas orgânicas e dificulta principalmente a filtração hepática, criando campo favorável para os resfriados comuns e as constipações intestinais. Mesmo a dispepsia — tão apontada como produto do "excessivo nervosismo" próprio do homem dinâmico do século XX — tem no vício do fumo um dos seus principais agentes patogênicos, pois é através da saliva nicotinizada que se perturba o metabolismo da produção e combinação dos sucos gástricos. As toxinas do fumo agridem também a delicada mucosa intestinal; minam-lhe as defesas e perturbam as funções digestivas e dos fermentos enzimáticos.

Os venenos do fumo terminam integrando-se à circulação sanguínea e passam a formar resíduos nocivos, constituindo-se como reserva prejudicial no organismo, cuja eliminação se torna demorada e dificultosa, porque o homem ainda se sobrecarrega de sais, condimentos e alcoólicos, que agravam o trabalho drenativo pelas vias emunctórias. Assim, retarda-se a limpeza e a higiene do corpo, e o fumante jamais se apresenta completamente saudável, pois vive permanentemente assediado por um ou outro incomodo orgânico. Conviria que, em caso de envenenamento crônico mais grave, o fumante inveterado permanecesse algumas semanas em repouso, e até sob jejum quase completo, alimentando-se à base de sucos de frutos e privando-se de condimentos e sal. É um tratamento de emergência em que o repouso, a pouca alimentação e a dieta de substâncias excitantes permitem o aproveitamento total das funções dos órgãos de defesa e limpeza, drenando para fora do corpo os tóxicos nocivos do fumo.

Para se comprovar a existência de intoxicação em um homem viciado com o fumo, é bastante umedecer-se um lençol e enrolá-lo no seu corpo despido, para, depois de transpirado, verificar-se no lençol a sua forma exata modelada pela nicotina expulsa no suor. Essa é uma das mais importantes provas de que o tabagista é um intoxicado permanente e vulnerável às doenças mais comuns.

PERGUNTA: — Supondo-se que um homem fume 20 cigarros por dia, qual será a cota de nicotina que absorverá durante esse consumo de fumo?

RAMATÍS: — Cremos que cada cigarro deve conter perto de um grama de fumo; consequentemente, são aspirados 20 gramas de fumo durante o consumo de 20 cigarros. Baseando-nos em experiências dos próprios cientistas terrícolas, que afirmam conter cada grama de tabaco mais ou menos 2,5% de nicotina, conclui-se que 20 cigarros, ou seja, 20 gramas de fumo, hão de conter 50 miligramas de nicotina. Temos então o total de 350 a 400 miligramas de nicotina numa semana, para quem só consome 1 carteira de cigarros por dia. Entretanto, já fizeram em vosso mundo experiências que demonstraram que a injeção de apenas 5 a 7 miligramas de nicotina, por via subcutânea ou endovenosa, foi suficiente para matar coelhos e cobaias, enquanto que certas aves mais débeis, ao aspirarem o vapor da nicotina, sucumbiam imediatamente Daí o efeito desastroso que apenas 2,5 miligramas de nicotina, existentes em um grama de fumo contido num cigarro, é capaz de causar ao fumante neófito, produzindo-lhe distúrbios respiratórios, salivação anormal, transtornos hepáticos, tonturas, falta de visão e audição, ou mesmo intensa dor de cabeça, vômitos, fraqueza, cólicas e até disenteria. É certo que, com o tempo, a própria natureza se acostuma à carga venenosa cada vez mais intensa; mas raras são as pessoas que conhecem o tremendo esforço que o corpo humano faz para sobreviver ao impacto venenoso do fumo. Conforme já vos dissemos, mais tarde os efeitos perniciosos do cigarro transformam-se em enfermidades crônicas, que minam as defesas naturais e de proteção do organismo. Uma das mais conhecidas enfermidades crônicas é a célebre "bronquite tabagista", ou a causada por distúrbios próprios da "asma brônquica", com a presença do incômodo pigarro, que é produto da irritação constante causada pelo fumo às mucosas respiratórias.

O fumante inveterado vive com a faringe, a laringe, os brônquios, estômago e intestinos supercarregados de nicotina e de todos os derivados tóxicos do fumo, obrigando a sua natureza a permanente vigilância, a fim de se poder manter em relativo contato com os fenômenos da vida física exterior.

Sabe-se que a língua possui pequenas elevações conhecidas cientificamente como "papilas gustativas"; cada uma dessas papilas contém mais de 20 receptores ou borbulhas gustativas, que formam a extremidade de minúsculos feixes de nervos com a função de transmitirem para o cérebro a sensação do gosto das substâncias e líquidos em ingestão. Assim sendo, a língua do tabagista pode ficar atrofiada pelos venenos do fumo que atingem as papilas gustativas, devido à constante inalação de cigarro após cigarro.

Mal o fumante termina as refeições e ingere o costumeiro cafezinho, libertam-se e se apuram as antitoxinas, estimuladas pela cafeína, do que surge a vontade imperiosa de fumar, pois as defesas orgânicas já existentes pedem o tóxico tradicional para então combatê-lo. São forças permanentemente mobilizadas sob um automatismo vicioso, que se excitam até sob os pensamentos incontrolados do fumante inveterado.

PERGUNTA: — Muitos fumantes — ao contrário do que dizeis — afirmam que o cigarro lhes acalma os nervos em vez de excitá-los. Como se explica isso?

RAMATÍS: — Os sedativos, principalmente os barbituratos, também "acalmam os nervos" mas, com o tempo, terminam causando depressão nervosa e, mais tarde, perturbam completamente todo o sistema nervoso do ser humano. Como toda ação do corpo astral da criatura se apoia fundamentalmente no grande nervo simpático, que é o responsável por todos os impactos emotivos e preocupações do espírito encarnado, é na zona abdominal que mais se acentuam as úlceras e as estenoses tão comuns nos vossos dias. Acontece que a parte "astral" do fumo tende a se condensar nessa mesma região, visto que as suas emanações se refletem no sistema nervoso do ser, desde a medula alongada até os nervos distribuídos pelo abdômen, ou seja pela região do "plexo abdominal". Surgem então no indivíduo os casos de amnésia progressiva, cefalalgias crônicas e neurastenias, que se irradiam particularmente dessa região e que parecem ficar suavizadas com o socorro do cigarro. No entanto, trata-se apenas da chamada "angústia astral" do vício, como reflexo da região onde o corpo físico se liga à indumentária astral, acontecimento este que se torna insuportável após a desencarnação e ingresso no Além-Túmulo. O efeito hipnótico que o astral do fumo produz sobre o nervo simpático, após a nicotina penetrar na circulação, é tomado por muitos como "acalmação dos nervos".

O fumo interpenetra todos os interstícios do corpo físico e fixa-se em forma residual, até que os rins, o fígado, a pele e os intestinos possam eliminá-lo satisfatoriamente. No entanto, isso se torna difícil, porque o fumante continua a alimentar o vício, saturando o organismo e enfraquecendo profundamente as suas defesas comuns contra as agressões microbianas ou de tóxicos de outra natureza, e cada vez mais necessita de antitoxina para combater o acréscimo dos venenos do tabaco. É de tal modo essa saturação que, durante qualquer banho a vapor, o corpo do viciado do fumo transpira fortemente o odor acre da nicotina! Enquanto os seus órgãos funcionam com regularidade, ele pode sentir-se imunizado contra o veneno do fumo mas, assim que a natureza começa a ceder em suas defesas, devido ao excesso da carga tóxica, acentua-se a sua decadência física e predominam então as enfermidades incubadas.

Como o tóxico do tabaco deprime fortemente certas pessoas e exige-lhes o máximo de defesa para debelarem sua agressividade venenosa, elas emagrecem e atribuem então sua esbelteza física ao fato de fumarem. Quando, porém, deixam o vício, os seus organismos abandonam as suas defesas e se servem de todas as energias disponíveis para repararem as zonas debilitadas e reduzir as antitoxinas que perturbam o trabalho glandular, de cujo aproveitamento satisfatório, ao lado de maior dinâmica orgânica, resulta então o aumento de gordura. No entanto, com o decorrer do tempo e o esgotamento das antitoxinas que circulavam em excesso, o organismo retorna à normalidade e desaparece a excessiva gordura, voltando a forma física ao seu tipo normal biológico de antes de fumar.

PERGUNTA: — O câncer será uma consequência do vício de fumar?

RAMATÍS: — O fumo não é o exclusivo fator de aparecimento do câncer, mas pode produzi-lo se entre os fumantes inveterados existir algum que seja eletivo ao câncer pulmonar, pois as substâncias alcatroadas do fumo atacam principalmente os pulmões. Certos médicos dizem que o câncer é mais comum entre os homens do que entre as mulheres, talvez porque a espécie masculina é justamente a que mais fuma.

Não se pode atribuir ao fumo a culpa exclusiva da produção do câncer, porquanto até os animais — que não fumam — têm apresentado manifestações cancerígenas, mas convém lembrar que os cientistas terrenos têm verificado que o câncer ataca mais particularmente na boca, entre os hindus mascadores da noz de areca, e que o câncer labial ocorre quase sempre exatamente no ponto do lábio onde mais se usa a piteira, o cigarro ou o cachimbo.

Muitas úlceras gástricas, erradamente atribuídas à vida tensa do cidadão do século XX, têm a sua origem principal nos efeitos corrosivos das substâncias tóxicas e alcatroadas que a excessiva salivação do fumante carreia para a delicada mucosa estomacal, modificando os sucos gástricos, entéricos, e lesando o metabolismo harmônico da digestão.

PERGUNTA: — Embora contrariando em parte as vossas afirmações, devemos dizer que já temos comprovado, em nós mesmos, que os nossos nervos demasiadamente excitados se acalmam ante o recurso do habitual cigarro fumado calmamente. Algumas vezes conseguimos a solução psíquica satisfatória, que tanto desejávamos, após a reflexão vinda depois do uso do cigarro. Como explicais esse fato?

RAMATÍS: — Comumente, o homem excita os seus nervos tanto quanto seja o seu interesse em maior contato com o turbilhão da vida, e principalmente devido à cobiça pelas coisas do mundo material. Aqueles que pretenderem uma existência tranquila e se quiserem libertar dos ciclos aflitivos da vida física precisarão orientar-se pela inteligente advertência de Jesus, quando diz: "Buscai os tesouros que a traça não rói e a ferrugem não consome". A não ser assim, ninguém pretenda possuir nervos calmos, mesmo lançando mão do tabaco ou de qualquer outro processo enganoso.

Quando a criatura se põe a fumar intensamente para

acalmar os seus nervos, ignora que apenas está reduzindo o contato normal psicofísico com o ambiente, confundindo essa redução com um desejável estado de calma do sistema nervoso. Sob a ação algo hipnótica do fumo frena-se, em parte, a ação do sistema nervoso, reduzindo-se, pois, a sua relação normal com as atividades exteriores e deixando o psiquismo mais liberto de preocupações, tal como ocorre entre os que bebem álcool e obscurecem o seu entendimento.

A preocupação, o susto ou a emoção súbita provocam nas criaturas a produção imediata de certos hormônios, que devem equilibrar os excessos perigosos dos movimentos desordenados ou impactos vigorosos no vagossimpático. Como os vasos sanguíneos costumam contrair-se mais fortemente sob a ação da nicotina, o fumante acredita estar em um estado de "calma" ou de "desafogo psíquico", quando isso não passa de uma redução no movimento de sua circulação sanguínea. É que o tabaco não só reduziu o metabolismo circulatório, devido à contração dos vasos sanguíneos, como também deprimiu e freou a atividade fisiológica.

Não cremos que a absorção perniciosa do gás de tabaco possa trazer inspiração de qualquer espécie ou mesmo normalizar o sistema nervoso, pois os nervos são o prolongamento vivo do próprio perispírito atuando no mundo físico. E a serenidade do perispírito não depende de frenamento tóxico e hipnótico, mas fundamentalmente do controle sadio e psíquico da alma.

PERGUNTA: — E por que, à medida que a humanidade conhece melhor os prejuízos decorrentes do uso do fumo, aumenta o número de fumantes? Crescem as advertências sobre os perigos do fumo e, no entanto, as estatísticas demonstram que os homens cada vez fumam mais.

RAMATÍS: — Tudo isso decorre da negligência do homem para consigo mesmo porquanto, à medida que se torna mais científico e erudito, parece desinteressar-se cada vez mais da sua própria ventura espiritual! O homem do século XX, apesar de excessivamente "intelectualizado", vive mais em função das razões ou das sugestões do mundo exterior em vez de auscultar as suas próprias necessidades, preferindo seguir a obcecação da maioria, mesmo que isso lhe seja pernicioso. Mesmo quanto às necessidades mais comuns, ele se submete a essa força sugestiva, seja a da moda feminina, a das inovações, sem importância fundamental, a das tolices e trivialidades que todos os dias o rádio, as revistas e anúncios incutem no cérebro dos seres terrícolas, fazendo-os trocar, comprar ou preferir produtos e coisas de que não necessitam. A propaganda moderna é feita por hábeis e manhosos psicólogos, bastante experimentados no tocante às reações humanas; eles se utilizam de recursos hipnóticos e persistentes, expondo ou anunciando os seus produtos de forma fascinante e agradável! E assim, à mais inofensiva dor de cabeça ou impaciência nervosa, associais logo à mente o nome de um produto que a inteligente propaganda soube pôr em evidência no momento. De tal modo atuam sobre vós o rádio, o jornal, a revista e o cinema, que viveis em função dessa fascinação imposta pelo mundo do comércio e da indústria para impingir os seus produtos, agindo de modo astucioso; então já não escolheis as coisas; elas é que vos hipnotizam e se impõem a vós como imprescindíveis! O mesmo se dá através dos efeitos sugestivos da hábil propaganda do cigarro, efetuada pelas grandes indústrias tabagistas. Elas aliciam opiniões de cientistas, de homens célebres ou de artistas de cinema famosos, estampando seus retratos em cromos luxuosos, cartazes brilhantes e coloridos, onde os dísticos mais poéticos e as frases mais sugestivas destacam a delícia e a fidalguia de fumar! Os próprios homens que não fumam sentem-se atraídos por tão habilidosa propaganda, muitas vezes deixando-se fascinar pelas frases que elevam o cigarro à categoria de uma distinção imprescindível no meio social. Mais tarde, quando o indivíduo se torna fumante inveterado, já não mais precisa da propaganda sugestiva para fumar e, extremamente viciado, chega a perder a noção de civilidade humana em quase toda parte; ele olvida que nos veículos e nos salões de divertimentos o fumo pode intoxicar, repugnar ou irritar a muitos. Esquece de que, mesmo em outros lugares de reunião, pode ser detestável ao próximo o odor do cigarro de palha, o cheiro forte do charuto ou o do sarro do cachimbo. Alguns indivíduos fumam até nos salões dos restaurantes, à hora das refeições; outros atingem com a fumaça o rosto dos companheiros nas "filas" dos transportes, pouco se importando com os protestos silenciosos de suas infelizes vítimas! Embora se conclame a fidalguia do cigarro, não é raro o fato de um fumante queimar a roupa do seu companheiro de viagem. causando-lhe por vezes enorme prejuízo!

PERGUNTA: — No entanto, alguns homens de alta capacidade produtiva e dinamismo comercial consideram que o cigarro ou o charuto significa-lhes o maior amigo de todas as horas! Como se explica que, para uns, o fumo seja considerado deprimente, enquanto que outros o louvam como poderoso estimulante?

RAMATÍS: — Mesmo quanto ao uso do fumo, não há regra sem exceção, pois a sua ação tóxica varia de conformidade com a resistência orgânica do fumante. Conforme vós mesmos lembrastes, os escravos africanos atingiam mais de cem anos e fumavam ininterruptamente, enquanto muitos outros aldeões também atingiam a longevidade, malgrado o excessivo abuso do fumo. Evidentemente, esses homens poderiam ser mais sadios e bem mais dispostos se não fumassem, pois a saúde a que vos referistes e a imunidade contra o fumo eram apenas consequência dos seus bons antecedentes biológicos e não da inofensividade do fumo. A maioria da humanidade terrena, que vive doente e debilitada no seu sistema nervoso, muito melhoraria o seu estado de saúde se abandonasse definitivamente o uso do fumo pois, se o tabaco não consegue minar o organismo dos homens de saúde resistente, é fora de dúvida que pode aniquilar aqueles que são propensos às enfermidades mais comuns. Qual o homem que pode assegurar hoje, com absoluta certeza, que o seu organismo, imune atualmente aos tóxicos do fumo, também o será aos seus efeitos lesivos só constatáveis do futuro? O homem inteligente e prudente opta pelo não fumar.

Quando são colocados em cargos onde se exige muita acuidade mental, muitos homens que fumam exageradamente se sentem deprimidos bem antes daqueles que não fumam, pois a sua memória é mais letárgica e os seus erros mais numerosos. Artistas, escritores, desportistas e oradores que abandonaram o uso do fumo não podem deixar de reconhecer que ficaram aumentadas as suas energias, o apetite, e até o gosto e o olfato se sensibilizaram a ponto de eles se tornarem receptivos a diversos paladares e odores antes desconhecidos.

PERGUNTA: — O vício do fumo pode influir no caráter humano?

RAMATÍS: — É certo que não se deve considerar o fumo como responsável por subversões do caráter humano, tais como a do vício da embriaguez, que realmente avilta e influi no cunho moral do homem, a ponto de levá-lo à degradação completa. O vício do fumo, embora possa causar perturbações fisiológicas naqueles que a ele se entregam, é bem menos degradante e não tem a força suficiente para modificar o caráter do homem, porque não o leva à hipnose ou ao aviltamento completo, como o fazem o álcool e os entorpecentes. No entanto, é fora de dúvida que aquele que fuma desbragadamente abdica de sua vontade e se escraviza a um vício inútil, tolo e prejudicial, o que, em verdade, revela claramente certa debilidade ou negligência psíquica para consigo mesmo. O hábito de fumar não indica uma subversão de caráter, mas comprova a insuficiência psíquica do indivíduo para dominar a tirania mental do algoz invisível, que é o fumo.

PERGUNTA: — Quais os prejuízos espirituais para a criatura que perde o seu domínio mental sobre o vício do fumo?

RAMATÍS: — Se o indivíduo, em virtude de se submeter completamente ao jugo do vício do fumo, vier a enfraquecer a sua conduta moral, arricar-se-á a se transformar numa exótica e oportuna "piteira viva" para saciar o vício dos fumantes desencarnados do astral inferior, pois as almas desregradas e malfeitoras que, além disso, eram viciadíssimas na Terra com o uso do fumo, ficam presas ou chumbadas à crosta terráquea, vivendo momentos de angústia inenarráveis, em virtude de não poderem satisfazer o desejo de fumar, devido à falta do corpo carnal que deixaram na cova do cemitério. Só lhes resta então um recurso maquiavélico para poderem saciar o desejo veemente de fumar, qual seja o de se aproximarem de criaturas encarnadas que possam vibrar simpaticamente com suas auras enfermiças, e assim transmitir-lhes as sensações etéricas da queima do fumo.

Essas almas envidam esforços para ajustar os seus perispíritos aos perispíritos dos encarnados que, além de se igualarem a elas na conduta moral, ainda sejam escravos do vício do fumo; colam-se a eles como se fossem moldes invisíveis, procurando por todos os meios haurir desesperadamente as emanações desprendidas do cigarro. Isso acontece porque o fumo, além de sua característica volátil no mundo material, interpenetra as baixas camadas do mundo astral, devido a possuir, como tudo, a sua cópia fluídica, que então é absorvida avidamente pelos desencarnados que se conseguem afinizar à aura dos fumantes encarnados.

Mas isso não os deixa completamente satisfeitos, porquanto é bastante reduzida a quota que podem absorver no eterismo do tabaco incinerado; então lançam mão do recurso de acicatar suas vítimas para que aumentem a sua ração diária de cigarros, donde se descobre a causa de muitos fumantes se dizerem dominados por estranha força oculta que os impede de se livrarem do vício e ainda os faz fumar cada vez mais.

É claro que essa desagradável sujeição a espíritos atrasados só pode ocorrer para com aqueles que, além do vício escravizante do fumo, ainda se entregam a deslizes morais perigosos, que podem atrair para junto de si muitos desencarnados delinquentes e viciados.

PERGUNTA: — Todos os fumantes inveterados, depois que desencarnam, sofrem no Além os efeitos perniciosos do vício cultivado na Terra?

RAMATÍS: — Após a desencarnação, é a lei de correspondência vibratória que realmente regula o sofrimento ou o prazer de cada criatura, em conformidade com sua escravidão ou libertação dos vícios da carne; assim, o sofrimento causado pela impossibilidade de fumar, entre as almas desencarnadas, varia conforme o grau de sua escravidão ao vício do fumo. As pessoas que fumam acidentalmente ou por esporte, isto é, que só de vez em quando tomam de um cigarro, não contribuem para a criação do desejo astral que mais tarde as poderá acicatar com veemência no Além. Mas convém saberdes que, embora a bondade, o amor, a pureza, a renúncia e a honestidade proporcionem às almas desencarnadas uma situação de paz e entendimento espiritual, a saudade ou os estigmas dos vícios adquiridos na terra continuarão a acicatar-lhes o perispírito, malgrado sejam elas dignas da admiração do mundo! Daí a conveniência de se abandonar o vício do fumo antes da desencarnação, pois o vício terreno é assunto individual, cuja solução requer a decisão interior do próprio espírito e não depende da mudança de um para outro plano da vida.

Há equívoco por parte de muitos reencarnacionistas, e mesmo de alguns espíritas, em julgarem que as sensações da matéria, tais como a fome, a sede, o desejo de ingerir bebidas alcoólicas ou de fumar, desaparecem com o corpo físico, na terra. Doutrinadores há que insistem junto às entidades infelizes e viciadas, que se comunicam em seus trabalhos mediúnicos, para que deixem de pensar no fumo, no álcool, na sede ou na fome, porque tudo isso é apenas ilusão trazida da vida carnal já extinta. Ignoram essas pessoas que o "desejo" reside no corpo astral e não no corpo carnal, motivo pelo qual os infelizes que partem da Terra ainda escravizados às paixões perniciosas e aos vícios perigosos, embora deixem de pensar nos mesmos, são perseguidos pelo desejo vicioso e violento, porque partiram para o Espaço sobrecarregados de resíduos tóxicos, que lhes acicatam acerbamente o corpo astral. Só depois de os drenarem para fora de sua indumentária perispiritual, é que se poderão livrar dos desejos desregrados.

Na verdade, os vícios terrenos não devem ser encarados como "pecados" ofensivos a Deus, mas apenas como grandes obstáculos e empecilhos terríveis que, em seguida à desencarnação, se transformam em uma barreira indesejável mantendo o espírito desencarnado sob o comando das sensações inferiores.

Quando através dos médiuns combatemos o uso do álcool, do fumo, a ingestão da carne e outros costumes que causam embaraços à alma em sua vida perispiritual, não o fazemos na condição de novos missionários ou profetas que excomungam pecados e pecadores. Agimos mais por espírito de solidariedade fraterna, compungidos ante a visão dos quadros dolorosos que todos os dias presenciamos no lado de cá, vividos por aqueles que partem da Terra profundamente viciados ao fumo, ao álcool, à carne e outras práticas prejudiciais. Na verdade, o fumante que não tenta vencer o seu vício, quando encarnado, arrisca-se a revivê-lo ainda mais intensamente quando desencarnado.

Visto que o objetivo fundamental da evolução do espírito é a libertação de todas as paixões, mazelas e desejos próprios dos mundos físicos, deve a alma exercitar-se para a sua mais breve alforria espiritual e desligação definitiva dos vícios que podem prendê-la cada vez mais aos ciclos tristes das encarnações retificadoras. E o cigarro, embora vos pareça um vício sem importância, é exigente senhor que, ainda depois da desencarnação, obriga o espírito a render-lhe a homenagem do desejo veemente e insatisfeito.

PERGUNTA: — Supondo-se o caso de um indivíduo de alma excelsa que, depois de desencarnado, merecesse até a visão de Jesus, que lhe aconteceria se ele houvesse sido um fumante inveterado, na Terra?

RAMATÍS: — Seria semelhante a um balão cativo que, tendo-se livrado de noventa e nove amarras, ainda lutasse aflitivamente para se desprender da última e frágil corda de seda que o impedisse de se alar ao espaço! Essa alma santificada, embora pudesse ingressar imediatamente no seio de uma humanidade feliz e com ela gozar de todos os benefícios e alegrias de uma vida superior, sentiria de vez em quando turvar-se a sua ventura, ante o desejo insólito e condicionado, do cigarro, vibrando ainda na sua intimidade astral. Diante da Lei justa de ascensão espiritual, tanto usufruímos das glórias merecidas por uma vida humana santificada, como também teremos de sofrer o resultado de qualquer descuido ou imprudência que tenhamos praticado na forma de vícios ou de paixões da carne.

Eis por que o sofrimento na vida futura pode atingir mesmo aqueles que já lograram desenvolver os bens superiores do espírito, mas que se hajam descuidado de extinguir algum vício ou hábito alimentado na carne. Algumas almas desencarnadas, de cujo perispírito já se desprendem refulgências de luzes, não se podem furtar, de vez em quando, ao fato de a sua mente ser perturbada pelo insofreável desejo, do fumo, do churrasco ou mesmo do uísque fidalgo ou da cachaça pobre. "Em verdade vos digo que tudo o que ligardes sobre a Terra será ligado também no céu, e tudo o que desligardes na Terra será desligado também no céu"(Mateus 18:18). Como se vê, nesse admirável conceito de Jesus está implícito o ensinamento de que só habitaremos o céu no mais completo estado de paz, liberdade e alegria depois que nos desligarmos completamente de todas as coisas, desejos e vícios do mundo carnal. Então, o que na Terra foi desatado pela própria vontade e consciência do espírito, também será desatado no Além. Aquele que fuma, bebe ou se alimenta descontroladamente na Terra fica ligado a esses prazeres terrenos, até que o próprio espírito se esqueça deles, visto que a morte não o obriga a deixar os vícios com o corpo físico no túmulo da matéria. O corpo de carne apenas revela as sensações do espírito no mundo físico; por isso, os desejos inferiores, que vivem na intimidade da alma, continuam a se manifestar mesmo ante as munificências dos ambientes celestiais.

PERGUNTA: — Visto o uso do fumo ser assim tão pernicioso ao homem, não teria sido porventura mais sensato que Deus não houvesse criado a planta "Nicotiana tabacum", com cujas folhas se prepara o fumo?

RAMATÍS: — Acreditais que Deus haja criado alguma coisa perniciosa? Porventura a medicina terrena não se utiliza atualmente de venenos, ácidos e drogas mortíferas que, no emprego terapêutico, logram salvar milhares de criaturas? O próprio veneno das aranhas, escorpiões e cobras não tem sido aplicado com êxito para debelar diversos males considerados incuráveis? Na planta a que vos referis existe grande quantidade de elementos que podem ser aplicados com excelente utilidade na indústria, na medicina, no comércio e noutras esferas de trabalho pacífico. Não consta na tradição espiritual de nosso plano que o Criador haja criado o tabaco para o homem mascá-lo, sugá-lo queimado ou torrá-lo para metê-lo dentro das narinas ou, ainda, chupar a fumaça de suas folhas secas e enroladas sob vistosos rótulos coloridos.

Certos índios mastigavam as folhas de fumo ou as chupavam enroladas, porque ainda lhes faltavam o senso estético e o conhecimento médico dos atuais civilizados. No entanto, os homens modernos, substituindo os antigos penduricalhos de ossos, dos silvícolas, por piteiras elegantes, continuam a sugar as mesmas folhas do tabaco! A diferença está em que se iludem pelo fato de arrumá-las em artísticas caixinhas de madeira ou então as queimarem reduzidas a fiapos metidos em papel acetinado ou entre palha de milho.

A planta "Nicotiana tabacum" não é coisa perniciosa criada por Deus; é o homem que a transforma em fumo, e então perde o seu comando mental e se transforma num obsidiado do cigarro, que lhe controla até os nervos motores e o obriga a render-lhe tributo desde a madrugada até a noite!

PERGUNTA: — Que dizeis sobre a forma mais prática de se deixar de fumar?

RAMATÍS: — É óbvio que o problema não se resume em "largar o cigarro", como costumais dizer, mas em readquirir o poder da vontade, que se acha escravizado por ele. Se o homem abandonar o fumo, a carne ou o álcool, mas continuar mentalmente a fumar, a comer carne e a ingerir álcool, pouco importa que esteja fugindo do objeto do vício, pois é certo que ainda não é dono de sua vontade. É na mente do homem que, antes de tudo, deve ser empreendida uma campanha sadia contra o vício; através de reflexões inteligentes, deve ele se convencer da estultícia de se submeter a prejuízos físicos, psíquicos e econômicos, causados pelo cigarro, o charuto ou o cachimbo. A ofensiva, portanto, não deve ser iniciada contra o objeto do vício, que é o fumo, mas no sentido de recuperação do comando mental perdido; há que ser retomado novamente o psiquismo diretor dos fenômenos da vida de relação entre a alma e o meio! É preciso que o homem se torne outra vez o senhor absoluto dos seus atos, desprezando as sugestões tolas e perniciosas do vício que o domina. É certo que a libertação do vício de fumar será muito mais difícil se, por afinidade de vícios ou devido a qualquer desregramento moral, a criatura já estiver sendo cercada por entidades do astral inferior, atraídas para junto de si. Neste caso, a libertação não só requer o domínio da própria vontade, como ainda a adoção de um modo de vida que provoque o desligamento de outra vontade viciosa e livre, do Além-Túmulo.

PERGUNTA: — Alguns de nossos amigos conseguiram abandonar repentinamente o vício de fumar, mas a falta repentina do cigarro os fez sofrerem dantescamente! É essa a melhor solução para o caso?

RAMATÍS: — Indubitavelmente, os que assim procederam são bastante dignos de louvores, por haverem demonstrado ser donos de uma mente enérgica e bastante capacitada para modificar ou dominar os desejos perigosos do seu psiquismo, pois o dificílimo não é assumir a decisão de não fumar mas, acima de tudo, poder suportar depois os efeitos aflitivos do condicionamento criado pelo fumo no organismo humano. Durante a etapa viciosa, as antitoxinas orgânicas são exclusivamente mobilizadas para manter a defesa do organismo e neutralizar os venenos oriundos do tabaco; por isso, logo depois da abstenção do fumo, elas passam a atuar de modo intenso, exigindo peremptoriamente o tóxico que estavam habituadas a combater. Lembram um grande exército que deve ser lançado incontinenti contra os objetivos para os quais foi mobilizado e que se acha com inquietante expectativa que pode levá-lo a indisciplina ante a falta de imediata aplicação de sua força represada.

A recuperação psíquica, após o abandono do vício de fumar, deve ser de natureza profundamente mental, sem os paliativos dos bombons ou das distrações forçadas, pois um vício não deve ser compensado por outro embora menos ofensivo, porquanto o problema fundamental consiste em fortificar a vontade e conservar a mente desperta, como segurança contra a investida de outros vícios perniciosos. A solução verdadeira implica, pois, extirpar-se da mente a ideia de que o fumo é gozo de distração, ou meio de acalmar os nervos, quando, na realidade, é vício nocivo e ridículo, que depõe contra a própria inteligência e sensatez.

PERGUNTA: — Para que um fumante possa deixar aos poucos o vício do fumo, quais as providências preliminares que ele deve tomar para lograr o êxito desejado?

RAMATÍS: — Já vos dissemos que o mais importante para isso é esclarecer a mente e eliminar a ideia de que o cigarro possa causar prazer ou inspirar idéias. O fumante deve-se lembrar de que, assim como não apreciaria ingerir coisas repugnantes, também não deve sentir-se satisfeito em sugar fumaça acre e com ela encher os pulmões, que não foram feitos para isso. Convém que ele examine, à luz da razão severa e consciente, quais as vantagens de se fumar ou não fumar e o grau de inteligência ou de estultícia da pessoa que absorve tóxicos, sem proveito.

Aquele que não se pode livrar imediatamente do tabaco deve fazer um planejamento mental proveitoso, assim como o comando militar investiga as manhas e as vulnerabilidades do seu adversário, para depois dominá-lo de modo seguro e vencê-lo pela tenaz resistência. A vontade deve ser treinada constantemente sob reflexões sensatas e inteligentes, a fim de, pouco a pouco, exercer a sua ação modificadora no subconsciente e convencê-lo da realidade perniciosa do fumo. Para o tabagista inveterado e incapaz de uma libertação imediata do vício, não há outro recurso senão o de manter um estado de alerta incessante e luta heroica contra si mesmo. Há que conseguir viver com o cigarro no bolso, mas com força suficiente para protelar a satisfação do vício, como se desejasse humilhá-lo antes de atender-lhe à sugestão perniciosa. Muitas vezes atenderá até ao pedido de "fogo" do companheiro viciado mas, embora sentindo despertar em si o desejo de fumar, há que protelá-lo tanto quanto possível. Malgrado o fato de o fumante ainda se ver obrigado a incinerar cigarros, já o deve fazer vigiando a extensão do vício e abandonando o cigarro bem antes de se sentir satisfeito. Então a força de vontade, que até então estava dominada pelo fumo, retorna aos poucos sob essa severa vigilância mental e recuperação psíquica, assim como o adversário belicoso recua ante a ação tenaz e vigorosa do general decidido. Junto de fumantes ou de odores de tabaco, o mais acertado não é fugir por medo de ceder à aparente delícia e tentação do cigarro; o importante será enfrentar a situação de modo calmo e vigilante, analisando sempre a estultícia e o ridículo que existe na absorção da fumaça de ervas fétidas. Há que se convencer de que as tabacarias são lugares onde se explora o bolso do infeliz viciado do fumo, representando um comércio mais próprio dos velhos bororós ou tupinambás, de costumes atrasados e entregues a vícios por vezes repelentes. Naturalmente, cada criatura representa um temperamento e uma força psíquica à parte, pelo qual não se pode preceituar para todos os fumantes um módulo de libertação do vício do cigarro.

O próprio fumante deveria se sentir ferido em sua dignidade, ante a humilhação de se deixar vencer tão facilmente por um vício tão detestável! O tabaco é o cérebro indesejável que o domina a seu bel-prazer, dirige-lhe a vontade e se intromete em todos os seus atos cotidianos; suja-lhe os dedos, os dentes e as roupas, lesa-lhe a dinâmica respiratória e intoxica-lhe o estômago e a circulação sanguínea, obrigando-o ainda a gastos inúteis. Infelizmente, aquele que ainda não pode exercer domínio sobre si mesmo ou recuperar-se de um vício tão pernicioso, também não conseguirá livrar-se de outras investidas nocivas à sua integridade psíquica. E, acima de tudo, não convém que o fumante esqueça a probabilidade de se tornar uma detestável "piteira viva" de outros espíritos delinquentes do Além, que espreitam continuamente toda a intimidade espiritual que se debilita no vício do fumo. Além disso, é depois da morte que advêm as piores consequências para o fumante, porque o desejo de fumar continua a atuar com mais veemência no seu perispírito, causando-lhe a mais terrível angústia ante a impossibilidade de satisfazer esse vício nocivo e tolo.

PERGUNTA: — Dissestes, certa vez, que as mulheres que fumam sofrem maiores prejuízos do que os homens. Podeis explicar-nos detalhadamente esse assunto?

RAMATÍS: — Já nos referimos, há pouco, à ação venenosa da nicotina, que causa a contração dos vasos sanguíneos, retardando o afluxo de sangue aos centros cerebrais superiores e às camadas sensitivas situadas externamente no córtex cerebral. A prova evidente dessa contração dos vasos sanguíneos está em que os fumantes mais exagerados sofrem às vezes de certo "esquecimento" nas extremidades dos dedos, provocado pela exiguidade de circulação capilar. Muitas clínicas médicas já estão comprovando que as doenças do coração são mais frequentes entre os fumantes, devido à proverbial contração que a nicotina provoca nas veias coronárias, crescendo então o surto da "falsa angina", cada vez mais comum entre os tabagistas inveterados.

Essa influência tabagista e tóxica é muito mais branda no organismo masculino, devido à sua natureza mais rija e viril, enquanto que se torna profundamente molesta e gravosa no corpo feminino, pois a mulher é portadora de maior quantidade de vasos sanguíneos do que o homem, a fim de poder atender com êxito às trocas do quimismo nas fases críticas e nas épocas de procriação. Por possuir um organismo muito mais delicado e profundamente sensível, e que, por ser o vaso procriador da vida, situa-se entre as forças astrais da vida oculta e as energias da animalidade do mundo material, a mulher sofre muito mais que o homem os efeitos perigosos das substâncias nocivas contidas no fumo, tais como a nicotina, a amônia, os ácidos oxálico, tânico, nítrico e o óxido de carbono, que se produzem durante a queima do cigarro.

Em face da propriedade específica da nicotina, de contrair os vasos sanguíneos, não será difícil imaginar quão nocivo é o fumo para os órgãos, glândulas e sistema sanguíneo da mulher, que é muito mais provida de sangue em sua rede vascular do que o organismo masculino. É evidente que, em qualquer diminuição do sangue necessário para irrigar-lhe normalmente os órgãos e os sistemas procriativos na função expulsora das toxinas menstruais, a nicotina, ao contrair-lhe os vasos sanguíneos, também reduz o êxito dessa operação benfeitora e aumenta-lhe a carga tóxica na circulação delicada.

As estatísticas do vosso mundo provam que muita mulher que fuma envelhece mais rapidamente do que aquela que não fuma, pois a constrição sanguínea provocada pela nicotina rouba-lhe pouco a pouco o rosado da pele, devido à diminuição circulatória à superfície das faces. Então as rugas surgem mais cedo pois, reduzindo-se a quantidade de sangue necessária para irrigar a pele e remover as suas impurezas, os resíduos nocivos e gordurosos se demoram mais tempo e formam-se então as petrificações subcutâneas, que depois se revelam na forma de manchas, rugas, cravos e sardas. Depois disso não adianta à mulher defender-se heroicamente por detrás dos potes de cremes, tinturas, ou por meio do quimismo que lhe fornecem os salões modernos de beleza, pois o artifício já não evita de se mostrarem velhas precoces e, além disso, com os dedos e os dentes manchados pela nicotina! Nenhum creme ou pomada miraculosa conseguirá substituir essa deficiência provocada pela inanição circulatória e característica da nicotina, tóxico, que, por sua vez, ainda atua no delicado sistema glandular, interferindo na harmonia da função ovário-tireóidica e podendo até perturbar-lhe o temperamento. O uso do fumo influi pouco a pouco na progênie feminina e, se a mulher teimar em manter tal vício pernicioso à sua delicada constituição, é certo que, em breve, os bons geneticistas hão de reconhecer os efeitos daninhos e o estigma nocivo da nicotina no metabolismo tão sensível da mulher.

PERGUNTA: — Ouvimos dizer que o fato de a mulher

fumar pode também influir na procriação dos filhos. Não será esta uma opinião absurda?

RAMATÍS: — As mulheres que fumam exageradamente tendem a gestar menor quantidade de filhos, e algumas chegam antes do tempo à esterilidade; as que fumam durante a gravidez são mais propensas às náuseas, vômitos, salivação, ataques nervosos, perturbações digestivas e reduzida filtração hepatorrenal, pois a nicotina contrai o calibre das células cônicas hepáticas e dos bacinetes renais. Em alguns casos, é viável o aborto provocado pela inanição circulatória, quando a nicotina cerceia demais o crescimento do feto pela constrição dos vasos sanguíneos, e também acentua o perigo do colapso nervoso da parturiente. A produção do leite materno também é perturbada, pois alguns dos venenos contidos no tabaco chegam a destruir ou atrofiar grande parte dos germes lácticos, enquanto que o óxido de carbono, que é absorvido na inalação do fumo, inflama a traquéia e reduz os alvéolos bronquiais, causando as tradicionais dispneias de muitas gestantes.

É evidente que muitas camponesas fumam desde jovens, sem que por isso se defrontem com quaisquer dificuldades em sua prodigalidade gestativa, pois superam muitas mulheres residentes nas cidades e protegidas pelos mais modernos tratamentos obstétricos. Mas isso é porque a vida quase toda animal, simples e livre, dos campos, à distância das opressões nervosas das cidades, favorece a reserva de melhores defesas orgânicas e neutraliza com êxito os perigos decorrentes do tabaco, nas gestações. No entanto, a moça que cresce no turbilhão das cidades mergulhadas no seio dos resíduos impuros, afeita à alimentação artificializada, tóxica e errônea, sem gozar do oxigênio puro e recuperador das campinas e das matas vitalizantes, se se viciar com o fumo, será sempre uma vítima de sua imprudência, visto o seu organismo já se encontrar bastante debilitado em suas defesas naturais.

Não pretendemos exprobrar a mulher pela sua debilidade em fumar, mas consideramos que a figura feminina é a convergência delicada da poesia divina modelada na forma humana. Nunca o seu porte delicado se deveria humilhar aos tristes arremedos de vícios detestáveis e próprios da imprudência masculina, como sejam o fumo, o álcool ou a glutoneria. Só poderá restar algo de mais terno e valioso na vida humana tornando-se a mulher a esperança e o símbolo de elevada inspiração espiritual da própria organização humana.

A mulher moderna que se desbraga cada vez mais no vício do cigarro e da bebida torna-se grotesca e ridícula pois, imitando os vícios do homem sem possuir a sua força original, apenas se exibe em infeliz masculinização, que pouco a pouco lhe destrói o encanto milenário. E assim se nivela não aos mesmos direitos masculinos aos quais busca fazer jus na comunidade humana, mas sim ao rol dos vícios perniciosos preferidos pelos homens negligentes e ainda desinteressados de sua própria ventura espiritual. Embora seja mulher, não se esquivará de sofrer no Além-Túmulo os terríveis efeitos da nicotina-astral a circular-lhe pelo perispírito, obedecendo fielmente à lei de que "a semeadura é livre, mas a colheita é obrigatória".

Para muitas mulheres que fumam desbragadamente, será muito triste, no futuro, que, por efeito de sua negligência espiritual, também se transformem em exóticas "piteiras vivas" de outras infelizes mulheres torturadas e vencidas pelo desejo do mesmo vício do fumo no Além-Túmulo. Como o sexo é apenas sinalética saliente no mundo físico, na intimidade do corpo masculino ou feminino reside sempre a alma colhendo de conformidade com a sua sementeira e ligando-se aos campos da vida do Além na conformidade de sua própria afinidade espiritual para com o Bem e para com o Mal; para com o digno ou para com o vício.

3.

O vício do alcool e suas consequências

PERGUNTA: — No conceito dos habitantes de vossa esfera espiritual, o álcool é também considerado como um dos grandes malefícios da Terra?

RAXATIS: — Em nossa esfera espiritual não consideramos a indústria do álcool como um malefício, mas sim como incontestável benefício para o ser humano. O vosso mundo deve muitos favores ao álcool, pois é elemento de grande utilidade. Ele serve para a fabricação de xaropes, tintas e desinfetantes; move motores, alimenta fogões, ilumina habitações, higieniza as mãos, desinfeta as seringas hipodérmicas e as contusões infeccionadas; limpa os móveis e as roupas, extrai manchas e asseia objetos, destrói germens perigosos e enriquece os recursos da química do mundo. Usado com parcimônia nos medicamentos, estimula o aparelho cardíaco, ajuda a filtração hepática e desobstrui as veias atacadas pelas gorduras, nos homens idosos. O abuso na sua ingestão é que merece censuras, pois avilta, deprime e mata, embora sejam fabricadas com ele as mais variadas bebidas que se apresentam com reclames pomposos.

O alcoólatra, seja o que se embriaga com o uísque caríssimo ou o que se entrega à cachaça pobre, não passa de um "caneco vivo", pelo qual muitos espíritos desencarnados e viciados se esforçam para beber "etericamente" e aliviar a sua sede ardente de álcool. Muitas vezes o homem se rebela contra as vicissitudes da vida humana e por isso entrega-se à embriaguez constante, mas não sabe que as entidades astutas, das sombras, o seguem incessantemente, alimentando a esperança de torná-lo o seu recipiente vivo ou o seu tentáculo absorvente no mundo carnal.

PERGUNTA: — Quer isso dizer que todos os beberrões desencarnados vivem à cata de "canecos vivos", na Terra, para poderem saciar o seu vício; não é isso mesmo?

RAMATÍS: — São poucos os encarnados que sabem do terrível perigo que se esconde por detrás do vício do álcool, pois a embriaguez é sempre uma das situações mais visadas pelos espíritos viciados que procuram a desejada "ponte viva" para satisfação de seus desejos no mundo da matéria. Os espíritos desencarnados e ainda escravos das paixões e vícios da carne — em virtude da falta do corpo físico — são tomados de terrível angústia ante o desejo de ingerir o álcool com o qual se viciaram desbragadamente no mundo físico. Devido à fácil excitabilidade natural do corpo astral, esse desejo se centuplica, na feição de uma ansiedade insuportável e desesperadora, como acontece com os morfinômanos, que só se acalmam com a morfina! É um desejo furioso, esmagador e sádico; a vítima alucina-se vivendo as visões mais pavorosas e aniquilantes! E quando isso acontece com espíritos sem escrúpulos, eles são capazes de todas as infâmias e torpezas contra os encarnados, para mitigarem a sede de álcool, assemelhando-se aos mais desesperados escravos do vício dos entorpecentes.

Os neófitos sem corpo físico, que aportam ao Além ardendo sob o desejo alcoólico, logo aprendem com os veteranos desencarnados qual seja a melhor maneira de mitigarem em parte a sede alcoólica. Como já temos dito por diversas vezes, depois de desencarnadas as almas se buscam e se afinizam atraídas pelos mesmos vícios, idéias, sentimentos, hábitos e intenções. Em consequência dessa lei, os encarnados que se viciam com bebidas alcoólicas passam também a ser acompanhados de espíritos de alcoólatras já desencarnados, ainda escravos do mesmo vício aviltante, que tudo fazem para transformar suas vítimas em "canecos vivos", para saciarem seus desejos.

Em geral, os infelizes alcoólatras ao deixarem seus corpos cozidos pelo álcool nas valetas, nos catres de hospitais ou mesmo em leitos ricos, aqui despertam enlouquecidos pelo desejo desesperado de satisfazer o vício. Quando se defrontam com a realidade da sobrevivência no Além-Túmulo e compreendem que a vida espiritual superior exige a libertação do vício degradante, desesperam-se e negam-se a abdicar do seu desejo pervertido. Apenas um reduzido número deles se entrega submisso à terapia do sofrimento purificador e consegue resistir ao desejo mórbido, para lograr a maior eliminação possível do eterismo tóxico remanescente, do álcool, e então recebe o auxílio dos benfeitores e é ajudado a vencer a fase mais cruciante após a sua desencarnação. Certas almas corajosas e decididas, depois de se desligarem completamente dos desejos do álcool, entregam-se ardorosamente ao serviço de socorro aos alcoólatras, junto à Crosta, não só influenciando-os para que deixem o vício, como cooperando nos ambientes espirituais e junto às instituições religiosas, conduzindo para ali doentes e sofredores alcoólatras, a fim de inspirar-lhes a mais breve libertação do domínio do terrível adversário.

Eis o motivo por que alguns médiuns videntes verificam, surpresos, que, enquanto alguns espíritos de ex-embriagados cooperam nos seus trabalhos mediúnicos, outros ainda rebeldes e inconformados preferem aviltar-se ainda mais na execrável tarefa de preparar "canecos vivos" que, na superfície da Terra, operem escravizados para satisfazer aos seus desejos.

PERGUNTA: — Quando os espíritos nos dizem que a morte do corpo físico não extingue a vontade de ingerir álcool, ficamos confusos, pois se o corpo é físico, tudo leva a crer que o túmulo terreno seja a fronteira definitiva das sensações físicas! Estamos equivocados em nosso raciocínio?

RAMATÍS: — A desencarnação não destrói os desejos, pois estes são psíquicos e não físicos. Após a morte corporal, quando a alma se vê impedida da satisfação alcoólica, é justamente quando o seu desejo ainda mais recrudesce e a ideia da impossibilidade de saciar o vício produz-lhe atroz desespero.

Há muito tempo a tradição ocultista vos ensina que o corpo astral, como um dos veículos que compõem o perispírito, é realmente o "corpo dos desejos", no qual sedia-se o desejo do espírito e conservam-se todos os resíduos produzidos pela sua emotividade e paixões vividas nos milênios findos. Através desse sutilíssimo corpo astral, constituído de toda a essência psíquica emotiva desde a sua origem planetária, é que realmente se manifesta o desejo do espírito. Nessa contextura delicadíssima atuam, gritam e dominam todos os ecos e estímulos das paixões, desejos e vícios que hajam vibrado na alma através de suas anteriores encarnações físicas. É por isso que a simples perspectiva de não poderem saciar a angustiosa sede de álcool, trazida da Terra, deixa esses infelizes alcoólatras cegos e enlouquecidos sob os mais cruciantes acometimentos. Rompem-se-lhes as algemas de qualquer convenção ou deveres afetuosos, levando-os a praticar as mais vis torpezas para conseguir o álcool. Aqueles que já presenciaram os ataques etílicos dos alcoólatras e se compungiram pelos seus alucinantes delírios, sem dúvida não observaram vinte por cento do que acontece a esses infelizes desesperados pelo vício, quando lançados brutalmente no mundo astral! Além disso, as entidades das sombras procuram auxiliar os viciados recém-chegados ao espaço, ensinando-os a ter paciência e a buscar o seu "médium eletivo", na crosta terráquea, a fim de torná-lo um dócil "caneco vivo" que, na forma de um canal, lhes mitigará no mundo material a sede ardente do álcool.

PERGUNTA: — Qual a ideia mais clara que poderíamos formar desse infeliz que denominais "caneco vivo"?

RAMATÍS: — Designo como "caneco vivo" a criatura que se deixa dominar completamente pelo vício do álcool, tornando-se enfraquecido no seu senso de comando psicológico e espiritual. Quando tal acontece, os viciados do Além, que se afinizam à sua constituição psíquica, vigiam-na e atuam incessantemente sobre ela a fim de conseguirem situá-la sob a frequência vibratória com que operam em comum, para subverterem-lhe completamente a vontade e o caráter. De acordo com a lei de afinidade espiritual, é preciso que o candidato à função de "caneco vivo" vibre na mesma faixa vibratória do malfeitor desencarnado, pois só deste modo é que este consegue agir com êxito e interceptar qualquer inspiração superior que possa ser enviada à sua vítima no sentido de se livrar do vício. Assim que o obsessor consegue domínio completo sobre o bêbedo encarnado, trata de cercá-lo de cuidados e protegê-lo contra outras entidades desencarnadas que também o possam usar como "caneco vivo".

O álcool ingerido pelo alcoólatra terreno, depois que lhe atinge o estômago, volatiliza-se em operação progressiva, até alcançar a sua forma etéreo-astral, momento em que os espíritos viciados podem então sugá-lo pela aura do infeliz beberrão. Trata-se de uma espécie de repulsiva operação de vampirismo que, para satisfazer em parte aos desencarnados, exaure a vitalidade da vítima. Certas vezes aglomeram-se várias entidades viciadas sobre a aura de um mesmo bêbedo, constituindo uma grotesca e degradante cena de sucção de álcool! Elas se mostram irascíveis e irritadas quando os seus pacientes não as atendem a contento deixando de beber a quantidade desejada para a sua satisfação mórbida completa. Trabalham furiosamente para que o infeliz aumente a sua dose de álcool, pois ele representa o transformador que deve saturar-se cada vez mais a fim de cumprir a repulsiva tarefa de dar de beber aos viciados do Além.

Daí o motivo por que muitos alcoólatras insistem em afirmar que uma força oculta os obriga a beber cada vez mais, até que chegam a cair ao solo inconscientes. Saturados então de álcool, quais míseros farrapos humanos a exsudarem os vapores repelentes da embriaguez total, eles atravessam o resto de suas existências transformados em vítimas dos seus obsessores, que astuciosamente se ocultam nas sombras do Além-Túmulo.

PERGUNTA: — Todas as criaturas que ingerem bebidas alcoólicas são prolongamentos dos espíritos viciados, do Além?

RAMATÍS: — Oh! Não! É preciso evitardes as interpretações extremistas em nossas comunicações, pois só a perda completa da vontade e o desregramento moral é que candidatam as criaturas à condição de "canecos vivos" dos malfeitores desencarnados. As nossas advertências sobre o perigo de a criatura se transformar em "caneco vivo" se dirigem particularmente àquela que a isso se expõe pela sua invigilância espiritual e que se entrega dócil e completamente ao vício do álcool. Se assim não fora, a vossa humanidade seria um rebanho completamente escravizado aos obsessores sediados no astral inferior, pois é raríssimo encontrar-se uma criatura humana que não possua um vício, uma válvula ou uma paixão capaz de fazê-la vibrar perigosamente com algum viciado do Além! Em outros termos: a condição nefasta de "caneco vivo", em que o encarnado perde o controle de sua direção espiritual e se transforma num prolongamento lúbrico dos desencarnados pervertidos, só se concretiza quando ocorre excessivo desregramento físico ou moral, consequente da alimentação do vício do álcool.

O homem digno, embora faça uso de bebidas alcoólicas — naturalmente com moderação — encontra-se, é claro, protegido automaticamente pela sua própria condição espiritual superior, que predomina sobre a sua natureza animal. Se ele continua servindo ao próximo e cumprindo honestamente os seus deveres de pai, filho, irmão, esposo ou cidadão útil à coletividade, é certo que está imune contra as intervenções perniciosas dos espíritos viciados, das Trevas. De modo algum o aperitivo regrado (ou a festividade sem exageros alcoólicos, que se realiza na intimidade amiga do lar ou na tertúlia fraterna) poderá servir de atração para os espíritos delinquentes, pois eles são sempre repelidos pela força imunizadora dos fluidos sublimes. O perigo da infiltração astral inferior principia justamente quando o excesso da ingestão de álcool começa a perturbar o controle da consciência espiritual, favorecendo no indivíduo a emersão da bagagem milenária do instinto animal, que então forceja para tomar o comando exclusivo do corpo carnal. Nessa ocasião, os guias espirituais começam a perder o domínio sobre os seus pupilos imprudentes que, por sua própria vontade, passam então a vibrar em sintonia com a frequência vibratória perigosa dos desencarnados trevosos. Embora depois dos excessos alcoólicos as criaturas restabeleçam o controle perdido momentaneamente sob a ação do álcool, ficam sujeitas a visitas constantes dos viciados do Além, que por muito tempo ainda as procuram, esperançosos de novas libações iguais às de que participaram nas primeiras vezes.

Mesmo os homens dignos e educados devem ser extremamente cuidadosos e vigilantes quando tomarem parte em ágapes onde o tradicional aperitivo ou a taça de champanha pode conduzi-los à infeliz função de "canecos vivos" se não fugirem do excesso de libações que pouco a pouco pode levá-los a se sintonizar com as faixas magnéticas dos malfeitores do Além-Túmulo, que vivem sempre à cata de sensações subvertidas, da carne.

PERGUNTA: — Supondo-se que um indivíduo, apesar de muito viciado com o álcool, seja excelente alma sempre devotada ao bem alheio, qual será a sua situação depois de ingressar no Além-Túmulo?

RAMATÍS: — Depois que abandona o corpo na cova terrena, ninguém se livra de sofrer o efeito dos seus próprios vícios ou de suas paixões desregradas, pois não escapa à lei implacável de que "a semeadura é livre, mas a colheita é obrigatória". Entretanto, os viciados terrenos que desencarnam, mas que foram criaturas boníssimas e serviçais ao próximo, sempre merecem proteção especial. Muitos indivíduos viciados, mas de bons sentimentos e boa índole fraterna, são recebidos na travessia do túmulo por grupos de parentes e espíritos amigos que os protegem e evitam que sejam abandonados ou caiam nas garras dos malfeitores desencarnados. Mas, em face da justiça implacável da Lei, a alma viciada sempre terá que drenar do seu próprio perispírito a terrível carga cruciante dos venenos nele incrustados pelo excessivo eterismo alcoólico, assim como terá de sofrer o terrível desejo da bebida, despertando no Além como se emergisse da mais profunda embriaguez terrena.

PERGUNTA: — Quais os ambientes em que mais enxameiam esses obsessores, à procura de "canecos vivos", no mundo terreno?

RAMATÍS: — A pergunta quase que já encerra a resposta, pois bem sabeis que são os prostíbulos, as casas de jogatinas, as boates, os botequins, e outros lugares onde se abusa do álcool, os ambientes onde pululam os desregrados do Além-Túmulo. Eles se acotovelam em torno de suas vítimas e as incentivam a toda sorte de desbragamento pela bebida. Quase sempre a porcentagem de espíritos viciados que rondam e acicatam os imprudentes que abusam do álcool é bem maior que a dos que se entregam a outros acicatamentos, e se constitui de tipos sedentos, lúbricos e coléricos, cada vez mais aflitos ante a falta de corpo físico para satisfazer-lhes o vício. Há desde os miseráveis que no mundo terreno foram párias, ou sem lar, ou que sucumbiram aviltados pela cachaça barata, até aos felizardos que viveram rodeando as mesas fartas dos palacetes luxuosos e que se desbragaram pelo uísque caríssimo! Não importam ao desencarnado as posses, cultura, hierarquia ou privilégios de que haja usufruído no mundo carnal; o alcoolismo é infelicidade que, após a morte do corpo, iguala e reúne os miseráveis aos milionários! Eles se aproximam, vitimados pelo mesmo desejo e necessidade, para formar bandos ou falanges desesperadas que, ligadas pelos mesmos interesses, se apóiam mutuamente à cata de satisfações pervertidas.

Enquanto em torno das mesas ruidosas dos ambientes viciados, ornadas prodigamente com as mais exóticas misturas alcoólicas, os encarnados soltam piadas inconvenientes, comentam casos escabrosos e divertem-se com o anedotário indecente, amontoam-se ao seu redor rostos disformes, lábios babosos e faces congestas de infelizes espíritos que mais parecem aves monstruosas e corvídeas, que revoluteiam sobre os vasilhames e sugam os vapores etílicos, movendo-se lépidos no seio da cerração espessa que se exsuda das auras dos terrícolas alcoólatras.

Certos vícios deformam e estigmatizam terrivelmente as figuras humanas, e por isso, quando depois as encontrais no Além-Túmulo, muito dificilmente reconheceis entre elas algumas que na Terra atravessavam as ruas das cidades reclinadas em luxuosos veículos ou envergando caríssimos trajes, a ostentar o vultoso charuto entre os dedos carnudos e decorados por esplêndidos anelões! As vítimas da sanha alcoólica, depois de desencarnadas, causam espanto e horror aos seus próprios parentes mais íntimos, que se compungem ao encontrá-las transformadas em vampiros sedentos de álcool! Isso acontece porque qualquer desejo incontrolável e subvertido pela degradação viciosa corrompe as linhas estéticas do perispírito, visto que o aviltamento psíquico tende a processar o retorno da figura humana às formas bestiais dos animais inferiores, que alhures já foram habitadas pela alma, na sua evolução primária, dependendo os contornos da intensidade do vício alimentado. Então o espírito exuma à superfície de sua fisionomia a velha plasticidade da animalidade ancestral, que serviu para constituir o fundamento da sua configuração humana.

E como a ação nefasta do álcool não respeita a posição social, intelectual ou econômica da criatura, mas prejudica insidiosamente qualquer organismo, as deformidades teratológicas produzidas pelo agente etílico tanto estigmatizam o beberrão que se degrada pela cachaça barata como aquele que se embriaga constantemente com a mais cara bebida do orbe.

PERGUNTA: — Os espíritos viciados e que procuram dominar os encarnados também viciados conseguem seus fins apenas entre os frequentadores de ambientes corruptos, ou também podem intervir em suas vidas particulares, mesmo a distância dos lugares do vício?

RAMATÍS: — Não vos esqueçais de que "os semelhantes atraem os semelhantes", e por esse motivo o imprudente que atrai amizades tão perigosas, como as dos espíritos viciados, terá que mobilizar mais tarde os mais ingentes esforços para conseguir livrar-se delas. Bem sabeis que tanto as aves como as cobras podem acostumar-se à vossa presença, fazendo todo o possível para permanecer convosco, desde que as trateis como elas gostam de ser tratadas. Do mesmo modo, se vos entregardes constantemente ao abuso das libações alcoólicas, deixando-vos vampirizar pelas almas viciadas com o álcool, é óbvio que elas tudo farão para levar-vos à prática do vício em qualquer lugar onde possais alimentá-lo. Depois de obterem certo domínio sobre as criaturas inclinadas ao álcool, tais espíritos mui dificilmente se conformam em perder o seu "caneco vivo", e o acompanham por toda a parte, pois assim podem conhecer melhor as suas nuanças psicológicas e emotivas. Eles então experimentam as suas vítimas em todas as suas vulnerabilidades; provocam-lhes atritos familiares e desgostos profundos, para em seguida despertar-lhes reações emotivas que frequentemente levam suas vítimas a maior ingestão de bebidas alcoólicas. E quando essas infelizes vítimas se tornam amigos das noitadas festivas entre grandes libações alcoólicas, os alcoólatras do Além recrudescem no seu vampirismo repelente, atuando então de modo hipnótico sobre suas vítimas para que procurem sempre os ambientes pecaminosos.

Daí o grande perigo para os encarnados que se põem a frequentar *dancings*, cabarés, boates e outros ambientes do vício que, embora disfarçados sob o rótulo de divertimentos inocentes, são locais onde os vampiros alcoólatras — tal como conta a lenda dos demônios tentadores — permanecem vigiando todos os passos, intenções e pensamentos de suas vítimas. Eles as espreitam a distância do lar, seguem-nas até o seu emprego e aguardam-nas mesmo na saída dos templos, onde são impedidos de penetrar devido às fronteiras vibratórias dos pensamentos dignos.

PERGUNTA: — E como conseguem eles perturbar suas vítimas quando protegidas pela atmosfera de seus lares regrados?

RAMATÍS: — Eles envidam todos os esforços para que essas criaturas venham a sofrer toda a sorte de irritações, quer durante o trabalho, quer durante o trajeto do local do trabalho até ao lar, procurando assim induzi-las a provocarem conflitos na família. Aliciam-lhes críticas, censuras e desentendimentos nos locais de empregos, nos veículos de transportes, nos locais de esportes ou casas de diversão, e chegam até a provocar discórdias inesperadas mesmo entre as afeições mais sinceras. Não satisfeitos com isso, procuram encaminhar para as mãos de suas vítimas a revista obscena, o panfleto irascível e venenoso, o jornal escandaloso que desperta na criatura a revolta íntima contra tudo, atribuindo a explorações alheias e intenções desonestas os fatos mais rotineiros do mundo.

Daí o motivo por que muitos pais, filhos, esposos e irmãos, ao tomarem suas refeições, mantêm-se carrancudos à mesa, irritados e impacientes, dando lugar a discussões por qualquer motivo frívolo, mesmo porque são raros aqueles que ainda confiam na terapêutica da prece coletiva para acalmar os nervos dos que chegam da rua com o ânimo superexcitado. Em geral, as famílias terrenas estão separadas em sua intimidade espiritual; comumente os cônjuges mantêm entre si uma familiaridade artificial, intercambiando sorrisos hipócritas ou convencionais, para satisfação à sociedade.

Na realidade, a maioria dos lares terrenos não passa de melancólica hospedaria para alimentação e reunião de corpos cansados, enquanto as almas vivem quase sempre distantes umas das outras. É a catadura feroz e costumeira do chefe da família, que se vem desabafar no lar das mazelas do seu caráter e dos próprios desregramentos; são as cenas de ciúmes animalizados, a atear incêndios de cólera e brutalidade que chegam a degenerar em dramas ou tragédias irreparáveis; é o filho privilegiado que transforma o seu custoso automóvel em traço de união entre o lar e o prostíbulo; é a moça caprichosa, rude no trato caseiro mas afável e sofisticada no ambiente social; é a esposa que só pensa na "toilete", preparando-se para se exibir nos chás-dançantes, carregada de penduricalhos; é o caçula exigente e autoritário, transformado, por negligência ou incompreensão dos pais, em ditador dentro do lar; são as cenas deprimentes que transformam a mesa doméstica das refeições em um palco de desavenças, fazendo surgir um ambiente de guerra em uma reunião que, por todos os motivos, deveria ser de bênçãos e de paz!

E devido a estas cenas e fatos dolorosos, multiplica-se o número dos que passam a cultivar amizades reprováveis, por não compreenderem a grandeza moral e espiritual do sentido exato da família. A maioria dos componentes da família terrena, desinteressada do problema do indivíduo como espírito eterno, converte os lares em arena de lutas e discórdias, perdendo a feliz oportunidade — que lhe seria abençoada — de os utilizar para congraçamento e união sob a égide da fraternidade espiritual.

Quantas vezes um ou outro membro da família levanta-se colérico, da mesa, ainda com os lábios umedecidos pelo alimento que ingeria neurótico, na hora sagrada da refeição, para em seguida desaparecer em direção à rua, revoltado contra a estupidez do lar e dos seus familiares! E que acontece então? Ao transpor a porta, grupos de obsessores saem-lhe ao encalço, com vivas demonstrações de alegria, festejando o êxito alcançado, lembrando um bando de aves agourentas a esvoaçarem em torno do imprudente, que debilita suas defesas devido à irascibilidade com que saiu do próprio lar! Os malfeitores das sombras sugerem-lhe, então, o esquecimento de tudo pela bebida; guiam-no ao encontro de outra criatura desiludida da vida e da família; entre ambos trocam-se lamúrias, e as queixas são recíprocas. E não tarda agora o desafogo pelo álcool deprimente. Eis alcançado o objetivo dos alcoólatras das sombras!

PERGUNTA: — Temos tido conhecimento de que homens de talento e de louvável capacidade criadora têm-se deixado aviltar completamente pelo alcoolismo. Como se explica isso?

RAMATÍS: — Comumente, essa degradação tem por causa uma tragédia íntima, uma ingratidão humana, um problema emotivo insolúvel ou, então, os sucessivos desentendimentos no seio do lar. Isso acontece quando o homem é de caráter fraco, sem vontade própria, constituindo-se, então, no elo inicial da cadeia escravizadora, do álcool. Muito contribuem para isso os folhetins de porta, os livros vulgares, as poesias melodramáticas, os teatros e os filmes tolos que por vezes costumam imortalizar em poemas épicos ou cânticos exagerados a tragédia vulgar de alguns desses boêmios ou gênios aviltados pela embriaguez. Muitas vezes procura-se mesmo fundamentar a queda dos beberrões em motivos de alta emoção espiritual, sublimando-os sob elevado senso de arte, poesia ou álacre boêmia.

Entretanto, a cena mais comum é a do bêbedo — seja o analfabeto ou o intelectualizado — que espanca a esposa, atormenta os filhos ou promove um ambiente mórbido e hostil no seu lar, tornando-se autor dos mais execráveis quadros ou melodramas, que muito melhor se afinizariam às truanices de um circo de cavalinhos. Enquanto isso, a esposa heroica se curva sobre o tanque de lavar roupas ou se humilha na limpeza dos casarões alheios, desdobrando-se para sustentar, vestir e educar a prole faminta.

Sob a visão justa do Criador, quem realmente vive o poema glorioso ainda é essa infeliz esposa, a heroína que muita vezes também sustenta o casal de velhinhos e ainda mantém o filho boêmio e bêbedo incorrigível que, indiferente à responsabilidade da vida humana, vampiriza impiedosamente aqueles que o socorrem.

Os poemas, dramas e filmes sobre a epopéia do embriagado seriam bem mais interessantes e úteis se revelassem a realidade dantesca da vida dos "canecos vivos", boêmios noturnos e incorrigíveis beberrões.

Por tudo isto, não vemos motivos de se desculpar a embriaguez ou a boêmia sustentada à base de cachaça ou de uísque, mesmo quando se trata de bêbedo inteligente, capaz de produzir as mais louváveis filigranas sonoras e poéticas assentado às mesas ruidosas das cantinas ou dos bares terrenos.

PERGUNTA: — O filósofo, o poeta ou o artista, que produzem páginas ou obras geniais quando se embriagam, também são dignos das mesmas censuras? A nossa história exalta bastante muitos dos nossos poetas e artistas que, embora tendo sido noctívagos e dados a beber, deixaram sinais brilhantes de sua passagem pelo mundo terreno!

RAMATÍS: — Sob o critério espiritual, muda completamente a interpretação dos valores catalogados no mundo terreno, pois perante os desígnios da vida imortal só as virtudes têm valor inatacável, como sejam a bondade, a fraternidade, a honestidade, a renúncia e a pureza psíquica. Os homens sumamente inteligentes, mas bastante dominados pelos vícios ou pela imoralidade — embora a ética do mundo os classifique na esfera dos boêmios famosos e das genialidades poéticas — nem por isso deixam de ser espíritos defeituosos. Muitas vezes não passam mesmo de "canecos vivos" a exsudarem as libações alcoólicas, que são aproveitadas por outros ex-boêmios terrestres, também inteligentes, já desencarnados. Se voltardes os olhos para o que acontece com os boêmios terrícolas, verificareis que a maioria deles costuma abandonar a família ou se põe a viver de expedientes ociosos, pesando como lastro inútil na economia dos povos. Alguns abandonam a velha companheira que os serviu durante longos anos de vicissitudes ou humilhações, para se ligarem à mulher volúvel, elegendo-a como a "grande inspiração" poética de suas obras geniais!

Embora isso cause estranheza, é em torno das mesas boêmias e por entre as libações alcoólicas que, paradoxalmente, esses literatos despertam o gênio criador ou a veia poética, pois a sua inteligência só se aquece sob a ação corrosiva do álcool. E, como assim se colocam em contato com as criaturas viciadas da Crosta ou do Além, estas lhes subvertem as intenções laboriosas, enquanto suas esposas e filhos se exaurem para a sustentação do lar empobrecido.

Que ensinamento de valor podem legar ao mundo os poetas, filósofos e artistas quando, para doarem à humanidade algumas obras geniais, principiam justamente escrevendo o drama covarde do abandono de suas famílias! Que glória pode ser atribuída a quem ingere dezenas de litros de álcool, na mais irresponsável boêmia, quando ainda não se revela capacitado para conseguir o litro de leite para os filhos! Que valem para o mundo, sedento de roteiros espirituais, a alacridade, as rimas, os conceitos, os pensamentos e as graças literárias daqueles que, cantando a epopéia da vida humana, não conseguem sustentar a alegria do próprio lar!

PERGUNTA: — Esses homens de gênio incomum, mas boêmios e beberrões, também sofrem, quando desencarnam, as mesmas consequências a que se sujeitam as outras vítimas da embriaguez, mas destituídas de cultura ou de talento?

RAMATÍS: — Já vos dissemos que os viciados que passam pelo mundo, embora produzindo benefícios e sendo por isso protegidos contra os espíritos malfeitores, nem por isso se livram dos males produzidos na tessitura delicada do perispírito, em consequência da ingestão de tóxicos.

Os homens verdadeiramente sábios não laboram contra si mesmos, nem se deixam comandar pelos vícios que deprimem o ser humano. Em verdade, ainda é muito grande a diferença entre a "inteligência" provisória do mundo material e a "sabedoria" definitiva do espírito, que é eterno! A inteligência provisória é o talento intelectivo firmado nas configurações e experimentações do mundo transitório da matéria; a sabedoria definitiva é a conquista imortal do espírito; é a sua memória milenária, existente desde a origem de sua consciência e que se projeta na vida física. Sábio, pois, verdadeiramente, é aquele que dirige com eficiência a sua vida na matéria, em vez de ser apenas uma peça movida pelas circunstâncias enganadoras do mundo provisório da carne.

O problema da ventura espiritual é, portanto, profundamente íntimo e individual pois, conforme diz o Evangelho, "cada um receberá de conformidade com suas obras". Quase sempre os boêmios álacres despertam no Além-Túmulo estarrecidos e medrosos diante dos panoramas tétricos e atrozes que presenciam após a morte corporal. Ante a realidade implacável, foge-lhes toda a garridice, o sarcasmo e a linguagem epigramática com que se aureolavam no mundo físico, tornando-se o centro convergente da admiração e devoção de um punhado de adeptos entusiastas, mas completamente inconscientes da vida espiritual. Há os que se revoltam e afinam a sua ironia sob a crítica mórbida contra os bens da vida e o Criador, tomados de despeito devido à sua frustração intelectiva, o que pode levá-los a engrossar as fileiras de ex-beberrões desencarnados e a se integrarem na mole de viciados que vivem à cata de "canecos vivos" para a continuidade alcoólatra no astral inferior. Mas também existem os que caem em si, bastante arrependidos, ao se reconhecerem como infelizes espantalhos frustrados em sua própria inteligência, que lhes parecia de grande segurança no mundo terrícola, mas que brilhava somente entre artifícios incapazes de lhes proporcionar a paz no mundo espiritual. Malgrado tenham sido cultos na experimentação humana, bastante ágeis de raciocínio e ricos de epigramas aguçados, precisam apoiar-se depois do "falecimento", na destra que lhes estende a esposa abandonada, ou mesmo nos tardos de intelecto que, embora tão subestimados na Terra, conseguiram o seu equilíbrio no Além.

PERGUNTA: — Podeis explicar-nos com mais detalhes o que afirmastes há pouco acerca dos cuidados e proteção que os obsessores dispensam aos seus "canecos vivos"?

RAMATÍS: — Revivendo a lenda de que "o diabo sempre ajuda os seus afilhados", os obsessores cercam os seus "canecos vivos" de todos os cuidados e proteção ao seu alcance. Dada a multiplicidade de atenções, experiências e auscultações — que chegam a exigir, às vezes, alguns anos de trabalho — para que o encarnado se transforme num vasilhame alcoólico desprovido de vontade própria, os seus "donos" tratam de preservá-lo o mais possível de acidentes, conflitos, e até de enfermidades que possam prendê-lo ao leito e impedi-lo de filtrar-lhes os alcoólicos desejados. Então ajudam-no a atravessar pontes e lugares perigosos; guiam-no por vales e caminhos escuros, esforçando-se para sustentá-lo até em suas forças vitais! Daí as surpresas, muito comuns, quando bêbedos que parecem impossibilitados de se mover acertam com o caminho de casa e atravessam ruas movimentadas, por entre veículos os mais velozes, sem nada lhes acontecer. E o povo, sempre observador de certos fatos inexplicáveis, glosa este acontecimento através do brocardo: "criança e borracho, Deus põe a mão por baixo"... Mas a verdade é que se trata não de protegidos por Deus, mas de infelizes "canecos vivos" aos quais os "donos" desencarnados guiam atentamente, a fim de não perderem tão admiráveis alambiques, que lhes custaram muito tempo de trabalho.

PERGUNTA: — Mas como se explica que esses obsessores levem os seus infelizes viciados à extrema miséria moral e corporal, embriagando-os de tal modo que logo lhes reduzem a cota normal de vida? Isso não será um desmentido aos cuidados tão extremosos com que eles tentam conservar a vida dos seus alambiques vivos?

RAMATÍS: — Na intimidade da criatura humana lutam incessantemente duas forças poderosas: as energias criadoras do Bem e as destrutivas do Mal. A consciência do homem tem sido o palco das lutas milenárias dessas duas forças opostas, até que o Bem triunfe em definitivo e principie a ascese do espírito e a sua consequente libertação das algemas animais. Enquanto as energias do Bem reativam a natureza espiritual, as destrutivas do Mal se enfraquecem, repelidas pela verdadeira individualidade do ser, que é a entidade angélica.

Por isso, certas criaturas que viviam escravizadas aos mais deploráveis vícios, e incapazes de quaisquer recuperações morais, reergueram-se do lodo quando puderam sentir o chamamento espiritual ou o grito de alerta de sua própria consciência superior, conseguindo ajustar-se novamente à sua antiga dignidade humana, imunizando-se assim contra as investidas torpes, do Além. Muitas dessas regenerações têm sido possíveis sob a influência do espiritismo e das instituições religiosas, mediante a qual muitos infelizes "canecos vivos", depois de doutrinados, têm conseguido imunizar-se contra a ação dos seus donos ocultos no mundo invisível. Os obsessores sabem disso; por isso, assim como protegem as suas vítimas para conservá-las na função repulsiva de exóticos alambiques vivos, também as mantêm sob a mais completa inconsciência dos perigos da bebida alcoólica. Embora eles reconheçam que assim reduzem a vida dos seus vasilhames carnais na Crosta, evitam que as forças do Bem intervenham na sua consciência desperta e consigam afastá-los da degradação alcoólica. Trabalham, então, para que os infelizes alcoólatras não permaneçam muito tempo de posse do seu raciocínio, para não atenderem à voz oculta da própria alma ou às doutrinações religiosas.

E assim os obsessores envidam os maiores esforços para afastar os seus obsidiados dos ambientes regrados e dos amigos que os possam influenciar contra o alcoolismo, enfurecendo-se quando certas missões religiosas ou membros de credos espiritualistas tentam regenerá-los. Certas vezes chegam ao ponto de mediunizar seus próprios "canecos vivos", lançando sarcasmos, ditos obscenos ou provocando balbúrdia nos centros espíritas, templos ou locais onde as criaturas bem intencionadas se reúnem para salvar os viciados de todos os matizes. Sabeis quão difícil se torna encaminhar um desses alcoólatras a qualquer trabalho espirítico com o objetivo de regenerá-lo pois, mesmo quando ele deseja ardentemente fugir da terrível força que o submete ao álcool, tudo se lhe ocorre de modo tão irritável e humilhante, que o faz desistir da empreitada e até odiar aqueles que pretendem salvá-lo da sina tenebrosa.

PERGUNTA: — E, quando o alcoólatra chega ao final de sua vida degradante, os seus obsessores não fazem alguma coisa para evitar-lhes a morte e o consequente prejuízo pela perda do seu vasilhame carnal?

RAMATÍS: — Esses espíritos malfeitores sabem muito

bem quando os seus "canecos vivos" atingem irremediavelmente sua meta final; então os deixam entregues à sua terrível sorte, agindo à semelhança do cangaceiro que abandona na estrada o animal que ficou estropiado para o servir na sua fuga desesperada. Como não existem quaisquer sentimentos de nobreza nesses desencarnados inescrupulosos e ferozmente devotados à satisfação egoísta de seus vícios aviltantes, pouco lhes importa abandonarem em agonia aqueles que os serviram como repastos viciosos. O delírio etílico, a completa toxicose alcoólica e a prostração dos alcoólatras "in extremis" obrigam-nos a deixar o álcool ou, pelo menos, a ingerir apenas poucas doses, e isso não convém ao obsessor, pois o obsidiado torna-se deficiente alambique para saciar o desejo obsessivo dos sedentos do astral inferior. Flácido, desgovernado e enfermo, o infeliz "caneco vivo" é agora apenas uma sombra humana evitada deliberadamente pelas criaturas regradas.

PERGUNTA: — Visto que os obsessores sempre alcançam melhor os seus objetivos atuando sobre indivíduos que vibram em simpatia com as suas satisfações viciosas, quais os tipos humanos que eles acham mais adequados para conseguirem os seus intentos?

RAMATÍS: — Eles alcançam mais facilmente os seus fins quando encontram criaturas que, além de gosto acentuado pelos alcoólicos, ainda são avessas a qualquer disciplina evangélica. São estas as que mais facilmente se submetem aos obsessores, porque vivem emotivamente entregues às suas paixões, mal contendo os complexos e os recalques freudianos, que se transformam em perigosas energias que logo afloram sob os convites pecaminosos.

Dizemos "complexos e recalques freudianos", porque é sob essa designação que muitos de vós conheceis os efeitos das condições cármicas da humanidade terrena. Aqui, passam cegos pelas ruas citadinas a curtir na desventura das sombras o mau uso que fizeram da sua visão perfeita no passado; ali, alienados e imbecis a se moverem amargurando os prejuízos que causaram alhures na posse da razão normal; acolá, aleijados erguem os tocos de braços na mensagem dolorosa de terem subvertido a função digna das mãos! Não estão curados de suas mazelas e vilanias do pretérito, mas já se disciplinam sob a imposição benfeitora do Carma retificador.

Se Freud, ao examinar o "porão das inferioridades" das criaturas humanas, tivesse sido mais exigente e ultrapassasse o berço do nascimento físico, é certo que não tardaria em catalogar nova messe de recalques e complexos pré-reencarnatórios, ocultos perigosamente e impedidos de se manifestarem ante a força disciplinadora da Lei do Carma.

Quantos mendigos e doidos populares, de vossas cidades, vivem ainda no íntimo de suas almas o fausto dos palácios aristocráticos e ouvem o eco de uma inteligência da qual, no passado, abusaram para seu exclusivo benefício! Curvados ao peso das vicissitudes e das humilhações do mundo carnal, eles passam ocultando sob os corpos lesados a alma tirânica, falaz ou debochada do pretérito! Quantas ex-baronesas do Império, agora travestidas de serventes, limpam vidraças e varrem os aposentos de seus antigos escravos, enquanto impiedosos capitães de mato e ex-fazendeiros cruéis movimentam-se com as mãos e os pés atrofiados, dos quais fizeram tão mau uso, castigando e perseguindo infelizes negros!

Isto posto, não vos será difícil compreender como efervesce ainda no imo do espírito terrícola o seu conteúdo subvertido, do passado, e mal disfarçado pela ética social do mundo. Por isso, quando os malfeitores desencarnados conseguem ativar e exumar paixões ocultas e ainda latentes nas criaturas, não lhes é muito difícil conseguir transformá-las em seus prolongamentos vivos, que na crosta terráquea devem vazar seus intentos viciosos.

Mas a sua argúcia e ação maligna contra as vulnerabilidades humanas não chegam a atingir aqueles que permanecem afeiçoados aos ensinamentos do Evangelho do Cristo, cuja luz protetora dissolve todos os resíduos de sombras à superfície da aura dos que vigiam e oram.

Há casos em que os tentadores das Trevas vêem frustrados os seus propósitos tenebrosos de obterem um "caneco vivo", visto que o socorro espiritual intervém por força do crédito que a provável vítima ainda conta da sua vida passada ou, então, quando por Lei do Carma algum acidente benfeitor a imobiliza no leito ou mesmo a liberta da carne. Em outros casos, também ficam frustrados os intentos obsessivos para o alcoolismo, se alguma comunidade religiosa ou espiritualista intervém e consegue modificar a tendência viciosa do candidato a "caneco vivo".

Os espíritos das Trevas, forçados a aceitar e reconhecer esses seus prejuízos e decepções, voltam-se furiosamente contra os homens e instituições que intervêm nos seus propósitos torpes. Então encetam campanhas de desmoralização ou de perseguição contra religiosos, médiuns ou doutrinadores que se propõem a libertar de suas garras os embriagados que se estão enfraquecendo em suas defesas espirituais.

PERGUNTA: — Sob vossa conceituação espiritual, o alcoolismo deve ser considerado um vício ou uma doença da humanidade terrena?

RAMATÍS: — Sem dúvida, o alcoolismo pode ser enquadrado no terreno patológico, pois o alcoólatra é um doente, embora o seja por sua livre e espontânea vontade. Assim como certas enfermidades deformam e lesam o organismo durante a sua manifestação, a embriaguez também produz lastimáveis e perniciosos efeitos no corpo físico, e seus resultados nefastos ainda se estendem aos centros de comando do intelecto e ofendem o conceito da moral humana.

O que nos surpreende bastante, é que os administradores e cientistas de todas as nações terrenas ainda não tenham empreendido um movimento decisivo para solucionar esse problema alarmante da ingestão de álcool sem escrúpulos e sem controle, como se ele fora um líquido mui inofensivo! A ingestão de álcool deveria ser encarada sob o mesmo caráter de prejudicial e degradante que as autoridades policiais do mundo atribuem ao uso da maconha, da cocaína, da morfina, do ópio e outros entorpecentes perigosos.

Uma vez que a medicina terrena luta heroicamente contra qualquer manifestação mórbida do corpo físico e se esforça para harmonizar o psiquismo humano, seria justo que também se devotasse ao combate sistemático e incessante do alcoolismo, que também não passa de uma das mais nocivas moléstias da humanidade. Enquanto o vosso mundo se onera na inversão de somas enormes para debelar enfermidades de menor importância, a ciência terrena se descura de extinguir definitivamente o alcoolismo, que é um dos grandes usurpadores da vitalidade e da sensatez humana.

Entretanto, essa displicência se explica com bastante facilidade, pois, se na Terra tanto ingerem álcool os homens sadios como os enfermos, os que comandam como os comandados, as autoridades policiais e as religiosas, é evidente que não pode haver interesse em se extinguir tal flagelo, porquanto os interessados na extinção teriam que primeiramente extingui-lo em si mesmos, o que prova que em tais homens ainda é bastante débil tanto a força de vontade quanto a força espiritual pois, de outro modo, já teriam iniciado a mais enérgica ofensiva contra o alcoolismo.

PERGUNTA: — Supondo-se que o vício do álcool ainda se amplie cada vez mais em nosso mundo, pois em grande parte os nossos cientistas, médicos e maiorais não são avessos ao álcool, como se poderia solucionar problema tão cruciante?

RAMATÍS: — Não resta dúvida de que a Terra ainda não merece ser governada por almas do quilate de um Francisco de Assis, Buda, Crisna ou Jesus, pois seria absurdidade que homens tão santos, corretos e virtuosos, completamente libertos de quaisquer vícios ou aviltamentos mundanos, devessem governar criaturas cuja maioria ainda aprecia o álcool e se entrega a outros deslizes como a capciosidade, o separatismo, a crueldade, a luxúria, a desonestidade, a cupidez e o carnivorismo. Não seria justo que a Administração Divina colocasse tão grande responsabilidade sobre os ombros de seres libertos de quaisquer torpezas, crimes, falcatruas, vícios ou paixões perigosas, e que se desinteressam dos "tesouros que as traças roem e a ferrugem consome". É óbvio que as principais providências para o alevantamento moral e libertação dos vícios e das paixões perigosas da Terra teriam que partir primeiramente dos vossos próprios maiorais ou responsáveis pelo comando das massas. Entretanto, é fácil verificar que os dirigentes do vosso mundo não se interessam com seriedade pela solução desse e de outros cruciantes problemas, pois não lhes sobra tempo para tal, preocupados como estão com as conquistas terrenas e até com a conquista do Espaço, curiosos, também, por saber o que se passa em outros planetas! Por isso, preocupa-os no momento o lançamento de satélites, foguetes teleguiados, navegação a jato e atômica, coisas essas que a tudo superam pelo seu deslumbramento e demonstração da capacidade humana, fazendo passar para segundo plano a "ingênua" ideia de se conseguir a tão falada paz de espírito, que principia justamente pela renúncia do mundo exterior.

A Terra está invadida pelo mais espetacular sensacionalismo, devido ao controle de certas energias descobertas pelos cientistas do século XX que, de um lado, estão aturdidos ante a perspectiva dos poderes futuros, enquanto que, de outro lado, alimenta-se tal vaidade, que os mais afoitos já dispensam a necessidade de um Deus que ainda precise comandar os fenômenos da vida!

Uma vez que os terrícolas estão preocupadíssimos em ampliar as fronteiras do seu orbe, para a urgente comunicação interplanetária, já não lhes sobeja tempo para refletirem e meditarem sobre os destinos da alma ou as palavras tão singelas de Jesus. Há grande preocupação em se estender a má administração terrícola aos povos sensatos de outros planetas habitados, criando-se o paradoxo de se querer conhecer a casa do vizinho, enquanto não se conhece nem ao menos as necessidades da própria casa! Para as criaturas terrenas bem intencionadas, que ainda depositam fé na mansuetude evangélica pregada pelo Sublime Nazareno, só resta uma esperança: é a certeza de que a Administração Sideral já iniciou a sua intervenção salutar e corretiva na Crosta. Já foram estabelecidas as providências disciplinadoras do Alto, para impedir o perigoso desbragamento humano e ajustar também a contextura da Terra aos tipos dos moradores futuros, que deverão ser mais regrados e pacíficos.

A característica profética do "juízo final" já está sendo reconhecida, motivo por que muitas criaturas mostram-se surpresas ante os fenômenos e acontecimentos insólitos que avultam todos os dias! Uma vez que os responsáveis pelas principais instituições de cultura, ciência e educação, no mundo, desinteressam-se de sua renovação espiritual e preferem chafurdar-se na torrente lodosa que se despenha montanha abaixo, é evidente que a única solução para o problema do álcool consiste na emigração compulsória dos terrícolas beberrões para outro planeta inferior à Terra. Graças à profética separação dos "bons" e dos "maus", à direita e à esquerda do Cristo, que simboliza o Amor Universal, e que já se processa no vosso orbe para modificar-lhe os destinos futuros, será possível então lograr-se êxito na extirpação do vício do álcool entre a vossa humanidade.

As profecias milenárias são unânimes em afirmar que no "fim dos tempos" tudo será restabelecido, e esse fim dos tempos já está à vista; por isso, à medida que os terrícolas mais se desatinam, mais se aperta o cerco da retificação dolorosa e crescem as provas e arguições vigorosas para a definitiva seleção espiritual.

O Comando Superior Divino está procedendo aos "testes" necessários para verificar quais as almas que ainda poderão renascer na Terra, no próximo Milênio do Mentalismo, assim como está examinando aqueles que deverão repetir, em mundo inferior, as lições espirituais que tanto negligenciaram e das quais abusaram no curso primário atual. É lamentável por isso que, justamente no instante em que os terrícolas deveriam conjugar suas forças para a melhor sobrevivência física no seio das convulsões geológicas em eclosão no planeta, apurando o espírito na ocasião dolorosa, mais se preocupem em golpear-se ante a ganância recíproca dos lucros efêmeros e no desejo desenfreado do gozo animal!

O apóstolo Paulo lembra muito bem a angústia desses dias finais, quando adverte: "Nos últimos dias sobrevirão tempos perigosos"[2] e depois acrescenta: "Para que sejam condenados todos os que não deram crédito à verdade, mas assentiram à iniquidade".[3]

O alcoolismo, pois, será varrido da face da Terra depois da seleção benfeitora da futura humanidade, pois a Lei Sideral em todos os planetas primários, no tempo justo e aprazado, renova a morada física e despeja o inquilino desleixado para outros mundos a que fizer mais jus, a fim de que se reative em sua proverbial indiferença espiritual.

PERGUNTA: — Qual a pior e mais demorada consequência nefasta para aqueles que se tornam alcoólatras?

RAMATÍS: — Obviamente, o alcoólatra é o indivíduo que já perdeu o senso direcional do seu espírito, conforme vo-lo dissemos antes, e quase sempre um infeliz comandado por

2 II Timóteo 3/1.
3 II Tessalonicenses 2/12.

um desencarnado malfeitor e viciado. Depois que desencarna, transforma-se num trapo vivo a se arrastar pelos bares e botequins da Terra, quer ardendo em ânsias atrozes para beber, quer buscando quem lhe empreste o estômago físico para sorver o eterismo alcoólico. Não importa o haver perdido o corpo carnal, pois o desejo vicioso lhe palpita na alma e repercute com mais veemência no seu perispírito, mantendo-o escravo do terrível cérbero que é o álcool. Após a morte corporal a cura psíquica deve ser empreendida de dentro para fora, mediante a extinção do desejo subvertido; então a libertação do vício do alcoolismo é tarefa penosa e torturante, mesmo para aqueles que no lado de cá se julgam com forças suficientes para intentar a sua alforria espiritual. Bastam alguns anos vividos na matéria sob a escravidão desse vício para causarem muitas dezenas de anos de sofrimento atroz nos planos da astralidade inferior. As almas que se deixam lesar em sua organização perispiritual pelo álcool ou outros entorpecentes transformam-se em repulsivos fantasmas de faces congestas, narizes aduncos e corpos deformados, vivendo interiormente os mais terríveis delírios alucinatórios provindos dos efeitos tóxicos. A pior e mais demorada consequência nefasta para o alcoólatra, portanto, são os tenebrosos sofrimentos por que o seu espírito terá que passar no Além-Túmulo, depois que estiver fora do seu biombo físico protetor. Todas as suas visões, delírios alucinantes e sede ardente da bebida se manifestam centuplicados no mundo astral, pois os efeitos tóxicos são muitíssimo gravosos para a delicadeza da contextura do perispírito. Assim como se tivésseis de suportar uma cruciante carga de ácidos circulando pelas vossas veias, o alcoólatra desencarnado sente-se tomado de crises terrificantes quando os resíduos etéricos e venenos do álcool transitam-lhe pela circulação astral, como se fossem um fogo infernal grassando nos órgãos perispirituais. Nenhum vocábulo do linguajar humano poderá fazer-vos entender essa realidade tão atroz do sofrimento dos aviltados pelo alcoolismo e que, sob tal condição, prefeririam a destruição de sua consciência já estruturada no tempo, a continuar vitimados por tão dantesco sofrer!

É bastante visitardes as instituições de cura do alcoolismo, do mundo físico, para conhecerdes os pavorosos acontecimentos de que são vítimas os infelizes viciados quando tentam a cura desse mal. Eles mais parecem feras enjauladas que ameaçam despedaçar-se, entre uivos e clamores, sem poder suportar a ardência insofreável do desejo vicioso que os exaure em toda a sua vitalidade. Amontoam-se no solo, quais trapos vivos exangues, transpirando por todos os poros as emanações acres do tóxico alcoólico.

Entretanto, a cura se processa pouco a pouco, pois o clamor do desejo insaciado do álcool amortece pela constante negativa de sua satisfação. Mas no Além-Túmulo isso acontece de modo diferente, porque o desejo veemente do alcoólatra vibra em toda a estrutura supersensível do corpo astral desencarnado e livre no seu verdadeiro mundo, e que então reproduz de modo centuplicado todas as nuanças críticas do vício, mantendo o infeliz viciado no mais bárbaro ciclo de sofrimento.

Só aqueles que empreendem heroica renovação mental, purificando o desejo vicioso e decidindo-se a recuperar a força de vontade perdida, é que conseguem aliviar as suas dores e padecimentos, pois o êxito da cura depende da sua própria modificação espiritual interior, e não de socorro ou assistência de outros desencarnados, ou do fato de estarem distantes da bebida alcoólica.

Acresce que, durante a vida física, embora vítima do alcoolismo, o homem precisa atender a diversas necessidades e se entrega a distrações que se alternam na sua existência, ao passo que depois da morte corporal ele se torna unicamente um "desejo" vivo e incessante, sem alívio e sem descanso. Só a modificação interior e a retomada do comando da sua vontade é que lhe permitem reassumir a direção do perispírito no mundo astral, quer aliciando-lhe fluidos sedativos que devam substituir os tóxicos, quer reduzindo o desejo atroz da bebida a um grau suportável.

O homem, quando deseja libertar-se do vício do álcool, pode ser comparado a um atleta correndo velozmente por uma estrada plana, onde por sua livre vontade pode estacionar onde quiser; no entanto, o desencarnado ainda vítima do desejo alcoólico é semelhante ao corredor que tenta suster a sua carreira vertiginosa por uma colina abaixo, sem poder consegui-lo.

PERGUNTA: — A indústria de bebidas alcoólicas é tão vasta, em nosso mundo, que, se porventura se fechassem subitamente todas as fabricas de bebidas, isso redundaria num desastre econômico pois, além de ficar reduzida a fabulosa renda fiscal, ficariam prejudicados os fabricantes de garrafas, barris, caixas, tampinhas de garrafas, copos, impressos, bem assim a lavoura do lúpulo, da cana, da cevada e de diversos outros produtos utilizados no ramo comercial de que se trata, sem se falar no problema do desemprego! Estamos certos nesta conclusão?

RAMATÍS: — É totalmente insensato esse sistema de sustentação econômica, do vosso orbe, porquanto os prejuízos decorrentes do abuso do álcool são muito mais vastos e impressionantes do que os trazidos por esse desastre que tanto vos apavora! A tendência progressissta, própria da vida criada por Deus, não deixaria de inspirar-vos para a imediata substituição de fatores e criação de meios capazes de compensar os prejuízos das primeiras horas. Não desconheceis que o uso imoderado de álcool é o responsável pela quase totalidade de crimes, de imoralidade, de miséria, de doença, de luxúria, de paixões e de belicosidade entre os homens! Por esse motivo, é lastimável a existência de tal indústria e comércio, que mais se assemelha a um monstruoso e degradante vampiro a sugar as forças mais sadias e vitais da humanidade.

As consequências nefastas do abuso do álcool, que prejudica as nações, as famílias e os indivíduos, são bem piores que a diminuição de renda orçamentaria obtida à custa do imposto alcoólico e do envenenamento do povo! O álcool está devorando o organismo delicado da raça humana, e nenhum governo perderia com a sua extinção industrial e consequente queda na arrecadação de impostos. Uma nova vida regrada, com a consequente recuperação da saúde humana, substituiria as fabulosas cifras despendidas com as subvenções e despesas com hospitais, asilos, presídios, policiamento, posto de socorro, recuperação da juventude transviada e demais ônus decorrentes quase todos do alcoolismo atual.

Na raiz de quase todos os males, como a tuberculose, o câncer, a imbecilidade, as taras hereditárias, as cirroses, a epilepsia, as neuroses, as lesões orgânicas, a sífilis, os crimes tenebrosos, a miséria humana e os delírios alucinatórios, encontra-se o famigerado dedo do álcool a apontar o trabalho que realizou!

Aos espíritos de alcoólatras incapazes de processarem no Além a sua renovação íntima ou se libertarem dos terríveis efeitos do álcool, só resta a sorte de futura reencarnação expiativa. Por isso eles costumam renascer mais tarde, no vosso orbe, em situação constrangedora e vivendo os quadros tenebrosos da epilepsia, da alienação mental, da imbecilidade ou da esquizofrenia, estados paranoicos e portadores de taras estranhas, submetidos a tremendas confusões mentais e psíquicas.

O alcoolismo é ainda o responsável por quase todas as situações dolorosas da humanidade terrena; oxalá, realmente, um gênio sideral o extinguisse magicamente do vosso orbe, malgrado a miséria que em seguida grassasse até à possível recuperação econômica dos povos e das nações! Indubitavelmente, isso seria o início de uma era benfeitora para todos vós, porquanto também vos teríeis livrado da "ponte viva" mais eficiente de que os espíritos trevosos se servem daqui para concretizar os seus objetivos mais torpes e exercerem comando sobre os infelizes "canecos vivos" encarnados! Mas, infelizmente, cada nação terrícola ainda se sente glorificada pelo seu produto alcoólico tradicional, como se ele representasse um grande invento científico ou artístico pois, enquanto a Alemanha se orgulha da sua cerveja, a Rússia da vodca, a França, Portugal e Itália dos seus vinhos famosos, os Estados Unidos e a Inglaterra cantam louvores ao seu uísque finíssimo, a América Central louva o rum nativo, e mesmo o Brasil, vossa pátria, já se envaidece com a famigerada cachaça!

A bebida alcoólica, portanto, malgrado ser excelente fonte de renda para os governos, é o gérmen maléfico de toda série de enfermidades, degenerações orgânicas, embrutecimento mental, crimes, desastres, desencaminhamento da juventude, do menor abandonado, gastos vultosos, e infelicidades terrificantes no Além-Túmulo.

PERGUNTA: — Muitos afirmam que, se Deus permitiu a descoberta do álcool no mundo, por meio da destilação de certos produtos fermentáveis, é porque Ele também não proíbe o seu emprego em bebidas pois, se assim não fora, tê-lo-ia eliminado, de qualquer modo, como produto perigoso para os seus próprios filhos. Alegam, ainda, que a própria Bíblia menciona várias vezes o uso de bebidas alcoólicas entre as primeiras tribos do planeta. Que nos dizeis?

RAMATÍS: — Sobre a face da Terra só existem coisas úteis e benéficas criadas por Deus para felicidade de todos os seus filhos; é devido ao abuso com que a criatura humana se serve dessas coisas, para fins condenáveis, que surgem para ela prejuízos lamentáveis. O Pai criou as substâncias necessárias a todos os variados sistemas de vida em vosso planeta, mas não estabeleceu nenhuma prática viciosa; quando esta surge, é porque o próprio homem ultrapassou os limites do uso das coisas que Deus lhe deu.

É evidente que, se Deus considerasse o álcool como bebida de necessidade, a ser ingerida a todo momento pelo cidadão terrícola, sem dúvida teria criado fontes ou riachos de vinho, cerveja, licores ou cachaça. Se assim não agiu, é porque achou que a bebida indispensável ao homem é a água pura, que lhe dá em abundância. A concupiscência, a ganância, a cobiça, a avidez de lucros ilícitos é que pervertem o uso do álcool e produzem consequências dignas de maldição! Sob a ganância criminosa, a propaganda do alcoolismo se requinta então, promovida por hábeis artistas que idealizam quadros atraentes e coloridos, com sugestivos conselhos para que esta ou aquela bebida alcoólica seja preferida por todos os indivíduos de bom gosto. E através do rádio soam aos vossos ouvidos as mais encantadoras frases sonoras que maquiavelicamente vos convidam a beber o perigoso corrosivo disfarçado pela aparência sedutora dos rótulos brilhantes! Modernamente já se introduz o álcool em doces, chocolates e bombons finos, para que, desde muito cedo, a criança se condicione ao terrível tóxico adverso ao homem físico e espiritual!

Lembrastes há pouco que a Bíblia registra muitas passagens onde se comprova que o uso do álcool vem de longa data, do que é exemplo o tradicional caso de Noé, mas vos esquecestes de que a própria Bíblia contém diversas outras passagens onde os profetas e os espíritos do Senhor condenam o alcoolismo, tais como esta: "Ai daquele que dá de beber ao seu companheiro".[4] Paulo de Tarso, o insigne sustentáculo do Cristianismo, é claríssimo quanto à sua verdadeira opinião sobre o alcoolismo, quando diz: "Nem os idólatras, nem os que se dão à embriaguez, nem os maldizentes possuirão o reino de Deus".[5]

PERGUNTA: — Dissestes há pouco que o álcool chega a produzir modificações no aspecto do perispírito, o que nos deixa um tanto curiosos quanto ao tipo dessas modificações. Podeis esclarecer-nos melhor o assunto?

RAMATÍS: — O ébrio contumaz começa por se descuidar do seu vestuário; torna-se excêntrico e assume atitudes extravagantes, passando a interpretar a vida e as coisas a seu modo, com visíveis modificações e anomalias em sua personalidade.

Irrita-se com facilidade, faz exigências absurdas e pouco a pouco se afasta do trabalho; contradiz-se e se revolta a todo momento; rebaixa-se moralmente e perde o senso psicológico do ambiente, vivendo existência à parte, monologando ou gargalhando, no seio de um mundo incoerente. Os seus delírios são constantes e mesclados de alucinações visuais ou auditivas, percebendo imagens estranhas e formas extravagantes de reptis e aracnídeos; instala-se em sua alma o capricho excessivo, a desconfiança para com os seus íntimos, defrontando em todos possíveis inimigos e tornando-se cada vez mais deslocado da família. Degeneram-se os órgãos, inflamam-se os intestinos e o estômago e atrofia-se-lhe o fígado, ficando sujeito à tradicional afecção cardíaca, devido à má drenação renal. Então o seu aspecto se modifica e a feição se torna estranha, o rosto balofo, de cor terrosa, olhos empapuçados e injetados de sangue, o nariz roliço e rubicundo.

Essa anarquia física é apenas o reflexo da sua terrível desordem psíquica pois, quando ele chega a tal condição, a contextura do perispírito já se encontra estigmatizada por outras deformações mais profundas e definitivas que, em seguida à sua desencarnação, se plasmam com o aspecto larval vampírico e horrendo, que tanto impressiona as almas tímidas recém-chegadas ao mundo astral. O próprio infeliz

---

4 Habacuque 2/15
5 I Corintios 6/9-10

se horroriza da sua feição de suíno quando se defronta com a sua imagem refletido na condensação fluídica do meio astralino; alguns fogem espavoridos, lembrando as histórias fantásticas de "O médico e o monstro" e os lobisomens das velhas lendas regionais.

Não deveis manter dúvidas sobre essas modificações repulsivas que se processam na organização delicada perispiritual, profundamente sensível à plastia mental, porquanto a face embrutecida do bêbedo ainda encarnado vos mostra o efeito do seu psiquismo mórbido.

PERGUNTA: — Algumas pessoas cultas, entre elas alguns cientistas, têm afirmado que a bebida alcoólica é necessária em certos casos, pois tanto ajuda a esquecer as mágoas e excita a inteligência, como ainda é aperitivo benéfico, pois abre o apetite. Que dizeis a isso?

RAMATÍS: — A ação do álcool, mesmo que produza efeitos provisórios, como a suavização de mágoas ou o olvido de sofrimentos, é sempre corrosiva. O fato de a criatura esquecer-se momentaneamente de seus problemas angustiosos não implica em solução definitiva desses problemas, pois, cessada a ebriedade alcoólica, os problemas continuam sem solução, como antes. O álcool apenas cria um hiato de memória na consciência, suspendendo temporariamente a vivência aflitiva. O homem se poderá embebedar durante meses para esquecer tragédias ou desgraças; mas com isso não conseguirá evitar que a lembrança das mesmas volte toda vez que ele deixar de beber. Portanto, não é essa a solução acertada. O álcool, de começo, produz certa euforia e uma sensação de bem-estar que pode ser levada à conta de feliz solução para as mágoas da vida; mas é evidente que essa prática vicia e provoca o desejo de doses cada vez mais altas, o que constitui caminho perigoso para o alcoolismo.

O fato de certos indivíduos pouco expansivos ou tímidos ingerirem álcool e passarem a fazer pilhérias, tornando-se irônicos ou audaciosos, não comprova que o álcool os tornou mais inteligentes. A inteligência, sem dúvida, aplica-se pelo exercício mental, pelo estudo e experimentação constante dos fatores da vida de relação; se assim não fora, bastaria ministrar o álcool a um imbecil, para que ele se pusesse imediatamente a compreender com facilidade aquilo que não compreendia antes.

Quanto ao excitamento do apetite por meio do chamado aperitivo, não passa de outra ilusão, pois é justamente à medida que o homem se embriaga que ele mais perde a vontade de comer e de se nutrir normalmente. Só existe um aperitivo que a Natureza fornece às criaturas humanas, evitando-lhes os excitamentos que depois provocam reações químicas perniciosas — é a fome natural. O álcool atrofia as papilas gustativas da língua, produzindo no indivíduo um paladar artificializado, que só reage à custa de fortes condimentos.

PERGUNTA: — Dizem que o câncer provém muitas vezes do alcoolismo, assim como a cirrose hepática. Há fundamento nessa afirmativa?

RAMATÍS: — O câncer, em sua maior porcentagem, é de origem cármica e se manifesta de conformidade com as condições psicorgânicas apresentadas pelo indivíduo. Quando, de acordo com o seu programa espiritual e a época de sua retificação cármica, os encarnados chegam ao momento de expelir certos resíduos astralinos incrustados por milênios no seu perispírito, a drenação pode provocar estados cancerosos, próprios do conflito entre as força do mundo oculto e as energias da vida espiritual.

Entretanto, nem todas as formas de câncer são cármicas, porque resultam também do próprio imperativo das transformações biológicas no mundo em que viveis. Sem dúvida, sabeis que certos animais, como os cães, cavalos, bois, carneiros e algumas aves, se podem apresentar cancerosos, sem que isso represente liquidação de dívidas cármicas. Mas há a lembrar que grande parte de vossa humanidade fez mau uso de forças sibilinas e ocultas, quando de sua existência na Atlântida e outras civilizações contemporâneas, manejando energias agressivas em proveito próprio, na desforra e vingança por meio de operações de magia negra. Esse eterismo astral, muitíssimo inferior e tóxico, incrustou-se no perispírito dos agentes e mandantes de operações aviltantes, motivo pelo qual, quando pela lei de Causa e Efeito o espírito faltoso precisa esgotá-lo para a matéria, o corpo material funciona como um mataborrão absorvente da energia danosa, do que resultam os quadros dolorosos da patologia cancerígena.

Quanto mais débeis se apresentam certos órgãos ou regiões do corpo físico desses indivíduos, tanto mais se desenvolve neles o estado canceroso. E, como o alcoolismo debilita as defesas orgânicas, a energia áspera e latente, ainda incrustada no perispírito, como resíduo nocivo da vida do passado, baixa vibratoriamente e condensa-se na carne, atraída pela força gravitacional da matéria. Eis por que é mais frequente o câncer do estômago nos alcoólatras, pois se trata de órgão mais diretamente atingido pelo vício corrosivo.

O mesmo ocorre com o caso da cirrose do fígado pois, embora se origine também de outras causas que não o álcool pois já têm sucumbido desse mal crianças, mulheres e homens abstêmios —, entre os beberrões ela é fundamentalmente provocada pelo alcoolismo. Renê Laennec, o descobridor da auscultação médica e fundador da medicina anatomoclínica, verificou que 90% dos casos de cirrose hepática eram motivados pelo alcoolismo. O álcool penetra quase que totalmente na delicada estrutura do fígado, que então degenera e ingurgita pela proliferação gordurosa que passa a constringir as veias oriundas do intestino; sob tal opressão, o sangue é obrigado a filtrar a sua parte líquida na região do ventre, surgindo então a "ascite", moléstia mais vulgarmente conhecida como "barriga-d'água". Os casos mais frequentes de hidropisia são também devidos à dificuldade do organismo em eliminar em tempo a urina. O líquido então se infiltra pelos tecidos do corpo e sobrecarrega o sangue com toxinas que, depois, não podem ser drenadas, provocando a uremia. E o álcool é um dos fatores para que isso aconteça.

PERGUNTA: — Em certos casos, a nossa medicina prescreve o uso do uísque para atender à deficiência do coração e desobstruir os vasos sanguíneos, motivo por que temos ouvido muitas pessoas cardíacas louvarem essa bebida e outras elogiarem certas substâncias alcoólicas que consideram úteis para o tratamento de seus males. Que nos dizeis a esse respeito?

RAMATÍS: — É evidente que, se açoitardes um cavalo exausto que está a conduzir pesada carga, ele envidará hercúleos esforços para terminar a sua tarefa, e talvez consiga mesmo realizá-la. No entanto, isso não demonstra que o animal se tenha recuperado de sua exaustão, mas apenas comprova que foi excitado em suas derradeiras energias. Provavelmente, mais tarde, ele ficará impedido de executar serviços bem menores.

O mesmo se dá com o coração; o álcool acelera-lhe as contrações e excita as pulsações, mas o certo é que esse órgão precioso se esgota mais cedo do que se o deixassem trabalhar normalmente. O aconselhável seriam o repouso orgânico e os cuidados nutritivos, de modo a se desimpedir a circulação das gorduras e toxinas, providenciando-se, outrossim, a higiene intestinal. Não há vantagem na aceleração do trabalho cardíaco, por meio do álcool, num sistema circulatório intoxicado, porquanto a depressão final virá mais cedo.

Sabem os vossos médicos que a maioria das insuficiências cárdio-hépato-renais podem provir também do alcoolismo, começando pela perturbação do ritmo e dos impulsos normais do coração, quando, em consequência da lesão de suas delicadas fibras nervosas, se alteram depois as fibras musculares das paredes cardíacas. De há muito se tem comprovado que os alcoólatras, quando atingem a velhice, estão sofrendo fortemente da má circulação, devido à dificuldade de irrigação sanguínea pelos vasos alterados; então o sangue tende a se estagnar mais na superfície do corpo do que em sua intimidade, motivo pelo qual os bêbedos têm as faces congestas, os olhos injetados, o nariz rubicundo, e são acometidos de tosses ou perturbações bronquiais, além de sujeitos facilmente aos resfriados e à pneumonia, tudo devido à perturbação circulatória nos órgãos da respiração.

Uma vez que o abuso do álcool tende a aumentar a gordura doentia e excêntrica, devido à deficiência de oxidação e ao acúmulo de resíduos, causando na maioria dos casos o endurecimento das artérias e mesmo os ataques de apoplexia, pela redução do calibre dos vasos sanguíneos, não vemos motivos para se recomendar o álcool como remédio benéfico para o coração! Não há dúvida de que o enfermo sentir-se-á melhor e algo eufórico sob a excitação momentânea do álcool, mas é provável que esse tóxico também reduza a sua cota de vida física, fazendo com que seja atingida mais cedo a fase do destrambelho cardíaco.

Acontece também que, visto o álcool ser substância nociva ao sistema nervoso, todos os centros de coordenação sensorial que regulam as atividades orgânicas ficam entorpecidos e desequilibrados durante a embriaguez e com reflexos daninhos após a carraspana. Uma vez que esse entorpecimento não traz benefício algum, a ingestão de álcool, recomendada para as disfunções cardíacas, não pode produzir efeitos salutares, pois com o tempo termina impondo a sua característica básica de elemento tóxico.

PERGUNTA: — No entanto, abalizados cientistas hão demonstrado experimentalmente que necessitamos de certa dosagem de álcool no organismo, dependendo disso, em parte, o estado de nossa saúde. Que nos dizeis sobre isso?

RAMATÍS: — Acreditais que Deus, ao criar o homem, se haja esquecido dessa necessidade? Não, pois o próprio corpo humano transforma certas substâncias alimentícias na dose alcoólica necessária para desobstruir os vasos sanguíneos e excitar o metabolismo orgânico, mas isso ele o faz de modo inteligente, dosando a quantidade e o quimismo exatos para as suas necessidades fisiológicas.

O homem, por ser ainda carnívoro e se entregar a um sistema terapêutico absurdo, à base de violência medicamentosa e de aplicações hipodérmicas agressivas; fumar diariamente dezenas de cigarros e abusar de condimentos nocivos, tem a ilusão de que o álcool o ajuda na limpeza diária do organismo e ativa-lhe a circulação letárgica. Mas não há dúvida de que à semelhança do que acontece com um móvel delicado, cuja limpeza é feita com corrosivos, o organismo humano termina sendo lesado pelo álcool, embora este limpe ou desobstrua os seus vasos sanguíneos, o que é duvidoso de afirmar.

Em geral, os alcoólatras são deficientes em suas defesas

contra os surtos de enfermidades mais comuns; o seu tratamento sempre demanda maior tempo para lograr o êxito desejado, o que se alcança mais facilmente quando o indivíduo é abstêmio.

PERGUNTA: — Diversas notabilidades médicas afirmam que os descendentes de alcoólatras podem herdar a tara etílica ou nascer imbecilizados, ou com retardamentos mentais, como consequência do desregramento dos pais ou avós. Isso não encerra um desmentido à Lei do Carma, pela qual os filhos não pagam os pecados dos pais?

RAMATÍS: — Nenhum espírito regrado e que tenha sido inimigo do álcool na vida física anterior há de renascer na linhagem carnal com a tara do alcoolismo. Tara alcoólica não se herda sem razão pois, como bem dizeis, os filhos não pagam pelos pecados dos pais. Se o indivíduo é propenso ao alcoolismo ou se nasceu no seio de uma família de alcoólatras, o culpado é ele mesmo porque, ou se entregou ao vício do álcool nesta encarnação, ou foi levado, por afinidade de gostos ou por determinação superior, a se encarnar no seio dessa família.

Há que considerar que, de conformidade com a lei de Causa e Efeito, aquele que cria o estigma do alcoolismo em qualquer linhagem humana terá que retornar à mesma descendência que degenerou, para colher o resultado daquilo que semeou devido à sua invigilância espiritual. Há de se tornar, pois, um "mata-borrão" vivo a enxugar os venenos com a própria carne. Assim é que muitas vezes o avô ou o bisavô alcoólatra retorna ao vosso mundo como seu próprio neto ou bisneto, para expurgar em si mesmo a tara que, devido à sua imprudência, transmitiu à família.

É incontestável que o alcoolismo prejudica a descendência humana quando os pais se entregam à máxima degradação do vício pois, em geral, os descendentes de alcoólatras são deformados física ou mentalmente, propensos até a epilepsia. Entretanto, isso acontece até que a sabedoria divina da natureza tome providências e opere de modo salutar, tornando esses indivíduos infecundos, evitando assim a progressão perigosa que produziria o círculo vicioso da degenerescência completa da raça humana.

PERGUNTA: — Durante o estado de gestação, é conveniente que a mulher evite as bebidas alcoólicas?

RAMATÍS: — O álcool é tão prejudicial à gestação, que muitas mães que ingerem álcool durante a gravidez perturbam a formação do feto, podendo dá-lo à luz com a tara do histerismo ou da esquizofrenia. O mesmo pode-se dar quando o filho é gerado sob a ação do álcool por parte do pai ou dos pais, fato comum na noite de núpcias, se um ou outro esteve sob a ação desse tóxico, pois o gérmen responsável pela fecundação já inicia o seu ciclo de vida e crescimento humano sob uma ação tóxica para com a qual ele é profundamente sensível. A surdez, os defeitos de visão, as paralisias, a mudez e outros efeitos patológicos podem ser de origem alcoólica.

PERGUNTA: — Dissestes que tanto pode nascer perturbado o filho da mulher que bebe álcool durante a gestação, como o dos noivos que estão sob a ação alcoólica. Isso não representa uma injustiça para com o espírito que irá reencarnar, e que terá de sofrer prejuízos em sua organização carnal apenas porque sua mãe ingeriu álcool durante a gestação ou os pais estavam ébrios no ato da fecundação?

RAMATÍS: — Já vos mostramos, há pouco, que o processo da reencarnação funciona com a mais perfeita equidade e justiça sob a lei de afinidade entre as almas imortais, pois elas são encarnadas de conformidade com as suas necessidades cármicas. O espírito que precisa de um organismo sadio em sua contextura nervosa não irá nascer de pais alcoólatras; da mesma forma, o espírito de um ex-alcoólatra não merecerá herdar um corpo hígido e de ascendentes biológicos perfeitos. Os pais negligentes atraem filhos negligentes, e os viciados ficam obrigados a criar herdeiros nas mesmas condições de sua deficiência psíquica. Desde que um espírito nobre, destinado a se reencarnar no seio de determinada família, verifique que o embrião que lhe será destinado ficará lesado pelo álcool ingerido pela imprudência da gestante ou devido à embriaguez dos pais durante a fecundação, ele se desliga em tempo do processo reencarnatório e é substituído, então, pelo espírito de um ex-alcoólatra em provação de retardamento mental ou expiação orgânica.

Conforme já deveis saber, varia o tempo de perda da consciência completa, do espírito, durante a reencarnação pois, enquanto certos espíritos ficam inconscientes assim que são ligados aos primeiros progressos do feto, outros o vigiam e protegem, só perdendo a noção de si mesmos nas proximidades do nascimento físico.

PERGUNTA: — Então não há possibilidade de que um espírito nobre se encarne como filho de alcoólatras? Conhecemos alguns casos, embora raros, de pais alcoólatras que lograram descendência de filho inteligente e muitíssimo equilibrado na sua formação moral.

RAMATÍS: — Há casos excepcionais em que um espírito bom e grande amigo ou simpatizante da família degenerada resolve encarnar-se no seu seio, a fim de no mundo experimental da carne poder orientá-la para objetivos superiores.

É por isso que às vezes podeis identificar uma alma angélica que, na qualidade de uma filha ou filho terno, inteligente e regrado, descende de família degenerada e viciosa. Nesse caso, os técnicos siderais intervêm pessoalmente e cercam a elevada entidade de todo conforto e proteção a que tem direito ao se reencarnar, porquanto não lhe pesa nos ombros a culpa de nascer no seio de uma família que se entrega aos tóxicos alcoólicos. E, se o embrião ficar ameaçado de ser lesado, a técnica sideral possui múltiplos recursos para evitar que isso aconteça. Então o desenvolvimento do feto será depois plasmado sob a própria influência do perispírito do encarnante que, devido à sua energética espiritual avançada, dissociará e carbonizará todas as substâncias astralinas perniciosas. O simples fato de uma entidade elevada se ligar ao ventre de mães degeneradas chega a acalmar-lhes o desejo de ingerir álcool e até a enternecê-las!

PERGUNTA: — Como se explica que certos homens pacíficos e bem intencionados, quando sob a ação do álcool, se transmutem em seres hostis, irritáveis e violentos? O álcool não deveria apenas excitar o campo emotivo do indivíduo, sem modificar-lhe o padrão psíquico já consolidado até àquele momento?

RAMATÍS: — Quantas vezes inúmeras criaturas que não se embebedam e, além disso, são pacíficas, virtuosas ou tímidas, se desmentem completamente quando lhes ferem o amor próprio ou se lhes causam prejuízos morais! Isso bem demonstra que tanto as qualidades como os defeitos do espírito não se evidenciam à flor da pele, mas se revelam de acordo com as circunstâncias favoráveis ou desfavoráveis que lhe possam ocorrer no intercâmbio das relações humanas. Só espíritos da estirpe de um Francisco de Assis, Jesus de Nazaré ou Terezinha de Jesus é que realmente podem mostrar à flor da pele a realidade sincera e natural de suas almas; em geral, o indivíduo ainda é um grande dissimulador de sua realidade psíquica, e raríssimo é o homem que se conhece a si mesmo! Quando o espírito mergulha na carne, o seu psiquismo exacerba os impulsos ancestrais de sua formação animal inferior, do passado, enquanto o corpo físico se torna o revelador da estrutura oculta das paixões e dos vícios que se acumularam na bagagem psíquica conservada desde milênios passados. Em consequência, o sistema glandular e regulador do metabolismo físico sofre o contínuo açoite das almas demasiadamente impulsivas, irritáveis e presas de altas tensões psíquicas, dando lugar ao aparecimento dos tipos hipertireóidicos ou aos neuróticos, bastante prejudicados pelo descontrole do vagossimpático. O organismo físico é semelhante à tela da cinematografia, pois revela com riqueza de detalhes a vida oculta do psiquismo enfermo ou sadio, malgrado todo o cuidado que a alma exercer para evitar o ridículo e a censura alheia.

Daí, então, a transformação que se sucede no bêbedo cuja mente mórbida decai para a frequência do irracional, em cuja faixa vibratória só dominam as paixões e os impulsos desordenados da cólera, da obscenidade, do cinismo, da teimosia ou da degradação fisiológica. E daí, também, o fato muito comum de homens que durante a abstinência de álcool são pacíficos e atenciosos, embriagarem-se e espancarem esposas e filhos, desfazendo amizades longas pois, alcoolizados, abrem-se as comportas do seu psiquismo perigoso e contido com muito esforço durante o tempo da consciência controlada. Então ficam à mostra a vaidade, o orgulho, o egoísmo, a inveja, o ódio, a luxúria, a crueldade e o cinismo, que mal se escondiam sob os preconceitos religiosos, impedimentos morais da sociedade ou temores de advertências.

A imprensa diária do vosso mundo pode vos comprovar a perigosa incidência de tais acontecimentos e emersões do psiquismo oprimido, quando se rompem as comportas das convenções humanas, sob a ação nefasta do álcool, fazendo aflorar à percepção exterior o conteúdo psíquico que ainda se oculta na intimidade do homem animalizado.

Sob a embriaguez também pode-se acentuar a memória psíquica do passado, pois o organismo carnal fica submetido a um verdadeiro transe etílico, facilitando a emersão da lembrança de acontecimentos trágicos, que a luz da consciência perturbava. Comumente, os elos consanguíneos que constituem a família, na figura de pais, filhos, irmãos ou irmãs, não passam de ajuntamento de velhos adversários que assim foram reunidos para o ajuste cármico. São os algozes e as vítimas, que ainda se podem odiar em espírito, mas que não se reconhecem por estarem disfarçados sob os novos corpos físicos. No entanto, durante o desregramento alcoólico entre membros da mesma parentela, seus espíritos podem ser avivados em sua memória psíquica, porque o perispírito flutua parcialmente no corpo embriagado, aumentando a sua percepção no meio astral. Assim, embora os membros da família não se reconheçam entre si como os antigos adversários, eles se "sentem", sob a influência do mesmo ódio e culpas recíprocas do passado. Em tais ocasiões, é possível que se registrem crimes e tragédias terríveis em certas famílias, quando se matam irmãos, pais, filhos, esposos ou até amigos íntimos, completamente descontrolados sob a ação perigosa do álcool. Trata-se de emersões psíquicas cuja origem Freud atribuiria ao "Id", ou seja ao inconsciente em luta constante para atingir o "Ego" consciente; mas, em verdade, é a memória espiritual pregressa e acumulada nos milênios findos, que reponta entre as almas adversas, enquanto os seus corpos alcoolizados se tornam perigosamente influenciáveis à sugestão maligna dos malfeitores das sombras, que diabolicamente as levam a odiosa desforra pessoal.

Não é raro acontecer que, após se dissipar a embriaguez que obscurece a razão e conduz o indivíduo a praticar nefando crime na sua própria família — quer impelido pela evocação adversa do passado, quer por instigação perversa do Além — o infeliz criminoso chegue a suicidar-se ante o remorso do seu ato, por desconhecer o motivo verdadeiro que o levou a tal loucura. Tudo isso deveria ser motivo para os terrícolas refletirem sobre o perigo do alcoolismo que, infelizmente, se torna um terrível flagelo, particularmente responsável pelo atraso da vossa humanidade. Os hospícios, as penitenciárias e os asilos de todos os tipos vos podem demonstrar, por meio da folha corrida dos seus internados, que dois terços deles eram viciados ao álcool! Devido ao aumento constante do vício do álcool, que dizima, desonra e mata, o vosso orbe parece um mundo de loucos que se destrambelham a cada instante! Para isso constatar, lembrai-vos do grande número de acidentes automobilísticos causados pelo abuso do álcool, resultando daí aumentar cada vez mais a quantidade de desastres, acidentes, mortes e desgraças irremediáveis!

PERGUNTA: — Sob a vossa opinião, quais seriam os meios mais eficientes para podermos reduzir tão alta cota de consumo de álcool, que aumenta de modo incessante e ameaça a integridade da nossa raça humana? Atualmente, a moda do uísque alastra-se desenfreadamente por todos os cabarés, "dancings", boates, e até nos lares, como sinal de distinção em todas as cerimônias e festividades mundanas. Que dizeis?

RAMATÍS: — Somos obrigados a repisar o velho conceito de que quaisquer vícios do homem só podem ser vencidos pelo próprio homem! A libertação deve principiar de dentro para fora e não através de recomendações exteriores. O homem viciado, que já perdeu o controle de sua vontade no vício do álcool, só poderia integrar-se novamente na comunidade dos espíritos libertos de estigmas viciosos depois que recuperar novamente o seu domínio mental, psíquico e físico! Não há outra alternativa nem outro recurso! Ou o indivíduo continua escravo do vício e, como tal, há de pagar o tributo nefasto de sua própria negligência espiritual, ou então ele tem que retomar a rédea diretora do seu organismo e impor a si mesmo diretrizes severas e benfeitoras.

O esclarecimento sobre os terríveis perigos do alcoolismo deverá partir do seio do próprio lar, disseminando-se depois pelas escolas e por todas as instituições religiosas e educativas do mundo, atingindo todos os setores das atividades humanas. Antes de a criança alfabetizar-se, deveria mesmo aprender a odiar e repelir o álcool como bebida perigosa! Qualquer credo, religião ou seita espiritualista que se dedique também a combater o alcoolismo, é fora de dúvida que estará contribuindo para se resolver um dos maiores problemas do vosso orbe. Só os hábitos regrados podem dotar os povos das virtudes indispensáveis que lhes garantem a grandeza espiritual e o realce entre as nações superiores do mundo material!

A temperança é uma questão de compreensão; cabe, então, aos maiorais do vosso orbe explicar quão prejudicial é o alcoolismo, que se torna o mais terrível inimigo do homem, porque o degrada física, psíquica e espiritualmente. Assim como se faz a contra-espionagem no vosso mundo, será preciso que se crie também uma mentalidade sadia e capaz de neutralizar a propaganda deslumbrante e ostensiva do álcool, que a indústria gananciosa leva a efeito como execrável sugestão para a juventude terrícola, no convite sub-reptício para o vício infamante. Só uma decisão tenaz e a união incondicional de todos os homens compreensivos poderá combater o alcoolismo — o maior inimigo do homem em todos os setores científicos, artísticos, educativos e religiosos.

A vida humana é o estágio mais precioso de que o espírito desencarnado necessita para chegar a condições favoráveis que lhes permitam habitar os mundos felizes e viver entre humanidades venturosas. Em consequência, quando encarnado, cumpre-lhe evitar o álcool de qualquer forma possível, a fim de não dilapidar o valioso patrimônio da vida física. A imunização contra o alcoolismo não só evita que o espírito retarde o seu aprendizado tão necessário à sua mais breve felicidade, como também o livra das desgraças e torturas cruciantes do Além-Túmulo.

A reforma moral, a preocupação com a espiritualidade, o cuidado físico, a educação evangélica e mesmo o hábito de alimentação sadia podem proporcionar ao homem um metabolismo psicofísico tão harmonioso, que o faz naturalmente desprezar o álcool, por não carecer de estímulos artificiais para viver. Esse vício, quase sempre, é decorrente da excitação psíquica, da excentricidade e do epicurismo nutritivo. Na Bíblia Sagrada[6] está escrito: "Não te queiras achar nos banquetes dos grandes bebedores", e mais o seguinte: "Não olheis para o vinho quando te começa a parecer louro. Ele entra suavemente, mas no fim morderá como uma serpente e difundirá seu veneno como um basilisco".

Infelizmente, as famílias modernas estão se habituando a manter em seus lares o célebre "barzinho" de variedades alcoólicas, o que bem retrata o espírito apocalíptico da época;

6 Provérbios 23/20 e 23/31-32.

assim cria-se infeliz oportunidade de incentivar bem cedo os descendentes aos perigos do alcoolismo, habituando-os ao vício deprimente, porquanto o exemplo dos progenitores é evidente permissão para que os filhos façam o mesmo.

Antigamente era mais difícil aos espíritos viciados, do Além, conduzirem o chefe do lar à bodega ou fazerem a família ingerir o álcool, mas no século atômico, onde há tanta pressa de descobertas científicas quanto de se requintarem os vícios, não só os jornais e as estações de rádio fazem intensa propaganda do álcool, como se distribuem vistosos cartazes coloridos que convidam o povo a ingerir os mais variados tipos de alcoólicos. É indubitável que o júbilo e o êxito dos espíritos do astral inferior aumentem pois que, protegidos por essa imprudência dos habitantes do vosso orbe, já não encontram mais dificuldades para atear fogo às suas paixões comuns. Os membros da parentela humana, sob constantes libações alcoólicas, podem ser facilmente influenciados pelo astral inferior; questão de somenos importância podem irritá-los e fazer romperem-se as suas defesas fluídicas. O vício da bebida, como diz o provérbio, está apenas em começar!

Infeliz humanidade que, em lugar de iniciar violenta ofensiva ao seu maior flagelo — o álcool — ainda o oficializa até no seio da própria família, trazendo-o sob lastimável imprudência para o seio amigo do próprio lar!

4.

A saúde e a enfermidade

PERGUNTA: — Antes que nos transmitísseis as vossas considerações sobre a eficácia do tratamento homeopático, prometidas para daqui a pouco, gostaríamos que nos explicásseis como é que as moléstias se originam particularmente no mundo oculto das forças que alimentam o pensamento e o sentimento.

RAMATÍS: — A saúde e a enfermidade são o produto da harmonização ou desarmonização do indivíduo para com as leis espirituais que do mundo oculto atuam sobre o plano físico; as moléstias, portanto, em sua manifestação orgânica, identificam que no mundo psíquico e invisível aos sentidos da carne, a alma está enferma! O volume de cólera, inveja, luxúria, cobiça, ciúme, ódio ou hipocrisia que porventura o espírito tenha imprudentemente acumulado no presente ou nas existências físicas anteriores forma um patrimônio "morbo-psíquico", uma carga insidiosa e tóxica que, em obediência à lei da Harmonia Espiritual, deve ser expurgada da delicada intimidade do perispírito. O mecanismo ajustador da vida atua drasticamente sobre o espírito faltoso, ao mesmo tempo que o fardo dos seus fluidos nocivos e doentios vai-se difundindo depois pelo seu corpo físico.

Durante o período gestativo da nova encarnação, esses resíduos psíquicos venenosos, provenientes de energias gastas morbidamente, vão-se condensando gradativamente no corpo físico à medida que este cresce e, por fim, lesam as regiões orgânicas que por hereditariedade sejam mais vulneráveis. Esse processo de o espírito drenar o seu psiquismo doentio através da carne humana, a Medicina estuda e classifica sob grave terminologia técnica, preocupando-se mais com as "doenças", em lugar de se preocupar mais com os "doentes".

Embora a ciência médica classifique essa drenação, em sua nomenclatura, sob a designação de lepra, pênfigo, sífilis, tuberculose, nefrite, cirrose ou câncer, trata-se sempre de um espírito doentio a despejar na carne a sua carga residual psíquica e deletéria, que acumulou no passado, assim como pode tê-la acumulado no presente. A causa da moléstia, na realidade, além de dinâmica, é oculta aos olhos, ou aos sentidos físicos; o enfermo sente o estado mórbido em si, mas o médico não o vê nem pode apalpá-lo, como se fora uma coisa objetiva. Quando ocorre a sua materialização física, enfermando a carne, alterando os tecidos, deformando órgãos ou perturbando os sistemas vitais, é porque o morbo-psíquico atingiu seu final, depois, quase sempre, de longa caminhada oculta pelo organismo do doente, para atingir a periferia da matéria e nesta se acomodar ou acumular. É que o espírito, através de vigoroso esforço, termina focalizando os resíduos num local orgânico vulnerável, na tentativa de sua eliminação tóxica. Por isso, não é no momento exato que o indivíduo acusa os sintomas materiais da doença que realmente ele fica doente; de há muito tempo ele já vivia mental e psiquicamente enfermo, embora o seu mundo exterior ainda não houvesse tomado conhecimento do fato.

As inflamações, úlceras, tumores, fibromas, tuberculoses, sarcomas, quistos, hipertrofias, cirrose, adenomas, amebíases, etc., são apenas os sinais visíveis identificando a manifestação mórbida que "desceu" do psiquismo enfermiço para a exterioridade da matéria.

PERGUNTA: — Que poderíamos entender pelo aforismo de que a saúde e a doença vêm "de cima para baixo" e "de dentro para fora"?

RAMATÍS: — Samuel Hahnemann considerou que tanto a enfermidade quanto a saúde têm a sua origem primacial na mente, nas emoções, nos sentimentos e em todas as sensações da criatura, como um todo vivo, corpo e alma. A seu ver, as manifestações físicas são a parte mais grosseira ou mais densa do corpo humano. Daí, pois, haver consagrado a lei de que tanto a saúde como a doença vem de dentro para fora e de cima para baixo, ou seja da alma para o corpo, ou com a sua germinação no alto, que é a mente, e no centro que é o sentimento da criatura humana.

Essa conceituação, demasiadamente corajosa para o século XVIII, despertou muito sorriso irônico e sarcasmo tolo contra o gênio da homeopatia. No entanto, a nova escola psicológica moderna, que já pesquisa a causa dos desequilíbrios orgânicos na própria vivência psíquica, cada vez mais se familiariza com ela e comprova a justeza dos conceitos hahnemanianos. Atualmente, a Medicina já não opõe dúvida ao fato de que as perturbações mentais, emotivas e sentimentais também alteram profundamente o cosmo orgânico. O espírito encarnado pensa pelo mental, sente pelo astral e age pelo físico e, assim, carreia até à periferia do seu corpo toda a carga mental e emotiva que se origina na sua profundidade espiritual, produzindo as várias modificações de fundo nesse trajeto do mundo oculto para o objetivo.

Através da mente, circulam "de cima para baixo" os pensamentos de ódio, de inveja, sarcasmo, ciúme, vaidade, orgulho ou crueldade, incorporando-se, em sua passagem, com as emoções de choro, medo, alegria ou tristeza, que tanto podem modificar a ética dos sentimentos, como agir sobre o temperamento, perturbando a solidariedade celular do organismo físico. O cérebro é o principal campo de operações do espírito; é o produtor de ondas de forças, que descem pelo corpo e graduam-se conforme o seu campo energético. A onda de raiva, cólera ou irascibilidade é força que faz crispar até as extremidades dos dedos, enquanto que a onda emitida pela doçura, bondade ou perdão afrouxa os dedos num gesto de paz.

Sabe-se que o medo ataca a região umbilical, na altura do nervo vagossimpático e pode alterar o funcionamento do intestino delgado; a alegria afrouxa o fígado e o desopila da bílis, enquanto o sentimento de piedade reflui instantaneamente para a região do coração. A oração coletiva e sincera, da família, ante a mesa de refeições, é bastante para acalmar muitos espasmos duodenais e contrações opressivas da vesícula hepática, assim como predispõe a criatura para a harmonia química dos sucos gástricos. O corpo físico é o prolongamento vivo do psiquismo; é a sua forma condensada na matéria, e por esse motivo sofre com os mais graves prejuízos os diversos estados mórbidos da mente. A inveja, por exemplo, comprime o fígado, e o extravasamento da bílis chega a causar surtos de icterícia, confirmando o velho refrão de que "a criatura quando fica amarela é de inveja". O medo produz suores frios e a adrenalina defensiva pode fazer eriçar os cabelos, enquanto que a timidez faz afluir o sangue às faces, causando o rubor. Diante do inimigo perigoso, o homem é tomado de terrível palidez mortal; a cólera congestiona de sangue o rosto, mas paralisa o afluxo de bílis e enfraquece o colérico; a repugnância esvazia o conteúdo da vesícula hepática que, penetrando na circulação, produz as náuseas e as tonturas. A Medicina reconhece que há o eczema produto da cólera ou da injúria, pois ocorre a intoxicação hepática, e as toxinas e resíduos mentais penetram na circulação sanguínea; a urticária é muito comum naqueles que vivem debaixo de tensão nervosa e das preocupações mentais. Também não são raras as mortes súbitas, quer devido a emoções de alegria, quer devido a catástrofes morais inesperadas!

Assim, todas as partes do ser humano são afetadas pela influência da mente, a qual atua fortemente através dos vários sistemas orgânicos, como o nervoso, o linfático, o endocrínico ou circulatório. As recentes pesquisas médicas, sob a orientação da medicina psicossomática, estão confirmando que o psiquismo altera profundamente a composição e o funcionamento dos órgãos do corpo físico. Em consequência, devido à sua penetração infinitesimal, é a homeopatia a terapêutica mais acertada e capaz de operar e influir na raiz das emoções e dos pensamentos perturbadores, modificando os efeitos enfermos que depois se manifestam na organização carnal.

Principalmente os estados enfermos provindos das alterações do sistema glandular é que são mais particularmente sensíveis ao tratamento homeopático, pois eles têm sua principal base de perturbação nas condições mentais do espírito. As doses infinitesimais e potencializadas pelo processo homeopático desafogam do psiquismo o potencial perigoso, gerado pela mente desgovernada, e que sobrecarrega o perispírito com a carga mórbida de resíduos tóxicos provindos das suas contradições. No caso de um fígado exausto e combalido pela excessiva carga mórbida, que aflora "de dentro para fora", ou seja "do espírito para a matéria", esse órgão precioso, filtro heróico e responsável pela produção de hormônios da nutrição, necessita de alívio imediato e socorro energético, em vez de ser chicoteado violentamente pela medicação tóxica que, vindo de fora, ainda o obriga a um trabalho excepcional.

Nesse caso, é a homeopatia que melhor pode atuar através do seu cientificismo ordeiro e exato, sem obrigar os órgãos combalidos a uma drenação intempestiva, mas reativando-lhes as energias para uma função terapêutica endógena e sensata.

5.

A evolução da homeopatia

PERGUNTA: — Desde que espíritos desencarnados podem prever com mais certeza os acontecimentos futuros do nosso mundo, podeis dizer-nos se o emprego da homeopatia tende a se difundir tanto quanto já ocorreu com a alopatia?

RAMATÍS: — Assim como inúmeras realizações e idealizações empíricas, outrora consideradas como charlatanismo, já se impõem atualmente como eventos científicos incontestáveis, também a homeopatia há de se consagrar como uma das mais exatas ciências de curar o homem. No momento, a medicina alopática sente-se quase impotente para solucionar muitos casos de enfermidades que se multiplicam incessantemente, enquanto que a farmacologia moderna, sob desesperada competição comercial, vê-se obrigada a substituir por outros os seus medicamentos, com a mesma pressa com que os costureiras fazem variar a moda feminina!

O desenvolvimento mental do cidadão do século XX, assim como os atuais descobrimentos científicos na esfera eletrônica, dão capacidade suficiente ao homem para compreender o mecanismo do mundo infinitesimal e o consequente poderio das doses dinamizadas da homeopatia. Mas é evidente que a história sempre se repete quando ocorrem descobertas valiosas para a humanidade, pois esta reluta em reconhecer o valor dos seus grandes pioneiros. Apesar da consagração moderna do magnetismo e do hipnotismo terapêutico, Mesmer e Braid, seus descobridores, foram considerados em sua época como hábeis charlatães. Pasteur, hoje consagrado como uma das glórias incontestáveis da ciência médica, também foi hostilizado quanto tentou demonstrar a vida microbiana; Harwey, que descobriu a maneira pela qual se processa a circulação sanguínea, e Semmelweis, o médico que identificou a febre puerperal, foram considerados néscios, embora suas descobertas formem hoje as bases dos mais rigorosos tratados científicos modernos.

Samuel Hahnemann, o gênio da homeopatia, também teve sua vida amargurada pela perseguição e pelo sarcasmo dos médicos alopatas; mas tudo isso há de se transformar no mais profundo respeito ao critério científico da homeopatia, pois chegará a época em que a ciência médica terá de penitenciar-se pelo fato de haver esquecido aquele homem durante tanto tempo. Ele foi um dos maiores cientistas da humanidade, e o seu método terapêutico, enquadrado na lei de que "os semelhantes curam os semelhantes", é o mesmo que a própria Natureza costuma empregar no tratamento das enfermidades crônicas quando, sob genial processo, acrescenta outra função enfermiça à própria doença que pretende curar.

Não ignoram os próprios médicos alopatas que a lei do "similia similibus curantur" também rege os princípios da vacinoterapia, da dessensibilização alérgica, no tratamento hormonal, e faz parte de várias terapêuticas modernas, enquanto em doses infinitesimais são preparados os histamínicos, os isótopos, os colóides e os dessensibilizantes! E, após as descobertas que a ciência logrou no terreno da energia nuclear, já não se pode mais duvidar do dinamismo pontificado por Samuel Hahnemann no seu tratamento homeopático.

PERGUNTA: — Os mentores espirituais do nosso planeta não poderiam auxiliar a medicina alopática a consolidar a sua terapia de modo tão preciso que, então, se pudesse dispensar o método homeopático? Uma vez que este está em oposição à prática tradicional da primeira, não serve isso, porventura, para aumentar ainda mais a competição entre duas escolas diferentes?

RAMATÍS: — O progresso e a purificação da vossa humanidade são acontecimentos já previstos num grande plano espiritual, mediante o qual é supervisionada a vida terrena, enquadrando-se todos os seus acontecimentos em uma disciplina superior, a fim de que cada coisa possa se enquadrar no seu ciclo exato, em benefício da evolução geral. A técnica evolutiva da vida do homem determina que, à medida que certa coisa se consolide, outra já deve estar pronta para substituí-la no futuro.

Quando a medicina alopática mal consolidava ainda os seus princípios fundamentais, organizando o seu corpo doutrinário e disciplinando a formação médica pelo curso acadêmico, a lei progressiva já orientava também os primeiros estudos e experimentações, ainda indecisos, na esfera da homeopatia.

Samuel Hahnemann e os seus devotados discípulos, como espíritos missionários a serviço do bem da humanidade, descobriam então as primeiras leis e estabeleciam as regras fundamentais de um novo sistema terapêutico que, mais tarde, deveria impor-se ao velho método de curar e tornar-se preciosa contribuição à Medicina terrena.

Visto que os homeopatas ainda se assemelham a corajosos pioneiros devassando a selva hostil dos sarcasmos e da desconfiança médica alopata e não têm podido revelar ainda toda a capacidade da homeopatia, o plano espiritual já movimenta outros recursos terapêuticos, cujas raízes, por ora ocultas, parecem basear-se nos mesmos princípios de cura das experimentações homeopáticas.

Trata-se da moderna medicina "Psicossomática", que considera o homem como alguma coisa mais importante do que uma simples máquina, e pretende tratá-lo como uma entidade global, um todo corpo-alma, e considerá-lo terapeuticamente em todas as suas relações íntimas ou com o ambiente. Em consequência, é uma eficiente terapia que servirá para mais facilmente se chegar à futura psicoterapia, livre então do medicamento material.

Com esta explicação ser-vos-á fácil reconhecer que, no tratamento da saúde do homem, a Lei Espiritual vai empregando várias técnicas compatíveis com o seu próprio progresso mental e científico, mas visando sempre a sua maior elevação e cura psíquica. Eis por que os métodos da medicina bárbara do passado — com o exagero no cautério a ferro em brasa, a excentricidade das moxas, das ventosas, dos sedenhos, dos exutórios e das fontanelas, das sanguessugas e da terapêutica escatológica, o tratamento por meio de vomitórios e purgativos em massa, a medicação contraditória, versátil e tóxica da medicina alopata — são apenas degraus preparatórios e elos intermediários que consolidam o êxito da terapêutica homeopática, preparando também o terreno para a futura medicina psicoterápica pura e racional, assim que o homem lograr melhor adiantamento espiritual.

A homeopatia não é doutrina médica propositadamente adversa à alopatia, mas apenas uma resultante natural do progresso terapêutico do mundo terreno, em conformidade com a própria evolução mental e psicológica do homem. É um método que não deve ser subestimado e que não desaparecerá sob qualquer crítica acadêmica, porque representa exatamente uma das etapas avançadas da Ciência Médica a caminho da psicoterapia absoluta.

PERGUNTA: — Como poderíamos ter uma ideia dessa etapa avançada da Ciência Médica, em que a homeopatia representa a base favorável para a Psicoterapia absoluta, no futuro?

RAMATÍS: — O médico que saltar inopinadamente do conhecimento e do hábito exclusivo da alopatia ao exercício da medicina psicossomática, sem primeiro conhecer os efeitos e as sublimações cientificamente verificáveis que a prática da homeopatia exerce nos temperamentos, na mente e no psiquismo, sempre há de se defrontar com grandes dificuldades na sua diagnose, desperdiçando precioso tempo à margem de conjecturas. A natureza das indagações do médico psicoterápico e o seu consequente julgamento terapêutico podem muito bem não corresponder à realidade essencial do psiquismo do seu paciente, se esse médico ignorar o sentido exato das leis espirituais que disciplinam a manifestação do espírito na forma carnal.

O enfermo não revela por si mesmo, ao médico, com toda exatidão, os princípios psíquicos desarmonizados que são a causa exata de sua enfermidade e, se o pudesse fazer, obviamente poderia ser o seu próprio médico. Ele apenas expõe os efeitos mórbidos das causas ocultas, que ignora, e procura a solução através de pessoas entendidas; revela as suas próprias impressões ao responder às indagações médicas, sem que por isso esteja identificando a realidade causal e revelando os fatos exatamente como eles ocorrem. Toda a sintomatologia orgânica ou psíquica, observada pelo médico ou transmitida pelo enfermo para o mundo exterior da matéria, é apenas um efeito do que se produziu sob a regência íntima de leis e princípios espirituais comumente ignorados tanto pelo próprio médico como pelo seu paciente. Todos os fenômenos do vosso mundo, tais como o calor, o frio, a eletricidade, a tempestade ou a simples composição da água, obedecem a leis imutáveis e que serão idênticas em qualquer latitude do orbe ou em qualquer época de sua apreciação. O êxito do progresso e da realização científica no mundo terreno não se deve totalmente à descoberta dos fenômenos propriamente ditos ou ao fato de terem sido controlados em sua manifestação espontânea ou conhecidos em sua origem, pois o sucesso sempre depende mais do fato de os cientistas terem podido identificar a própria natureza das leis que regem tais fenômenos.

Será preciso, pois, que no exame do enfermo o médico não confie apenas naquilo que pode impressionar os seus sentidos físicos ou despertar-lhe associações de idéias que lhe favoreçam as conjecturas psicológicas, mesmo quando o resultado possa satisfazer aos métodos oficiais e indagativos estabelecidos pela Psicoterapia ou pela Psicanálise. Isso implicaria apenas em um ajuste de sintomas físicos, ou presumidamente subjetivos, a programas, regras e uma ética criada pelos homens, mas com ignorância da vigência exata das leis espirituais indiscutíveis, que disciplinam os fenômenos mas não se modificam de modo algum, apesar das novas doutrinas científicas criadas pelo homem. Isto posto, é preciso que, em qualquer pesquisa mórbida, se procure descobrir antes quais são as leis exatas, criadas pela Natureza ou pela Divindade, que realmente governam as causas e os efeitos das enfermidades em observação. Essas leis imutáveis e espirituais, que atuam indiscutivelmente sobre as causas e os efeitos na vida humana, estabelecendo tanto a saúde como a enfermidade, agem especificamente no mundo mental oculto, que nutre o pensamento, assim como também no mundo etéreo-astral, que alimenta as emoções e interpenetra a manifestação do espírito humano na forma física. Os sentidos físicos, como recursos identificadores da pessoa no mundo carnal, observam e avaliam as formas; mas estas são apenas uma expressão mais grosseira e transitória das energias livres que "desceram" ou "baixaram" dos planos ocultos e imponderáveis, para então se plasmarem organicamente no cenário da vida material.

E como as doses homeopáticas infinitesimais e dinamizadas conseguem penetrar mais intensamente nesse mundo oculto das forças livres, pois elas interferem até nos sintomas mentais, a homeopatia deve ser considerada como uma etapa avançada da ciência médica moderna, servindo de base experimental para o êxito definitivo da Psicoterapia.

PERGUNTA: — A homeopatia poderia tornar-se um dia uma ciência que dispensasse a cirurgia?

RAMATÍS: — De modo algum, pois somente a cirurgia poderá atender aos casos de lesões corporais, deformações orgânicas, estenoses ou destruição e rompimento dos tecidos, assim como à extração de corpos estranhos do organismo humano. Sem dúvida, a homeopatia poderá ajudar a consolidar fraturas nos casos de acidentes ósseos, ou então favorecer determinada calcificação nas lesões pulmonares; quanto porém à operação mecânica de consertar ossos ou ajustar músculos traumatizados, só a intervenção cirúrgica ou ortopédica é que realmente poderá resolver o caso.

Não temos a intenção de considerar a homeopatia como a única ciência médica, assim como não a consideramos capacitada para, em sua dinâmica, substituir a preciosa assistência cirúrgica que pode resolver ou corrigir as deformidades orgânicas. Queremos explicar que a sabedoria homeopática é medicina que, em sua penetração sutil no cosmo orgânico, é a que melhor pode conservar a saúde humana porque, além de curar as mais renitentes enfermidades, ainda imuniza o organismo contra futuras consequências, evitando, mesmo, determinadas intervenções cirúrgicas.

O nosso principal escopo, nestas considerações, é despertar a atenção dos facultativos bem intencionados, a fim de que estudem com ânimo e critério a medicina homeopática, comprovando que ela cura realmente só pela mobilização das forças do próprio organismo, em vez de forçar os órgãos enfermos a um trabalho isolado, obrigados a funções violentas e inesperadas, para as quais não estão preparados nem fortalecidos, ficando ainda agravados pela drenação tóxica da medicina alopática. Sob a homeopatia, é o próprio organismo que acelera e dinamiza suas energias vitais, promovendo as operações necessárias para suster e destruir a invasão microbiana perniciosa. Ela reeduca o organismo e o imuniza em suas bases energéticas, vitais, potencializando-o num estado de vigília e segurança que o coloca em defesa contra qualquer enfermidade imprevista.

PERGUNTA: — Certa vez ouvimos pessoas entendidas no assunto terapêutico afirmarem que a homeopatia não evoluiu. Podeis dizer-nos alguma coisa a esse respeito?

RAMATÍS: — Um dos princípios mais importantes da homeopatia é o estudo das reações recíprocas do indivíduo em contato com as manifestações mais comuns de sua moradia física. Muitos dos princípios adotados por Hahnemann já estão em franca aceitação pela medicina alopática, embora ela só os reconheça sob outros aspectos e queira negar-lhes a prioridade na prática homeopática. Os homeopatas, como já vos dissemos, sempre consideram o homem enfermo também em suas relações com o ambiente em que vive pois, além da necessária pesquisa das causas mórbidas geradas na intimidade da criatura, estudam-na em qualquer analogia que ofereça com o próprio mundo exterior onde ela opera.

Como a homeopatia fundamenta-se em princípios imutáveis e sob as leis permanentes que garantem a estrutura definitiva da doutrina, é evidente que a sua evolução só poderia ser constatada na multiplicidade e na variedade da aplicação de novos medicamentos dinamizados. À medida que aumenta a população terrena, também cresce o número de novos tipos psicossomáticos e passíveis de novas oportunidades terapêuticas dos medicamentos dinamizados. Assim como as leis e as regras espirituais que governam o mundo terreno são imutáveis e certas, também as leis que fundamentam a homeopatia não se alteram nem se substituem em qualquer época ou em qualquer latitude geográfica do orbe. As suas leis não evoluem, porque são princípios definitivos e derivados das próprias leis que governam a vida espiritual, e que também são fixas, como o próprio Deus, que não evolui, pois já contém em Si mesmo o máximo de Sabedoria, Poder e Vontade. Elas regulam a afinidade entre as substâncias, a coesão entre os astros e a afinidade entre os seres, pois derivam de uma só

Lei, que é a Lei do Amor de Deus, expressando-se por várias formas e planos da vida cósmica.

É por isso que, tanto no passado como no presente e como o será no futuro, a lei de que "os semelhantes curam os semelhantes" permanece disciplinando o processo da cura homeopática, sem qualquer alteração em seu fundamento imutável. Esta é uma das principais verdades científicas da homeopatia, e sob essa lei mantém-se a mesma qualidade original desde a sua consolidação, pois só mediante a modificação de tal princípio fundamental é que então mudar-se-ia também a doutrina da medicina infinitesimal.

PERGUNTA: — Mas a descoberta de novos medicamentos também não comprova que a homeopatia precisou de outros recursos terapêuticos e que, portanto, carece de progredir?

RAMATÍS: — O progresso da homeopatia só seria compreensível na sua maior amplitude de serviço terapêutico, ou com a identificação de novos tipos de enfermos para a sua área de aplicação medicamentosa. Além dos medicamentos seculares, também foram dinamizadas novas substâncias, que assim puderam atender a novos tipos de enfermos, alguns cujos temperamentos "sui generis" são mais afins à inquietação do século atômico. Em face da complexidade e superatividade em que viveis atualmente, também aumentaram as susceptibilidades dos indivíduos, que são obrigados a constantes mutações que lhes aceleram as reações temperamentais, e sensibilizam-lhes o psiquismo prenhe de angústias quotidianas. Assim é que os homeopatas modernos também encontram tipos mais sutis e complexos para a sua costumeira identificação psicofísica, pois não podem desprezar as suas inesperadas reações, próprias da vida bulhenta das cidades e das mil adaptações na atmosfera saturada de eletricidade, emanações químicas e crescente radioatividade, coisa que não sucediam no tempo das experimentações de Hahnemann e dos seus devotados discípulos. Eles hoje se vêem obrigados a empregar um processo semelhante ao que, na medicina alopática, se costuma fazer com os doentes alérgicos, quando se lhes aplica a medicação dessensibilizante, para ajudá-los a expurgar os fatores alérgicos. Assim, procuram primeiramente neutralizar nos seus pacientes os fatores decorrentes do ambiente tão contraditório, através de doses preventivas que desintoxicam e dessensibilizam o psiquismo afetado pelos distúrbios da vida moderna, onde cresce cada vez mais a perturbação, pelos motivos já apontados.

Embora na vida atual tenham-se manifestado novos e múltiplos fatores de perturbações que eram inexistentes e mesmo imprevisíveis no tempo de Hahnemann, todos os princípios do seu genial método de cura continuam a ser aplicados cada vez com mais êxito. Os homeopatas modernos já puderam comprovar que o sistema terapêutico hahnemaniano possui um arsenal definitivo para atender a todos os tipos de indivíduos que constituem a escala humana, cujo êxito de cura, sem dúvida, dependerá de sua eletividade. Eis por que a homeopatia, como ciência exata e disciplinada por meio de regras perfeitas e derivadas de elevadas leis espirituais, não apresenta um padrão evolutivo diferente de sua doutrina original, pois já se consolidou, em seu início, sob inalterável qualidade espiritual. O seu progresso, portanto, se assim se considerar, há de ser pela sua eficiência em atender a maior quantidade de pacientes.

6.

A terapêutica homeopática

PERGUNTA: — Temos tido ocasião de notar que alguns médicos homeopatas, ao examinar seus consulentes, dispensam o cuidadoso exame clínico próprio dos médicos alopatas, parecendo indiferentes aos exames de laboratório, radiografias, reações sanguíneas e, certas vezes, limitando-se a anotar uma série de indagações que nada têm que ver com a enfermidade. Cremos que tal sistema de clinicar é que inspira certa desconfiança para com a clínica homeopática, pois o cliente nota que não está sendo examinado sob a técnica médica a que todo mundo está acostumado. Que nos dizeis a respeito?

RAMATÍS: — O médico homeopata experimentado, bastante integrado em sua função terapêutica, estudioso das leis espirituais, apesar de ser um cientista limitado pelos cinco sentidos, é quase sempre um intuitivo e de sensibilidade psíquica aguçada, capaz de sondar o doente não apenas em função de sua moléstia, mas também no seu todo "corpo e alma", ou seja conforme ele pensa, sente e age. A sua tarefa é individualizar o remédio mais afim e em sintonia com a caráter, o temperamento e o todo psíquico do seu paciente; preocupa-se muito mais com o doente do que em apenas diagnosticar a doença.

O paciente do médico homeopata não deve ser considerado apenas como portador de um órgão ou sistema afetado, ou em função de uma doença específica mas, acima de tudo, inquirido em razão do seu próprio tipo psicossomático, em que são levadas em conta todas as suas idiossincrasias e sintomas mentais. A soma do todo mental, psíquico e físico, do indivíduo, é o que interessa particularmente ao médico homeopata: seu entendimento psicológico, o seu sentimento, a sua emotividade e o seu raciocínio, em confronto com o ambiente em que vive. É fora de dúvida que, em qualquer manifestação doentia, não se opera no indivíduo a separação do sentimento e da razão ou da vontade e do entendimento porquanto, se tal ocorresse, resultaria disso a alienação mental, o completo descontrole orgânico e sua morte fatal.

Daí se considerar que a sabedoria homeopática deriva da própria sabedoria divina pois, se o homem é um todo manifestando-se intensamente no cenário do mundo físico, é óbvio que, quando ele enferma, também deve ser tratado "de conformidade com as suas obras", ou seja: de acordo com suas realizações, pensamentos, vontade e sentimentos já consagrados em sua vida psíquica e física. Para o médico homeopata, o que importa do paciente são os seus cacoetes, o seu temperamento, as suas manias e reações emotivas; se for possível, até as suas virtudes e os seus pecados! Deste modo, o médico pode receitar em perfeita conformidade com o caráter e o quadro mental do doente, escolhendo a dose capaz de efetuar a maior cobertura possível de toda a manifestação mórbida da alma e do corpo do consulente.

O médico homeopata compõe o retrato físico e mental do indivíduo, investigando-lhe o senso personalístico, a elasticidade de suas concepções morais, religiosas ou filosóficas, a capacidade de seu raciocínio e mesmo as suas excentricidades nas relações da vida em comum. Assim, ele individualiza o remédio que melhor corresponde à sinopse mental psicofísica e que possa neutralizar as perturbações em sua fonte original. Modifica, enfim, os próprios sintomas mentais e expurga os resíduos tóxicos que oprimem o perispírito do enfermo devido aos desequilíbrios temperamentais da personalidade humana. É indiscutível que essa pesquisa cuidadosa exige do médico homeopata um profundo conhecimento das próprias leis espirituais que governam a vida humana, a fim de poder aplicá-las dentro do princípio básico da homeopatia. Há mesmo grande semelhança entre o processo homeopático, na busca dos ascendentes psíquicos do doente, e a ação da lei cármica de Causa e Efeito, que disciplina os processos reencarnatórios e as retificações dos espíritos nos mundos físicos.

Daí o fato de que o maior êxito do homeopata muito depende do tipo de sua convicção espiritual pois, além de sua tarefa de cientista, psicólogo e bom "ledor de almas", há que ser também eficiente filósofo das leis da vida e do espírito sobrevivente.

PERGUNTA: — Como poderíamos apreciar melhor essa profunda relação entre a Lei Cármica e o tratamento empregado pela homeopatia, a que há pouco vos referistes?

RAMATÍS: — Os mentores do orbe terráqueo, responsáveis pelos destinos humanos, muitas vezes prescrevem a cura reencarnatória por um sistema que poderemos chamar de "homeopatia espiritual", isso acontecendo quando certas criaturas enfermam devido a subverterem a ação benfeitora das leis da vida em atuação nos mundos físicos. O cruel, o déspota que abusa do seu poder sobre os povos humilhados, pode ser comparado a um indivíduo intoxicado por medicamento violento; então a Lei Cármica, atuando sob a mesma lei "dos semelhantes", prescreve para a cura dessa intoxicação espiritual a reencarnação do faltoso em situação humilhante, ligado a velhos adversários encarnados na figura de parentes, desafetos ou chefes tirânicos, que também o atormentam desde o berço até o túmulo, à semelhança de verdadeiras doses miúdas de medicação homeopática. A Lei Espiritual, em lugar de violentar a alma doente de tirania, sujeitando-a a uma terapia de tipo alopático, que pode eliminar drasticamente os efeitos sem extinguir a causa da enfermidade, prefere submetê-lo à dinâmica das doses homeopáticas, situando-o entre os tiranos menores que, então, apuram ou decantam gradativamente o seu estado enfermiço. No primeiro caso, o tirano seria punido "alopaticamente", pelo fato de a tirania ser considerada digna da mais drástica eliminação; no segundo, a Lei do Carma reeduca o tirano, fazendo-o sentir em si mesmo os mesmos efeitos daninhos que semeou alhures. Mas deixa-lhe o raciocínio aberto para empreender a sua retificação psíquica, à semelhança do que faz a homeopatia, que reeduca o organismo sem violentá-lo e o ajuda a renovar-se sob melhor coesão mental e reflexão do próprio doente.

Como Deus não castiga suas criaturas, todas as leis fundamentais da sua Criação só objetivam a renovação e o reajustamento progressivo do "pecador", impelindo-o para a sua mais breve ventura espiritual. Esse tratamento gradativo de recuperação do espírito através das várias reencarnações físicas age, pois, como uma espécie de homeopatia espiritual, em que a Lei ajusta a maquinaria psíquica do homem, sem violentar-lhe a consciência já formada no tempo.

PERGUNTA: — Quais os maiores fatores que, de início, podem dificultar a cura definitiva do doente sob o tratamento homeopático?

RAMATÍS: — A impaciência e a pressa do enfermo em desejar uma cura instantânea, crente de que, removidos os sintomas dolorosos, está removida a causa, produzem estados psíquicos de angústia e desconfiança, que se constituem em cortinas de magnetismo negativo que resistem e perturbam a plenitude do efeito potencializado da homeopatia.

Em geral, as curas pela homeopatia não são espetaculares e tão rápidas como as que se registram com a terapêutica alopática, visto que esta suprime os sintomas dolorosos de modo brusco, embora possam ocorrer futuras recaídas mais perigosas, ou então recrudescerem as enfermidades crônicas e incuráveis, incubadas no organismo. As doses homeopáticas, quando são individualizadas com precisão pelo homeopata, não só solucionam as causas da enfermidade e depois extinguem os sintomas mórbidos que afetam qualquer região orgânica, como também atuam profundamente na intimidade de todo o organismo e resolvem outros estados enfermiços que possam eclodir no futuro.

Os que se tratam pela homeopatia ficam geralmente vacinados contra vários tipos de surtos epidêmicos e contagiosos, assim como não sofrem o perigo da saturação medicamentosa. A homeopatia reeduca o organismo para manter ativa a sua defesa e proporcionar-lhe energias que serão controladas pelo próprio espírito, e que mais prontamente devem atender ao equilíbrio psicofísico. As altas doses higienizam a aura vital e a tornam mais lúcida, pois não só favorecem a circulação desafogada das energias que vitalizam todo este sistema, como ainda estabelecem o ritmo do trabalho harmonioso e coeso dos "chacras" sobre "o duplo etérico", que é o corpo intermediário entre as relações do perispírito e o organismo carnal.

É certo que a purificação do espírito se deve processar de dentro para fora, através da evangelização consciente e de uma vida digna à luz do dia; mas, assim como a absorção de fluidos animais inferiores ofusca ou obscurece o campo áurico do perispírito, este também se aviva e clareia quando a prescrição homeopática é acertada.

Por isso, a terapêutica homeopática é a grande auxiliar da terapêutica do próprio espírito.

7.

O tipo do enfermo e o efeito medicamentoso

PERGUNTA: — Que quer dizer "indivíduo eletivo" para o tratamento homeopático, ao qual vos tendes referido por diversas vezes?

RAMATÍS: — O indivíduo eletivo é o que apresenta predisposição para a terapêutica homeopática. Assim como há criaturas com melhores disposições para a música, a pintura ou a escultura, há também as que são sensíveis ao medicamento homeopático, de psiquismo confiante na droga, apesar de aparentemente inócua. Essas criaturas são capazes de poupar as energias e evitar excessos quando estão entregues ao tratamento infinitesimal. Intimamente elegem-se para a absorção do remédio; dinamizam, em si, não a fé inconsciente do pieguismo popular, mas a disposição animadora, cientificamente dinâmica nas vibrações curativas; seguem ao encontro da poderosa emissão energética da alta dinamizarão.

Visto que a homeopatia é terapêutica já no limiar das fronteiras espirituais, todas as condições psíquicas negativas prejudicam a sua incorporação energética, enquanto que a vocação favorável é base do êxito. Apenas nos casos "neutros", da criança, é que a homeopatia age realmente na feição da prescrição pura. O outro tipo eletivo para o tratamento homeopático, tipo esse quase congênito, é o do indivíduo de grande sensibilidade espiritual, acessível aos ideais nobres, delicado, de psiquismo bem formado e afeito ao dinamismo criador. A própria crença nas forças magnéticas e a convicção da sobrevivência da alma são fatores que operam na condição eletiva. Como já vos explicamos, a homeopatia é ciência de mais êxito no futuro, porque exige, também, maior quota de espiritualidade.

PERGUNTA: — Custa-nos entender que a cura pela homeopatia possa ser auxiliada ou dificultada até de conformidade com o caráter do paciente! Podeis esclarecer-nos melhor esse assunto?

RAMATÍS: — Se assim não fora, a medicina homeopática já teria curado todas as enfermidades físicas da humanidade terrena!

O glutão, o impiedoso, o descrente, o libidinoso, alcoólatra, o colérico, o avarento, não são pacientes eletivos e de sucesso absoluto para a terapêutica suave e generosa da homeopatia, como o são o frugal, o piedoso, o pacífico, o honesto, o casto, o espiritualista, o abstêmio ou o manso de coração. É ainda a lei admirável e exata dos "semelhantes que se curam pelos semelhantes", atuando em perfeita afinidade com certos caracteres, e que determina aos primeiros o tratamento e a cura pela terapia tóxica e dolorosa da alopatia, enquanto que os segundos ficam livres de grandes sofrimentos, porque são psiquicamente eletivos à medicação suave homeopática.

É bem grande a dificuldade dos médicos homeopatas quando precisam transpor o paredão granítico de certas almas embrutecidas, nas quais a terapêutica suave das doses infinitesimais deixa a impressão do esforço que faria o raio de Sol para penetrar no seio do vaso lodoso!

PERGUNTA: — Apesar de vossas explicações, estranhamos que até a disposição de crença ou descrença espiritual, ou então a natureza de certas virtudes ou pecados, possa influir no tratamento homeopático. A sua ação precípua não é a de curar o corpo físico e não a moral do doente?

RAMATÍS: — Uma vez que as doses homeopáticas despertam energias diretamente na intimidade imponderável das forças criadoras, do mundo infinitesimal, obviamente exercem maior ação no indivíduo de maior sensibilidade espiritual e que seja acessível às ideias nobres e aos princípios superiores da vida. O seu corpo magnético é de frequência mais elevada e nobre, sintonizando-se mais facilmente à efervescência das forças e do magnetismo das doses potencializadas, sem enfraquecê-las pela presença de energias inferiores ou então bombardeá-las com os petardos tóxicos da mente desordenada.

É por isso que as criancinhas, por serem menos capciosas e mais espontâneas em suas manifestações infantis, curam-se com mais facilidade pela homeopatia.

Embora para muitos cientistas e acadêmicos pareça ridícula a ideia de que até a crença veemente na imortalidade do espírito chegue a influir no êxito da terapêutica homeopática, é certo que o espiritualista alimenta uma disposição magnética mais positiva na sua contextura espiritual. O homem sinceramente crente de sua sobrevivência espiritual envida melhores esforços para elevar-se às frequências vibratórias psíquicas superiores, e assim contribui para o êxito de uma medicina que tem por função dinamizar as próprias energias do corpo físico.

Quanto mais consciente e convicto estiver o homem de sua sobrevivência espiritual, tanto mais esperançoso e otimista será pelo seu futuro, mantendo um magnetismo receptivo e excelente para avivar-se sob a ação energética das doses infinitesimais. É evidente que o médico homeopata ver-se-á muito mais perplexo para tratar e curar um homem embrutecido, do que para ministrar as doses dinamizadas a um místico hindu sereno, frugal e pacífico, que tanto domina suas paixões como se mantém acima de todas as vicissitudes humanas. O primeiro é a criatura emergindo ainda da primitiva animalidade, com o raciocínio bruxuleante e o sentimento rude, inacessível ao energismo delicado das altas doses homeopáticas; o segundo, místico, sereno e compreensívo, é alma profundamente eletiva e receptiva ao catalisador homeopático, que então lhe potencializará as energias sutilíssimas do seu elevado psiquismo.

PERGUNTA: — Achais que o tratamento homeopático atual é mais eficiente do que no tempo de Hahnemann?

RAMATÍS: — Independentemente de qualquer época, a homeopatia sempre conta com os mais avançados recursos terapêuticos de êxito seguro, pois só aplica os princípios e as regras estabelecidas por Hahnemann, as quais são definitivas, sólidas e imutáveis tanto quanto as próprias leis que regem os fenômenos da vida humana. É certo que os enfermos do século XX, além de serem menos eletivos para com as doses infinitesimais da homeopatia, ainda se mostram mais onerosos para o tratamento imponderável energético, pois desde o berço de nascimento saturam-se com os antibióticos, as sulfas, os salicilatos, os barbitúricos e toda classe de medicação violenta que pode deixar resíduos tóxicos. Diante do mais inofensivo resfriado, defluxo ou dor de ouvido do "bebê", e que as vovozinhas liquidavam com chás de ervas caseiras ou o azeite doce aquecido, os progenitores modernos os submetem a tremenda ofensiva de hipodérmicas, que então lançam na circulação substâncias minerais ofensivas e antibióticos em excesso para uma tenra organização que mal desperta para a vida terrena.

É por isso que os homeopatas modernos, em muitos casos, antes de prescreverem a medicação fundamental para o enfermo, precisam submetê-lo a um tratamento preventivo e especificamente desintoxicante, drenando tóxicos e resíduos remanescentes da medicação imoderada maciça e tóxica. Em geral, os doentes que buscam o médico homeopata só o fazem depois de "perder a fé" na alopatia, quando já se encontram desorientados, saturados de medicamentos e exaustos da incessante peregrinação pelos consultórios médicos, onde hão recebido tratamento de conformidade com o tipo da clínica especializada. Aqui, diante de um ritmo irregular acusado pelo exame do eletrocardiograma, o médico acusa uma disfunção cardíaca; ali, examinando a colecistografia do mesmo doente, outro facultativo opina por avançada estase biliar ou aderência da vesícula; acolá, depois de submetido a nova série de radiografias, pontifica-se o diagnóstico da úlcera duodenal, com os tradicionais "nichos" da terminologia médica. O paciente, já em desassossego e viciado à procura de uma "doença", olvidando que o seu problema mórbido é um só e origina-se do seu psiquismo perturbado nesta ou na vida anterior, prossegue submetendo-se a novos exames, chapas radiográficas e pesquisas de laboratório. Procede a nova investigação em todo o seu organismo, já minuciosamente esquadrinhado pelo mais eficiente aparelhamento moderno, mas evidentemente sem resultados satisfatórios. Não é difícil que, após essa cruciante peregrinação e, submisso a todos os métodos de tortura impostos pelo tratamento moderno, o enfermo ouça de sensato médico a afirmativa: "O senhor nada tem de enfermidade orgânica, pois o seu mal é apenas de origem nervosa"! E prescreve-lhe a necessidade de absoluta despreocupação, bastante repouso e pouco remédio, a fim de evitar maior intoxicação!

Sem dúvida, para esse tipo de enfermo o tratamento homeopático seria excelente, se ele já não se encontrasse grandemente intoxicado pela alopatia e descrente da medicina terrena, que o teria feito desconfiar também das doses infinitesimais. Mas, lamentavelmente, ainda é pequena a porcentagem de indivíduos que se encontram realmente em condições mentais, emotivas e confiantes, para se tratarem pela terapêutica suave e exata da homeopatia.

PERGUNTA: — Poderíeis dar-nos mais algumas explicações sobre essa predisposição mental e emotiva ou de confiança para com a terapêutica homeopática?

RAMATÍS: — No exemplo que vos demos antes, procuramos esclarecer que não havia doença, mas apenas um doente mental e emotivo, buscando a diagnose externa de qualquer enfermidade classificada cientificamente; seu mal residia no todo do indivíduo, atuando-lhe no psiquismo e destrambelhando-lhe os próprios nervos. Atualmente, o medo do câncer incurável afeta de tal modo a mente de certas pessoas que, em alguns casos, perturba-lhes o equilíbrio biomagnético e chega a produzir desarmonias orgânicas e estados enfermos estranhos. Acentua-se essa angustiosa expectativa cancerígena ante o temor comum contra a mais singela batida, verruga, quisto sebáceo ou epíspase inofensiva, em que os mais pessimistas só se tranquilizam quando o médico lhes diagnostica qualquer outra doença diferente e menos atemorizante, embora seja a úlcera gástrica, a colite, a amebíase ou o diabete!

Obviamente, quando esse tipo de enfermo tão pessimista perde a fé na ciência médica alopática, malgrado esta o impressionar com todo o seu aparato técnico e sensível à sua carne, também deposita pouca confiança no facultativo homeopata, que só lhe prescreve as "aguinhas" sem cor e sem gosto... Diante de tanto esgotamento neuropsíquico, saturação medicamentosa e desânimo completo, torna-se bem mais difícil despertar pela homeopatia a dinâmica do corpo torturado e vítima de profunda melancolia. Na verdade, para o homeopata, tal doente representa um sério problema, porquanto já foi injecionado, radioativado, saturado de drágeas, vitaminas e minerais diversos! Sem dúvida, há de ter experimentado todo o arsenal de antibióticos, barbituratos, salicilatos, sulfas, substâncias mercuriais e estricninas! Em certos casos, o seu memorial ainda pode ser mais extenso; talvez haja sido psicanalisado por estudioso discípulo de Freud, que lhe ativou as emersões do subconsciente e fixou-lhe os recalques de infância, ou então haja-se submetido, ainda, ao exame de abalizado psiquiatra, que pode tê-lo enquadrado sob a terminologia pitoresca dos tipos esquizotímicos ou ciclotímicos, segundo os estudos dos temperamentos, feitos por Kretschmer.

Mas não resta dúvida de que se trata de um tipo de enfermo sem qualquer disposição eletiva ou de simpatia mental e emotiva para com o tratamento homeopático; e, pelo fato de não poder atestar os efeitos medicamentosos da homeopatia no seu organismo físico, tal como acontecia com os remédios alopáticos, ainda mais crescer-lhe-ão a desconfiança e o desinteresse pelo tratamento infinitesimal. Ele ignora, comumente, que são as energias vitais do próprio organismo que, sob a ação dinâmica da homeopatia, despertam e efetuam a cura definitiva, atendendo à direção sábia do espírito imortal.

PERGUNTA: — Pensamos que tal paciente, já fracassado no tratamento alopático, também não será curado pela homeopatia; não é assim?

RAMATÍS: — A cura dependerá do próprio paciente, conforme o seu zelo, perseverança, paciência e confiança no tratamento prescrito pelo médico homeopata, pois é evidente que não deve considerá-lo um mago ou um ser miraculoso mas, em verdade, um cientista que opera obedecendo às leis imutáveis do governo espiritual da alma sobre o corpo físico. Em face da imutabilidade dos princípios homeopáticos e do fato de seus medicamentos ainda continuarem com a mesma eficiência já comprovada há mais de um século, a medicina homeopática também poderá curar certos enfermos desenganados pela ciência médica alopata, desde que o homeopata consiga identificar o seu tipo psicofísico exato e, assim, prescrever-lhe o medicamento constitucional. Para provar essa eficiência secular do medicamento homeopata, basta lembrar que os mesmos tipos de doentes que há quase dois séculos Hahnemann curava com China, Thuya ou Natrum Muriaticum, ainda continuam a ser curados presentemente pelos mesmos medicamentos, desde que esses doentes apresentem os mesmos quadros psicofísicos que são individualizados para a prescrição de tais remédios. A mesma dor de cabeça produzida pelo reumatismo blenorrágico e que Hahnemann curava com Thuya Occidentalis, quando isso ocorria em indivíduos impacientes, de fala rápida, que se irritavam ou se excitavam com facilidade, os homeopatas modernos continuam a curar atualmente com a mesma Thuya, desde que se trate dos mesmos tipos psicofísicos e embora a terminologia médica possa classificá-la modernamente de cefalalgia nervosa, enxaqueca crônica ou com qualquer outra designação patogênica.

O que importa realmente ao homeopata não é o nome ou a terminologia que oriente o diagnóstico das enfermidades, mas sim saber qual seja o tipo enfermo avaliado em seu todo psicossomático. No exemplo acima, o homeopata leva em conta que, além da dor de cabeça oriunda de reumatismo gonocócico, o enfermo apresenta a característica psicológica de ser facilmente excitável ou irritável, impaciente e nervoso por qualquer bagatela e, à vista desse quadro psicofísico, prescreve então a Thuya Occidentalis. Além de levar em conta o aspecto enfermo orgânico do indivíduo, a sabedoria homeopática fundamenta a prescrição de cada remédio sob o mesmo pano de fundo mental, psíquico e emotivo do enfermo, isto em qualquer época, e por isso sempre permanece estável a sua farmacologia tradicional. A técnica homeopática, que é um processo definitivo e cientificamente comprovado pela experiência, não muda em sua norma já consagrada no tempo porquanto, como já vo-lo dissemos, mudam as doenças mas não os doentes!

PERGUNTA: — Gostaríamos de compreender melhor por que motivo certos enfermos modernos podem dificultar o diagnóstico e a escolha do medicamento homeopático eletivo ao seu tipo psicofísico, só porque estão saturados de remédios maciços alopáticos, ou então porque já se submeteram a longo tratamento médico antagônico à homeopatia. Não basta ao médico homeopata conhecer a constituição temperamental ou a característica fundamental do doente, para o êxito da sua prescrição?

RAMATÍS: — Em nossas considerações, já temos aludido às alterações secundárias que podem ocorrer no doente quando, por força das circunstâncias, modifica-se o seu temperamento costumeiro, ou quando, devido a qualquer perturbação emotiva mais demorada, haja algum transtorno no seu padrão mental congênito, dificultando ao homeopata o reconhecimento exato do seu verdadeiro tipo psíquico. Já vos dissemos que existem certas drogas entorpecentes ou produtos tóxicos, alguns usados na farmacologia alopática, que podem influir na mente do indivíduo e estabelecer nele condições desarmônicas, tais como o álcool, o ópio, a morfina, a quina ou a beladona, os quais, em excesso, provocam até perturbações visíveis e orgânicas. Há enfermos, pois, que, em virtude de certa saturação medicamentosa, contradizem-se em sua real individualidade e diferem na sua psicologia fundamental ou no seu tipo original psicofísico. Alguns traem certo artificialismo mórbido, como se um novo temperamento secundário se sobrepusesse à sua real identidade. O doente que peregrina muito tempo pelos consultórios médicos, sem lograr a cura tão desejada, submete-se continuamente a toda espécie de exames radiográficos, soros, tubagens, radioterapias, operações, anestesias, curativos, cautérios, injeções, etc. Termina tornando-se uma criatura violentada no seu temperamento normal, excessivamente irritada ou melancólica! Vivendo sob afirmativas esperançosas e desenganos incessantes, perspectivas animadoras quando lhe descobrem a "doença" ou angústias desalentadoras pelo fracasso, perplexidade ou vacilações médicas, cada vez mais se fortalece a mórbida convicção do seu caso incurável! Então o seu temperamento fundamental sofre alterações, dominado por incontrolável pessimismo; o doente procura novos facultativos e mais vezes variam os seus tons emotivos, as suas esperanças e desenganos; submete-se a outros diferentes métodos psicológicos de indagação médica; recebe novo trato terapêutico e coleciona novas opiniões e pontos de vista particulares. Alguns médicos são extremamente severos ou rudes, com o fito de impressionar ou dominar o seu paciente, enquanto outros são dóceis e afáveis. Há os médicos otimistas, que encorajam o enfermo e há os pessimistas, que optam pela fria realidade e se despreocupam de velar o diagnóstico.

Quando o caso se torna difícil de resolver e o orçamento do doente se agrava, ele se torna cada vez mais descrente do poder das drogas miraculosas da farmacologia moderna; indeciso quanto a optar por esta ou por aquela prescrição, afligindo-se entre a sugestão de operar-se ou de confiar exclusivamente no seu clínico, pouco a pouco ele se torna um recalcado, um pessimista, um hipocondríaco, muitas vezes desconfiado e descrente até dos propósitos sábios e educadores da vida humana! Amargurado pelo seu melodrama interior, pela sua "doença" considerada sob os mais variados requintes profissionais e terminologia médica, sente recrudescer-lhe ainda mais o estado enfermo, enquanto se destrambelham os seus nervos e intoxica-se cada vez mais a mente aflita! O desânimo, a melancolia e a descrença na ciência humana levam esse paciente à extrema neurastenia, podendo até perturbá-lo nos seu julgamentos alheios e torná-lo sempre de má vontade para com tudo e com todos.

Só a lembrança dos seus padecimentos e a inutilidade dos diagnósticos sentenciosos sobre o seu mal bastam para produzir-lhe perturbações mentais ou modificações emotivas no seu temperamento comum. É um estado mórbido que o leva à profunda depressão moral e que em alguns casos impõe-lhe até a descrença espiritual e um estado de revolta fria contra qualquer sugestão superior. O verdadeiro temperamento fundamental e congênito desse enfermo, que é torturado e modificado por força do clima angustioso que vive no silêncio de sua alma, é que então o médico homeopata terá que identificar e exumar de sob a crosta do pessimismo, da melancolia e da revolta, que são as manifestações acidentais provenientes do fracasso médico anterior. Daí, pois, a necessidade de a terapêutica homeopática moderna precisar abrir caminho e desintoxicar certos enfermos, para auscultar-lhes a realidade temperamental e psíquica exatas, a fim de poder prescrever com êxito as altas doses constitucionais.

PERGUNTA: — Certa vez dissestes que, para a maioria dos homens modernos, é mais difícil o êxito imediato pelo tratamento homeopático. Podeis esclarecer-nos melhor esse assunto?

RAMATÍS: — Antigamente, o paciente que se submetia a exame médico homeopata era menos complexo no seu todo psicofísico e, por isso, podia-se predizer com facilidade a natureza do seu morbo e anotar as causas exatas e perturbadoras do seu psiquismo. Mas, em face de a vida moderna ser tão contraditória, eivada de tantos costumes perturbadores, vícios elegantes e conflitos emotivos, que se iniciam na infância e acompanham o homem até a cova do cemitério, cria-se nele uma segunda natureza humana e mais artificializada, que se impõe à característica psíquica do ser. Ela sobrepõe-se à verdadeira individualidade fundamental do enfermo; em verdade, obscurece o seu verdadeiro retrato psicofísico, o que induz a vacilações o homeopata, para preceituar a dose eletiva e fundamental.

O homem civilizado do século XX ainda é um indivíduo habituado a uma nutrição defeituosa; que abusa imprudentemente da vitaminoterapia e dos antibióticos a granel; vive intoxicado pela radioatividade exalada das experimentações atômicas, subvertido pelos venenos corrosivos e viciosos do alcoolismo, do fumo e dos entorpecentes, atormentado pelo bulício citadino, vítima constante dos tóxicos medicamentosos, curtido pela violência das hipodérmicas e entrincheirado atrás dos barbituratos, a fim de poder manter o controle nervoso e conseguir o repouso noturno. Periclita cada vez mais o seu equilíbrio nervoso, que é acicatado continuamente pelas emoções desordenadas, e aumenta assim o número de neuróticos; cresce a cupidez de lucros exagerados; pensa-se na angústia da guerra atômica, no alto custo da vida, dessa vida que se agrava pelo excesso de ruídos, luz, radiofonia, fumaça de óleo e gasolina, emanações químicas industriais, coisas estas com que outrora não se defrontava o ser humano!

Ante esse bombardeio incessante, o psiquismo fica indefeso, descontrolado e mórbido, agravado ainda pela fadiga orgânica, intoxicações alimentares e medicamentosas, constipações crônicas, alterações barométricas e térmicas consequentes das adaptações imprevistas do homem ao transporte veloz moderno. Então perturbam-se as coletividades microbianas, que são responsáveis pela sustentação física, chegando mesmo a ocorrer certa desintegração mórbida do protoplasma. É certo que a decomposição microrgânica também é necessária, a fim de se produzir o elemento nutritivo aos próprios vírus e miasmas psíquicos desconhecidos e ocultos, mas que "baixam" ou se "materializam" do mundo astral para atender à progênie das bactérias e dos vermes necessários como organismos simbióticos e úteis à desintegração dos resíduos da alimentação nos intestinos. Mas esse acontecimento biológico deve ser realizado através de ciclos disciplinados e não por força de um psiquismo perturbado, como ocorre em geral entre os terrícolas. Mesmo sabendo-se que os microrganismos são produtos orgânicos que resultam da morte das células ou até da desordem das funções orgânicas, poder-se-ia dizer que, na intimidade oculta do corpo humano, processam-se fenômenos muito parecidos com os quadros das estações do ano, quando caem as folhas no Outono, descansa a natureza no Inverno ou então prolifera a vegetação na Primavera. E a excessiva desorganização mental moderna e o estado de irritação constante da humanidade atuam então prejudicialmente sobre o homem, assim como acontece nos dias tempestuosos, quando a atmosfera sobrecarregada de eletricidade pesa e perturba toda a Natureza.

PERGUNTA: — Tendes aludido a certas situações emotivas e mentais que podem ser modificadas durante o uso da homeopatia. Isso não poderá induzir-nos a crer numa terapêutica especial, capaz de modificar mecanicamente até a conduta do indivíduo? Sob tal aspecto, não desaparece-

riam a responsabilidade e o mérito espiritual do homem em conhecer-se a si mesmo, ou então orientar conscientemente a sua própria evolução?

RAMATÍS: — Porventura o ciclo das reencarnações não é uma terapêutica divina, que obriga o espírito a se retificar e a progredir compulsoriamente, situando-o nos ambientes hostis ou entre a parentela terrena adversária, para fazê-lo purgar suas enfermidades espirituais? Quantas vezes o homem é cercado pela deformidade física, por uma moléstia congênita ou uma paralisia orgânica ou, ainda, sujeito às vicissitudes econômicas e morais, obrigado a enquadrar-se nos ditames do Bem! Mas nem por isso o espírito perde o mérito de sua retificação espiritual pois, diante da escola implacável da vida física, é ainda a sua consciência que realmente decide quanto a aproveitar ou desprezar a inexorável terapêutica cármica, aplicada compulsoriamente pela Lei Justa, do Pai!

As doses infinitesimais, pelo processo homeopático, realmente podem modificar certos sintomas mentais do paciente, pois elas descarregam e fazem volatizar os resíduos psíquicos que podem estar acumulados há longo tempo quer intoxicando o perispírito, quer descontrolando as emoções ou afetando a direção normal do espírito. É de senso comum que certas drogas tóxicas e certos tipos de entorpecentes, tais como o ópio, a morfina, o aurum metalicum, mescalina, o ácido lisérgico, o gás hilariante, a beladona ou a cocaína, também podem influir na mente de modo pernicioso, pois provocam distorções mentais, delírios alucinatórios, estados esquizofrênicos ou melancolias no psiquismo do homem sadio. Conforme a lei homeopática de que "os semelhantes curam os semelhantes", essas mesmas substâncias e tóxicos que, em doses alopáticas ou maciças, provocam estados mórbidos nos seus pacientes ou viciados, depois de inteligentemente dinamizadas e ministradas em doses infinitesimais, podem efetuar curas em casos cujos sintomas mentais também se assemelhem.

Acresce, também, que os estados frequentes de raiva, melancolia, cólera, tristeza, exaltação íntima, injúria ou ciúmes produzem vários tipos de miasmas, vírus psíquicos, toxinas e resíduos mentais, que sobrecarregam o psiquismo e lançam o espírito num círculo vicioso, algemando-o, indefeso, à mente revolta e à emotividade mórbida, malgrado queira modificar o seu padrão psíquico doentio.

A função homeopática, pois, é a de ministrar a dose catalisadora extraída da mesma substância capaz de provocar estados mórbidos semelhantes no homem são. O impacto energético da dose infinitesimal liberta então o psiquismo doentio da carga que ali se condensou por esses vírus tóxicos, resíduos ou miasmas, que impregnam a aura mental e também influem na região astralina dos sentimentos.

É certo que, mais tarde, o mesmo paciente pode novamente encolerizar-se, odiar ou enciumar-se porquanto, se a homeopatia pode aliviá-lo da carga mórbida que lhe pesa no psiquismo, não tem por função violentar-lhe o "livre arbítrio" ou efetuar modificações definitivas no seu caráter espiritual, coisa que só pode ser concretizada pela sublime evangelização recomendada por Jesus, o Médico Divino! As doses infinitesimais podem atuar na mente e proporcionar a cura emotiva, mas isso não acontece porque elas hajam alterado mecanicamente o temperamento ou o caráter do paciente, e sim devido ao fato de reduzirem o morbo acumulado e resultante das contradições psíquicas. Elas produzem certas modificações temperamentais e fazem cessar algumas tendências e impulsos mórbidos, que estejam excitados sob a presença excessiva do resíduo psíquico tóxico, mas não possuem a força suficiente para impor definitivamente os princípios morais superiores. A criatura descontrolada poderá, com o tempo, enfermar novamente no seu psiquismo, mesmo depois de aliviada pela homeopatia, desde que venha a cometer os mesmos desatinos espirituais costumeiros.

A homeopatia consegue atuar na intimidade do ser e também auxiliá-lo a manter um controle psíquico mais desafogado durante a fase do seu tratamento, porque ela distribui harmoniosamente a energia potencializada no seio do vitalismo orgânico, ajudando o espírito a proceder às modificações mais urgentes e salutares no seu corpo físico. Obviamente, é o psiquismo que modifica o quimismo orgânico, e por esse motivo — conforme a sua melhor disposição emotiva e energética — dele depende o auxílio necessário ao corpo carnal e ao seu equilíbrio fisiológico. O impacto energético que se produz no campo mental e psíquico do paciente, com a penetração da energia extraída da substância material potencializada, também eleva a frequência vibratória emotiva do espírito enfermo, proporcionando-lhe condições mais otimistas e estimulantes às suas reações favoráveis. Sem dúvida, melhorando o estado mórbido, também se lhe reduz o pessimismo ou a melancolia.

De tudo o que ficou acima exposto, verificareis por que motivo existem indivíduos eletivos para o tratamento homeopático, ao passo que outros não encontram êxito imediato através desse tratamento.

8.

A homeopatia e a alopatia

PERGUNTA: — Como considerais a homeopatia em relação à alopatia?

RAMATÍS: — Preliminarmente, há que considerar que a homeopatia difere da alopatia, porque está fundamentada na regra de que "os semelhantes curam os semelhantes", o que se traduz praticamente na seguinte afirmação: — Toda substância pode curar os mesmos transtornos que é capaz de produzir; as doses pequenas de uma substância, ou os pequenos estímulos, produzem efeitos contrários aos que são produzidos por esses mesmos agentes, quando aplicados em quantidades maiores ou em doses maciças.

A medicina alopata, entretanto, cujos benefícios, trazidos ao mundo terreno, a tornam digna dos maiores louvores, e que já conseguiu corrigir o empirismo bárbaro da terapêutica dos tempos medievais, baseia-se em princípios opostos aos da homeopatia, pois ainda se firma no famoso aforismo de Cláudio Galeno, que dizia: — "Para curar é preciso buscar os elementos que sejam contrários aos que causam a enfermidade".

A principal preocupação do médico alopata é, por isso, a de diagnosticar a "doença", a fim de fazer desaparecer os seus sintomas mórbidos, ao passo que a do homeopata é a de descobrir a origem da doença. Acresce que, além de assim proceder, aliás de acordo com a escola que adotou, o médico alopata é forçado a se orientar, no tratamento do enfermo, pela última descoberta científica farmacêutica, ministrando, quase sempre, o medicamento consagrado na época. Assim, ele se vê obrigado a mudar constantemente os seus métodos e teorias já aceitos anteriormente.

Devido ao efeito de medicamentos tóxicos, drogas entorpecentes e injeções de efeito violento e rápido nos sintomas de certas enfermidades, produziu-se uma série de êxitos imediatos, atestados pela remoção dos sofrimentos, o que deu forças para a alopatia se tornar a Medicina oficial em vosso mundo. A homeopatia não logrou pronta oficialização devido à demora em fazer desaparecer certos sintomas dolorosos, e às vezes até agravá-los, não só por se preocupar em saber o que produz a enfermidade, como por ser indiferente às doenças e mais interessada em diagnosticar os "doentes".

PERGUNTA: — Mas então considerais que a homeopatia é medicina superior à alopatia?

RAMATÍS: — Não nos preocupamos em destacar a superioridade desta ou daquela terapêutica terrena, pois sempre representam abençoado esforço para atender às necessidades do espírito encarnado, conforme o seu progresso científico, entendimento moral e merecimento espiritual. Para nós, desencarnados, que bem sabemos que a cura definitiva do espírito só será alcançado sob a terapêutica sublime e certa dos princípios vividos por Jesus, interessa-nos destacar particularmente os métodos que permitem operar mais profundamente no psiquismo, onde em verdade se encontra a sede real de toda enfermidade. É por isso que, sem menosprezar a validez alopática e a sua justa necessidade em vários casos de enfermidade, somos inclinados a destacar o valor da homeopatia, quer quanto à sua ação no todo psicofísico do ser, quer por intervir com mais eficiência na sua esfera mental e emotiva, impondo-se, pouco a pouco, como um dos métodos mais lógicos e sensatos para a manutenção da saúde.

O médico homeopata experimentado não se aflige em suprimir de imediato os sintomas enfermiços e atestáveis à sua capacidade objetiva, enquanto que a verdadeira causa poderá continuar latente e gerando o quadro doentio. Ele sabe que ali interferem fatores psíquicos, mentais e emotivos, que provocam choques emocionais, geram o desequilíbrio orgânico e então conduzem ao estado enfermiço, cuja remoção só é possível após o tratamento profundo da causa mórbida.

Muitas vezes a enfermidade aguda, reprimida violentamente, apenas se substitui por outra doença que, em breve, recrudesce na forma de qualquer moléstia crônica incurável. Não vos parece algo impressionante que, à medida que a Medicina elimina grande quantidade de doenças e avulta a terapêutica indiscriminada dos antibióticos, o aparecimento do câncer recrudesça e assuma novas formas mórbidas, que vão substituindo outras tantas moléstias agrupadas modernamente sob a etiologia cancerígena? É que as doenças antigas estão recebendo nova rotulagem clássica, da patologia médica moderna. O espírito arguto percebe que, em verdade, substituem-se moléstias, mas o organismo da humanidade continua do mesmo modo enfermo! Daí certa confusão na Medicina Alopática que, regida especificamente pelo princípio dos "contrários", preocupa-se em particularizar os resultados finais da enfermidade, quando esta já se exaure à luz dos sentidos físicos em sua manifestação sintomatológica e atestável pelo médico. Interessa-lhe profundamente verificar o funcionamento dos órgãos, tecidos e sistemas físicos do corpo humano; observar a enfermidade mais como uma entidade que se faz identificar sob o exame material, deixando-se auscultar e conferir minuciosamente sob a avançada instrumentação da ciência médica moderna.

O método alopático, em geral, tende a desprezar as leis espirituais que coordenam a vida "mento-psíquica" do enfermo, assim como ignora as sutilezas do veículo etéreo-astral, o conhecido perispírito dos espíritas, que preexiste e sobrevive a todas as mortes do corpo de carne ocorridas em várias reencarnações anteriores. O alopata tenta curar os doentes enfrentando a enfermidade pelos seus sintomas e exames objetivos, assim como se um engenheiro tentasse dominar vasta inundação opondo-lhe obstáculos sucessivos, em lugar de corrigir o desvio d'água desde a sua fonte original. Modernamente, ele procura atingir o corpo físico e o reduto das coletividades microbianas alteradas com o bombardeio em massa dos antibióticos, mas ignorando os princípios espirituais ou as leis psíquicas que, contrariadas, geram o conflito e produzem a manifestação patogênica. No entanto, a homeopatia, cujo método de auscultação é do interior para o exterior, ou do centro para fora, procura seguir toda a trajetória do "morbo" desde o mundo sutil do espírito até à sua manifestação grosseira na carne. O seu papel é o de identificar a causa real e oculta do estado enfermiço e assim poder controlar a manifestação dos seus efeitos daninhos. Em vez de diagnosticar baseando-se nas ramificações mórbidas, que se espraiam a esmo pelos órgãos e sistemas do corpo humano, a homeopatia prefere estudar o fenômeno desde a sua origem imponderável e na sua vertente espiritual, anotando-o desde as primeiras desarmonias da frequência vibratória da mente e do psiquismo milenário e imortal do homem.

PERGUNTA: — Então, por que motivo a medicina alopática tanto vem subestimando, desde o século passado, os esforços terapêuticos dos homeopatas, ironizando a medicina das "aguinhas" e às vezes até acoimando-os de charlatões? Porventura desconhecem os alopatas que a homeopatia também possui as suas regras científicas respeitáveis?

RAMATÍS: — Isso é fenômeno que se repete em todas as épocas, quando de novas descobertas e concepções humanas que ainda fujam à ética conhecida do senso comum. E no caso da homeopatia, a crítica ainda é menos compreensível, porque é medicina que escapa à aferição objetiva dos cinco sentidos físicos. Assim como a convicção da sobrevivência do espírito depende muito do grau de sensibilidade intuitiva da criatura, e não tanto do seu senso intelectivo, a homeopatia, que é medicina baseada principalmente na dinâmica psíquica da alma e atuante profundamente no campo perispiritual e vital radioativo do homem, também exige certa disposição eletiva e liberta da sistematização costumeira dos cientistas ortodoxos. É doutrina de maior penetração no mundo astral "do lado de cá", onde as forças livres operam no seu campo original e no seu potencial mais vigoroso.

São poucos ainda os médicos alopatas interessados em se familiarizar com a realidade do mundo psíquico e que, acima da terapêutica acadêmica, se dispõem a auscultar a intimidade espiritual do doente, cônscios de que no seu mundo oculto e imponderável é que se encontra a verdadeira origem da enfermidade! Muitos deles, demasiadamente presos à instrumentação material cada vez mais complicada e também sujeita às deficiências comuns da fabricação humana, escravizam-se completamente a um círculo de raciocínios e experimentações que, embora dignos e consagrados por outros técnicos e facultativos, não se pode comprovar que sejam realmente os mais exatos e absolutamente afins com as leis do psiquismo humano. Assim como certas criaturas de mentalidade primitiva desconfiam da cogitação filosófica, considerando que tal especulação é mais própria do louco ou do tolo, também alguns médicos de cultura acadêmica ortodoxa desconfiam da homeopatia porque, na verdade, ela também é uma filosofia! Se a Filosofia é ciência que procura relacionar o princípio e a causa do ser, especulando altamente no reino do espírito para depois refletir com acerto sobre os fenômenos do mundo humano, obviamente a homeopatia é também uma ciência filosófica, porque a sua terapia se relaciona profundamente com as próprias leis que governam e relacionam o princípio e a causa do Universo!

Reconhecemos a cultura, o talento e a abnegação da maioria dos médicos alopatas, muitos dos quais se hão sacrificado no trato e na cura das enfermidades humanas, mas não podemos deixar de considerá-los bastante levianos quando emitem pareceres zombeteiros sobre a ciência homeopática, cujos princípios fundamentais derivam das leis espirituais que governam as manifestações do espírito imortal sobre a matéria. Qualquer alopata que pretenda julgar desairosamente a homeopatia só o poderá fazer depois de se devotar honesta e criteriosamente ao estudo de suas leis e experimentações terapêuticas, tanto quanto já se tenha devotado à alopatia. Entretanto — assim o cremos — aquele que o fizer há de também se convencer da sabedoria e da exatidão científica de todos os princípios homeopáticos, baseados nas próprias leis que governam o espírito sediado no corpo carnal! E, tal como já tem acontecido muitas vezes, esse antigo detrator da homeopatia há de se transformar em um dos seus mais entusiastas cultores!

PERGUNTA: — Porventura, os médicos homeopatas não enfrentam também os seus percalços e não têm seus momentos de indecisões quando certos medicamentos ou processos homeopáticos ainda não tenham ultrapassado a fase de sua experimentação empírica?

RAMATÍS: — É fácil comprovardes que até agora não caiu fora de moda nenhum dos medicamentos preceituados pelos velhos homeopatas, enquanto que a medicina alopática vive sempre em desesperada luta e dificuldade a fim de prescrever a cada moléstia o medicamento apropriado, precisando ainda escolhê-lo entre os milhares de produtos farmacêuticos que surgem diariamente, como se fossem cogumelos a brotar em dias chuvosos! Enquanto os homeopatas continuam com a mesma reserva medicamentosa secular, na esfera da alopatia processa-se atribulada competição comercial entre os laboratórios e institutos farmacológicos, nos quais se movimentam artistas, psicólogos, historiadores, médicos e cientistas, a fim de produzirem milhares de "mementos" e vasta propaganda sugestiva, com o fito de incentivar a versatilidade da moda terapêutica. Enquanto eles prescrevem produtos científicos miraculosos que "devem" ser usados no momento, fatigam-se ainda, apressadamente, para lograr outra descoberta farmacêutica que possa, com êxito comercial, superar os demais competidores! Assim como se guerreiam os modistas europeus para impor às mulheres do mundo as suas últimas criações originais, também lutam os industriais e químicos-farmacêuticos, a fim de exporem as suas novas linhas de produção, onde velhas enfermidades milenárias são rotuladas, às pressas, com sugestivas denominações técnicas modernas, e que devem ser curadas miraculosamente pela última descoberta médica!

No entanto, nenhum medicamento elaborado pela antiga técnica homeopática jamais caiu em desuso, pois aqueles que Hahnemann e seus seguidores hão descoberto ainda permanecem em atividade e fundamentam o precioso tratamento homeopático. A China, por exemplo, que é de grande valor histórico para os homeopatas, porquanto foi através da experimentação de sua substância que Hahnemann consolidou a lei de que "os semelhantes curam os semelhantes", ainda é usada com o mesmo êxito pelos homeopatas modernos, ao mesmo tempo que se amplia cada vez mais a área psicofísica de sua aplicação terapêutica. No método de cura homeopática, poder-se-ia dizer que os seus medicamentos não caem no ostracismo médico! E de acordo com o que Hahnemann afirmou em seu "Organon", isto é, que não existem doenças mas doentes, cada um dos produtos homeopáticos pode servir com eficiência a qualquer momento, porquanto sempre existe o doente eletivo para a sua aplicação dinâmica.

Enquanto isso, centenas de medicamentos e práticas da esfera alopática já estão em desuso ou, então, retornam, em parte, sob nova apresentação ou dosagem moderna, o que nos leva a crer que ainda torne a imperar a moda das antigas sangrias e voltem os vesicatórios, as moxas, as ventosas, os sedenhos, as fontanelas, os exutórios ou a medicina do cautério com ferro em brasa, fazendo o doente curtir, por vezes, sofrimentos bem piores do que os da moléstia diagnosticada pelo médico. Se fôssemos relacionar a copiosa quantidade das célebres teriagas, dos remédios famosos e das substâncias injetáveis, que surgiram até agora como descobertas tipo "cura tudo", e que depois foram lançadas ao ostracismo terapêutico, sem dúvida alguma seriam precisas algumas resmas de papel para enumerá-las com toda a fidelidade. Em geral, é a própria ciência médica oficial que, depois de tecer louvores incondicionais a determinadas drogas, termina lançando o brado de alerta ante os perigos terapêuticos de sua toxicose ou das possíveis alterações que poderão provocar mais tarde na economia nutritiva do organismo humano. Entre alguns dos casos mais comuns, apontamos a digitalis, a sulfa, o bismuto, o arsênico, a tuberculina, o aurum metalicum. Atualmente, a prescrição dos próprios antibióticos tem sofrido toda uma série de advertências, e por isso são combinados com outras substâncias preventivas que devam minorar-lhes os efeitos tóxicos e provocar as defesas orgânicas contra as prováveis consequências alérgicas ou efeitos secundários daqueles medicamentos. As sanguessugas, as sangrias, os cautérios, as moxas e as aplicações cáusticas foram substituídas pelas injeções, pelos soros, banhos de luz, vacinas, diatermia, choques elétricos, insulinas e malarioterápicos! Avulta agora o emprego dos entorpecentes e dos analgésicos, parecendo que os produtos da indústria químico-farmacêutica estão a desafiar a lógica da própria ciência médica! Fatigados de quimioterapia, os fabricantes de drogas farmacêuticas voltam-se novamente para a fitoterapia, no saudosismo da cura pelos vegetais; alguns cientistas modernos, e menos confiantes, preferem antes a mistura compensadora do extrato vegetal com o produto químico moderno!

Sem dúvida, há bastante razão no aforismo de certo médico famoso e desolado, do vosso país que, num momento de desabafo, queixou-se: — "Que fazer agora? Matar pelo modo antigo, que se fazia pelo esgotamento da sangria ou da moxa? Ou então matar pelo sistema moderno, intoxicando o doente?" Não vemos razões, portanto, para que, sob essa situação também desairosa, os alopatas zombem dos homeopatas, pois estes ainda lhes levam considerável vantagem, porquanto não violentam o organismo do enfermo com intervenções perigosas, nem perturbam o seu equilíbrio no comando do cosmo psíquico. Sem dúvida, a verdadeira ciência de curar ainda é a profilaxia evangélica preconizada pelo Cristo, o Divino Médico, como a principal garantia da saúde e da integridade mental e moral do homem! E o amor, a bondade e a pureza de espírito ainda são os medicamentos mais sublimes dessa terapêutica crística, e que ainda estão em perfeita relação com as leis espirituais que governam o Universo. Há no "Sermão da Montanha", do inolvidável Jesus, maior sucesso profilático e curativo do ser humano, do que em todas as drogas farmacêuticas e processos médicos existentes até hoje no orbe terráqueo!

Malgrado a opinião de muitos médicos alopatas que ainda guardam prevenções contra a homeopatia, jamais poderá ela ser destronada da magnitude de ainda ser a terapia mais sensata para o homem. O verdadeiro homeopata, além de um cientista hábil, também deve ser inteligente filósofo, a fim de poder relacionar a terapêutica do mundo infinitesimal com os princípios imortais da alma!

9.

As dinamizações homeopáticas

PERGUNTA: — Custa-nos compreender como é que as doses infinitesimais da homeopatia — que não podem ser comprovadas por nenhum aparelhamento físico como sendo portadoras de qualquer quantidade de medicamento — possam porventura produzir efeitos tão positivos como os da terapia das injeções, xaropes, comprimidos ou antibióticos! Podeis dar-nos esclarecimentos a respeito?

RAMATÍS: — A medicina homeopática é profundamente energética e, embora não se percebam os seus efeitos objetivos, à semelhança do que acontece com a alopatia, as suas drogas dinamizadas produzem resultados terapêuticos decisivos. Trata-se de uma terapia definitiva, que atua através do potencial de energias livres, interpenetrando o próprio perispírito imortal do homem e, assim, procedendo a modificações "de dentro para fora", com uma atuação que se processa desde a esfera mental até à periferia do corpo físico. No entanto, a ação terapêutica dos remédios alopáticos se exerce mais "de fora para dentro", como operação menos profunda e mais dificultosa, efetuada apenas no campo físico, ou da energia condensada, conforme a matéria é agora conceituada pelos sábios terrenos. Sem dúvida, a energia livre é ilimitadamente superior à energia condensada, que compõe a matéria do vosso mundo! Em verdade, o homem físico é apenas um agregado de forças condensadas no cenário do mundo físico, cuja materialização tem início no ventre materno. Durante a gestação, ele surge lentamente de um mundo invisível à visão física, enquanto sua forma se objetiva em incessante trabalho de "abaixamento" vibratório da energia livre.

Mas a verdadeira morada do homem-espírito, mesmo após a sua descida ao escafandro de carne, ainda continua a ser aquele mundo oculto, da energia livre, onde ele permanece interpenetrado pelas forças de todos os planos de vida criada por Deus. Em consequência, é óbvio que só terão êxito definitivo no restabelecimento da saúde do corpo carnal os medicamentos que forem particularmente dirigidos para o mesmo campo de forças donde o homem se originou. E isso só é possível pelo remédio homeopático, porque ele é fundamentalmente energia e não massa; é mais dinâmica e menos letargia; mais força e menos medicamento; mais operante e menos estático. É um poderoso catalisador que desperta energias, acelerando reações no organismo combatido, pois intensifica e eleva o seu "quantum" de vitalidade adormecida, ajustando o potencial psicofísico desarmonizado e operando através da sua energia infinitesimal potencializada.

Mediante as recentes aplicações terapêuticas do som e da radioatividade, e a conquista da energia atômica, pode-se comprovar atualmente o poder assombroso do mundo infinitesimal, assim como a realidade poderosa do mundo da energia oculta aos sentidos físicos.

PERGUNTA: — Temos refletido longamente sobre essa vaga probabilidade de que algumas gotas de fugitiva emanação de uma substância, ou de um tóxico dinamizado, possam curar infecções, úlceras, chagas, hidropisia ou, então, restabelecer as funções de um enfermo cárdio-hépato-renal! Que nos dizeis sobre tal dúvida?

RAMATÍS: — A natureza é pródiga em vos demonstrar que ela concretiza as suas maiores realizações através das operações mais diminutas. O gigantesco Amazonas é resultado de um singelo fio d"água que desce na região do Peru; o mais espantoso incêndio pode ter sua origem na mais inofensiva faísca de fogo; o arrasamento de Hiroxima se deve unicamente à libertação da energia atômica contida numa esfera do tamanho de uma bola de "ping-pong", o carvalho secular é fruto de uma diminuta bolota; a ternura de Francisco de Assis e a genialidade de Einstein puderam-se manifestar no vosso mundo graças à vida invisível de dois espermatozóides! Em consequência, a energia infinitesimal que dormita no seio de uma gota homeopática também pode desatar o poderoso campo de forças que aciona o psiquismo humano e comanda o cosmo orgânico do homem!

PERGUNTA: — E como poderíamos avaliar melhor essa ação energética da medicação homeopática?

RAMATÍS: — Quando o paciente ingere uma dose de "alta dinamização", com a qual o médico homeopata haja acertado com êxito a medicação de fundo ou dose constitucional eletiva, a sua "aura vital" reveste-se de brilhante nuvem radioativa, que a envolve intensamente, embora seja invisível aos olhos dos encarnados. As energias que se libertam pela ação catalisadora de alta dose homeopática rodeiam a criatura até à distância de três a quatro polegadas, em todos os sentidos de sua aura vital, formando um irradiante ovo em tom metálico, bem esbranquiçado que, de princípio, se assemelha bastante à miniatura do impacto de uma bomba atômica. Mesmo sobre o ápice da "aura vital" humana, se percebe a princípio a figura do sugestivo cogumelo atômico, embora apenas na forma de uma radiação transparente, que flutua e se expande diretamente do veículo aquoso da dose homeopática ingerida pelo doente. Assim que os "chacras" ou centros de força do duplo-etérico captam essa energia livre e potencializada e a vão absorvendo pelos seus vórtices irisados, produz-se o abaixamento vibratório do energismo desperto em combinação com o medicamento homeopático, fazendo-se a necessária condensação para a intimidade do corpo físico.

A energia que foi potencializada e se liberta da "alta dose" homeopática tende a se concentrar mais rapidamente na região áurica do crânio, convergindo vigorosamente para a região cérebro-espinhal e se disseminando, pouco a pouco, pelas zonas dos plexos nervosos braquial, cervical e dorsal para, em seguida, atingir o plexo solar, na região abdominal. Sob a influência dessa carga energética poderosa, o sistema nervoso põe-se ativamente a funcionar e restabelece o metabolismo do sistema endocrínico debilitado, operando gradativamente no alevantamento e no equilíbrio de todas as funções orgânicas perturbadas. A glândula hipófise, que é a regente orquestral do cosmo orgânico do homem, renova-se, então, em função conjugada com a epífise, constituindo-se no "elo" da esfera mental e psíquica, e carregando para o corpo físico todas as energias disponíveis proporcionadas pelo despertamento energético da dose infinitesimal homeopática. Sob esse socorro dinâmico é possível, então, efetuarem-se as correções necessárias e atender-se com urgência a todas as solicitações destinadas a manter a harmonia e a saúde humana.

O maravilhoso potencial de força que é o perispírito, o grande responsável pelo equilíbrio do organismo carnal, acelera então a sua produção energética, assim que recebe o reforço dinâmico da alta dinamização homeopática. A Mente Divina, como o princípio coordenador de toda a criação cósmica, manifesta-se também através da alma do próprio doente, quer orientando-o quanto aos meios mais urgentes para restabelecer a sua harmonia e saúde, como processando as trocas vitais orgânicas, aproveitando para isso todas as forças internas disponíveis. A terapêutica homeopática desperta as forças do cosmo orgânico do homem e reeduca o trabalho dos órgãos debilitados, pondo-os em relações harmoniosas com os seus sistemas diretores. É ação extraordinariamente benéfica ao corpo humano, constituindo-se no coeficiente de forças que são colocadas docilmente sob o próprio controle mental da "divina natureza" e que operam movimentos inteligentes sob o mais rigoroso cientificismo etérico transcendental.

O impacto da energia infinitesimal, que se liberta da substância dinamizada na alta dose, transforma-se então no socorro eficiente e poderoso com que a ciência divina atende ao corpo combalido da criatura humana. O efeito da alta dinamização homeopática no corpo físico poderia igualar-se a um vigoroso passe magnético de energia potencializada e de ação contínua. Na realidade, conforme não ignoram os ocultistas, a dinamização homeopática potencializa a própria alma vital da planta, do mineral ou da substância tóxica extraída do animal, motivo por que não violenta o organismo, mas o ajuda sabiamente a conseguir com suas próprias forças o seu equilíbrio e saúde.

PERGUNTA: — A "alta dose" a que vos referis se distingue, porventura, da ação de qualquer outra dose homeopática? Não é sempre a mesma coisa a medicação homeopática?

RAMATÍS: — Em geral, o povo só conhece a 5ª dinamização popular, que pode ser ministrada sob menor responsabilidade, porque se situa no limiar da dosagem mais drenativa e da de fundo constitucional. Da 5ª dinamização para baixo, as doses homeopáticas se prestam para atuar com mais urgência, por serem capazes de provocar uma ação energética mais apropriada aos surtos agudos. São essas doses baixas os medicamentos mais adequados à eliminação dos resíduos e das toxinas orgânicas, pois drenam os órgãos afetados e auxiliam também o trabalho das altas doses que, por serem o remédio de fundo constitucional, podem provocar a agravação momentânea do estado do enfermo.

As baixas dinamizações, além do seu efeito mais local e apropriado aos casos agudos, ainda funcionam à semelhança de verdadeiras vassouras que, através dos rins, da pele ou do intestino, expulsam a substância residual enferma, desagregada do corpo físico. É por isso que o uso da 5ª dinamização tornou-se então mais comum, pois é o tipo que melhor atende às necessidades em geral e, por isso, é muito preceituada nos centros espíritas. É a medicação intermediária entre os casos agudos e crônicos, a terapêutica cotidiana mais comum, embora dentro do mesmo princípio da dose infinitesimal elaborada por Hahnemann. Quando se trata, porém, de enfermidade de longa data, que já afeta até o temperamento do enfermo ou desafia a medicina alopática, a cura definitiva só se efetua pelas altas doses, ou altas diluições, as quais, embora ultrapassem a concepção humana, são capazes de modificar o próprio terreno temperamental e os sintomas mentais do enfermo.

A 5ª dinamização é a dose mais conhecida e usada por aqueles que ainda não estão habituados a consultar o médico homeopata, e a sua divulgação no Brasil muito se deve ao pitoresco receituário espírita.

PERGUNTA: — Porventura tem importância o tipo da substância vegetal, mineral ou animal que serve para a dinamização homeopática, uma vez que só é aproveitada e potencializada a sua energia? Esse aproveitamento energético não poderia dispensar a necessidade de se usarem vários tipos de medicamentos, quando bastaria apenas a energia livre, aproveitada de qualquer substância?

RAMATÍS: — A energia potencializada nas doses infinitesimais, e aplicada sob a lei de que "os semelhantes curam os semelhantes", é força emanada da própria alma vital da espécie vegetal, mineral ou animal, da qual é aproveitado o seu vigoroso eterismo, ainda inacessível às pesquisas dos laboratórios do mundo material. Essa energia ultrapassa o campo comum da substância material, para então agir mais prontamente no seu verdadeiro "habitat", que é a energia livre, do Universo, e possui as características particulares da substância vegetal, mineral ou animal a que pertence, na qual vivia na condição de "energia condensada", como o é a matéria. Depois de liberta e potencializada nas doses homeopáticas, então funciona no organismo humano como um catalisador, uma espécie de fermento etérico, que desperta as energias latentes, acelera os campos eletrônicos e produz várias reações com sua presença. Mas, sendo energia livre que pertence a uma determinada espécie do mundo físico, tendo sido plasmada em obediência às leis específicas do reino que representa, também só produz reações dinâmicas em concomitância com a sua natureza e origem. Daí a necessidade dos vários tipos de medicamentos energéticos homeopáticos, pois cada um deles, embora seja emanação extraída da alma vital de qualquer substância animal, mineral ou vegetal, que depois interpenetra o perispírito do paciente e reage sobre o seu mecanismo físico, só produz reações e desperta o energismo em perfeita afinidade com a própria substância donde provém.

É por isso que o maior sucesso da terapia homeopática, tão sutil, não depende apenas da habilidade e do acerto profissional do médico homeopata ao prescrever o medicamento exato para o tipo psicofísico individualizado, pois o êxito também decorre muitíssimo das condições eletivas que o próprio paciente possa demonstrar para com a homeopatia, como já pudemos expor.

PERGUNTA: — Podeis dar-nos uma ideia mais compreensível do que seja a dinamização homeopática?

RAMATÍS: — Como já tivemos ocasião de explicar, trata-se de um processo por meio do qual a energia dinâmica que existe na intimidade da matéria, proveniente de todos os reinos da Terra, é liberada e potencializada. Na realidade, dinamizar é radioativar, ou seja acelerar a fuga da energia condensada na substância que se desintegra pelo atrito, fricção ou fissura, e que assim se potencializa, centuplicando as suas emissões energéticas. A substância material, ou propriamente energia condensada, quando é desintegrada e potencializada pelo processo homeopático, transforma-se em energia livre que, depois de ingerida pelo enfermo, se transforma num poderoso catalisador e ativa as reações das energias latentes no corpo físico. A dose homeopática infinitesimal e dinamizada, que é a própria substância transformada em energia livre, pode atingir a profundidades inacessíveis à medicação alopática. Uma dose de tintura-mãe, de China, é considerada remédio maciço; no entanto, a mesma China, elevada à milésima dinamização homeopática, já não passa de energia liberta e dinamizada, cujo grande potencial pode produzir intensa aura radioativa no enfermo e visível para muitos espíritos desencarnados. Diz a própria ciência terrena que a matéria e a energia são apenas diferentes modalidades vibratórias da mesma coisa; quando a energia livre baixa em direção à vida física, é que ela se constitui na matéria ou no estado de energia condensada. Em consequência, o perispírito — que é o molde fundamental preexistente, do homem, e que funciona ativamente no mundo oculto, através do seu campo energético acumulativo e do seu poder químico transcendental — aglutina a energia livre em torno de si e a faz baixar em direção à vida material, a fim de sustentar o corpo de carne, que é o seu exato prolongamento físico.

E por isso que a alta dinamização homeopática provoca extraordinárias modificações no todo energético do perispírito pois, sendo energia livre, consegue atuar com eficiência na estrutura delicada desse valioso instrumento da alma, operando através do fenômeno de repercussão vibratória e em favor do equilíbrio orgânico.

A dinamização homeopática aumenta a capacidade da substância curativa em seu campo energético e áurico pois, à medida que for mais elevada essa potencialização, também se operam transformações mais profundas na intimidade da criatura humana.

PERGUNTA: — Quais alguns exemplos de drogas ou substâncias usadas em doses inifinitesimais na terapêutica homeopática mas que, dadas em doses maciças, podem produzir perturbações mentais?

RAMATÍS: — Entre as variedades de cânhamo europeu, por exemplo, existe um tipo conhecido por "Pango" ou "Diamba", cujo tóxico produz no homem sadio variados sintomas mentais, pois ataca o sistema nervoso, determinando-lhe um estado de intensa exaltação, extensiva a todas as demais percepções emotivas e concepções mentais, inclusive todas as suas sensações, que se tornam excessivamente exageradas. Sob a ação tóxica do "Pango", as pessoas meigas tornam-se ainda mais ternas, prazenteiras e felizes, enquanto que as de fácil irritação tornam-se violentas, coléricas e raivosas até o último grau.

É o exagero o principal sintoma mental que tal espécie de cânhamo provoca nos seus intoxicados, os quais então se queixam de que os minutos lhes parecem anos e alguns passos se lhes afiguram muitas milhas, ao mesmo tempo que suas idéias amontoam-se e confundem-se no cérebro, podendo chegar até ao "delirium tremens", à excessiva histeria e à subjugação completa às idéias fixas.

Sob a lei do *similia similibus curantur*, e, para os casos idênticos aos acima, a homeopatia prescreve a dose de Cannabis Indica, que nada mais é do que o próprio cânhamo europeu, chamado vulgarmente de "Pango", então dinamizado na terapêutica infinitesimal! Da mesma forma, a dose homeopática de Ignatia Amara cura as grandes contradições de espírito, os estados súbitos de pesar para alegria, ou vice-versa, inclusive os temperamentos excessivamente caprichosos, as tendências à melancolia e o choro sem motivo, pois que também é dinamizada da fava-de-santo-inácio, originária das Filipinas, cuja baga produz os mesmos sintomas mentais nos que a comem imoderadamente.

Os homeopatas também curam os mais fortes estados de melancolia e prostração com a dose de Helleborus niger, porquanto a intoxicação por doses maciças, produzidas por esta planta medicinal da família das Liliáceas, provoca grande prostração física, deixa o doente silencioso, estupidificado e falando de maneira a não ser compreendido, além de tornar-se excessivamente melancólico e sem poder manter o governo do espírito sobre o corpo.

É por isso que também se usam as doses de Beladona e de China para certos estados de delírio ou loucura, pois essas substâncias, dadas em doses maciças e imoderadas, provocam tais sintomas, como já tem ocorrido nos tratamentos epidêmicos das gripes e malária.

O arsenal homeopático é rico de tais recursos, possuindo inúmeras diluições que atendem aos mais variados casos de perturbações emotivas e mentais nos seus pacientes.

PERGUNTA: — De que modo se produzem as modificações mentais ou psíquicas nos enfermos tratados pela homeopatia, segundo a vossa afirmação de que os sintomas mentais podem ser modificados pelas doses infinitesimais?

RAMATÍS: — Os médicos homeopatas experimentados só preceituam suas doses depois de focalizarem o quadro psíquico do seu paciente, porque se preocupam mais propriamente com os doentes do que mesmo com as doenças ou sintomas isolados. Eles cuidam de abranger todo o edifício arquitetônico da criatura, quer indagando das causas ocultas que possam sofrer a influência da mente e do psiquismo perturbado, quer investigando a síntese dos sintomas reveladores da perturbação panorâmica em relação ao ambiente.

A produção mental, os sentimentos, a emotividade e o arcabouço físico do enfermo são examinados pelo homeopata num mesmo nível de interesse e unidade, em lugar de uma pesquisa que se estenda apenas aos órgãos locais ou sintomas à parte, como se se tratasse de um indivíduo autômato, sem vontade e direção própria. Como se fora um engenheiro hábil, o médico homeopata, antes de se preocupar exclusivamente com a brecha assinalada em uma parede fendida, cuida de perquirir a natureza do terreno, que é o verdadeiro responsável pela causa do defeito. O ser humano deve ser examinado mais em função de sua coordenação psíquica e anímica que considerado um simples agregado de moléculas e células do que possam enfermar sem qualquer influência das variações mentais e emotivas.

Sob tal conceito lógico e sensato, foi que Samuel Hahnemann considerou que a saúde, tanto quanto a doença, vem "de dentro para fora" e "de cima para baixo", regra esta que então se constitui num dos alicerces fundamentais da prática homeopática.

Como não é possível atestar-se a existência das partículas infinitesimais nas altas diluições homeopáticas, os seus opositores descreem da possibilidade da cura pelo medicamento dinamizado que, entretanto, desafia e ultrapassa qualquer esforço visível e experimental dos laboratórios da Terra. O fato de os cientistas terrícolas não poderem atestar a objetividade desse energismo assombroso não é porque ele não exista, mas porque a ciência humana ainda é demasiadamente precária para obter tal prova! A incapacidade científica de se verificar a realidade do fenômeno homeopático de modo algum implica em se negar o poder inigualável das altas diluições.

Evidentemente, os cientistas da Idade Média também deveriam ter negado a tremenda possibilidade do controle e sucesso da energia nuclear, hoje tão famosa, mas de modo algum a sua descrença impediu ou invalidou o êxito da descoberta atômica do século XX!...

10.

A homeopatia, a fé a sugestão

PERGUNTA: — Alguns adeptos da homeopatia afirmam que a cura homeopática é uma realidade, mas que só se processa naqueles que têm fé no remédio. Que nos dizeis a esse respeito?

RAMATÍS: — A fé, que essas pessoas acreditam ser tão necessária para o êxito do tratamento homeopático, não implica propriamente em uma crença ou um estado místico religioso, que o paciente deva assumir obrigatoriamente, a fim de só então lograr o êxito na cura. A fé, nesse caso, é tão-somente a confiança, ou o otimismo do enfermo que, despertando a sua natureza receptiva e positivamente dinâmica, predispõe o seu campo mental e astral-etérico a maior eletividade para a absorção da energia dinamizada pela dose homeopática.

O povo acredita que é necessário ter fé para curar-se pela homeopatia, porque em sua intuição pressente que é medicina de ação energética e não medicamentosa e que, por atuar no psiquismo humano, as doses então devem ser tomadas com "confiança", malgrado sua aparência seja apenas a de água destilada. Demais, é preciso que o enfermo tenha paciência, pois não é tratamento violento, de efeitos rápidos e visíveis de imediato.

Como as doses homeopáticas não produzem reações violentas e atormentadoras inerentes a certos remédios alopáticos, muitos enfermos acreditam que elas sejam inócuas ou que, para tomá-las, seja precisa a tradicional "fé", como fator principal da cura. Ignoram, também, que a ação fundamental do remédio homeopático se faz propriamente por seu efeito energético e radioativo, muito semelhante à ação do fermento ou de um catalisador que, só pela sua presença, provoca reações noutros corpos. Ele vale mais pela sua dinâmica e energismo libertado da substância medicamentosa, do que mesmo por qualquer propriedade tóxica ou de química violenta, que obrigue os órgãos de defesa a reações inesperadas, tal como acontece com os remédios maciços, que fazem os pacientes se convencerem de uma cura mais positiva e eficiente.

PERGUNTA: — Outra classe de opositores da homeopatia alega que a cura homeopática se efetua mais pela força da sugestão do que pelo sucesso medicamentoso. Que o paciente produz um campo de forças positivas no seu psiquismo, e a cura se produz independentemente da ação das "aguinhas" dinamizadas...

RAMATÍS: — A afirmação é bastante ingênua, pois os homeopatas têm curado incontável número de lactentes, não sendo de crer que os recém-nascidos se deixem sugestionar, produzindo assim o efeito psíquico favorável para o êxito terapêutico da homeopatia! Outrossim, a verdade é que as crianças se curam com mais facilidade e rapidez pelas doses infinitesimais, e isso justamente porque não oferecem qualquer resistência ou prevenção mental ao seu método de cura, nem ao menos sabendo o que seja a homeopatia. Elas preferem-na sobre a alopatia, porque não sofrem durante o seu tratamento, como no caso das injeções, aplicações corrosivas ou remédios repulsivos e amargosos. E os adultos mais eletivos às doses homeopáticas são justamente aqueles que se habituaram a elas desde a infância, salvando-se da violência alopática, pois geralmente conservam em bom estado de defesa as funções do estômago, do fígado, dos intestinos e dos rins, porque estão isentos dos efeitos perniciosos da medicação tóxica e injetável, que atualmente é muito comum ante o mais débil surto de resfriado! Essas criaturas condicionadas desde a infância à terapêutica homeopática reagem rapidamente sob a ação das doses infinitesimais, assim como uma maquinaria delicada também se move com facilidade sob a lubrificação mais suave e fluida.

Os pacientes muitíssimo habituados ao tratamento pela homeopatia também se tornam bastante alérgicos às prescrições de medicamentos alopáticos, para com os quais não só demonstram ostensiva desconfiança, como ainda os temem como tóxicos perigosos. O seu psiquismo, predisposto e condicionado à receptividade energética das substâncias dinamizadas, reage a estas com muita facilidade, propiciando o clima para que a energia livre supere a energia condensada da matéria.

Mas um dos mais poderosos desmentidos a essa leviana alegação, de que a homeopatia só cura pela auto-sugestão do paciente, é o fato de que os veterinários homeopatas têm efetuado muitas curas excepcionais em gatos, cães, cavalos ou bovinos, animais estes que — assim o cremos — não parecem acessíveis à sugestão, nem devem encontrar-se mentalmente capacitados para formar juízo sobre questões terapêuticas.

PERGUNTA: — Mas não é admissível que determinados pacientes se possam curar mais pela sugestão do que pelas doses, embora admiradores da homeopatia?

RAMATÍS: — Os fenômenos de Lourdes, as curas produzidas pelos santos e profetas, os brados de muitos curandeiros que hão levantado paralíticos, curado cegos e deformados, bem vos provam a realidade da cura pela sugestão, sem que por isso se deva atribuir qualquer ineficiência à homeopatia. Alguns seres possuídos de muita fé conseguem gerar em si mesmos um potencial energético tão intenso que, diante do objeto de sua vigorosa confiança, fazem eclodir na sua intimidade espiritual o conteúdo de força que foi armazenada à custa de sucessivas ansiedades fervorosas e de esperanças futuras!

É óbvio que toda energia assim potencializada e que, na fração de um segundo, pode ser libertada pelo impacto positivo da mente confiante na cura, termina acionando todo o campo orgânico do ser atuando poderosamente na intimidade eletrônica das células físicas, corrigindo-as sob esse comando mental ativo e sem vacilações negativas. Da mesma forma, o pensamento incessante e tenso, com que certas criaturas podem alimentar a ideia mórbida de que são portadoras de uma úlcera gástrica, ou de que sofrem do coração, também pode produzir-lhes um campo psíquico negativo e favorável para a eclosão real da enfermidade. Isso pode acontecer, porque a opressão mental sobre o plexo abdominal perturba o metabolismo dos sucos gástricos e desarmoniza a vertência biliar, podendo plasmar a configuração astral da tão temida enfermidade, cujo molde físico se positiva, pouco a pouco, pela sobrecarga nervosa e a constrição demorada das mucosas. Entretanto, a mente equilibrada, só habituada a pensamentos construtivos e renovadores, é contínuo foco de atração de energias que são capazes de operar as mais vigorosas modificações plásticas no organismo carnal.

É de senso comum que a simples lembrança de um prato saboroso faz funcionar as glândulas salivares, acelera a produção de sucos gástricos, fermentos pancreáticos e faz vibrar a vesícula, que se põe alerta para verter a bílis no trato intestinal. Assim acontece com o enfermo diante da imagem do santo miraculoso ou na presença do curandeiro famoso, no qual deposita toda a sua fé e convicção, dinamizando a força mental que o coloca em condições satisfatórias e eletivas para ser realmente curado. Ele potencializa e acumula com bastante antecipação as energias que mais tarde se libertarão, produzindo o impacto vibratório curativo, porque atuam fortemente no seu sistema nervoso debilitado, à semelhança do que também fazem as doses infinitesimais dinamizadas pela homeopatia, que atuam como poderoso despertador de energias orgânicas.

Alhures já vos lembramos de que Jesus, através de sua palavra criadora e penetrante, insuflava a vitalidade, o ânimo, a alegria e a esperança nos que o ouviam, quando impunha a força da fé nos paralíticos, leprosos, cegos e aleijados, e eles centuplicavam as energias criadoras da vida doada por Deus.

O fenômeno, embora seja mais psíquico e vital-orgânico, lembra o recurso de que lança mão o carroceiro inteligente, quando acontece encalhar o seu veículo sobrecarregado e puxado por animais exaustos. Ele os prepara pouco a pouco, despertando-lhes as energias e sincronizando-lhes os movimentos sob toques habilidosos, convites ou ameaças, até alcançar o momento psicológico e de perfeito equilíbrio de forças no conjunto. Então, num só impulso e brado conjugados, desce o açoite sobre os animais e faz a puxada vigorosa das rédeas, enfeixando todas as energias despertas num só esforço, que faz mover o pesado veículo. Assim também ocorre com os homens; enquanto o doente pessimista é uma fonte de energias negativas, um frustrado que antecipadamente descrê de qualquer evento favorável que ultrapasse suas forças comuns, o enfermo otimista é fonte positiva e um ativador de suas energias, que se alvoroçam prontas para os sucessos incomuns! Enquanto o primeiro, pela sua desconfiança e falta de fé, deixa-se influenciar negativamente, o segundo é o comandante enérgico, ativo e hábil, que dirige e disciplina o exército de suas coletividades microbianas, nutrindo-as com o seu magnetismo positivo e ajustando-as, coesas, à sua organização de carne.

As forças represadas pela mente humana tanto podem servir em sentido negativo, como produzir condições positivas no organismo físico, enquanto que as forças descontroladas por certas emoções, sustos ou terrores, matam, enlouquecem ou lesam a estrutura nervosa.

PERGUNTA: — Tendo em vista as vossas explicações, perguntamos: Qual seria a contribuição medicamentosa ou energética da homeopatia, quando aplicada a enfermos que, no entanto, podem curar-se por si mesmos, sem necessidade de medicações exteriores?

RAMATÍS: — O indivíduo eletivo à homeopatia e convicto do poder das doses infinitesimais, caminha espontaneamente ao encontro do medicamento e apressa-lhe o êxito da cura. Se lhe fosse dada apenas água destilada, em lugar do medicamento homeopático, o "quantum" de energia potencializada pelo seu psiquismo confiante supriria, no seu organismo físico, grande parte da necessidade vital.

Durante o metabolismo precioso e científico provocado pelas doses dinamizadas da homeopatia, o espírito do homem tanto pode auxiliar como retardar os seus efeitos terapêuticos. Assim sendo, o enfermo que se pode curar por si mesmo só tem a ganhar se se valer do auxílio da homeopatia, pois que mal ela não lhe poderá fazer, e sim apenas o bem.

11.

A homeopatia: precauções e regime dietético

PERGUNTA: — Gostaríamos de conhecer os motivos da exigência da água destilada para uso das gotas homeopáticas. Alguns homeopatas mais rigorosos condenam até o uso de colheres ou utensílios de metal, objetos de pó de pedra, copos de vidro de canto interno, assim como vidros descoloridos ou que recendam a xaropes, essências ou resíduos de alimentos. Tal exigência purista não será demasiadamente fanática?

RAMATÍS: — A sutilidade da essência energética, que fundamenta a dosagem infinitesimal da homeopatia, exige que a água, como seu veículo principal, também seja absolutamente isenta de partículas orgânicas microscópicas e peculiares aos líquidos não fervidos, pois quando estas ficam em suspensão absorvem e condensam a essência dinamizada e a eliminam da circulação sob a forma de resíduos. A energia que emana da essência da substância potencializada deve ser veiculada sem incrustar-se em qualquer partícula microrgânica estranha. Daí a advertência dos homeopatas mais zelosos, quando aconselham que as próprias pastilhas homeopáticas devam ser diluídas diretamente sobre a língua, sem que se misturem com líquidos que as decomponham, devendo penetrar pela circulação rapidíssima desse órgão, mas sem sofrer a ação imediata dos sucos gástricos. Mesmo as "altas doses" diluídas aproveitam-se bem melhor quando o paciente, ao tomá-las, exerce um efeito de sucção nas mucosas da boca e antes de atingirem o estômago.

As colheres, utensílios ou vasilhames de metal muitas vezes são estanhados e oxidam-se com facilidade, podendo formar combinações químicas inesperadas e prejudiciais à essência homeopática. Em virtude de os cantos internos de copos, frascos ou recipientes serem difíceis para uma limpeza absoluta, tornam-se locais de fácil proliferação de germes e acúmulo de partículas ofensivas à delicadeza das doses infinitesimais; os objetos ou utensílios feitos de pó de pedra, sem o polimento desejável da porcelana ou da superfície lisa do cristal, também absorvem em suas entranhas a essência homeopática. Quanto aos frascos ou recipientes que serviram para xaropes, perfumes ou resíduos de alimentos, obviamente corrompem a pureza iniciática da medicação dinamizada, alterando a sua qualidade substancial.

Devido a essa regra é que de modo algum se deve misturar os medicamentos homeopáticos com qualquer outra substância que não seja a água destilada ou fervida. **As altas dinamizações podem-se tornar inócuas, caso lhe adicionem água comum ou se desprezem as recomendações em foco**; em verdade só lhes serve a **água destilada**, porquanto a própria água das redes comuns das cidades, em face do tratamento com o cloro, a que são submetidas, mesmo depois de fervidas ainda podem comprometer as dosagens altas.

Os homeopatas recomendam o uso de frascos ou copos de cores, a fim de neutralizarem os raios solares ou a excessiva luz, que também podem decompor medicação tão sensível e apurada na sua composição energética. Lembramo-vos de que a homeopatia pode efetuar curas miraculosas, desde que o paciente a ela se entregue confiante e siga religiosamente todas as prescrições de dieta e os cuidados protetores. Muitos doentes ignoram que a própria saliva aderida às colheres, que depois usam sem lavar para ingerir novamente outra dose homeopática, sempre compromete o efeito da cura, devido à oxidação dessas colheres.

PERGUNTA: — Em face de entendidos nos afirmarem que durante o tratamento homeopático não se deve usar certos sabonetes ou perfumes, reservamo-nos o direito de desconfiar de tal afirmativa, porquanto a achamos bastante pueril! Porventura existe fundamento nessa advertência?

RAMATÍS: — A dose homeopática — já o dissemos — é um campo energético cujo fim não é o de funcionar à semelhança dos medicamentos maciços ou alopáticos. Desde que vos fosse possível examinar pela vidência o efeito das altas doses no organismo humano, tanto quanto nós o podemos observar pela nossa visão espiritual, verificaríeis que o catalisador homeopático de elevada dinamização interpenetra toda a zona vital do doente em todos os sentidos, formando uma aura numa extensão de 3 a 4 polegadas de diâmetro, em torno do corpo, que parece desvanecer-se em franjas ondulantes. Esse campo energético vai-se condensando pouco a pouco pelo seu abaixamento vibratório e sendo absorvido lentamente pelo organismo carnal, que então se renova no seu potencial de forças.

O veículo aquoso que serve para a dose infinitesimal significa o condensador ou o sustentador da energia catalisadora, que transfere a carga de força para o organismo físico, assim como o médium espírita ou o magneticista ofertam suas energias para o paciente. Na medicina homeopata, a substância mineral, vegetal ou animal, depois de potencializada, é transferida por via bucal, enquanto no passe espírita ou magnético é o próprio médium ou magnetista quem aplica diretamente o "quantum" energético no enfermo.

Desde que a própria alimentação carnívora produz prejuízos na terapia homeopática, porque conspurca o corpo vital do paciente com os fluidos inferiores da carne do animal, sendo ainda necessário pouparem-se as energias tão sutis despertas pela dose infinitesimal, não vos deve ser estranho que um sabonete canforado, sulfuroso, alcatroado, ou o perfume fortíssimo de certas essências também produzam incessantes bombardeios de partículas "alfa" e ofensivas ao campo energético dinamizado. Uma vez que certas substâncias, como o éter, o amoníaco ou a cânfora, produzem tonturas, dormideiras ou excitações, atuando apenas pela sua emanação etérica, é evidente que a aura dos sabonetes de alcatrão, enxofres, creosoto ou cânfora também prejudicam seriamente a terapia energética e sutilíssima da homeopatia. Mesmo entre certos medicamentos homeopáticos, não é aconselhável reuni-los na mesma caixa ou armários, porque as suas auras são incompatíveis e se digladiam sob impactos antagônicos.

PERGUNTA: — Para o nosso melhor aprendizado homeopático, podeis citar-nos algumas dessas doses antagônicas entre si?

RAMATÍS: — Referimo-nos aos seus campos áuricos energéticos e que, entrando em conjunção, produzem mútuos prejuízos, tais como as doses de creosoto, allium cepa, állium sativum, potássio, mercúrio ou iodo, cujas auras demasiadamente fortes devem ser evitadas de contato. Em consequência de tais cuidados profiláticos, os homeopatas também aconselham a ingestão das doses a distância da alimentação pois, durante a digestão, formam-se no organismo os mais variados campos energéticos de substâncias que se decompõem no estômago e intestino, que depois se combinam e se digladiam, anulando grande parte do efeito medicamentoso da homeopatia.

PERGUNTA: — Há médicos alopatas que afirmam não ser precisa qualquer dieta durante o tratamento homeopáti-

co, porque este é inócuo e não produz reações químicas de vulto. Há fundamento nessa afirmação?

RAMATÍS: — A medicina futura ainda há de auscultar mais de perto o extraordinário poder que palpita na intimidade oculta da chamada Natureza que, sob a regência divina, ajusta células incompatíveis, retifica órgãos desajustados e corrige os sistemas responsáveis pelo equilíbrio do corpo humano. Graças a essa sabedoria inata, é bastante fornecerdes ao recém-nascido o leite materno ou em pó, para que ele o desintegre e o transforme em cabelos pretos ou louros, sangue vermelho, olhos azuis, pardos ou negros, ossos, nervos e músculos, comprovando que o seu verdadeiro alimento nada mais é do que a quantidade de energia que pode extrair da substância ingerida. Em verdade, o homem obtém as energias, de que necessita para viver, da própria energia armazenada nos alimentos vegetais ou mesmo carnais, do animal que ingere as plantas. Não é o corpo humano uma rede de magnetismo, sustentando as massas de átomos sobrecarregados de energias?

Em face dessa disposição genial e construtiva, da Natureza, o papel do médico não é o de violentar essa nobre linha de montagem na intimidade orgânica, mas o de auxiliá-la com uma terapêutica suave e energética. Daí, pois, os grandes benefícios que a homeopatia pode prestar ao homem terreno porquanto, embora ela não provoque reações químicas violentas, a sua função principal é a de despertar e potencializar as energias adormecidas, para então elevar o padrão dinâmico dos órgãos combatidos, reeducando-os, em vez de violentá-los.

Os antigos, durante o tratamento homeopático, entregavam-se ao descanso completo de todas as atividades materiais costumeiras. Os pacientes mais puristas ainda recolhiam-se ao leito e submetiam-se a rigoroso jejum, a fim de que o energismo homeopático agisse com maior êxito e aproveitamento no seu organismo liberado das atividades comuns. Através do jejum, eles poupavam suas energias e reduziam as obrigações cotidianas dos órgãos principais e responsáveis pela digestão, deixando-os desafogados para acelerar a drenação das gorduras, toxinas e resíduos perniciosos, que porventura se constituíssem em material inútil ou impróprio à vida normal do corpo físico. Muitas curas homeopáticas, que têm sido consideradas miraculosas, devem-se principalmente a essa predisposição salutar por parte dos pacientes bastante disciplinados, que assim se prepararam orgânica e até emotivamente para o maior êxito da terapêutica delicada das doses infinitesimais.

Como na terapia homeopática as forças internas despertam potencializadas para o socorro orgânico e efetuam a reparação das regiões combatidas do corpo físico, sem anomalias tóxicas, não se verifica no doente a falta de apetite ou qualquer redução no seu metabolismo físico. Em geral, o paciente, sob a atuação dos medicamentos violentos e tóxicos da alopatia, exaure-se pelo trabalho obrigatório e anormal do fígado ou dos rins, que se vêem obrigados a várias adaptações inesperadas, quando precisam eliminar os resíduos tóxicos de certos remédios ofensivos à harmonia orgânica.

Muitos fracassos médicos não decorrem tanto do enfraquecimento provocado pela moléstia gravemente classificada pelo rigorismo da terminologia acadêmica oficial, quanto pelo fato de serem frutos de operações perigosas e inesperadas, a que muitas vezes o organismo físico é submetido às pressas, sem poder fortificar-se ou imunizar-se em tempo. Quando o doente ingere medicamentos violentos, ou as seringas hipodérmicas lançam verdadeiros projetis microscópicos na sua circulação sanguínea delicadíssima, é evidente que o seu organismo, já debilitado, ainda se vê obrigado a intenso trabalho para mobilizar todas as suas reservas energéticas, a fim de não sucumbir sob os efeitos tóxicos do próprio remédio. Entretanto, se tais reações químicas não se verificam com a homeopatia, e, por isso, pode ser dispensada a dieta preventiva, o seu processo terapêutico, delicado, exige no entanto a contribuição frugal adequada, da nutrição do paciente.

PERGUNTA: — Certo manual homeopático recomenda que, durante o tratamento pela homeopatia, deve-se evitar absolutamente o uso da carne, pois só assim é que se consegue a cura desejada. Há fundamento dietético nessa exigência tão severa?

RAMATÍS: — Essa recomendação, que vos pode parecer tão fútil, põe em relevo a grande importância higiênica da aura vital do doente que se deve submeter ao tratamento da medicina homeopática. Os carnívoros não são os candidatos ideais para a terapêutica das doses infinitesimais, embora também possam ser curados com êxito, graças aos recursos e à habilidade dos bons homeopatas. Apesar de a humanidade terrena se encontrar muito familiarizada e viciada no carnivorismo, os cooperadores das charqueadas, dos matadouros e do trucidamento de animais e aves sempre perturbam a linha evolutiva que Deus estabeleceu para as espécies inferiores. Além disso, há a considerar que o campo denso das energias inferiores despertas pela aura vital do animal sacrificado, que é ingerido depois de cozido ou assado, acaba neutralizando a maior parte das forças que a dose homeopática de alta dinamização faz eclodir na criatura enferma. Em seguida à ingestão da carne, os fluidos repelentes do astral inferior do animal sacrificado também se fundem com a aura perispiritual humana e degradam o potencial energético dinamizado; a essência potencializada, da homeopatia, esvai-se, conturbada, sem poder superar o campo de condensação vibratória inferior. A ação dinâmica da homeopatia, sobre o sistema endocrínico e o nervoso, também é dificultada, pois os chacras do duplo-etérico, sob a ação da astralidade animal, diminuem os seus vórtices de aceleração e reduzem a sua capacidade receptiva ao energismo homeopático e catalisador das forças adormecidas, do corpo físico. Então o sutilíssimo tratamento infinitesimal exige maior cota de tempo para uma cura razoável ou talvez de pouco sucesso.

Eis por que os médicos homeopatas conseguem maior sucesso terapêutico entre os vegetarianos, ou mesmo entre aqueles que, durante o tratamento, eliminam completamente o uso da carne e das gorduras animais, enquanto se reduz a média de curas entre os enfermos viciados demais com a nutrição carnívora. Sendo a homeopatia medicina de incontestável alcance espiritual, não só requer um regime alimentar superior, a mudança dos hábitos perniciosos e o abrandamento das paixões violentas, como também muito depende, para o seu maior sucesso, do controle temperamental do enfermo.

Há que considerar, também, que os ataques de cólera, ciúme, ódio e as irritações reduzem bastante o sucesso homeopático, porque são violentas explosões mentais, que semeiam partículas lesivas e bombardeiam a aura das energias vitais despertadas no organismo carnal.

PERGUNTA: — Certos médicos alopatas dizem que as curas atribuídas à homeopatia são consequência apenas da própria dieta exigida durante o tratamento pelas doses infinitesimais. Afirmam que um regime dietético quase sempre é suficiente para promover certas melhoras e até curas extraordinárias. Que dizeis dessas alegações dos opositores da homeopatia?

RAMATÍS: — A dieta exigida pela terapêutica homeopática é absolutamente científica e eletiva ao tratamento delicado das doses infinitesimais pois se o paciente ingere a substância dinamizada na forma de um sutilíssimo campo de energia livre e imponderável, também deve aproveitar o melhor possível esse campo energético potencializado no seu corpo físico. Desde que persista numa alimentação glutônica, excessivamente tóxica ou gordurosa, a exigir-lhe todo o esforço do seu metabolismo nutritivo, e ainda consumindo a reserva dinâmica em eclosão pela homeopatia, sem poder regenerar em tempo as células cansadas ou eliminar os resíduos venenosos que pesam no organismo, é evidente que também há de desperdiçar todo o trabalho cuidadoso e benfeitor da prescrição medicamentosa do médico homeopata!

Seria absurdidade que, depois de se ministrar uma dose

maciça de vitaminas a um lenhador completamente exausto, ele se precipitasse em seguida a cortar lenha até tombar novamente exangue! Assim costumam fazer muitos pacientes sob o tratamento das doses infinitesimais da homeopatia, pois subestimam a dieta rigorosa, certos de que apenas ingerem algumas gotas de álcool absoluto em água destilada. Ignoram, no entanto, que o sucesso da cura depende principalmente da maior cota de forças que puderem economizar em suas necessidades cotidianas, a fim de não consumirem o energismo necessário para o próprio corpo reparar suas desarmonias orgânicas.

Durante o tratamento dinâmico homeopático, é preciso que seja reduzido ao mínimo o serviço dos órgãos nutritivos e drenadores, do corpo físico, para assegurar-se o maior aproveitamento das energias que foram catalisadas pelo remédio homeopático, em favor do equilíbrio e da recuperação do seu mecanismo fisiológico. Desde que o paciente economize a maior porcentagem possível das forças vitais que são aceleradas pela presença do catalisador homeopático, ser-lhe-á possível efetuar o máximo aproveitamento, podendo dirigi-las para os plexos nervosos, sistema neuro-endocrínico, circulatório ou linfático, obtendo o êxito desejado.

12.

A medicina e o espiritismo

*PERGUNTA: — **Como se explica que hajam passado por este mundo pessoas que se tornaram famosas por suas acertadas prescrições homeopáticas, sem que passassem também por um curso acadêmico especializado?***

RAMATÍS: — Durante muitos anos atrás, muitos espíritos laboriosos e dignos se encarnaram em vosso mundo com a elevada missão de divulgar o uso da homeopatia, embora nem todos pudessem ter sido médicos ou mesmo farmacêuticos. O principal labor desses espíritos consistia em acostumar o povo à nova terapêutica. Aconteceu, porém, que, a princípio, a Medicina preferira repudiar a homeopatia, em lugar de acolhê-la, apesar de que ela apenas vinha demonstrar à ciência a existência de leis reveladoras dos poderes medicamentosos ocultos em todas as substâncias. Assim, a sua divulgação no vosso mundo precisou ser ajudada por alguns leigos estudiosos, que muito contribuíram para o sucesso que a homeopatia começou a ter na Europa e nos Estados Unidos.

*PERGUNTA: — **E quanto ao Brasil, que dizeis?***

RAMATÍS: — Como o Alto ordenara que os espíritos de hábeis homeopatas desencarnados assistissem incondicionalmente aos médiuns receitistas dignos e desinteressados de proventos materiais — que abundavam e ainda abundam no Brasil — devendo auxiliá-los a receitar de modo o mais certo possível e até mesmo corrigir-lhes astralmente os equívocos das primeiras horas, o receituário espírita-homeopático tomou vulto com muita facilidade. E, como era gratuito, foram os pobres os que mais o buscaram, enquanto o espiritismo se fazia digno da gratidão daqueles que eram curados dos seus sofrimentos físicos pelo uso da homeopatia. E assim generalizou-se particularmente o emprego da 5ª dinamização, tão preferida pelo povo e facilmente receitável pelo mediunismo espírita, sem o perigo de qualquer surpresa desagradável ou de maior responsabilidade, porquanto a administração das doses altas fica a cargo do médico homeopata.

PERGUNTA: — Por que motivo, no Brasil, os espíritas conjugam a prescrição homeopática aos labores mediúnicos, ao passo que em outros países não procedem da mesma forma?

RAMATÍS: — Enquanto outros povos se limitam especialmente ao estudo puramente científico da doutrina espírita, ou apenas se dedicam à sua especulação filosófica, no Brasil os seus adeptos aliam o estudo da doutrina à prática da caridade para com os enfermos, motivo pelo qual se constituem em excelentes veículos para a divulgação abençoada da homeopatia, demonstrando através do socorro a esses enfermos pobres uma profunda gratidão ao seu próprio idealizador, que foi Samuel Hahnemann. E convém lembrar que, embora a medicação homeopática da 5ª dinamização, prescrita através do mediunismo ou de curandeiros improvisados, tenha sido de princípio manuseado sob o empirismo popular, ela operou curas miraculosas e surpreendeu a muitos homens e cientistas bem intencionados, chegando a atrair alguns deles para o serviço do amor ao próximo e para o estudo valioso da homeopatia!

Daí, pois, os inumeráveis êxitos que até aqui se têm verificado na prática da homeopatia, mesmo quando prescrita por homens de menor conhecimento científico porquanto, tratando-se de uma terapêutica elevadíssima, atrai a influência benéfica dos desencarnados benfeitores. Muitos espíritos de médicos, que se encarnaram na Terra com a missão especial de propagar a homeopatia, estudaram primeiramente a medicina alopática e suas leis específicas, com o fito de conhecerem-lhes todos os escaninhos e recursos, adquirindo assim maior cabedal de conhecimentos a respeito das doses infinitesimais, de que mais tarde se tornaram destemidos defensores!

A homeopatia não pode esquecer o valioso concurso que recebeu do povo brasileiro para sua divulgação e maior aceitação no Brasil, graças mesmo a essa interferência de leigos, médiuns e espíritos desencarnados, os quais muito cooperaram para a sua definitiva consagração a respeito. Deste modo, ficaram fundamentadas as suas bases como ciência que, além de curar o corpo, ainda abrange grande parte da psicoterapia e da terapêutica mental, futura, influindo profundamente no psiquismo humano e intervindo nos processos fundamentais da emoção, do pensamento e do mecanismo do duplo-etérico, que coordena a vitalidade orgânica. É terapêutica que se ajusta cada vez mais ao dinamismo avançado do século atômico, em que viveis.

PERGUNTA: — Por que motivo não foi levado a efeito, pelos espíritos desencarnados, um movimento em favor da alopatia, tal como se deu quanto à homeopatia no Brasil, principalmente no meio espírita?

RAMATÍS: — A medicina alopática é eivada de medicação tóxica, que produz reações desaconselháveis para a prescrição mediúnica, pois o espírito receitista tem que se cingir, em geral, à maior ou menor eficiência e sensibilidade do médium de que se serve. O sistema alopático opera principalmente com a medicação densa, ou seja em doses maciças, que atuam propriamente à periferia do corpo carnal, distanciando-se do nosso alcance direto e agindo sob frequência vibratória mais baixa, do nosso campo de ação etérica. Assim, não convém que se transforme o receituário em um misto de homeopatia e alopatia, pois as doses infinitesimais e dinamizadas, da homeopatia, sendo menos medicamento e mais energia, vêm mais facilmente ao nosso encontro vibratório.

PERGUNTA: — Mesmo assim, não achais desaconselhável o receituário homeopático nos centros espíritas? Não constituirá isso uma concorrência desleal para com os médicos homeopatas? Convém esse modo de divulgação da medicina homeopática?

RAMATÍS: — Não cremos que o receituário mediúnico, espírita, possa servir de divulgação científica para a homeopatia, mas é inegável que foi a receita mediúnica que muito contribuiu, no Brasil, para popularizar o uso das doses infinitesimais entre o vosso povo. Os doentes empobrecidos, que recorrem a consultas nos centros espíritas e solicitam o medicamento homeopático, também ficam sob a solicitude dos espíritos desencarnados que, assim, aproveitam o ensejo para cuidar das suas mazelas espirituais e higienizar-lhes o psiquismo enfermo. Deste modo, quando se trata de receita homeopática prescrita em centros espíritas de boa estirpe espiritual, quase sempre elas produzem os seus efeitos benfeitores naqueles que levam a sério o tratamento tão delicado. Acresce que a prescrição mediúnica é comumente da 5ª dinamizarão, que é a diluição mais isenta das reações incomodas, cujo receituário gratuito não entra em competição com o dos médicos homeopatas, os quais operam mais com doses de fundo e são os únicos competentes para determinar tratamentos com altas doses.

O que não se justifica é a intromissão de pseudomédiuns, de pseudomédicos alopatas ou de curandeiros ignorantes da terapia homeopática, a prescreverem um receituário contraditório e eivado de medicamentos que são incompatíveis entre si e que se anulam na mesma receita. Ainda existem aqueles que, devido à sua ignorância, preceituam doses infinitesimais misturadas com xaropes e chás, que destroem toda a essência homeopática. Não é possível admitir-se que a excentricidade, a absurdidade e a contradição, sob responsabilidade espirítica, sejam levadas à conta de ciência homeopática! O médium receitista integrado em sua responsabilidade espiritual não se deve considerar apenas na condição de bengala viva do seu guia; cumpre-lhe estudar bastante a terapêutica de que é medianeiro. Se um espírito desencarnado precisar receitar medicamentos por um médium ignorante da homeopatia, é claro que terá mais êxito se esse médium se devotar ao estudo consciente e sensato da terapêutica homeopática.

PERGUNTA: — Alega-se que, em se tratando de receita mediúnica, todos devem ter fé e ninguém deve alimentar desconfiança da receita, porque provém de um "guia", que sempre sabe o que faz. Que dizeis vós, que sois espírito desencarnado?

RAMATÍS: — Quem assim pensar poderá dispensar a homeopatia do receituário mediúnico e tratar-se exclusivamente com a água fluidificada, visto que apresenta condições eletivas de fé e confiança no guia. Convém saber, entretanto, que nem sempre o médium é fiel intérprete do pensamento do espírito que com ele se comunica. Do lado de cá, temos observado que alguns facultativos desencarnados, depois de operarem sobre certos médiuns, resolvem mais tarde abandonar o seu trabalho receitista por via mediúnica, tão decepcionados eles ficam com as dificuldades que defrontam nos seus próprios aparelhos mediúnicos, comumente ociosos, ignorantes ou vaidosos. Inúmeras vezes queixam-se de que os seus intermediários receitam a esmo e sob qualquer pretexto, quer após um anedotário indecente, quer em seguida a momentos de cólera ou de emissão de crítica antifraterna! Assim emitem receitas levianamente, sem sequer consultá-los pelo pensamento, e prescrevem o que lhes vem à memória a qualquer momento, como um produto natural da associação de idéias ou lembranças de cartazes de propaganda medicamentosa. Em conseqüência, pode dar-se o caso de a receita mediúnica não ser do guia, nem conter qualquer prescrição lógica que corresponda sensatamente à terapia homeopática.

É conveniente, portanto, que, em nome da homeopatia, não se semeiem incongruências e excentricidades, com a agravante de ainda se fazer da receita espírita um desmentido à pureza iniciática e à precisão das doses infinitesimais! O ridículo traz a desconfiança; e já temos visto muitos espíritos mistificadores e irresponsáveis, que daqui se servem de médiuns incautos, imprudentes, preguiçosos e vaidosos, para receitar medicamentos contraditórios e até perigosos, servindo isso para despertar o sarcasmo contra a doutrina espírita e a ciência homeopática.

Sem dúvida, louvamos o labor generoso e o devotamento de muitos médiuns, que se transformam em ofertas vivas, procurando aliviar a dor alheia e elevar-se às faixas vibratórias dos espíritos superiores; mas é evidente que o deslumbramento desordenado produz prejuízos, assim como a presunção de infalibilidade gera a imprudência...

A homeopatia, como ciência erigida carinhosamente e sob o mais escrupuloso cuidado, e experimentação, de modo algum poderá endossar as receitas mediúnicas que discrepam de suas leis disciplinadoras, quando se prescrevem as doses infinitesimais com outros produtos heterogêneos, as receitas mistas de homeopatia e alopatia, ou os medicamentos que se incompatibilizam ou se anulam como antídotos.

Sob a nossa modesta opinião, cremos que já é tempo de o médium receitista estudar com devotamento as regras fundamentais da homeopatia, a fim de ser mais útil e mais exato no seu receituário mediúnico, podendo ainda corrigir em tempo as incoerências produzidas pelo seu próprio animismo. Muitos dos consagrados homeopatas desencarnados, e que já viveram no vosso país, corariam de vergonha ante certas receitas que médiuns ignorantes levam à sua responsabilidade como prescrição homeopática!... É justo, pois, que os médiuns não contrariem o próprio bom-senso do espiritismo e tratem de estudar a homeopatia, a fim de receitarem o mais exatamente de acordo com a ética homeopática.

PERGUNTA: — Não seria justo que só o médico homeopata devesse receitar?

RAMATÍS: — Não nos cumpre julgar esse campo de ação, porque tanto existem médicos homeopatas que não prescrevem sob o rigorismo da homeopatia, mas apenas em função de sintomas exteriores, como há certos alopatas que praticam a terapêutica das doses infinitesimais sem lhes conhecer os fundamentos iniciáticos, e o fazem na mais absurda contradição. Se merecer censuras o leigo que receita homeopatia, noutro extremo também merecerá censuras o médico alopata que a prescreve de modo tal que, em geral, fica aquém de muitos curandeiros estudiosos!... No campo terapêutico da homeopatia, tanto podeis encontrar o médico ex-alopata, que passa a receitar sem conhecimentos científicos e técnicos da doutrina exposta por Hahnemann, como podereis encontrar o charlatão sem diploma, mas um purista e sábio das leis homeopáticas, capaz de prescrever com segurança e o conhecimento lógico dessa ciência tão elevada. O homeopata, como já o dissemos, antes de se tornar um exigente cientista, também há de ser um filósofo e um homem bom!... Ele não deve receitar apenas a distância psíquica do problema do seu paciente pois, antes do interesse utilitarista, há que "sentir" e "viver" as angústias daquele que lhe roga a cura dos seus males! Tratando-se de Medicina de profundo respeito para com as próprias mutações espirituais do indivíduo, ao homeopata não interessa apenas identificar os males do seu cliente sob o preciosismo científico das enfermidades clássicas, mas também cumpre auscultar os desequilíbrios e as desarmonias da sua alma!

É por isso que certas receitas mediúnicas produzem resultados assombrosos pois, sendo preceituadas por médiuns dignos e estudiosos, a intuição lhes manda prescrever a dose perfeitamente sintonizada com as necessidades do psiquismo doente, graças à excelente inspiração que logram por vezes dos espíritos benfeitores. O médico homeopata, que também pesquisa no campo psíquico dos seus pacientes, torna-se pouco a pouco uma criatura sensível à voz interior, que lhe sugere as mais exatas e verdadeiras prescrições terapêuticas.

PERGUNTA: — A Lei Cármica tem alguma relação íntima com os padecimentos de certas criaturas submetidas a tratamentos dolorosos através da cirurgia ou da terapêutica alopática?

RAMATÍS: — Atualmente, devido ao estado moral e espiritual do cidadão terreno, a Lei Cármica ainda lhe preconiza um tratamento doloroso, à base de hipodérmicas, tubagens, cauterizações, drenos, operações ou extrações de órgãos combalidos, aplicações e ingestão de medicamentos repulsivos, tóxicos e lesivos, que funcionam como efeitos das causas culposas do passado.

Em face de haverem evoluído os métodos punitivos das leis humanas, com a abolição das torturas medievais, os médicos — muitas vezes sem que o saibam — funcionam como instrumentos de retificações cármicas nos seus pacientes. Aqui, o usurpador cruel do passado, que oprimia os seus adversários políticos, sofre atrozmente devido à chaga infecciosa e rebelde, que surge num órgão que foi operado precipitadamente; ali, é o velho inquisidor do "Santo Ofício" que, estirado no leito de luxuoso hospital, mostra-se completamente perfurado por hipodérmicas, com as carnes maceradas pelas seringas dos soros e transfusões de sangue, que pingam através de tubos suspensos e aparelhos especiais, como se fossem instrumentos de tortura; acolá, o feroz fazendeiro, que se servia do fogo para supliciar os seus infelizes escravos, encontra-se transformada noutra figura humana submetida a terríveis cautérios e intervenções cruciantes, enquanto o seu coração combalido não permite a menor intervenção da anestesia para fazê-la esquecer o sofrimento!

Por isso, aqueles que conseguem curar-se pela homeopatia e são eletivos para tratamento tão suave, devem-se considerar criaturas privilegiadas, pois que ficam a salvo da violência alopática. O fato de as criaturas ainda precisarem percorrer a "via crucis" dos consultórios médicos alopatas, submeterem-se a exames radiográficos, experimentações dolorosas, tratamentos espartanos e hospitalizações urgentes, enquanto os seus males se agravam dia a dia, sem dúvida é porque ainda gemem sob um carma penoso!

13.

Considerações gerais sobre o carma

PERGUNTA: — Qual a verdadeira significação da palavra "Carma", tão usada entre os reencarnacionistas, e que tem relação particularmente com as vidas anteriores?

RAMATÍS: — Carma é palavra que deriva do sânscrito (kri) ou seja "fazer". Os hindus são os que mais a empregam, considerando-a como vocábulo técnico mais apropriado para designar a ação e o seu efeito correspondente nas encarnações sucessivas dos espíritos na Terra. Para eles, toda ação é carma; qualquer trabalho ou pensamento que produzir algum efeito posterior é carma.

É a lei de Causa e Efeito, como a chamais, com seu saldo credor ou devedor para com o espírito encarnado. Os atos praticados por pensamentos, palavras ou obras, nas vidas anteriores, ou seja em vidas subsequentes, devem trazer venturas ou acarretar desgraças aos seus próprios autores, na proporção entre o bem e o mal que deles resultou. Os seus efeitos, portanto, atuam posteriormente sobre a felicidade, a vontade, o caráter e os desejos do homem em suas vidas futuras. Embora pareçam anular o livre arbítrio, são forças que resultam sempre dos próprios atos individuais do pretérito. É o efeito agindo e dominando a própria vontade do ser, mas reagindo exatamente de acordo com as próprias causas que ele engendrou. A Lei de Causa e Efeito registra as ações boas ou más; a Lei do Carma procede ao balanço das ações registradas e dá a cada espírito o "saldo" que lhe cabe em resultados bons ou maus.

Metafisicamente, a palavra "carma" refere-se ao destino traçado e imponderável, que atua tanto nas coisas animadas como nas inanimadas, pois rege e disciplina todos os ciclos da vida, que vão desde o finito ao infinito, do átomo à estrela e do homem ao Universo! Há, pois, o carma do homem, o da família, o da nação, o do continente e o da humanidade. E, assim como se engendram destinos futuros fundamentados nos atos ou pensamentos do homem — que serão regidos e disciplinados pelo seu carma — também os orbes que balouçam no espaço obedecem a um determinismo cósmico, de reajustamento de sua massa planetária, em concomitância com o efeito das causas coletivas de suas próprias humanidades.

Há que considerar, portanto, desde o carma atômico que rege o princípio de vida microscópica no Cosmo, para a formação da matéria, até o carma do Universo, que então já é a Lei Cósmica manifestada fora do tempo e do espaço.

Com referência ao carma do homem, convém lembrar que Jesus muitas vezes advertiu sobre a existência de uma lei disciplinadora do mecanismo de relações entre os seres, e que liga as causas aos seus efeitos correspondentes, quando afirmou: "Quem com ferro fere com ferro será ferido" ou "Cada um há de colher conforme for a semeadura". Esses conceitos de Jesus não deixam dúvida de que o espírito há de sempre sofrer os efeitos na esteira das reencarnações físicas, submetido implacavelmente ao determinismo das causas que gerou.

Tais conceitos vêm a ser os mesmos da Lei de Causa e Efeito, isto é, de que todas as causas engendram efeitos futuros de igual intensidade e responsabilidade, com a diferença, porém, de que é lei imutável e severa, que tanto disciplina os fenômenos da vida planetária, o amor entre os seres e a afinidade entre as substâncias, como governa a coesão entre os astros dispersos pelo Cosmo.

Nenhum acaso rege o destino das coisas; é a Lei do Carma que tudo coordena, ajusta e opera, intervindo tanto nos fenômenos sutis do mundo microscópico, como na vastidão imensurável do macrocosmo. Ela tem por único objetivo dirigir o aperfeiçoamento incessante de todas as coisas e seres, de há muito já previsto nos grandes planos que fundamentam a harmonia da Criação.

As vossas condições psíquicas ou físicas, aí na Terra, decorrem exatamente do engendramento das causas cármicas que já efetuastes noutras vidas; se atualmente usufruís alegria, paz e ventura, apenas gozais o efeito cármico das boas sementes lançadas alhures; se vos dominam a dor, a amargura, e as vicissitudes repontam em vossa existência, não culpeis a Deus, nem a qualquer "destino" injusto e fatídico inventado por alguém pois, de qualquer modo, só estareis ceifando o resultado do plantio descuidoso do passado! As regras inflexíveis de que "a semeadura é livre mas a colheita é obrigatória", e a de que "a cada um será dado conforme as suas obras", não abrem exceções a quem quer que seja, mas ajustam todas as criaturas à disciplina coletiva tão necessária ao equilíbrio e harmonia da humanidade do vosso orbe.

PERGUNTA: — Então o carma é um determinismo indesviável em nossas vidas?

RAMATÍS: — O carma, como lei imutável, aliada à de causa e efeito, rege todo o processo da vida cósmica; é a própria pulsação harmônica do Criador manifestando-se tanto na composição dos astros como no aglomerado dos elétrons constitucionais dos átomos. Cada orbe e cada elétron ajusta-se perfeitamente a esse ritmo eterno e de aperfeiçoamento sideral, conjugando-se para harmonia do Cosmo. Há, pois, um entrosamento cósmico de ação e reação em todo o Cosmo; assim é que a Terra, movendo-se e consolidando-se sob a regência disciplinadora do seu carma, só se aperfeiçoa em harmonia com o carma do Sistema Solar a que pertence; mas este, por sua vez, liga-se ao carma de sua galáxia, que também se submete ao carma das demais galáxias dependentes do carma dos Hemisférios Cósmicos.

O globo terrestre está submetido ao metabolismo cármico de todo o sistema visível ou invisível do Cosmo; há uma rota definida e um ritmo ascensional, que o impulsionam para condições cada vez mais progressistas no cortejo planetário do seu sistema solar. Justamente devido à regência dessa lei cármica, que atua no sistema solar a que pertence a Terra, é que em certas épocas determinadas para a consolidação de sua massa planetária e o reajustamento de sua humanidade, se registram as sequências dos "juízos finais" corretivos, conforme atualmente já está sucedendo com o vosso orbe.

PERGUNTA: — Porventura a Terra já não sofreu modificações semelhantes no passado, motivo por que poderia ser dispensado um novo evento cármico como o que anunciais?

RAMATÍS: — Realmente a Terra já suportou muitos "juízos" parciais, sofrendo efeitos cármicos que reajustaram a sua massa e modificaram certas regiões e zonas geográficas, em perfeita concomitância com a necessária retificação de uma parte de sua humanidade. Mas, desta vez, a Terra se modificará mais intensamente em sua natureza planetária, e isso influirá em maior porcentagem de sua humanidade, como determinismo cármico que requer a modificação tanto da moradia como do morador!

É um acontecimento profético que proporcionará excelentes modificações à massa terráquea, assim como beneficiará a sua humanidade, após a rigorosa seleção espiritual. E, como sois viageiros da nave terrestre, também vos encontrais sujeitos ao seu carma planetário...

Como ainda sois espíritos necessitados de experimentações em planetas primários, tendes de vos ajustar ao campo magnético da substância terráquea, assim como o barro se ajusta à vontade do oleiro diligente. Mas não temais, porquanto a Terra, além de ajudar-vos a desenvolver o sentido direcional da consciência, contribui para que vos livreis definitivamente das algemas das encarnações físicas.

Lembrai-vos de que o orbe terráqueo, com as suas seduções transitórias, simboliza o mundo de César, onde a alma, quanto mais se apega, mais se enleia sob a disciplina implacável do seu próprio carma. Em vez de lamentar o rigor e a inflexibilidade das leis cármicas que operam no campo letárgico das formas terráqueas, o espírito diligente e sábio entrega-se a uma vida de renúncia a todos os tesouros transitórios da matéria e devota-se incondicionalmente ao culto do Amor ao próximo, a fim de mais cedo transladar-se para o mundo angélico, que será sua definitiva morada.

PERGUNTA: — Estamos propensos a supor que a ação inflexível da Lei do Carma sobre as almas em trânsito pelos mundos materiais significa uma cobrança tão severa quanto a da implacável lei do "olho por olho e dente por dente". Não é assim?

RAMATÍS: — Em obras anteriores já vos temos explicado que a Lei do Carma não pune, mas reajusta. Malgrado ela vos pareça uma lei draconiana ou processo corretivo severo demais, em que a causa equívoca mais diminuta também gera um efeito milimetricamente responsável, tudo isto se sucede sempre objetivando a felicidade do espírito e o mais breve desenvolvimento de sua consciência angélica. O carma é a lei benfeitora que indica o caminho certo ao viajante despreocupado ou teimoso, corrigindo-lhe os passos titubeantes e os desvios perigosos, a fim de ajustá-lo mais depressa à sua ventura imortal. A humanidade terrena já se encontra suficientemente esclarecida para compreender que o seu sofrimento decorre, em particular, das suas infrações contra a Lei que justamente opera em seu favor!

Uma vez que Jesus já deixou elevados ensinamentos que marcam o roteiro para o homem viver em perfeita harmonia com a Lei Cármica, e que regulam o equilíbrio da Vida e da ascensão angélica, jamais se justificam as reclamações humanas sob o pretexto de qualquer injustiça divina! Mesmo entre a vossa humanidade, a ignorância da lei não é motivo para o infrator se eximir de sua responsabilidade! Deus não é um cérbero atento e implacável que intervenha punitivamente em cada momento em que vos equivocais; o pagamento do "ceitil por ceitil" é efetuado automaticamente pelo próprio espírito faltoso e, se a isso ele se sujeita, é porque costuma entrar em conflito com as regras que dirigem a sua ascensão espiritual. Então há de sofrer a ação contrária, da Lei, assim como a criança que queima a mão no fogo, não porque este seja vingativo e a castigue, mas apenas porque é um elemento comburente. Deus não cataloga ofensas praticadas por seus filhos, assim como não concede condecorações àqueles que o lisonjeiam constantemente. Ele apenas estabeleceu leis equânimes e sábias, que agem sob a égide do próprio bem. Elas arrebanham os retardatários, os rebeldes e os teimosos que ainda estacionam à margem dos caminhos da vida ilusória da forma, ajustando-os novamente ao curso exato de sua ventura espiritual.

A própria criatura é que se coloca diante de sua obra, devendo auferir-lhe os benefícios ou sofrer os prejuízos conforme disponha de sua vontade no sentido do bem ou do mal. Mesmo considerando-se como severa e condenável a lei do "olho por olho e dente por dente", que citais, é bem de ver que o sentido exato dessa sentença punitiva só se entende com a responsabilidade da própria alma para consigo mesma pois, se o conceito é draconiano, nada mais estabelece senão que qualquer ação boa ou má, praticada pela alma, haja de produzir-lhe uma reação ou efeito perfeitamente correspondente à sua causa! Praticai, pois, só ações benéficas e, sem dúvida, será inócua para vós essa lei tão severa que, semelhante à de que "quem com ferro fere com ferro será ferido", também só diz respeito ao cuidado da alma para consigo mesma, e não para com o próximo.

PERGUNTA: — Mas é fora de dúvida que, se nós sofremos limitações impostas pelo determinismo cármico do planeta em que habitamos, o nosso livre arbítrio se torna inútil; não é assim?

RAMATÍS: — O exercício do vosso livre arbítrio vai muito além do que pensais, porquanto já sois uma vontade espiritual definida, e superior ao próprio orbe que habitais; a diferença principal para com o Carma do planeta está em que deveis assumir a responsabilidade de todos os vossos atos, sejam bons ou maus. O corpo material do planeta Terra representa a vestimenta exterior do seu Arcanjo Planetário, que em espírito o alimenta desde a intimidade mental e astral. A sua vontade poderosa significa a própria Lei atuando em harmonia com o carma dos demais planetas do sistema e agindo de comum acordo com o Arcanjo Solar, que é o responsável pelo progresso de todo o Sistema Solar.

Aquilo que considerais um determinismo implacável, a tolher o vosso livre arbítrio, é apenas o equipo de leis que emanam do espírito planetário do orbe terráqueo e lhe regulam tanto o ajuste planetário como o crescimento harmonioso de sua humanidade. Quando vos ajustardes a essas leis evolutivas e só souberdes operar em vosso benefício espiritual, sem entrardes em conflito com a coletividade, ser-vos-á facultado o exercício do livre arbítrio de modo ilimitado. Por enquanto, o homem terrícola não pode usufruir o direito de exercer a sua vontade absoluta, pois até nas suas relações genésicas ainda se mostra inferior aos próprios animais, que as respeitam e praticam só em épocas adequadas e exclusivamente com a finalidade de procriar.

Em face do extremo egoísmo, cupidez e crueldade do atual cidadão terreno, a vossa vida seria de contínua desordem e conflito, se os poderes humanos pudessem gozar impunemente do seu livre arbítrio!

PERGUNTA: — Uma vez que é a nossa irresponsabilidade que nos reduz o uso do livre arbítrio, como poderíamos exercê-lo de modo mais amplo?

RAMATÍS: — É Jesus quem melhor responde a essa vossa indagação, quando estabelece a regra: "Procurai a Verdade e a Verdade vos libertará". Quando ele nos advertiu de que o seu reino não era do mundo material de César, mas sim o reino do espírito eterno, também induziu-nos a crer que o livre arbítrio humano aumenta à medida que o homem se liberta da escravidão das formas e vive mais devotado ao mundo espiritual, onde a sua vontade angelizada pode-se exercer de modo ilimitado.

O determinismo cármico da Terra, limitado pelo determinismo cármico de seu sistema solar, reduz também o livre arbítrio e a plena ação da vontade humana; o mundo material, com sua substância letárgica, significa o ergástulo que aprisiona o espírito, cuja natureza essencial é a de liberdade no Além. Em consequência, esse livre arbítrio — ou essa vontade a que vos referis — só pode ser exercido mais amplamente desde que também vos liberteis cada vez mais da substância material que compõe e limita o corpo exterior do planeta.

À medida que mais vos integrardes ao Cristo planetário, que é o espírito excelso que nutre o vosso orbe, sem dúvida também crescerá o vosso livre arbítrio em relação aos demais seres pois, angelizando-vos, também sereis mais conscientes da Verdade Eterna. A fim de que despertem a consciência de sua individualidade espiritual, Deus lança as almas virgens na corrente da evolução planetária dos mundos físicos. Então, curtindo as lições da vida humana e sofrendo as injunções da própria morada material, elas terminam consolidando as suas linhas demarcativas de "ser" e "existir" no seio da própria Consciência Cósmica.

O carma da Terra impõe-vos um determinismo resultante de suas próprias modificações cármicas decorrentes dos demais orbes do sistema solar. Então ficais também sujeitos às movimentações e às alterações cármicas terráqueas, e os vossos ideais, projetos e interesses individuais só podem ser realizados ou satisfeitos até onde não colidam com os proveitos da coletividade. A Lei Cármica, pois, na sua função de ativar o progresso do Cosmo, tanto regula e limita o movimento do indivíduo para harmonizá-lo com a sua comunidade, como também ajusta os movimentos desta de acordo com as modificações e a estabilidade do próprio campo planetário.

PERGUNTA: — Quais são os meios mais indicados para modificarmos para melhor o nosso carma?

RAMATÍS: — O principal é o controle dos vossos pensamentos, palavras e obras pois, à medida que reduzis ou modificais para melhor o vosso carma do passado, é certo que também criais um novo carma para o futuro, e este ser-vos-á tão amargo ou venturoso de conformidade com o carma restante, das encarnações passadas e as causas que criardes no presente. O carma, em seu sentido específico, registra as ações da alma desde o momento em que ela principia a sentir-se "algo" existente dentro do seio da Divindade e, embora sem poder desprender-se do Espírito criador da vida cósmica donde proveio, já se distingue como uma consciência individual existente à parte.

Conforme já vos explicamos anteriormente, na Consciência Total de Deus vão se constituindo ou se fragmentando novos grupos de consciências espirituais coletivas, que então abrangem e coordenam de modo instintivo todas as espécies de animais e demais seres, disciplinando-lhes o progresso em grupos ligados pela mesma afinidade. Assim é que permanece sempre ativa uma "consciência-grupo" que dirige cada raça animal aí no mundo físico, seja a espécie bovina, a cavalar ou a do peixe no oceano. Entretanto, no seio dessas espécies ou raças, que são o prolongamento instintivo de uma consciência diretora, nos seus próprios componentes vão-se destacando certas características psíquicas isoladas, que pouco a pouco passam a construir novas consciências menores movendo-se na corrente da vida e assumindo os deveres e as responsabilidades compatíveis com o seu entendimento já desperto.

Assim é que a espécie de cães selvagens é um conjunto animal mais fácil de ser coordenado e dirigido pela sua consciência psíquica diretora porque, embora formando um agrupamento instintivo de vários milhares ou milhões de cães, ainda funciona e só reage como uma só peça homogênea, sem apresentar quaisquer distinções isoladamente entre os seus componentes. No entanto, quando se trata da espécie "cão domesticado" e dispersa pelos lares humanos, verifica-se que os seus descendentes já reagem conscientemente entre si, quer ainda estejam submetidos ao mesmo espírito-grupo e sejam oriundos da mesma prole. No seio do mesmo psiquismo coletivo da espécie a que pertencem, os exemplares já prenunciam um entendimento racional à parte, e em alguns até se observam os primeiros bruxuleios do sentimento humano. Enquanto os cães selvagens manifestam uma só índole instintiva, feroz e idêntica em toda a sua espécie racial, os cães domésticos, sob a influência do homem, diferenciam-se de modo notável; há desde o cão heróico, o covarde, o valente, o fleumático e o jovial, assim como o animal ressentido que não olvida os maus tratos, até aquele que a dor inesquecível faz morrer junto à sepultura do dono a quem se afeiçoou incondicionalmente.

À medida que, na mesma espécie animal, os seus componentes vão-se distinguindo pela formação de uma consciência individual destacada do seu espírito-grupo diretor, também a lei cármica que dirige o conjunto passa a atuar com mais particularidade para acelerar-lhes o progresso psíquico. Ela os impulsiona para objetivos mais inteligentes e elevados sob a visão do homem e, quando preciso, providencia até a transferência do animal para outros orbes onde encontra condições mais favoráveis para apressar a sua formação consciencial.

PERGUNTA: — Gostaríamos que prolongásseis um pouco mais as vossas considerações acerca desse determinismo do carma sobre os "espíritos-grupo" que coordenam e dirigem as espécies animais como uma só consciência coletiva. Podeis atender-nos?

RAMATÍS: — O que rege as espécies inferiores e coordena-lhes os movimentos evolutivos é o próprio determinismo evolutivo, pois que orienta todo o conjunto ou espécie animal pelo qual é responsável, a fim de induzi-lo a agir de modo mais acertado e proveitoso. Mas, com o decorrer do tempo e a intervenção do homem, não tardam a se processar as fragmentações psíquicas, que logo fazem distinguir as relações dos exemplares entre si e os destacam individualmente no seio do psiquismo instintivo e uniforme do "espírito-grupo" dirigente. Independentemente do controle geral da espécie ou raça, a Lei se desdobra orientando cada exemplar para que consiga a sua emancipação individual.

Eis por que dizemos que a mesma Lei sábia que rege o mecanismo do Universo também se amolda e se ramifica gradativamente para regular o movimento dos elétrons no seio dos átomos. Os astrônomos conhecem a infalibilidade de certas leis que disciplinam o curso dos astros; os químicos sabem quais são os fatores reagentes, exatos e indiscutíveis, que orientam a afinidade de suas combinações costumeiras; os matemáticos reconhecem a precisão dos cálculos que geometrizam o Universo, enquanto a humanidade já principia a compreender que o homem também é o plano matemático do futuro anjo!

Há uma lei indesviável, uma lei cármica reguladora da causa e do efeito, que tanto transforma a bolota em carvalho, a lagarta em libélula, como o celerado no ungido do Pai! Na verdade, uma Vontade Diretora espraia-se por tudo e sobre todos, como um imperativo de segurança e harmonia cósmica, tendo por único fim a Beleza e a Perfeição. O Carma, como um ritmo submisso dessa vontade superior, é a própria pulsação do Criador atuando em ciclos disciplinadores, desde as órbitas dos elétrons até às órbitas dos sistemas solares. É por isso que, em face do equilíbrio e da ordem absoluta na manifestação criadora do Universo, o conhecimento iniciático desde os tempos pré-históricos afiança que "o que está em cima também está embaixo", e "o que está no átomo também está no Universo".

PERGUNTA: — Cremos que, para o nosso entendimento ocidental, ainda se torna dificílimo abranger o sentido exato do que é o carma em sua ação inflexível, embora a reconheçamos justa. Poderíeis oferecer-nos mais algumas considerações a esse respeito?

RAMATÍS: — O carma, para um sentido de compreensão geral, é a própria Lei do Progresso Espiritual pois, embora seja implacável na sua ação disciplinadora, é lei que só se aplica sob a decorrência de nossa própria vontade. Tanto apressa como imobiliza temporariamente a nossa ventura espiritual, mas sempre o faz de acordo com o nosso entendimento e grau de consciência desperta. A sua finalidade precípua é a de promover o progresso e a retificação dos orbes e suas humanidades, ajustando as causas boas ou más aos seus efeitos correspondentes.

Eis por que o próximo acontecimento profético do "Juízo Final" ou "Fim de Tempos", que já se desenrola à superfície de vosso orbe, ainda é um efeito de ação irredutível da lei cármica, que tanto procura reajustar a massa planetária para melhores condições astrofísicas, no tráfego sideral, como encaminhar as almas rebeldes para objetivos superiores. O carma, pois, como lei atuando ininterruptamente nos eventos progressistas entre seres e orbes, age tanto no macro como no microcosmo, mas tem por único fim impelir todas as formas de vida para expressões cada vez mais altas e requintadas.

PERGUNTA: — Podeis dar-nos algum exemplo mais objetivo de que a criatura humana é sempre beneficiada, mesmo quando submetida à mais terrível prova cármica?

RAMATÍS: — Suponde, para exemplo, um espírito encarnado num corpo físico com paralisia total dos seus membros inferiores. Isso para ele é um mal porque, devido ao efeito cármico que lhe tolhe os movimentos das pernas, deixa de participar a contento do curso da vida transitória do mundo material.

No entanto, em tal caso, a ação restritiva da Lei não tem por objetivo fazê-lo expiar de modo doloroso os seus erros do pretérito, mas apenas desenvolver-lhe um melhor senso diretivo dos seus passos futuros. Se o impede de participar ativamente das movimentações comuns da vida física e o manieta pela paralisia, assim o faz para obrigá-lo a uma existência mais introspectiva e ao constante esforço reflexivo que também lhe apura o psiquismo.

A paralisia ou deformidade que o junge a uma cadeira de rodas ou leito de sofrimento não só o obriga a uma vida mais psíquica, como o afasta das paixões perigosas e das ilusões que vicejam nos caminhos do trânsito fácil da matéria. O paralítico, então, pode melhor desenvolver os bens do espírito e instruir-se mais facilmente, pois bem menores são as suas necessidades materiais e também sobeja-lhe maior cota de tempo para compensar os prejuízos do pretérito. O que pode parecer punição ou expiação espiritual, para as criaturas ignorantes do sentido criador e da recuperação cármica da alma, nesse caso não passa de retificação da onda da vida, que estava desarmonizada com a consciência do ser.

Da mesma forma, quando se represa o curso dos rios, não se o faz para castigá-los, mas apenas para que do acúmulo de suas águas resulte maior força para a usina benfeitora. Assim, quando muitas vezes a Lei do Carma, ajustando o efeito à causa correspondente, represa a liberdade do espírito e o paralisa no ergástulo de carne retificador, não o faz com o fito de qualquer desforra divina, mas apenas para corrigir o desvio psíquico perigoso e reconduzir a alma novamente ao seu curso venturoso.

PERGUNTA: — ***Mas é evidente que o sofrimento humano ainda é um acontecimento que muitas vezes abate o espírito de tal modo que, provavelmente, não o compensa dos seus equívocos passados e ainda pode torná-lo mais refratário à lição de retificação espiritual! Que dizeis?***

RAMATÍS: — A enfermidade física é apenas um efeito contensivo e transitório, que tanto ajusta o energismo espiritual negligente no pretérito, como também se torna o meio pelo qual o espírito expurga os venenos psíquicos que lhe impedem a diafanização do perispírito. Como o homem é o produto do seu pensamento e, portanto, se converte naquilo que pensa, também termina plastificando as linhas sadias e o vigor energético para os seus corpos futuros, quando se habitua a só cultivar as expressões de harmonia que fundamentam a intimidade angélica de toda criatura. O poder mental, cujo domínio é tão apregoado pelos teósofos, iogues e esoteristas, quando é exercido de modo positivo e sensato, caldeia sadiamente a personalidade futura, porque é força ilimitada que atua no mundo oculto das causas dinâmicas do espírito criador.

Daí verificar-se que mesmo a criatura mais deserdada na vida física, ainda pode servir-se de sua vontade e atuar na origem ou na essência de sua vida imortal, usando de força mental positiva para desatar as algemas da infelicidade, ou sobrepujar em espírito os próprios efeitos cármicos do seu passado delituoso. Então é a própria lei cármica que passa a ser dirigida pelo espírito em prova, e que inteligentemente procura ajustar-se ao curso exato e evolutivo da vida espiritual, integrando-se ao ritmo natural de seu progresso; ele abstém-se de resistir ao impulso sábio que lhe vem do mundo oculto do espírito e harmoniza-se paciente e confiante aos objetivos do Criador.

O vosso mundo apresenta muitíssimos exemplos de almas resignadas e heróicas que, em lugar de se entregarem à rebeldia ou desalento irremediável, têm superado os mais atrozes padecimentos e correções cármicas, quando outros menos desfavorecidos deixam-se aniquilar sob o queixume insuportável e ainda criam avultados melodramas ante os sofrimentos mais singelos. As criaturas confiantes no sentido educativo da vida humana não só extraem as mais vigorosas energias da própria dor, como ainda superam o seu sofrimento acerbo e produzem obras e trabalhos notáveis. Richelieu dominava um reino, malgrado a sua atroz e incurável furunculose; Dostoievski, apesar de epiléptico, escreveu as mais profundas obras de introspecção humana; Chopin, um tísico, presenteou o mundo com as mais sensíveis melodias; Maharshi, apesar do câncer do braço, com sua bondade santificou até o local onde vivia, e Cervantes, um deserdado, ofertou ao mundo a sátira genial do Don Quixote!

Inúmeras outras criaturas, sem braços, sem pernas, paralíticas, cegas, deformadas ou epilépticas realizam tarefas tão gigantescas, que servem de diretrizes morais e mensagens definitivas comprovando a vitória do espírito sobre a matéria. Helena Keller, surda, muda e cega, ainda encarnada no vosso mundo, é um testemunho eloquente de que o espírito, mesmo quando soterrado na mais sombria masmorra de carne e privado dos seus principais sentidos de relação com o mundo exterior, ainda consegue comprovar a sua imortalidade, a sua glória e o poder criador! Em verdade, essas criaturas, embora cumpram os efeitos cármicos dolorosos, gerados no passado, também mobilizam poderosos recursos existentes no âmago de todo espírito e, em vez de se entregarem ao desespero, fazem de suas enfermidades admiráveis poemas de heroísmo e superação espiritual. Suas vidas então servem como um enérgico protesto contra aqueles que, embora sadios de corpo, ainda vivem mergulhados no mais triste pessimismo destruidor, rebelando-se irascivelmente contra os princípios superiores do espírito imortal!

P*ERGUNTAS: — Rogamo-vos nos deis algum exemplo que nos esclareça o que é a liberação antecipada do espírito desligando-se do carma da Terra. Podeis fazê-lo?*

RAMATÍS: — No estado em que se encontra atualmente o vosso orbe, tendes que sofrer os efeitos de suas condições de vida planetária, como função de um planeta de grau primário. Em consequência, não podeis viver nele um padrão de vida completamente venturoso, porque ainda é um mundo a caminho do aperfeiçoamento e bastante contraditório em seu clima e estabilidade. Aí sofreis o frio excessivo ou o calor extremo; enfrentais todos os tipos de intempéries, instabilidades climáticas e desequilíbrios geológicos. Os recursos da ciência e da inteligência terrícola, já bastante desenvolvidos, só podem proteger-vos até certo ponto. E mesmo a posse da fortuna não impede que o meio, ainda primitivo, do orbe, cause enfermidade até aos mais privilegiados!

É evidente que não podeis fugir às imposições geológicas do vosso orbe terráqueo, por melhores que sejam as vossas intenções, assim como deixar de viver na dependência do instinto belicoso e das contradições próprias da humanidade terrena, o que aumenta a instabilidade e a desventura em comum. Por melhores intenções que alimenteis, deveis participar obrigatoriamente do carma coletivo do orbe terráqueo e do de sua humanidade; a ambos vos tendes ligado fortemente no pretérito, e é possível que bem pouco tenhais realizado para a vossa libertação definitiva do ciclo de suas reencarnações físicas.

No entanto, se o desejardes, em nenhum momento vos será negado o ensejo de libertação do carma da Terra e a consequente promoção para outros orbes mais evolvidos. Mas a verdade é que a vós mesmos cumpre o desatamento das algemas e dos compromissos assumidos no pretérito para com o mesmo e a humanidade. Essa libertação, sem dúvida, exige completa renúncia aos valores e interesses terrenos; é a fuga vibratória para o mundo do Cristo e a integração incondicional aos seus postulados evangélicos que, em verdade, são as leis que regem o reino eterno do espírito. O afinamento crístico e o desinteresse absoluto pelas competições do mundo e para com "os tesouros que as traças roem e a ferrugem come", é que terminam rompendo as algemas planetárias. Enquanto a maioria dos homens segue animalescamente a sua marcha evolutiva sob o aguilhão implacável da dor e do sofrimento, alguns outros preferem antecipar a sua libertação cármica, envidando os mais heróicos esforços e entregando-se à mais completa renúncia a todo desejo, interesse a afeição pelas ilusões das formas materiais.

PERGUNTA: — Podeis mencionar algum espírito que antecipasse a sua libertação cármica da Terra, em vez de continuar submetido exclusivamente à Lei de Causa e Efeito, embora esta também terminasse por libertá-lo do ciclo dos nascimentos físicos?

RAMATÍS: — É Francisco de Assis um dos exemplos mais edificantes e inconfundíveis de liberação antecipada do seu carma físico pois, tendo nascido em berço rico e cercado de gente afortunada, vaidosa e aristocrata, preferiu repartir seus bens com os pobres e desfez-se de seus trajes de seda e de veludo para vestir a grosseira estamenha; e em lugar do cinto recamado de pedrarias e da vistosa espada do fidalgo, amarrou à cintura um cordão de cânhamo! Foi com o mais profundo sentimento de renúncia que ele aceitou a advertência evangélica do Cristo Jesus: "Não possuais ouro nem prata nem cobre em vossos cintos, nem alforjes, nem duas túnicas, nem calçado, nem báculo em que apoiar-vos..."

Sob tal resolução heroica, em que Francisco de Assis extinguiu de uma só vez o desejo e venceu o Maya — a grande ilusão da vida material — é óbvio que também cessou de gerar carma físico para o futuro, pois a sua vida, completamente devotada ao serviço amoroso a todos os seres e coisas do mundo, terminou por desatar-lhe os últimos laços de ligação às formas do mundo terráqueo.

Afastando-se do epicurismo das mesas, despido da vaidade e dos trajes fidalgos, indiferente aos pergaminhos e galardões do mundo físico, liberto do desejo sensual, rompeu os liames escravizantes do seu grilhão cármico e, pouco a pouco, isolou-se da disciplina retificadora do carma do seu planeta.

Francisco de Assis não renunciara apenas ao seu presente, mas também efetuara a sua libertação das vidas físicas futuras, porquanto, tendo exterminado em si os desejos pelas coisas do mundo material e desistido de competir com os homens no seu mundo de formas ilusórias, embora ainda encarnado já vivia as condições exigidas para o equilíbrio e a sustentação vibratória nos planos paradisíacos do espírito!

14.

Casos teratológicos de idiotia e imbecilidade

PERGUNTA: — Podeis esclarecer-nos sobre se os nascimentos teratológicos são sempre consequência de um carma pecaminoso, do passado?

RAMATÍS: — Os orientais já vos ensinaram que o espírito engendra o seu carma usando do próprio livre arbítrio que o Pai outorga a todos os seus filhos e que só é limitado quando começa a causar perturbações à coletividade ou à própria criatura no tocante à sua ventura espiritual. Deus permite que seus filhos engendrem os seus destinos até o ponto em que seus atos não perturbem a harmonia da vida em comum. Aqueles que se devotam a uma vida digna, de amor ao próximo e em harmonia com as leis espirituais, engendram para o futuro uma existência tal que os situa entre almas afeitas aos mesmos propósitos elevados e já cultivados na vida anterior.

No entanto, a violência, o ódio, a desonestidade, a hipocrisia ou a crueldade, é fora de dúvida que, no futuro, se constituirão em molduras cármicas atuando constantemente na vida dos seus próprios agentes do pretérito. Inúmeras mães que atiram seus filhos nos esgotos após o criminoso aborto, engendram o terrível carma de, em outras vidas, procriarem "monstrengozinhos" repulsivos. Estes, por sua vez, também podem ser almas das criaturas que foram "fazedoras de anjos" em vidas anteriores, ou seja, abortadores profissionais e adversários da vida, apanhados pela lei de retificação espiritual, reencarnando deformados pelas próprias linhas de forças genéticas perispirituais que perturbaram no passado.

O engendramento cármico está claríssimo na advertência de Jesus, quando disse que aquilo que fosse ligado na Terra também seria ligado no espaço. Assim é que os espíritos, quanto mais se odeiam e se digladiam na trama apaixonada da vida física, mais a lei cármica os aproxima e os reúne nas vidas futuras, fazendo-os sofrer entre si os seus próprios desmandos, até que desliguem o que foi ligado na Terra. A Lei, em seu fundamento essencial, é Amor e não ódio, e as algemas odiosas não podem ser rompidas violentamente, mas sim desatadas cordialmente pelos seus próprios autores e sob a mútua condescendência espiritual fraterna.

Ninguém no seio da vida poderá viver isolado; e muito menos se isolará dentro do ódio contra qualquer outro ser a quem considere seu adversário, pois a Lei sempre se encarregará de aproximar novamente os que se odeiam, até que, através dos recursos cármicos eficientes, consiga fazê-los se unir e se amarem. Por mais demoníaco que seja o ódio entre aqueles que se detestam, a cura definitiva está implícita na recomendação indiscutível de Jesus: "Reconcilia-te com o teu adversário enquanto estás a caminho com ele, para que não suceda que ele te entregue ao meirinho, o meirinho te entregue ao juiz e sejas mandado para a cadeia, de onde não sairás enquanto não pagares o último ceitil".

Não há outra solução para o problema do ódio, pois é de lei sideral que tudo se afinize e se ame; que os astros se harmonizem pela coesão cósmica, que as substâncias se afinizem pela combinação simpática e que os seres se unam pela reciprocidade de afeto espiritual.

P*ERGUNTAS: — Qual a causa cármica que faz nascer uma criança com duas cabeças num só corpo físico?*

RAMATÍS: — Tal acontecimento pode ser consequência de poderosa plastia mental do espírito encarnante que, tendo trucidado alguém na vida anterior, depois deixa-se atuar demasiadamente pelo remorso ou temor durante a sua permanência no mundo astral, alimentando vigorosamente a imagem de sua vítima junto à estrutura do seu perispírito. Tendo-se deixado dominar completamente pelo estigma do delito pretérito e imaginando-se incessantemente perseguido pela sua vítima, termina por forjar outra figura aderida à região mental, e que depois irá perturbar as linhas de forças construtivas da formação do feto durante o período da gravidez. A forte modelação da imagem virtual, atuando na aglutinação molecular do corpo físico em gestação, pode dar margem ao nascimento da criança com duas cabeças, uma realmente a sede cerebral do encarnante e a outra o produto plástico das linhas de forças do pensamento conturbado pela contínua evocação da figura da vítima.

Justamente devido às leis que regulam a plastia do perispírito é que os suicidas do passado renascem com os estigmas consequentes aos tipos de morte com que se trucidaram e que depois se acentuam, dando margem às suas deformidades e desditas aí no mundo físico. Geralmente, aquele que se enforca plastifica na encarnação seguinte a figura do corcunda; o que ingere o ácido corrosivo também lesa a contraparte etérica do seu perispírito e plasma-se na carne com a laringe, o esôfago ou o estômago ulcerados; o que se apunhalou, mal consegue viver na carne futuramente, amargurando grave lesão no coração; o que se destrói pela bala no crânio retorna surdo-mudo, e aquele que se estraçalha sob os veículos ou nas quedas propositadas transita pelo mundo arrastando um corpo esfrangalhado.

Em tudo isto, é a mente do espírito que funciona vigorosa e violentamente sobre a delicadeza do perispírito, fazendo-o reviver continuamente os últimos momentos terríveis do suicídio destruidor e ativando as suas lesões, que depois serão materializadas no corpo carnal, na operação cármica do ajuste espiritual. No caso, pois, da criança com um só corpo e duas cabeças, sem quaisquer duplicatas de outros órgãos vitais que possam identificar a fisiologia distinta de dois seres, é então a poderosa plastia da mente do espírito torturado pelo medo ou pelo remorso que, ao reencarnar, modela junto a si aquela outra figura de que se imagina incessantemente perseguido.

PERGUNTA: — E no caso de animais que nascem com duas cabeças ou maior número de pernas, como já temos visto? Como se explica tal acontecimento?

RAMATÍS: — Na formação genética do ser humano impera a sua vontade sobre as energias primárias, com a qual então cria o bom ou o mau destino; mas no animal, que ainda é um degrau evolutivo puramente instintivo, só intervêm as forças geradas pelo automatismo biológico e milenário da espécie. Não opomos dúvida a que também nasçam animais com duas cabeças ou apêndices em número excessivo, que os tornam casos teratológicos perante a sua espécie. Mas o animal não pensa e, portanto, não intervém mentalmente durante a sua gênese na carne; no entanto, ele também é uma conformação etéreo-astral, sob uma direção psíquica coletiva, que "baixa" para o mundo material, devendo surgir à luz da vida física com a forma característica da espécie a que pertence e se filia.

Mas durante a gestação do animal — o qual é ainda um produto inferior do automatismo biológico revelando-se através das forças milenárias instintivas, que há tanto tempo vêm modelando as diversas configurações e os demorados ensaios que a Natureza efetua para mais tarde alcançar as formas agradáveis e úteis do presente — também incorrem intervenções e surpresas ainda não de todo vencidas pela Técnica Sideral. Enquanto o corpo humano já é a materialização de um psiquismo mais emancipado, podendo o espírito intervir e coordenar a vida através de elevada forma anatômica e fisiológica do perispírito, a gestação do animal depende especificamente da ação espírito-grupo da espécie a que pertence, sofrendo a maior ou menor influência das forças instintivas e criadoras, sem poder intervir para qualquer correção plástica. Enquanto o espírito do homem pode operar mentalmente na estrutura do seu perispírito e causar benefícios ou perturbações à sua futura organização carnal, já o animal há de suportar qualquer insuficiência ou anomalia em sua configuração física.

Mas a Natureza tende sempre a melhorar os resultados futuros das suas experimentações ou insuficiências. Da monstruosidade dos animais antediluvianos, que se nos afigura sem propósito sensatos, os seus descendentes atuais já se encaminham para as conformações delicadas e compatíveis também com o progresso atual da humanidade e crescimento das metrópoles civilizadas, que reduzem florestas inóspitas, modificam a superfície geográfica e controlam o clima extremista. É bem grande a diferença entre o monstruoso sáurio antediluviano e o crocodilo que lhe forma a descendência atual. Em certos animais e reptis, que no passado possuíam maior número de pernas ou braços, a Natureza já reduziu os excessos de apêndices, assim que os verificou desnecessários com a melhor conformação da superfície do planeta.

Em consequência, às vezes também se produzem perturbações inesperadas durante a gestação do animal e na fase da descida psíquica do seu mundo astral eletivo. O seu molde característico, que aglutina as moléculas para a configuração física, pode então sofrer oscilações nas linhas demarcativas da espécie, surgindo consequências inesperadas, como sói acontecer com uma segunda cabeça deformada ou então outros apêndices que exorbitam da forma comum.

PERGUNTA: — Daí pode-se concluir que o animal deformado passa por uma prova cármica, sem que tenha culpa. É assim?

RAMATÍS: — No caso do espírito que plasma uma segunda cabeça, a qual, sem dúvida, é uma excrescência consequente do demasiado vigor mental com que focaliza a imagem da vítima junto ao seu perispírito, ele poderá ter consciência de sua desdita, colhendo assim o efeito trágico da causa criminosa de ter assassinado um seu companheiro na existência anterior; no caso do animal, porém, que ainda é inconsciente e incapaz de compreender a sua própria responsabilidade, anula-se a hipótese da necessidade de uma retificação espiritual por delito não cometido. Sob tal raciocínio, ser-vos-ia justo, também, considerardes como vítimas da Lei Cármica os cães, gatos e aves que morrem debaixo dos veículos ou sob a ação dos canos mortíferos das espingardas dos caçadores, bem assim os ratos infelizes que se tornam cancerosos ou os bois que morrem tuberculosos.

É necessário refletirdes que ainda participais de um mundo instável e de forças primitivas, como o é a Terra, cujas energias primárias estão em contínua ebulição. A Natureza ainda não terminou todas as suas experimentações nem consolidou todas as formas biológicas, mesmo quanto à própria figura humana, que ainda deve alcançar aspectos bem mais aperfeiçoados no futuro. Acresce que, à medida que o imenso e genial laboratório terrícola consolida as suas formas ou as espécies cada vez mais delicadas e agradáveis, também diminuem as surpresas e formações teratológicas, assim como já estão desaparecendo os últimos remanescentes pré-históricos.

PERGUNTA: — Embora sejam raros os casos de crianças que nascem com duas cabeças, temos notado que elas nunca sobrevivem. Gostaríamos, por isso, de saber qual será o propósito da lei cármica permitindo um nascimento teratológico, uma vez que o ser não sobrevive e, além disso, perde-se todo o trabalho gestativo, pois que o espírito encarnante mal consegue divisar a luz do mundo físico! Em que o pode beneficiar uma vida física deformada e tão fugaz?

RAMATÍS: — Sob tal critério, também poderíeis indagar o porquê de nascerem crianças perfeitas e sadias que, no entanto, falecem alguns dias depois. Não acarreta isso numa grande perda de tempo por parte dos pais e um inútil sacrifício materno durante a fase incômoda e aflitiva da gestação e do parto, para depois tudo resultar em terrível desilusão?

O espírito que renasce num corpo físico com duas cabeças apenas sofre o efeito da lei cármica que burlou no pretérito, e colhe de conformidade com a sua própria semeadura. A Divindade não lança mão de intervenções extemporâneas para produzir prova tão cruciante; o fenômeno é apenas o resultado de alguma violência mental no campo de forças da vida eterna contra o sentido nobre e progressista da mesma vida. A lei cármica só atua através da ação do próprio agente que a perturba. Quando, pela sua incúria mental, o espírito provoca uma configuração adversa à sua própria contextura perispiritual, só lhe resta uma solução benfeitora, que é a de plasmar na carne o fenômeno insólito, até que cesse a sua derradeira vibração atrabiliária na letargia da matéria. Quando mais tarde, pelo falecimento, o corpo físico for devolvido à cova fria do cemitério, a forma teratológica criada e nutrida imprudentemente no mundo astral se dissolverá no seio da terra, aliviando o perispírito da sua carga mórbida.

Se é muito difícil a sobrevivência de uma criança com duas cabeças, deve-se isso, em parte, ao forte desequilíbrio e à violentação dos princípios vitais do respectivo organismo, que se vê forçado a nutrir uma segunda cabeça sem utilidade do comando espiritual. O que importa principalmente em tal acontecimento ou fenômeno confrangedor é a possibilidade de o espírito transferir para o mundo exterior a configuração teratológica que imprevidentemente criou no mundo astral, não tendo, depois, forças suficientes para dissolvê-la no ambiente onde passar a viver.

Lembramos-vos de que o leproso, em geral, também é um espírito que resolve despejar para a Terra uma intensa carga de toxinas, por atacado, transformando o seu corpo esfrangalhado em uma espécie de "fio terra" condutor dos venenos psíquicos da vestimenta perispiritual para a matéria. Do mesmo modo, a criança com duas cabeças também significa o canal vivo que transfere para o mundo exterior, da matéria, a "ideia deformada" que tomou vigorosa forma astralina ante o poder mental do espírito infeliz.

PERGUNTA: — E que poderemos pensar da situação dos pais de uma criança nessas condições! Quais serão os motivos determinantes de prova tão confrangedora?

RAMATÍS: — Já vos demos explicação a esse respeito quando nos referimos, alhures, à natureza das relações cármicas entre pais e filhos. Recordamo-vos, no entanto, que os pais tanto podem sofrer essa prova cármica por terem repudiado filhos sadios no passado, como pelo fato de terem sido os responsáveis pelo crime que, depois, levou o espírito atribulado e encarnante a se obsidiar pela imagem de sua vítima e a nascer com duas cabeças.

Mas há casos em que os pais de tais crianças podem ser almas amigas e benfeitoras que, penalizadas pela infelicidade alheia, aceitaram a missão de receber em seu lar aquele que necessita da vida física para livrar-se do cruciante fardo de sua incúria mental. Não esqueçais de que Jesus desencarnou na cruz do sofrimento, mas desempenhando sublime missão salvadora da humanidade terrena, e não porque houvesse crucificado alguém. Nem sempre o nascimento de filhos deformados indica resgate cármico por parte dos pais; muitos destes são de coração boníssimo e sentimento espiritual angélico, e por esse motivo aceitam de bom grado a tarefa de procriar no seio de sua família o filho ou a filha que precisa materializar na carne as suas terríveis aflições do passado. Quantos progenitores atentos, e que se sentem até venturosos com isso, cercam os filhos deformados de carinho excepcional, pressentindo no prisioneiro de uma cadeira de rodas ou de um leito de sofrimento a alma que lhe rogou amparo para cumprir a sua prova de retificação espiritual!

PERGUNTA: — E no caso dos xifópagos, que são criaturas ligadas pelos seus corpos físicos e por isso impedidas de viver separadamente?

RAMATÍS: — Em sua maioria, os xifópagos são portadores de um carma doloroso visto que se trata de duas almas que de longo tempo vêm se odiando, na esteira dos séculos, sem quaisquer possibilidades de reconciliação amistosa. Então a lei sábia do progresso espiritual lança mão de recursos corretivos extremos, e as reencarna na mesma família, porém ligando-lhes os corpos físicos, a fim de que, submetidas às mesmas necessidades e devendo lutar pela sobrevivência recíproca, terminem por se afeiçoar mutuamente. Espíritos inimigos e odiosos, tendo-se destruído mutuamente quando viviam em corpos separados, depois que são submetidos às algemas da xifopagia e enlaçados pelos mesmos interesses, vêem-se obrigados à solidariedade, para sobreviver. E assim, através da suportação compulsória e da forçada tolerância mútua, torna-se mais curto o caminho para a definitiva simpatia e futura afeição espiritual.

A "dupla" de almas encarnadas em dois corpos ligados indissoluvelmente, que a Medicina classifica de "acontecimento teratológico", cumpre a dolorosa terapêutica de estímulo e contemporização para o necessário acordo espiritual e a cessação do ódio milenar. Em geral, tais xifópagos se vêem obrigados a ganhar a vida expondo-se ao público em barracas circenses e empresados por homens gananciosos. Ainda neste caso, é a Lei do Carma que lhes impõe a humilhação em público, pois em verdade são fugitivos da corrente normal da vida, que precisam ser expostos para escarmento da humanidade terrena. Certas vezes, tais espíritos são responsáveis pelos ódios que ainda se transmitem secularmente entre famílias demasiadamente apegadas às tradições ancestrais.

PERGUNTA: — Que diríeis de algum médico que, para alívio dos pais, praticasse a eutanásia e aniquilasse no berço de nascimento algum desses seres xifópagos ou deformados, que muitas vezes parecem terríveis afrontas à própria forma humana?

RAMATÍS: — Esse médico incorreria em grave culpa para com o plano criador da vida humana, pois o corpo carnal, seja qual for o seu aspecto e condição física, é sempre o valioso laboratório de experimentação do espírito imortal. Os médicos que praticarem a eutanásia, ou os pais que com ela concordarem, porque se deixem tomar de horror ou repulsa diante da figura extravagante dos filhos xifópagos ou aleijados, estarão retardando a ventura daqueles aos quais deveriam ajudar a viver, pois que tentam o seu reajustamento espiritual "baixando" à carne para correção das insânias do pretérito. Acresce que os pais de xifópagos quase sempre foram no passado os responsáveis diretos pelos surtos de ódio que ainda dominam esses filhos. A xifopagia, como recurso compulsório que obriga as almas à mútua convivência pela ligação dos seus corpos físicos, serve para suavizar as arestas vivas do orgulho, egoísmo, vaidade e amor-próprio, que podem ter sido no passado as causas fundamentais da hostilidade insolúvel. O desconhecimento das causas que provocam uma vida teratológica não é motivo para que seja cortada; há sempre um desígnio superior em tal acontecimento, que não pode ficar sob a dependência das impressões desagradáveis que possam causar aos encarnados que se deixam dominar por excessivo sentimentalismo.

PERGUNTA: — Achamos isso natural visto que, em face da nossa própria concepção estética do ser humano, tais nascimentos anormais terminam por chocar-nos o sentimento comum! Não é verdade?

RAMATÍS: — O mundo terrestre está povoado de criações cujas feições, formas ou aspectos parecem desmentir o senso estético e a sabedoria do Deus que os criou! Assim são as aranhas, os sapos, os escorpiões, os morcegos, os polvos ou vermes e mil outra formas repulsivas, que parecem inúteis e ostensivas à vida normal. Porventura teria o homem o direito de destruir todas essas criações, só porque lhe são antipáticas? Devem elas desaparecer apenas porque ele não as aprecia e as classifica de aberrações contra o senso de beleza comum? Pensamos que não, mesmo porque pouco a pouco o homem verifica que os vermes, os insetos, os reptis, aves e animais que antes detestava por achá-los repelentes e inúteis, não só cumprem um roteiro evolutivo traçado pela sabedoria de Deus, como ainda produzem incontáveis benefícios à coletividade humana! O sapo é auxiliar excelente da lavoura, pois destrói as lagartas vorazes; no entanto, sem estas não seria possível a existência das borboletas, que devem levar o pólen das flores para novas germinações benfeitoras. O morcego liquida com certos tipos de mosquitos transmissores de febres palustres, enquanto que na ferida em que pousa a mosca varejeira não surge a gangrena. Sem as minhocas, como se fariam as galerias diminutas em torno das plantas, a fim de permitir a passagem do ar que deve processar as reações químicas que se efetuam no seio da terra? Mesmo que se alegue a natureza perigosa de certos animais venenosos, como as serpentes, as lacraias, os escorpiões ou as aranhas, a Medicina poderá confirmar a messe de benefícios que já tem podido distribuir com o emprego dos venenos extraídos de tais seres e que, através de sua função vacinoterápica, hão produzido alívio e curas de males os mais terríveis?

No entanto, muitas criaturas formosas vivem subvertidas, deixando-se obsidiar pelas paixões aviltantes, vícios os mais denegridos e crimes bárbaros, esquecidas de que, enquanto exibem externamente a beleza e a estética do corpo físico, escondem a monstruosidade na intimidade do espírito! A história vos conta de criaturas formosíssimas que, assumindo a realeza sobre povos infelizes, transformaram-se em verdadeiros monstros, cometendo os crimes mais infames para satisfação de suas manhas e interesses!

Em consequência, a má impressão que vos causam os xifópagos não é motivo para se anular um dos mais extremos recursos cármicos de aproximação espiritual entre os seres ainda separados pelo abismo do ódio milenário. A eutanásia lhes destruirá a oportunidade derradeira de se tolerarem até que a estima benfeitora os afeiçoe fraternalmente; e aqueles que a praticarem, sejam médicos ou mesmo os progenitores de infelizes aleijões ou xifópagos, não se livrarão da responsabilidade cármica futura, quando deverão permanecer jungidos às suas vítimas, até que estas consigam obter a sua alforria espiritual.

PERGUNTA: — Como tivemos ocasião de ponderar há pouco, é pequeno o número de xifópagos que nascem na Terra, e menor ainda o dos que sobrevivem. Isto não poderia induzir-nos a crer que, devido a esse nascimento tão reduzido, também devem ser bem diminutas as oportunidades ou recursos de que a Lei do Carma dispõe para ajustar os inimigos irreconciliáveis do pretérito?

RAMATÍS: — Preliminarmente, precisais saber que o recurso de que a Lei dispõe para reconciliar inimigos não é apenas o de fazê-los encarnar como xifópagos no mundo da carne. Esse é um recurso especial para certos casos, a juízo das autoridades competentes. Demais, como encarnados, desconheceis grande parte dos nascimentos teratológicos em que os corpos dos recém-nascidos são criminosamente destruídos ainda no limiar do berço físico, nos lares de famílias de grandes recursos ou de grande inescrupulosidade. Não vos será difícil observar que os xifópagos, em geral, só sobrevivem na cabana pobre do sertanejo ou do homem rural, porquanto em seus corações, embora rudes, penalizam-se de destruir "aquilo que Deus sabe por que fez". É indubitável que os xifópagos, que são espíritos odientos entre si e quase sempre antipáticos aos próprios pais, têm poucas probabilidades de sobreviver além do berço de nascimento físico, pois tanto espiritual como fisicamente são hostilizados, para a mais breve expulsão do corpo carnal. Quando tais criaturas desencarnam, quer devido ao bombardeio mental encontrado nos próprios lares, quer em face da dificuldade biológica que foi violentada em seus "genes" habituais, é muito comum aos genitores darem graças a Deus, alegando que, talvez reconhecendo o seu equívoco, ele os "chamou para o céu". E isso justifica o compungido sentimentalismo de que tais criaturas "só iriam sofrer no mundo".

Inúmeras vezes temos presenciado as tentativas desesperadas que esses espíritos algemados pelo ódio secular fazem para poder sobreviver fisicamente nos lares que ainda lhes são antipáticos e hostís. A Técnica Sideral envida todos os esforços possíveis para concretizar tais experimentos retificadores de culpas recíprocas; no entanto, em face de a humanidade não compreender a importância desse acontecimento incomum mas útil aos espíritos adversos, raramente não passa de um breve ensaio, já fracassado de início pela hostilização da família terrena. Quando não é a própria armadura física que cede aos impactos mentais belicosos dos progenitores desejosos de se verem livres dos filhos anormais, há que contar, ainda, com os espíritos das sombras, que operam decididamente para destruir a oportunidade que foi doada para os seus desafetos buscarem na carne a prova de sua redenção espiritual.

PERGUNTA: — Em face dessa dificuldade de sobrevivência por parte da maioria dos xifópagos e de, portanto, reduzir-se a oportunidade do reajustamento espiritual entre velhos adversários separados pelo ódio implacável, quais são os recursos que os técnicos do mundo espiritual adotam para a solução de tão cruciante problema?

RAMATÍS: — Certamente, não duvidais de que a Terra não passa de um grão de areia solto no espaço, classificado nas tabelas siderais como um mundo de aprendizado espiritual primário. Mas o planeta terráqueo não é o único mundo destinado a se resolverem nele as situações odiosas dos espíritos rebeldes. A ascensão espiritual se processa através de vários orbes semelhantes, afins ou divergentes, que representam outros tantos estágios evolutivos e preparatórios para planos mais aperfeiçoados. Aquilo que não é possível concretizar num orbe físico pode muito bem lograr sucesso noutro mundo semelhante ou mesmo inferior.

Existe incontável número de mundos tanto acima como abaixo do vosso orbe de educação primária, e que atualmente também servem para a depuração dos espíritos que ainda não se ajustam às lições de afeto e tolerância. Os espíritos que ainda se odeiam, sem esperanças de acordo fraterno, são então enviados para mundos inferiores à Terra, e, através de nascimentos xifópagos ou deformações físicas, aprendem a suportar-se pela mútua presença e obrigatoriedade.

PERGUNTA: — Esse desterro de espíritos delinquentes para outros orbes inferiores não poderia ser levado mais à conta de um castigo divino do que mesmo à de um ensejo de aproximação fraterna?

RAMATÍS: — As autoridades policiais não se vêem às vezes obrigadas a isolar da sociedade os delinquentes que se tornam refratários a todos os processos de reajustamento social, e que desafiam todos os esforços razoáveis empreendidos para regenerá-los? Assim como a sociedade primeiramente aguarda-lhes a regeneração, para depois aceitá-los em seu meio, também os espíritos rebeldes, quando exilados da Terra para outros mundos inferiores, devem abrandar a sua crueldade e despotismo, para depois terem o direito de retornar ao seu velho lar terráqueo.

PERGUNTA: — Qual o significado exato da expressão "queimar o carma", que se encontra muito comumente nas obras ocultistas?

RAMATÍS: — É uma definição pitoresca, muito usada no Oriente, do que acontece ao espírito que, através do sofrimento e das vicissitudes humanas, consegue reduzir o fardo de suas obrigações cármicas do passado. Quando a dor, a humilhação e as decepções pungem os vossos espíritos através da carne sofredora, é certo que isso promove a queima imponderável do visco pernicioso que ainda está aderido ao perispírito como produto gerado pelo psiquismo invigilante. O sofrimento acerbo é como o fogo purificador a queimar os resíduos cármicos do perispírito. Muitos espíritos que, em seguida à sua desencarnação, caem especificamente nos charcos de purgação do astral inferior, chegam muitas vezes a se convencer de que estão envolvidos pelas chamas avassaladoras do inferno! Ante a natureza absorvente e cáustica dos fluidos desses charcos, eles funcionam como implacáveis desintegradores dos miasmas e viscos deletérios incrustados na vestimenta perispiritual.

Desde muito cedo o espírito do homem é condicionado gradativamente para o sofrimento, que vai purgando as impurezas do seu perispírito, e a isso a tradição oriental chama "queimar" o carma, isto é, pagar uma ou mais prestações de uma grande dívida que contraiu. Quando o espírito se resigna à ação cármica retificadora, ajusta-se à Lei e esta desenvolve-lhe a vontade e orienta-lhe o sentimento para a futura configuração angélica. É como acontece à criança que, sob a orientação dos adultos e adquirindo confiança em suas pernas, ergue-se e caminha, para explorar melhor o mundo ao seu redor. Mesmo Jesus, quando curava os enfermos, recomendava-lhes que queimassem o carma, dizendo-lhes: "Não peques mais, para que não te aconteça coisa pior". E dizia assim porque, enquanto os pecados "engendram" mais carma doloroso para o futuro, as virtudes o queimam, porque libertam a alma do jugo da matéria e evitam que ela cometa novos desatinos. A recomendação de que a alma deve substituir continuamente o que é péssimo pelo que é bom, o falso pelo verdadeiro ou a violência pela paz, tem por principal objetivo modificar carmicamente o teor futuro de vossa vida, como procede o homem prudente e cuidadoso, em sua mocidade, para usufruir de uma velhice saudável e calma.

PERGUNTA: — Mas não podem existir situações, na vida humana, que nos impeçam de reduzir o fardo cármico?

RAMATÍS: — De qualquer condição da vida humana sempre resultam benefícios para o vosso espírito! Não há retrogradação do grau já consolidado pelo espírito em sua trajetória evolutiva; o que pode ocorrer é a sua estagnação por teimosia ou rebeldia se se deixar prender por sentimentos de ódio, orgulho ou crueldade, em lugar de se inclinar ao perdão fraterno àqueles que o hostilizam. Por mais celerado ou indigno que tenha sido o espírito quando encarnado, em última hipótese ele há de retornar para o plano que lhe é comum, no mundo astral, com as qualidades com que partiu dali para se reencarnar.

O espírito só poderá revelar-se na matéria exatamente na conformidade do que já consolidou consciencialmente; poderá ser melhor, mas nunca pior. Há de manifestar na carne aquilo que já possuía potencialmente em sua intimidade como natureza exata do seu grau espiritual, mas nunca inferior à que já havia atingido na sua escalonada sideral. No entanto, sob qualquer hipótese, o espírito sempre sai beneficiado da vida física, mesmo sendo de natureza rebelde ou má, pois cada encarnação termina por deixar sempre a sua marca corretiva na contextura perispiritual.

PERGUNTA: — E no caso de o espírito encarnar como idiota ou retardado mental, como poderá ele beneficiar-se dessa encarnação?

RAMATÍS: — O corpo de um idiota ou imbecilizado, que, na realidade, é o efeito das próprias condições enfermas do espírito, funciona como um cárcere provisório, capaz de represar e disciplinar os impulsos perigosos que descontrolaram o perispírito no passado, quando se deixou dominar pelas paixões violentas. Esse espírito, à semelhança de um cavalo selvagem, arrastou o seu cavaleiro aos maiores desatinos e desequilíbrios nas suas relações com o meio físico e os seres. Assim, no caso do idiota ou do retardado mental, dir-se-ia que o perispírito excessivamente desenfreado pelas forças do instinto inferior, queda-se completamente reprimido na carne, reajustando os seus impulsos desatinados.

Quando por culpa da alma o perispírito superexcita-se em demasia no trato do mundo inferior, o recurso aconselhado é a sua reencarnação compulsória e sua submissão a um freio carnal com atrofia do sistema endocrínico do corpo físico e desvio do timo-tiróide, o que, então, lhe retarda no tempo justo o progresso do desenvolvimento natural na matéria, demorando-lhe o reajustamento da memória etérica ao raciocínio comum da nova existência.

O organismo carnal funciona, então, como um biombo ou filtro poderoso, que tanto reduz a excitação selvagem do perispírito, como ainda o força a acomodar-se dentro do campo de forças ordenadas, das quais ele abusou no passado. Toda a excitação pré-reencarnatória que, por excessiva paixão na vida anterior, descompassava o ritmo da consciência espiritual, termina por ser frenada vigorosamente pela constituição biológica do imbecilizado. O cérebro letárgico do imbecil ou retardado mental não corresponde prontamente aos impactos violentos de um perispírito desorientado pelas suas tropelias anteriores, pois que em sua atrofia nervosa demora-se em atender às solicitações desatinadas.

A glândula pineal, delicadíssima antena do sistema psiconervoso, central elétrica ou usina piloto do organismo humano, funciona nesse caso com certa dificuldade, oprimida como está em sua atuação, tornando-se incapaz de transmitir com clareza a mensagem racional dirigida pelos neurônios e que constituem o aparelho receptor e transmissor do espírito para a matéria.

O corpo retardado, e com um sistema nervoso letárgico, reduz a superexcitação trepidante e perniciosa do perispírito vítima dos seus próprios descalabros pretéritos e habitua-o, pouco a pouco, à pulsação normal, efetuando-lhe as correções vibratórias que o tornam acessível ao controle da consciência do espírito.

PERGUNTA: — Dai-nos um exemplo mais objetivo, com o qual possamos assimilar melhor as vossas considerações anteriores. Podeis fazê-lo?

RAMATÍS: — Como já o temos feito várias vezes, recordamos, novamente, o interessante e velho exemplo usado em magia, em que se figura o cocheiro, o cavalo e o carro. O cocheiro, como o principal dirigente da carruagem, enfim, a inteligência, significa o espírito; o veículo representa a matéria, que é o corpo humano; o cavalo, como a força intermediária entre o cocheiro e o carro, significa o perispírito, que igualmente é o campo energético a funcionar entre o espírito e o seu organismo físico. O cocheiro só pode movimentar a carruagem agindo sobre os cavalos que a puxam, assim como o espírito também só pode mover o corpo físico quando atua sobre o seu intermediário, que é o perispírito.

Neste exemplo tradicional, de magia, podeis notar que o cavalo responsável pela tração do carro, embora seja uma força inferior e rude, é, no entanto, mais vigoroso do que o cocheiro, apesar deste ser a inteligência que dirige o veículo. Mas é o cocheiro quem, pelo pulso firme, controla as rédeas e estimula com o chicote os movimentos do cavalo. Da mesma forma, o perispírito também é um campo de forças mais violento e vigoroso do que o espírito e o corpo carnal, porque é constituído pelas mais vigorosas energias que pulsam entre o mundo astral e o físico. Ele opera exatamente no limiar desses dois mundos de causa e efeito; é organismo dotado de vigorosa energia vital e magnetismo telúrico, que despendeu incontáveis milênios para a sua contextura atual.

Quando o perispírito é demasiadamente excitado pelas paixões humanas, pode dominar completamente o espírito que o dirige, assim como o cavalo, sob as mãos de um condutor bisonho ou sem energia, pode tomar o freio nos dentes e causar enormes prejuízos ao veículo. Os exageros viciosos, as paixões violentas e os descalabros das criaturas são como o chicote que açoita o perispírito e depois fá-lo fugir ao controle e à direção do seu próprio dono. Depois de aglomerar as forças do mundo inferior, o perispírito superexcitado impõe-se vigorosamente ao seu espírito diretor e, assim como o cavalo em disparada depreda a sua carruagem, ele também causa toda sorte de prejuízos ao corpo físico. Daí, pois, tanto a saúde corporal como psíquica depender da perfeita equanimidade entre esses três elementos básicos do ser: espírito, perispírito e corpo físico, ou seja, comparativamente, o cocheiro, o cavalo e a carruagem.

PERGUNTA: — E de que modo o corpo letárgico, ou de uma criatura retardada, pode conseguir o domínio desse perispírito superexcitado?

RAMATÍS: — Como o perispírito é constituído, em parte, da substância astralina de grande força magnética, que serve para compor o veículo das emoções do espírito, as paixões descontroladas produzem-lhe superexcitações, assim como as chibatadas violentas sobre o cavalo podem lançá-lo em louca disparada, sem o controle do seu dono. Inúmeros indivíduos hipertireóidicos são apenas resultantes da excessiva excitação perispiritual que ainda os domina desde o passado, e que atua-lhes fortemente no campo psíquico do sistema glandular, perturbando a harmonia da hipófise e da tireoide.

O perispírito muito excitado requer a terapêutica da reencarnação num corpo letárgico, tardo em seu metabolismo motor e nervoso que, na forma de um freio, represa na carne o seu excesso perturbador, assim como o cavalo indócil, preso a pesado veículo, fica impedido de agir desatinadamente. Em sentido oposto, o perispírito indolente e acostumado às existências animalescas, que lhe foram essencialmente vegetativas e sem estímulos à dinâmica psíquica, deve ser ajustado a um organismo carnal cujos ascendentes biológicos e tendências hereditárias propendam para o aceleramento da tireoide, capaz de excitar o espírito lerdo e comodista, assim como o chicote acicata o animal lerdo. Então, mais se sensibiliza a contextura perispiritual, ao mesmo tempo que despertam as forças magnéticas que, embora latentes, hão ficado adormecidas nas vidas letárgicas do pretérito.

Servindo-nos do exemplo anterior, queremos dizer-vos ainda que o perispírito superexcitado perturba a manifestação normal da consciência do espírito, assim como o cavalo em disparada também vence o controle e o comando do cocheiro que é o responsável pela viatura atrelada. Em consequência, só existe um recurso aconselhável para ambos: no caso do espírito, deve ele ser encarnado em um corpo letárgico que restrinja a dinâmica muita acelerada do seu perispírito e, no caso do cavalo, precisa ser ele atrelado a uma carruagem tão sobrecarregada que o impeça de qualquer desatino.

Da mesma forma, o perispírito descontrolado, que escapa à ação diretora da consciência do espírito e prejudica o corpo pela violência das paixões e hábitos indisciplinados, também há de corrigir-se de sua excitação nociva por meio da prisão obrigatória em um corpo letárgico, retardado ou imbecil. Os desatinos e as paixões do pretérito podem ter levado o perispírito a excitação tão violenta, que o obrigue a arrastar pesadas viaturas de carne pelas estradas da vida física, a fim de poder reajustar-se à sua dinâmica natural.

PERGUNTA: — Se é como dizeis, cessa então completamente o "livre arbítrio", para só prevalecer o carma, como um destino implacável! Que nos dizeis?

RAMATÍS: — O destino — já o frisamos alhures — é resultante das ações e das forças que a criatura mobiliza continuamente sob a sua própria vontade; e através desta, o homem tanto pode produzir situações futuras para melhor como para pior. A vontade esclarecida dirige a mente para a consecução de um destino superior, pois ela é que realmente delibera quanto à movimentação e o rumo das causas que posteriormente se transformam nos efeitos correspondentes.

Justamente devido ao seu livre-espírito é que o homem usa e abusa das energias componentes do seu perispírito, as quais, por serem forças latentes evolvidas da animalidade inferior nos milênios findos, quando acicatadas podem lançá-lo aos mais incontroláveis desatinos! Então a Lei de Causa e

Efeito deve intervir no tempo justo para recuperar o espírito conturbado e ajustá-lo novamente à marcha ascensional de sua verdadeira vida, ao mesmo tempo que a Lei do Carma ajusta o espírito, conduzindo-o à situação que merece diante do balanço de suas culpas e de suas boas obras.

Bem usar do livre arbítrio não é praticar o mal à vontade e enlear-se nas ilusões e interesses do mundo físico, mas exatamente valer-se dessa regalia para se libertar dos ciclos reencarnatórios da vida material, o que então imuniza o homem, cada vez mais, do carma do próprio planeta que habita.

Francisco de Assis, Buda, Jesus e outros espíritos excelsos que desistiram de competir com os valores ilusórios do mundo material e renunciaram à personalidade humana, desenvolveram poderes incalculáveis do mundo espiritual, porque os seus atos estavam acima do poder cármico terráqueo. No entanto, homens como Napoleão, Aníbal, César, e outros conquistadores de coroas e penduricalhos do mundo transitório material, ainda colhem os efeitos de sua precipitação ao usarem maquiavelicamente do seu livre arbítrio fora de suas necessidades espirituais. O homem, pela sua própria vontade, pode modificar ou atenuar o seu carma futuro, mas é óbvio que não pode intervir extemporaneamente no carma da Terra que habita, o qual depende diretamente do carma da Sistema Solar. O planeta terráqueo não pode fugir à sua lei cármica nem modificar pela sua vontade as etapas evolutivas, que lhe são decorrentes dos movimentos e dos reajustamentos de outros orbes filiados à mesma ronda planetária.

O homem vale-se melhor do seu livre arbítrio à medida que acelera o seu progresso espiritual e se liberta dos ciclos reencarnatórios na matéria física, onde o carma planetário, demasiadamente severo e restritivo, reduz a ação da vontade humana.

PERGUNTA: — Quando, durante a gestação, uma mulher atravessa essa fase delicada de modo tranquilo, ao passo que outra sofre tormentos e perturbações fisiológicas angustiosas, devemos crer que em ambos os casos predomina sempre a colheita cármica? Será devido a um carma suave que a primeira é aliviada no período gestativo, enquanto a outra sofre os efeitos aflitivos das causas perniciosas do passado?

RAMATÍS: — O acontecimento depende muitíssimo do tipo de espírito que se deve encarnar e que passa a operar no casulo materno; secundariamente, há que se considerar o tipo biológico da futura mãe, a qual, por hereditariedade anatômica ou fisiológica, pode não oferecer um vaso físico completamente apropriado a uma gestação calma e parto fácil. Se o espírito encarnante é portador de fluidos opressivos, tóxicos e contundentes, é fora de dúvida que a mãe terá que sofrer-lhe a ação venenosa no seu corpo etéreo-astral, ocorrendo então as angústias e as náuseas muito acentuadas, ante o esforço heróico do organismo físico para expelir na forma de líquidos as emanações psíquicas que absorve, como se fora um mataborrão vivo.

Portanto, tanto tem relação com o carma o fato de uma mãe precisar gestar um corpo físico para um espírito enfermo, como o tem o daquela que não possui o corpo suficientemente adequado para se desempenhar da função gestativa. No primeiro caso, entra em jogo a afinidade espiritual da mãe para com o espírito sofredor ou a sua dívida cármica do pretérito, que a obriga a conceder-lhe um corpo para o renascimento no mundo carnal; no segundo, pode-se tratar de criatura que, no passado embora possuísse um organismo favorável para o êxito da procriação, negou-se a tal mister. Então a Lei do Carma impõe-lhe um corpo deficiente para o cumprimento da maternidade na vida futura.

Há a considerar também, que se os venenos de um espírito encarnante podem causar terríveis distúrbios e lesões ao organismo físico de sua genitora, muito maiores inconvenientes podem produzir as toxinas psíquicas que o espírito faz verter em seu próprio corpo, originando as enfermidades produtos dos seus desequilíbrios emotivos e mentais.

PERGUNTA: — No caso de reencarnação de espíritos que foram suicidas ou que trazem deformidades acentuadas nos seus perispíritos, a genitora poderá sentir suas deficiências e aflições?

RAMATÍS: — Assim como Maria, durante a encarnação de Jesus, foi envolvida pelos mais sublimes fluidos e atravessou a sua fase gestativa sob a maior tranquilidade e bem-estar, há mães que, durante essa fase delicada, sofrem toda sorte de fenômenos pungentes e opressões angustiosas, que lhes atingem até o coração ou sistema nervoso. Há casos, mesmo, em que devido à excessividade tóxica imanente no perispírito do encarnante — que muitas vezes lhe causam no futuro ataques de epilepsia — a mãe passa a sua temporada gestativa guardando o leito, constantemente enferma, pelas toxinas circulantes em sua organização materna. No entanto, algumas vezes é a própria gestante que possui uma organização deficitária e insuficiente para drenar as toxinas que são produzidas pelo quimismo do seu próprio sistema gestativo, pelas vias emunctórias naturais.

PERGUNTA: — Em lugar de um espírito irascível, déspota e orgulhoso encarnar-se num corpo robusto e saudável, não seria preferível que ele fosse renascer num organismo débil, doente ou atrofiado?

RAMATÍS: — Se tal espírito nascesse num corpo débil e enfermo, isso apenas serviria para contemporizar os seus impulsos de violência e irascibilidade, mas tal se daria por força das circunstâncias geradas pelo impedimento físico e não pela influência de raciocínios ou reflexões superiores. A atitude pacífica ou tolerante representaria apenas uma consequência transitória da situação física coerciva e não renovação interior. No entanto, o corpo estropiado, num leito de dor, substituindo o antigo corpo robusto e imponente, cujas mãos, antes vigorosas, são agora fracas e nem ao menos podem levantar uma xícara de chá, quanto mais bater no próximo, serve para o espírito rebelde e irascível extrair certas ilações psicológicas de sua impotência no trato da vida humana.

15.

A ação dos guias espirituais e o carma

PERGUNTA: — No caso de os encarnados se afastarem de seus deveres e da disciplina espiritual na Terra, os guias podem intervir, do Espaço, e sustar os desmandos dos seus pupilos?

RAMATÍS: — O trabalho principal do "guia", em relação ao seu protegido encarnado, é o de livrá-lo, tanto quanto possível, das imprudências, das ilusões, dos atrativos do vício e das paixões perigosas do mundo material. Do "lado de cá", a nossa maior preocupação é a de impedir que o amigo ou o discípulo encarnado termine escravizado às paixões animais que o cercearão em sua ascensão espiritual. Quanto ao êxito desejado, nem sempre podemos consegui-lo a contento pois, em geral, a criatura encarnada foge à receptividade vibratória ao seu mentor e torna-se imune às suas inspirações superiores. Em geral, escuta apenas a voz da "sereia das sombras", que termina conduzindo-a aos maiores ridículos e disparates! Quando tal acontece, o seu guia ou protetor lança mão de recursos extraordinários e intervém tanto quanto possível a favor do seu pupilo, a fim de frenar-lhe os desatinos e evitar em tempo os desvios perigosos que o conduzam à escravidão às entidades malfeitores.

PERGUNTA: — Quais são os métodos empregados pelos guias nessa intervenção espiritual para o bem dos seus pupilos encarnados?

RAMATÍS: — Quando falham todos os recursos no campo mental da inspiração superior, e o pupilo periclita na sua integridade espiritual, em geral os seus guias se socorrem do recurso eficiente da enfermidade ou mesmo de vicissitudes morais ou econômicas, através das quais possam neutralizar em tempo as causas principais dos desatinos e imprudências. Quase todos os seres humanos são portadores de verdadeiras válvulas de segurança psíquica, embora se trate de deficiências cármicas provenientes das mazelas passadas, e servindo-se das quais os guias intervêm para cercear os desvios perigosos.

Bem sabeis que o corpo carnal é o reflexo exato do temperamento psíquico de cada alma, pois entre dois irmãos gêmeos, e perfeitamente parecidos, mesmo que sejam xifópagos, podeis notar considerável diferença na sua contextura moral e intelectual, comprovando-se que, embora sob o mesmo padrão consanguíneo, sob iguais ascendentes biológicos ou tendências hereditárias, essas duas almas diferem profundamente quanto à sua ascendência psíquica. Assim sendo, o organismo físico de cada criatura conserva também em sua intimidade etéreo-astral uma zona vulnerável do seu próprio psiquismo ancestral, que pode servir de recurso excepcional para à última hora o guia intervir e aplicar a disciplina compulsoriamente, quando o seu protegido lhe faz ouvidos moucos.

PERGUNTA: — Podeis oferecer-nos qualquer exemplo mais concreto do assunto?

RAMATÍS: — Há casos em que determinado protegido, até então regrado e amigo do lar, deixa-se fascinar por qualquer paixão mundana perigosa, que pouco a pouco o vai absorvendo e ameaçando causar perturbação grave no seio amigo da família. Por vezes ele se torna refratário a qualquer intuição espiritual superior ou nega-se a cumprir as promessas feitas durante o sono, quando deixa o corpo físico no leito, preferindo obsidiar-se completamente pela mulher extravagante, parasita ou fescenina, ou então pelo álcool ou pelo jogo insidioso.

Quando menos espera, é lançado ao leito de dor ou, então, vê cessadas as facilidades ou recursos materiais que o sustentavam na imprudência condenável, ficando impedido de prosseguir no seu comportamento irregular. Um outro, por exemplo, pode ser o de um indivíduo saudável, forte, demasiadamente viril e dotado de um corpo avantajado, mas cujo espírito irascível e prepotente nega-se a abrandar o seu temperamento ou foge à intuição benfajeza do seu amigo desencarnado. Avantajado de corpo e de forças, sempre reage com violência e atrevimento diante de qualquer conselho ou protesto alheio! Sumamente agressivo, usa suas mãos como vigorosas luvas de boxe, que esbofeteiam com facilidade e se movem ameaçadoras, sem quaisquer propósitos de tolerância e escusas. No lar, a sua irascibilidade semeia confrangimentos contínuos, pois é atrabiliário com a esposa, filhos e vizinhos; vive certo de não precisar de ninguém e sente-se bastante autossuficiente para desprezar os favores do próximo! Então, o seu guia espiritual só tem um recurso para domar o pseudo "gigante" demasiadamente eufórico de sua estatura e do seu maciço de carne: é jogá-lo num leito de sofrimento cruciante e arrasá-lo até que reconheça a sua própria debilidade humana no seio da humanidade. Desse modo, cerceia-lhe a autoviolência e o coloca a caminho da ternura e da humildade, sob o guante do sofrimento, demonstrando-lhe que não passa de um troglodita vestido à moderna, qual extravagante gladiador que abusa de sua robusta armadura de carne, nervos e ossos! Lança-o por terra abatido por violenta e insidiosa enfermidade, fazendo-o entrever o limiar dos bastidores do "outro mundo", o que lhe desanda tremendo susto e desperta o desejo de continuidade de vida para cuidar do socorro alheio!

Em geral, aqueles que aparentam maior indiferença pela morte, porque são robustos e sadios, quase sempre são os que mais se acovardam ante a perspectiva de perder o corpo que lhes dá os prazeres fugazes da vida animal e facilita-lhes todos os caprichos e vaidades da carne. Como não confiam na perspectiva agradável da "outra vida", além do prosaísmo da existência física, agarram-se desesperadamente à armadura carnal, como o náufrago à tábua de salvação.

PERGUNTA: — E esse recurso a que vos referis é suficiente para ajustar o protegido rebelde às inspirações superiores?

RAMATÍS: — Naturalmente, estamos pressupondo um tipo psicológico para o nosso exemplo, de cujo sofrimento possais tirar ilações proveitosas para outros casos semelhantes ou da mesma índole espiritual. No entanto, esse tipo é bem mais comum do que imaginais, e muito acovardado diante das provas retificadoras do espírito!

Embora possam variar imensamente os recursos e os métodos empregados pelos guias, conforme as reações psicológicas de cada uma criatura em prova, a enfermidade ainda é a mais valiosa intervenção corretiva para coibir o abuso dos encarnados que se imaginam "donos do mundo" e pretendem viver completamente desligados de qualquer compromisso ou obrigação para com os seus amigos e mentores que os acompanham do mundo invisível.

O corpo físico é o banco escolar onde a alma se assenta para aprender o alfabeto espiritual e proceder à sua necessária renovação interior. Desde que esse aluno despreze as oportunidades do aprendizado espiritual e prefira entregar-se ao comando das paixões animais, é muito comum a enfermidade, como um efeito confrangedor das vidas passadas, assim como pode ocorrer a intervenção disciplinadora do Alto, se for necessária.

Para nosso exemplo anterior, aproveitamos o tipo do homem irascível, violento e intolerante, que abusa da sua organização carnal privilegiada sobre os menos agraciados de corpo ou subalternos, cuja ostensividade nociva só poderá ser corrigida quando atirado ao leito de dor e vítima de prolongada enfermidade. Posteriormente, flácido de carnes, impotente e algemado a um corpo débil, esfrangalhado sobre um colchão incômodo, há de sentir a confrangedora humilhação de sua fragilidade humana! Perde o peso assustadoramente, e a carne se descora; os olhos fulgurantes e os lábios crispados ficam mortiços e exangues; a respiração ruidosa e imponente substitui-se por um débil fio de ar que flui dificultosamente pela boca entreaberta; os costumeiros gritos estentóricos se transformam em breves sussurros a pedirem chá e medicamentos. Desamparado da musculatura vigorosa, terá que reconhecer o valor da comunhão da família e receber-lhe o auxílio para sobreviver! Antes, expulsava de sua presença até os humildes que desejavam servi-lo; depois, abatido e exangue, beberica o remédio pelas mãos de uma criança e sorve a sopa nutritiva sob a vigilância da esposa amiga!

Na melancolia do leito de sofrimento, sobrar-lhe-á tempo para avaliar os serviços que lhe prestam na hora angustiosa; compreenderá a inutilidade do orgulho e da irascibilidade baseados no fato de possuir um corpo excessivamente acolchoado de carne. Então a visita de um amigo, o interesse do vizinho ou a lealdade constante da esposa ser-lhe-ão acontecimentos agradáveis e aguardados com ansiedade. Os mais pequeninos favores transformam-se em dádivas do céu para o gigante de carne soterrado no leito e que não consegue, sequer, atender às suas próprias necessidades fisiológicas.

Visitado por facultativos que lhe lavram diagnósticos sentenciosos; cercado de medicamentos famosos da farmacologia moderna; colecionando chapas radiográficas, exames complexos de laboratório; perfurado de hipodérmicas e saturado de drágeas e comprimidos, já a perspectiva de ser um ente incurável torna-o cada vez mais acovardado!

Mas que importam ao guia os diagnósticos brilhantes, as elucubrações etiológicas ou as citações clássicas do rigor médico acadêmico, quando o que interessa é a queda do brutamontes vencido na arena da vida humana! Malgrado se louve a competência médica que lavrou um diagnóstico grave de enfarte cardíaco, a diabetes "mellitus", a angina pectoris ou a disfunção cárdio-hépato-renal, o que realmente se torna proveitoso para o espírito ali aprisionado na carne flácida é a natureza de suas novas reflexões, que lhe devem despertar um novo entendimento sobre a verdadeira natureza humana tão frágil, assim como guiar-lhe a visão egocêntrica para a vida real do espírito!

PERGUNTA: — Não bastaria a Lei de Causa e Efeito para cercear aqueles que podem abusar de sua personalidade humana em detrimento do próximo? Há, ainda, necessidade de qualquer intervenção excepcional dos seus guias?

RAMATÍS: — Repetimos: A Terra é uma escola de educação espiritual, sob a visão amiga e benfeitora dos espíritos protetores. No entanto, os irmãos das sombras, desejosos de subverter a ordem de ascensão angélica e dominar o mundo material, procuram dificultar a ação dos guias e os obrigam a empregar todos os recursos possíveis para não deixarem os seus pupilos cair sob a "tentação" dos maus e os manter atentos às lições proveitosas da escola carnal.

Sem dúvida, o espírito deve colher no presente, pela Lei de Causa e Efeito, os efeitos bons ou maus correspondentes às causas que semeou no passado pelo uso do livre arbítrio. A Lei do Carma, então, que é lei de retificação espiritual, de ordem e disciplina cósmica — uma espécie de contabilidade que apura o "deve" e o "haver" do espírito no presente — situa cada alma no cenário próprio ou nas condições que lhe correspondem exatamente em vista do bem ou do mal que haja praticado, mas deixa-lhe a liberdade de reajustar-se à nova situação ou piorá-la.

Aquele que abusou da fortuna, no passado, é evidente que há de nascer e viver pobre na vida futura, a fim de aprender a valorizar a situação de quem é pobre; no entanto, gozando do seu livre arbítrio, em vez de resignar-se à prova retificadora da pobreza, poderá tornar-se um mendigo solerte ou um indivíduo que viva de furtos vulgares, um estelionatário ou mesmo uma criatura desonestíssima e revoltada contra a sua situação cármica.

É evidente que a Lei do Carma, neste caso, apenas leva o indivíduo à pobreza, mas o livre arbítrio da criatura pode aumentar o efeito retificador e levá-la a práticas ainda mais perniciosas e gravosas para o seu futuro. Quantas vezes, e para o próprio bem da criatura, o seu guia espiritual intervém dificultando-lhe ainda mais a vida ou enfermando-a constantemente, para evitar-lhe a materialização dos pensamentos perigosos de revolta ou descaso para com a vida espiritual! Muitas criaturas evitaram a agravação de suas situações cármicas na Terra, com prejuízos para esta e para as vidas futuras, porque seus protetores conseguiram algemá-las definitivamente a um leito de dor, ou privaram-nas dos meios econômicos que lhes permitiriam levar avante empreitadas perigosas para a sua integridade espiritual.

16.

O sectarismo religioso e o carma

PERGUNTA: — Temos ouvido, amiúde, que a dor se encarrega também de quebrar o orgulho e a presunção das criaturas dogmáticas e excessivamente sectaristas. Podeis dizer-nos algo a esse respeito?

RAMATÍS: — É evidente que os processos cármicos e as intervenções dos mentores espirituais variam na conformidade dos tipos e das reações psicológicas daqueles que devem ser retificados em seus desvios psíquicos. Certas criaturas que foram tomadas de excessivo sectarismo no passado podem, em vidas futuras, desenvolver facilmente o sentimento universalista pela convivência com criaturas muito espiritualizadas e o contato com movimentos fraternistas. Outras, no entanto, carecem para isso da humilhação e do sofrimento atroz, pois só à perspectiva de desencarnar é que abdicam de sua odiosa separatividade ou senso crítico antifraterno, para admitirem a existência de outra doutrina ou seita religiosa além de suas concepções fanáticas.

É obedecendo a esta lei que certas prostitutas famosas, que no passado enodoaram a história administrativa e política do mundo com seus desmandos e caprichos junto às cortes faustosas, como fâmulos privilegiados, às vezes se purificam futuramente pela segregação voluntária e estóica nos conventos humildes, onde mourejam desde a madrugada e retemperam a alma atribulada. Mas como varia a índole psicológica, outras de menor desregramento moral do passado podem falhar completamente num ambiente monástico, obrigando a Lei a optar pela terapêutica das chagas, das deformidades ou dos aspectos repulsivos em vidas futuras, a fim de afastá-las do elemento masculino que, então, foge delas enojado, mas as livra de novas desditas no futuro.

PERGUNTA: — Uma vez que a Lei Cármica tem por objetivo retificar todos os desvios psíquicos nocivos às almas, poderíeis dizer-nos quais são os recursos de que a mesma se serve para enfraquecer a intransigência dos fanatismos religiosos?

RAMATÍS: — É a dor, sem dúvida, o mais eficiente recurso para modificar as criaturas excessivamente fanáticas e até impiedosas para com os esforços religiosos alheios, algumas das quais, se lhes fosse possível agir à vontade, exterminariam da face da Terra todos aqueles que lhes opusessem qualquer conceito adverso! Mas os Mentores espirituais possuem recursos eficazes para dobrar-lhes a cerviz orgulhosa, encaminhando-as, pouco a pouco, para a prova dolorosa que lhes muda a têmpera demasiadamente presunçosa. E, quando lhes chega a dor, sob a orientação superior, então começam a lhes falhar todos os recursos de sua religião, credo ou doutrina. Então malogra o médico da família, a casa de saúde, a intervenção cirúrgica ou a estação de águas; confundem-se os exames de laboratório, dificulta-se o diagnóstico pela radiografia ou se tornam inócuos os mais famosos medicamentos modernos!

Não raro a técnica do alto encaminha então para junto do enfermo, às vezes já desenganado, o simpatizante de qualquer seita ou movimento espiritualista adverso e detestado e que, munido de poderes incomuns, consegue curar o paciente! Quebra-se então o círculo de ferro do dogmatismo conservador e feroz, pois a saúde ou a vida, malgrado serem devolvidas por mãos de pessoas malvistas, tornam-se valiosos elementos para remover as fronteiras presunçosas do fanatismo tolo! O acontecimento se transforma num jato de água fria sobre a fogueira do ódio religioso, que ainda é muito comum entre os homens ignorantes de que Deus é um só e os seus filhos são gerados da mesma essência imortal.

PERGUNTA: — Naturalmente vos referis ao caso dos religiosos dogmáticos ou às religiões seculares, como o catolicismo, o protestantismo e as seitas adventistas, que comumente hostilizam o espiritismo terapêutico, o esoterismo ou as teorias reencarnacionistas; não é assim?

RAMATÍS: — De modo algum as nossas afirmações têm por fim promover a "conversão" de católicos, protestantes ou adventistas aos preceitos da doutrina espírita. O sectarismo é enfermidade que grassa em qualquer credo, religião ou doutrina; e o espiritismo, em face do sectarismo de muitos dos seus adeptos, também não se encontra liberto dessa anomalia. Porventura também não existe grande número de espíritas que combatem freneticamente o trabalho ruidoso dos umbandistas, as reuniões brancas dos esoteristas, as meditações silenciosas dos iogues, a mesa redonda dos teosofistas ou as preocupações iniciáticas dos rosa-cruzes? Não há espíritas que alegam estar com a melhor verdade ou sistema doutrinário superior, exclusivista das "mesas" cardecistas, enquanto só encontram confusão, estultícias e má intenção no ritualismo do "chão batido" dos terreiristas? Para muitos adeptos do espiritismo, os esforços esoteristas ou empreendimentos de propaganda "rosa-cruz" são de exclusivo comercialismo e interesses pessoais, enquanto os labores teosofistas não passam de teoria sem o valor da "caridade" prática do kardecismo! Não duvidamos de que isto desmente, por parte de tais espiritualistas, o senso lógico de que realmente estejam convictos de que Deus é um só e impregna todos os seres e coisas!

Mas a Lei de Ascensão Espiritual, que não possui preferências pessoais, intervém com absoluta equanimidade e trato amoroso na senda evolutiva de todos os filhos do Senhor, sem se preocupar com o tipo de sectarismo religioso, mas apenas cuidando de modificar os sectaristas. É certo que muitas vezes o orgulho e o amor-próprio da família católica ou protestante termina sendo abatido pela intervenção miraculosa do "médium" espírita, que devolve a saúde e a paz ao lar aflito. Mas, doutra feita, pode ser o padre bem assistido do Alto ou a promessa ao "santo" da fé católica, ou então as orações do pastor protestante que também hão de trazer a alegria ao lar espírita. A Lei admirável, do Amor, busca romper as fronteiras isolacionistas e aconchega corações distanciados pela vaidade, o orgulho, a presunção, a teimosia ou o amor-próprio, servindo-se ainda dos métodos adversos para cura dos intransigentes: Aqui, o espírita de "mesa" só obtém a cura depois que o "cavalo" de terreiro lhe descobriu o feitiço no travesseiro ou no limiar da porta; ali, é o terreirista que, depois de muito ironizar a debilidade das sessões de mesa, termina curado pelos passes ou irradiações ao estilo cardecista; acolá, o iniciado rosa-cruz, teósofo ou esoterista, que critica as sessões espíritas como sendo fábricas mórbidas de fetichismo mental, intercâmbio com larvas ou cascões astrais, vê-se obrigado a curvar-se ante a cura da terrível obsessão do seu ente querido, graças à intervenção dos médiuns espíritas tão censurados pelo seu gênio de labor extraterreno.

Não importa se sois esoteristas, espíritas, teosofistas, católicos, protestantes, iogues, rosa-cruzes ou livres-pensadores pois, no momento nevrálgico de vossa renovação espiritual, a técnica sideral ignora as etiquetas religiosas, para só se preocupar com as necessidade dos corações embrutecidos pelo orgulho, a vaidade e o fanatismo doentio gerado sob a égide de qualquer credo, doutrina ou religião.

É por isso que, à medida que certos enfermos vão piorando pela necessidade de se abrandarem no seu sentimento religioso exclusivista, em torno dos seus leitos de sofrimento físico ou psíquico transitam médicos, curandeiros e homens de milagres, sem conseguir o êxito desejado. Depois, com o tempo, eles tanto aceitam o exorcismo do vigário local, o benzimento da preta velha, a simpatia da comadre amiga ou as orações do pastor circunspecto, como também o passe do médium cardecista ou o trabalho do preto velho marcando o "despacho" na encruzilhada!

No entanto, o principal objetivo disso tudo é unicamente a renovação do espírito enfermo, vítima do fanatismo ou da crítica antifraterna, para o que o seu guia considera de grande valia a enfermidade retificadora. Quando deixar o leito e, se aprouver ao seu mentor espiritual, o ex- "gigante" ou inimigo formal das religiões adversas não poderá esquecer as imagens dos que o serviram, os esforços de todos os que tentaram levantar-lhe a saúde através de rezas, exorcismos, receitas empíricas ou simpatias. No silêncio de sua alma, sempre há de ficar a lembrança das fisionomias que o rodearam apenas com um fito amigo e desinteressado — a sua sobrevivência! E o que antes lhe poderia parecer detestável situação de amargura e dor, mais tarde há de considerar como um excelente treinamento de retificação espiritual e amplitude de coração, favorecendo-lhe o mais breve encontro com aqueles que também buscavam a Deus através de outros caminhos que lhe são simpáticos e mais fáceis.

17.

A importância da dor na evolução espiritual

PERGUNTA: — Em face do Poder e da Sabedoria Infinita do Criador, a nossa evolução espiritual não poderia se processar sem necessidade da dor e do sofrimento, a que somos submetidos implacavelmente desde o berço até à nossa morte física, acrescendo que, conforme nos comunicam os espíritos desencarnados, ainda teremos de sofrer após a morte terrena?

RAMATÍS: — A dor e o sofrimento são consequências naturais da evolução do espírito, como fatores necessários ao despertamento de sua consciência individual no seio da Consciência Cósmica de Deus. Sob a disciplina dolorosa e retificadora da Lei do Carma, e sem desprender-se do Todo Cósmico, o espírito fortifica sua memória no tempo e no espaço, e afirma a sua característica pensante. A resistência cria a dor, mas também fortalece o crescimento da consciência da centelha espiritual individualizada em Deus, fazendo-a distinguir-se entre os fenômenos de todos os planos de vida cósmica.

O espírito do homem, por ser de origem divina, pressente em sua intimidade que há de ser feliz; mas, incipiente e ainda incapaz de alcançar essa ventura completa nas suas primeiras tentativas, sofre desilusões e toma por sofrimento detestável as correções cármicas que o conduzem novamente ao caminho certo. No entanto, como o homem é feito à imagem do Criador, pois "o filho e o pai são um", não cessa o desenvolvimento consciencial da criatura, ante a força expansiva do Criador, que se manifesta de dentro para fora na consciência humana.

Mas durante esse processo de expansão e aperfeiçoamento de sua consciência, o espírito sofre as reações agressivas e naturais dos mundos onde se plasma nas formas animais, que são o alicerce necessário para o ativamento da chama angélica palpitante em sua intimidade. Submetido ao cárcere de carne, confunde-se e considera o processo incomodo, que lhe aperfeiçoa a têmpera, como sendo um castigo divino, ignorando que, sob a Lei Sábia do Criador, está-se operando a metamorfose do animal para o anjo destinado à eterna Glória Celestial! O curto período de dor e sofrimento nos mundos planetários, durante o qual se dá a formação e desenvolvimento da consciência do filho de Deus, é depois compensado regiamente pela felicidade eterna no Paraíso!

O formoso brilhante que se ostenta no colo da mulher faceira teve de passar por um processo de aperfeiçoamento sob o cinzel do ourives, para desvestir-se da forma bruta do cascalho carbonífero e se tornar a jóia fascinante.

PERGUNTA: — Mas acontece que as próprias religiões, que tanto propagam a Bondade e a Sabedoria de Deus, consideram a dor como uma expiação de pecado cometido pelo primeiro homem que habitou a Terra, motivo pelo qual ela se tornou num desolado "vale de lágrimas". Que dizeis?

RAMATÍS: — Embora todas as religiões se apregoem proprietárias da Verdade de Deus, o certo é que todas elas se alicerçam em interpretações de seus fundadores ou doutores da igreja a respeito do que seja a Verdade Divina, firmando-se assim em uma série de dogmas seculares que, se bem que se adaptassem à mentalidade acanhada dos povos antigos, desconhecedores ainda da Terceira Revelação, não se adaptam à mentalidade do homem moderno, que quer saber de onde veio, que faz neste mundo e para onde vai e que, além disso, tem à sua disposição um enorme cabedal de conhecimentos sobre o que seja a Verdade Divina.

Por isso esses religiosos sempre consideraram a dor como castigo pelo que chamam de "pecado original", desconhecendo que com sua técnica purificadora afinam-se as arestas grosseiras da formação animal e desperta mais cedo o potencial de luz angélica, que se concentra sob o invólucro da matéria. Não lhes sendo possível explicar a dor de modo sensato e aceitável pela razão humana, e para não desmentirem a propalada Justiça e Sabedoria do Criador, os sacerdotes e mentores religiosos dogmáticos tomaram ao pé da letra o simbolismo bíblico do aparecimento de Adão e criaram a lenda do pecado original, atribuindo-o severamente à responsabilidade do primeiro casal humano. E desse modo eles acreditaram poder justificar o motivo da existência da dor e do seu cortejo de sofrimentos, como sendo o fardo da imprudência humana de há milhões de séculos!...

E assim, ante o pecado de Adão e Eva — o primeiro casal bíblico — Deus ficou isento do equívoco de haver criado a dor, que seria inexplicável perante a sua Bondade Infinita; e o homem responsabilizou-se pelo estigma do sofrimento, como sequência justa do pecado de seu pai Adão! Mas o advento do espiritismo, cuja doutrina lógica e sensata é acessível a todos os cérebros de boa vontade, terminou popularizando a realidade espiritual oculta sob o misterioso "Véu de Ísis", contribuindo assim para modificar pouco a pouco o conceito errôneo e milenário sobre a verdadeira origem da dor humana e expondo-a como um corretivo benfeitor, que resulta da resistência que o ser oferece durante o seu aprimoramento angélico.

Já vos encontrais bastante lúcidos para vos libertardes da ignominiosa ideia de que o sofrimento é um "castigo" de Deus! O Criador, infinitamente Sábio, Bom e Justo, não teria criado vales de lágrimas, penitenciárias do Espaço ou mesmo hospitais de provações planetárias, com o fito de desforrar-se dos seus filhos rebeldes, conforme ainda o creem os católicos, protestantes, adventistas, salvacionistas e mesmo alguns espíritas ainda ignorantes da sublime realidade cósmica. A Terra, em verdade, não passa de abençoada escola de educação espiritual, onde os espíritos imaturos reajustam-se dos seus próprios equívocos ocorridos nas encarnações passadas, a fim de consolidarem suas consciências em eterno aperfeiçoamento.

PERGUNTA: — No entanto, surpreende-nos que o homem moderno, apesar de sua cultura e cientificismo tão apregoados no século atômico, ainda não tenha compreendido essa função educativa da dor! Ele se insurge desesperadamente contra o sofrimento mais diminuto e o considera antes um estigma de Satanás do que uma providência de Deus para a mais breve angelitude de seus filhos.

RAMATÍS: — Como o terrícola ainda não compreende as razões sensatas que poderiam esclarecê-lo sobre a função útil da dor na formação de sua consciência individual, procura negar o seu valor educativo e sua técnica de aperfeiçoamento espiritual. O sofrimento ainda é encarado pela humanidade terrena sob um aspecto excessivamente melodramático; os literatos gastam tonéis de tinta e toneladas de papel na produção de uma literatura compungida, em que os seus personagens vertem rios de lágrimas e clamam estentoricamente contra os destinos atrozes que são gerados pela dor, e em que esta é considerada apenas um acontecimento aviltante para o gênero humano.

E como a criatura terrena também é excessivamente

apegada aos tesouros provisórios do mundo material, ante a perspectiva temerosa de abandoná-los pela ameaça implacável da morte, que lhe entreabre a porta de um destino duvidoso, ainda mais se avoluma para ela o sentido mórbido da dor e do sofrimento. Para o vosso mundo, os hospitais, os manicômios e outros locais de padecimentos humanos significam as provas do castigo de Deus, em que o homem é considerado a infeliz vítima despojada das coisas prazenteiras da vida! A figura do ser humano marcado pela dor ainda é considerada um motivo de compungidas penas e deserdamento divino! No entanto, a dor tem sido a moldura viva das mais grandiosas interpretações messiânicas e conquistas espirituais na Terra; assim o provaram aqueles que muito sofreram e deixaram um facho de luz na esteira de seus passos admiráveis. Beethoven, Chopin, Schumann, Francisco de Assis, Paulo de Tarso, Sócrates, Gandhi e o excelso Jesus fizeram da dor motivos de beleza e glória para a redenção do homem atribulado!

PERGUNTA: — Como poderíamos ter uma ideia mais específica da dor? Que é a dor, enfim? Como se manifesta ela no homem?

RAMATÍS: — A dor é produto de desequilíbrio magnético na estrutura do organismo psicofísico do homem; assemelha-se a um curto-circuito que ocorre na rede magnética ou eletrônica sustentadora do perispírito, e que repercute em qualquer região orgânica mais vulnerável, com um impacto energético capaz de provocar o desequilíbrio atômico. Sem dúvida, a dor, o sofrimento ou a enfermidade têm sua origem na perturbação do psiquismo. Por mais que se focalize a dor em sua expressão mais periférica, fundamentalmente ela parte de um desequilíbrio psíquico "interatômico".

Não existindo doenças, porém doentes, resulta que a dor e a enfermidade variam tanto quanto seja o estado moral, intelectual e consciencial de cada criatura. Há doentes que desempenham um exagerado dramalhão, apenas submetidos à prova de um simples resfriado; outros, ameaçados pelo câncer, mantêm o seu otimismo costumeiro, a sua bondade e confiança no destino espiritual, servindo ainda como fonte de resignação para a suportação alheia à dor. Tudo depende do modo como interpretamos o fenômeno da dor; para uns é castigo de Deus com o fito de punir os pecados dos homens; para outros é efeito das faltas cometidas em vidas anteriores; raros, porém, aceitam a dor como processo de evolução espiritual. Ela só se manifesta diante de qualquer resistência física, moral ou espiritual para com o sentido útil, benfeitor e harmônico da Vida. Pode ser considerada em sua função criadora quando examinada em qualquer reino da natureza: no reino mineral, ela poderia ser catalogada no processo benéfico de transformar o ferro em aço e no burilamento do cascalho bruto para o brilhante sem jaça; no reino vegetal, ela estaria presente no apodrecer, germinar e crescer da semente no seio triste da terra; na configuração humana, então a vemos corrigindo e ajustando a centelha espiritual para que obtenha a sua consciência nos caminhos da forma do mundo exterior.

A dor, portanto, é sensível e acusável na essência do espírito sob duas razões de grande importância: quando se está processando a gestação do ser humano para a futura e definitiva configuração angélica, ou então quando ele se dessintoniza e desvia-se da rota exata de sua ascensão espiritual. Sob qualquer um desses dois aspectos, sempre verificamos o sentido benéfico da dor: no primeiro caso ela concentra energias e coordena o crescimento angélico; no segundo caso faz a correção do equívoco, limpando as vestes da alma das toxinas residuais provindas do mundo instintivo.

São os pensamentos e os atos do espírito que determinam a maior ou menor soma de dores por que há de passar, pois do equilíbrio e da paz da consciência espiritual do ser é que resulta a estabilidade magnética ou eletrônica do perispírito e do corpo físico. Como o Ideal de Deus é a Harmonia e do Equilíbrio perpétuo no Cosmo, qualquer instabilidade que se manifeste no mais íntimo fluir da vida requer sempre o imediato reajustamento, para que não perturbe o Todo harmônico. Eis então a dor, surgindo como o processo necessário a esse reajustamento.

Como dispomos do livre arbítrio até o ponto em que nossos atos não causem perturbações ao próximo ou naquilo em que intervimos, poderemos extinguir a dor pouco a pouco, à medida que nos integrarmos na vida harmoniosa criada por Deus. Sendo o Amor o fundamento essencial de toda vida, presente na afinidade entre as substâncias, na coesão entre os astros e na união entre os seres, é suficiente a nossa adesão incondicional ao ritmo constante desse Amor para que em breve a saúde completa do nosso espírito tenha eliminado o sofrimento!

PERGUNTA: — Em qualquer circunstância o sofrimento é sempre um processo de purificação espiritual?

RAMATÍS: — O espírito de Deus cria os seus filhos como novos núcleos de consciências individuais, que se aperfeiçoam através das formas planetárias e tornam-se miniaturas conscientes no Cosmo. Deus é o "pano de fundo" de toda consciência humana; e este divino mistério o homem só poderá compreender depois que se livrar definitivamente das formas escravizantes da matéria e alcançar os mundos do conhecimento puro. Sem dúvida, à medida que a alma evolui também se despersonaliza porque, extinguindo-se nela a ilusão da separatividade, mais cedo se integra à Consciência Cósmica do Criador. Daí o motivo por que as religiões consideram como virtudes todos os esforços e aproveitamento espiritual que a alma empreende pelo seu mais breve progresso, enquanto os pecados significam justamente tudo aquilo que retarda a ascensão espiritual. E a Lei do Carma então funciona em seu mecanismo evolutivo, acicatando aqueles que se retardam ao encontro da Luz, do que resulta uma ação dolorosa e desagradável, mas necessária para garantir o ritmo proveitoso da ventura sideral.

Acontece que, em suas encarnações, os espíritos produzem e incorporam em suas vestes perispirituais fluidos tóxicos que são frutos de suas desarmonias mentais e emotivas, os quais posteriormente precisam ser expurgados a fim de não impedirem a ascensão para os altos níveis das regiões paradisíacas. Assim como a ave enlameada não consegue alçar voo para usufruir a delícia do Espaço sem limites, o perispírito também só consegue nivelar-se à frequência vibratória angélica depois que se livra de suas impurezas astralinas.

O corpo carnal — que é plasmado pelas energias primárias do mundo terreno — durante a materialização de suas sensações prazenteiras fortemente animais, exige que a mente empregue o combustível energético adequado e capaz de agir na mesma frequência vibratória inferior. Os resíduos desse combustível astralino derivado da escória animal e que são produtos energéticos das faixas vibratórias muito baixas, onde a mente precisa atuar, agregam-se e condensam-se depois no tecido delicado do perispírito, reduzindo-lhe o padrão magnético específico. Com o tempo, esses tóxicos ou resíduos perniciosos do submundo astral, ainda aderidos ao perispírito, tendem a petrificar-se e assim impedir as relações normais do espírito com o meio ambiente. Então devem ser desagregados com toda brevidade possível, para que a luz fulgurante da intimidade da alma possa fluir como divina profilaxia sideral, asseando a delicada vestimenta perispiritual.

Durante a decantação desses resíduos deletérios, que se efetua nos charcos do astral inferior, ou quando se transferem para o corpo carnal, é que então se produzem a dor e o sofrimento desagradáveis, mas sempre de salutar benefício para a alma. Eis a razão por que certas religiões ensinam que a alma só alcança o céu depois que passa pelo purgatório, devendo expurgar de si as crostas perniciosas, que o perispírito obscurecido pelo pecado adquire em seus desequilíbrios psíquicos. Só depois de muita decantação astralina no Além, ou de encarnações de expurgo na matéria, é que os espíritos se livram da carga tóxica milenária, e que existência por existência se transmite num fenômeno de verdadeira hereditariedade psíquica.

PERGUNTA: — Como poderíamos compreender melhor essa hereditariedade psíquica, que transmite a influência enfermiça de uma existência para outra?

RAMATÍS: — A transmissão psíquica é possível através do que chamaremos o "átomo-semente", o elemento imortal que preexiste e sobrevive a todas as mortes corporais, muito conhecido dos ocultistas e teosofistas. É o precioso e indestrutível resumo da memória etérica-sideral do espírito; ele guarda em sua intimidade a síntese micropsíquica da vida mental e astral da alma, registrada desde os primeiros bruxuleios de sua consciência individual.

Durante cada nova encarnação, o átomo-semente ativa as energias intermediárias entre o espírito e o novo corpo físico, responsabilizando-se pela manifestação legível de sua consciência na esfera material e simultaneamente no mundo espiritual. Encarrega-se de plasmar na nova encarnação o verdadeiro temperamento psíquico imortal da alma, ajustando-lhe as virtudes, pecados e também a bagagem tóxica, pois conserva em estado latente todos os impulsos e tendências pregressas. Após a morte do corpo físico, desata-se na plenitude do Além, consolidando a configuração imortal do perispírito. É a segurança da estrutura consciente da individualidade espiritual operando no mundo de formas e no seio da Consciência do Criador; é o registro definitivo dos fatos vividos pela alma nas caminhadas do mundo carnal.

PERGUNTA: — E o sofrimento só beneficia porque expurga os venenos psíquicos do espírito, ou também modifica a constituição do espírito?

RAMATÍS: — É a Lei Cármica que se encarrega de retificar no devido tempo os desvios perigosos cometidos pelo espírito, quando de suas excursões pelo mundo material, procedendo à limpeza do perispírito contaminado pela aderência dos venenos, que são frutos dos descalabros e imprudências do pretérito. O corpo carnal, então, como se fora um alambique encarregado de drenar esses resíduos perniciosos da vestimenta perispiritual para o seio da terra, provoca na alma, em sua operação de expurgo, a sensação de dor e de sofrimento. Trata-se de toxinas que lesam e massacram a carne durante a sua expurgação para o mundo exterior, motivo por que a velha tradição espiritual considera a Terra como um "vale de lágrimas", onde as almas lavam e purificam os seus trajes perispirituais, para depois participarem das núpcias do Céu!

A túnica nupcial, que a alma deve envergar para tomar parte no banquete do Rei, citado na parábola contada por Jesus (Mateus 22-1 a 14; Lucas 14: 16 a 24), em verdade significa o resultado da lavagem dolorosa do perispírito no tanque das lágrimas purificadoras do mundo carnal, de onde ele sai com as suas vestes limpas. A dor aquebranta a rudeza e humilha o orgulho da personalidade humana; obriga o espírito a centralizar-se em si mesmo e a procurar compreender o sofrimento. Na introspecção dolorosa pela ansiedade de solver o seu problema aflitivo, ele tem de reconhecer a precariedade, a presunção e a vaidade de sua figura transitória no mundo das formas.

Assim como o calor vaporiza as gorduras ou o fogo apura a fusão do ferro para a têmpera do aço, a dor é como a energia que aquece a intimidade do espírito e o ajuda a volatizar as aderências ruinosas do seu perispírito. É concentração de forças que desintegram as toxinas psíquicas no seio da alma, e que sob a ação natural do magnetismo do mundo físico transferem-se para a carne, até que a morte do corpo, depois, as deposite na terra do cemitério, através do cadáver em decomposição. É por isso que, em geral, os espíritos desencarnados louvam os seus padecimentos na carne, pois os consideram tão-somente como processo que os ajudou a alijar de si os resíduos deletérios.

PERGUNTA: — Poderíeis descrever-nos como se processa essa descida dos venenos psíquicos do perispírito para o corpo carnal?

RAMATÍS: — Quando o espírito encarna, necessita primeiramente diminuir ou "encolher" o seu perispírito, até alcançar a forma etérica fetal e em seguida adaptar-se ou "encaixar-se" satisfatoriamente à contraparte etérica do útero feminino. Após o êxito genésico da gravidez ele se desata pouco a pouco, à medida que também se desenvolve o feto carnal sob a direção dos ascendentes biológicos do tipo hereditário em gestação. E os tóxicos psíquicos desde muito cedo vertem do perispírito para o novo corpo carnal em formação, causando-lhe moléstias ou lesões tão graves quanto o sejam a sua intensidade e virulência. É por isso que, mesmo na fase da infância, o espírito efetua proveitoso exercício quando, pela eclosão das doenças comuns da idade, ele se habilita para resistir melhor às dores futuras mais acerbas, que depois hão de advir devido ao expurgo mais intenso da carga deletéria.

Mais tarde, então, o morbo invisível incrustado no perispírito transfere-se com mais intensidade para a carne; desagrega-se e flui primeiramente pelo duplo-etérico em formação junto ao corpo físico e, de início, afeta o trabalho delicado dos "chacras", perturbando-lhes as funções e as relações vitais. Depois, o fluido tóxico perispiritual tange o conjunto nervoso, infiltra-se pelas glândulas endocrínicas, afeta o sistema subterrâneo linfático, insinua-se pela circulação sanguínea e produz a proliferação microbiana ou as lesões orgânicas.

Ramificando-se por todos os órgãos e sistemas do corpo carnal, as toxinas que são vertidas pelo psiquismo mórbido ferem as zonas mais delicadas e vulneráveis, prejudicando-as conforme a própria deficiência hereditária do tipo biológico a que ataca. Acumulam-se nos órgãos mais débeis e produzem afecções isoladas mais amplas, que mais tarde podem imobilizar o organismo físico. Enquanto isso, a Medicina alinha as suas denominações tradicionais classificando as doenças, mas quase sempre sem lograr identificar o doente! É a hepatite, a úlcera gástrica ou péptica, a colite, a nefrite, a cirrose, a amebíase, a asma, o reumatismo, a tuberculose, o diabetes ou a esplenite; são as atrofias, as insuficiências cardíacas, as lesões insuperáveis, a anemia perniciosa ou os quadros modernos de alergia inespecífica.

Em alguns casos, as toxinas, ao descerem do psiquismo enfermo para o metabolismo físico, acomodam-se na região cerebral e produzem as alienações mentais, os delírios, ou a hidrocefalia; ou então acumulam-se nos plexos nervosos, causando as paralisias, as atrofias nervosas ou as síndromes parkinsonianas; doutra feita, disturbam o funcionamento glandular produzindo insuficiências ou hiperproduções graves de secreções hormonais, influindo no crescimento, na reprodução e no metabolismo vital da mulher ou do homem. Quando se concentram mais fortemente nos pulmões, para ali convergem os bacilos de Koch, produzindo a tuberculose pulmonar; caso se localizem na região intestinal, tanto podem provocar as colites, como estabelecer o terreno para nutrir a giárdia, o estrongilóide ou as amebas coli e histolítica.

Justamente porque existe íntima relação psíquica entre a enfermidade e a natureza física da criatura, é que se observa em certos tipos enfermos um círculo vicioso, que os mantém sob contínua perturbação mórbida. Quando ficam irritados ou aflitos, vêem aumentadas as crises amebisíacas; cresce o açúcar na urina, aceleram-se as funções desarmônicas da tiróide, agravam-se as dispneias nervosas ou proliferam os eczemas. Inúmeras criaturas vivem algemadas aos mais terríveis padecimentos gerados na sua região abdominal, tentando frenar o vagossimpático à custa de drogas antiespasmódicas, reduzir suas crises de colite ou disenterias amebianas à custa de medicamentos tóxicos, esquecendo-se, no entanto, de que, antes da prescrição médica, é imprescindível controlar a mente e a emoção, pois dessa desarmonia é que resulta o bombardeio incessante ao morbo psíquico, já acumulado na região do abdômen e superexcitado por novos fluxos doentios. Algumas criaturas confessam a seus médicos que, diante do menor receio de êxito em seus negócios ou mesmo devido a qualquer surpresa emotiva, recrudescem-lhes os fluxos disentéricos, exacerbam-se as coletividades parasitárias do intestino, ou aumenta-se-lhes o açúcar na urina.

Os indivíduos atacados pelo estrongilóide, oxiúros, giárdias, amebas histolíticas e outras espécies de vermes microscópicos, são inquietos, pessimistas, remoendo idéias e vivendo antecipadamente os problemas do dia seguinte, devido à profunda influência que esses germes parasitários exercem no seu psiquismo adoentado, pois que se excitam, provocando surtos de virulência no organismo.

PERGUNTA: — Cremos que a enfermidade também pode depender muito da resistência biológica de cada criatura, malgrado a virulência dos venenos psíquicos que lhe baixam do perispírito; não é assim?

RAMATÍS: — Sem dúvida, tanto varia a resistência biológica e hereditária de cada ser, como também varia a sua força mental. Já vos explicamos que as criaturas mental ou espiritualmente vigorosas superam com mais eficiência os efeitos mórbidos das enfermidades em desenvolvimento em seu organismo; elas são mais resistentes à descida das toxinas psíquicas em sua circulação. Durante o processo drenador, mantêm-se em nível vibratório mais elevado, resignadas e sem se deixar abater subjetivamente, do que lhes resultam imensos benefícios. No entanto, as criaturas espiritualmente mais débeis, que dum ligeiro resfriado fazem um melodrama com foro de broncopneumonia, cuja mente pessimista é campo favorável para as forças negativas, agravam o evento da moléstia cármica com o acréscimo mórbido do seu próprio desânimo e rebeldia.

A mente mórbida aumenta o ensejo para maior penetração do tóxico vertido pelo psiquismo, pois também acumula os próprios miasmas do ambiente onde vive, uma vez que, de conformidade com a Lei das atrações magnéticas, o pensamento enfermiço também atrai e condensa maior dose de fluidos enfermos. Daí a grande sabedoria de Jesus, quando sempre exaltava a resignação, a humildade, o pacifismo e a renúncia como estados de espírito que conduzem à bem-aventurança eterna!

PERGUNTA: — Quereis dizer que um indivíduo doente pode aliviar ou reduzir o seu conteúdo tóxico psíquico, desde que se mantenha num estado de otimismo consciente; não é verdade?

RAMATÍS: — O espírito capaz de elevar-se às frequências vibratórias espirituais mais altas, que aceita o seu sofrimento como oportunidade de retificação espiritual e ajusta-se à bem-aventurança da resignação, também eleva o seu "quantum" de luz interior e volatiza grande parte dos venenos aderidos ao seu perispírito. Expurga-os para o meio ambiente, num processo de sublimação psíquica, em vez de fluí-los completamente, pela carne mortificada. Além do ensejo de renovação espiritual, por não acrescer nova carga nociva, a atitude evangélica de conformação não perturba a descida das toxinas mórbidas e asseia mais breve o perispírito.

Todos os agentes enfermiços do mundo psíquico, tais como germes, bacilos, vírus, miasmas, elementais ou tóxicos cruciantes, não resistem à força desintegradora da luz íntima que se projeta do espírito elevado. É por isso que certas criaturas permanecem imunizadas, mesmo quando atuam no meio das enfermidades epidêmicas ou contagiosas pois, tendo eliminado grande parte do morbo psíquico que lhes adensava o perispírito, já puderam libertar em sua intimidade a quantidade de luz suficiente para evitar a proliferação dos agentes perigosos.

PERGUNTA: — Considerando-se que a dor é processo valioso na edificação do espírito, deveríamos condenar todas as nossas instituições terapêuticas, que tentam livrar o homem do sofrimento e extinguir a dor tão indesejável? Seria justo favorecer a proliferação da enfermidade e do aleijão, só porque a dor é de função purificadora?

RAMATÍS: — Desde que o sofrimento e a dor são resultantes do desequilíbrio da ordem moral e do mau uso dos direitos espirituais, é óbvio que só o reajustamento espiritual poderia eliminá-los definitivamente da face da Terra. A dor física ou moral também se manifesta em sentido de advertência ou mesmo corretivo, para manter a vida e garantir o funcionamento normal do corpo humano, a fim de que o espírito descontrolado não se aniquile pelo excesso de desmandos. Em sua função de advertencia, a dor é a bússola de segurança biológica e psíquica; ela assinala a fronteira perigosa que deve ser abandonada e convida o imprudente a reajustar o seu equilíbrio perturbado e tomar o caminho do dever.

Apesar de todas as providências dolorosas que a Lei Divina estabeleceu para evitar que o homem se afaste do dever, há milênios que a humanidade terrena vem cultivando hábitos os mais nocivos! Não opomos contestação e achamos justo, mesmo, que as instituições humanas lutem para vencer a dor e o sofrimento. Mas é evidente que apenas estão lutando contra aquilo que vós mesmos semeastes nos vossos destinos, pois são dores e enfermidades geradas pela negligência humana e não devidas a castigo de Deus.

A dor e o sofrimento resultam do desequilíbrio entre a alma e o sentido benfeitor e educativo do mundo e não de imposição draconiana do Criador. É através da dor provocada pelo próprio homem que a alma é conduzida ao cumprimento dos seus sublimes deveres no seio da vida cósmica; que o animal despoja-se de sua bagagem instintiva inferior para se transformar no anjo refulgente.

Assim, embora sejam a dor e o sofrimento processos de aperfeiçoamento espiritual, não vos aconselhamos nenhuma deliberação radical contra as instituições terapêuticas do mundo, porquanto a Ciência Médica, como responsável pela cura e alívio do corpo físico, é fruto das mais sábias e elevadas inspirações do Alto, pois cumpre a missão de atender ao homem de acordo com as suas necessidades biológicas de adaptação e relações com o meio em que vive e progride.

18.

As moléstias do corpo e a medicina

PERGUNTA: — Sabido, como o é, que as moléstias do corpo físico têm íntima relação não só com os desvios do espírito na presente encarnação como com os desvios praticados em encarnações passadas, que se refletem na vida presente por força da Lei do Carma, desejaríamos saber que papel está reservado ao médico ou que valor pode ter a sua atuação no caso de moléstias de origem cármica ou espiritual. Podeis esclarecer a esse respeito?

RAMATÍS: — Os médicos ajudam as criaturas sofredoras a suportar e resistir estoicamente às dores provocadas pela sua própria expurgação deletéria descida do perispírito para a carne. Eles promovem os hiatos de alívio e de convalescença, contribuindo para que os enfermos não atinjam a fase de saturação e desespero psíquico quando submetidos a um excesso de sofrimento contínuo e acerbo.

No futuro os médicos, além de preciosos servidores vigiando a composição sadia do corpo físico, também cumprirão a sublime tarefa de ajudar o equilíbrio mental e emotivo de seus pacientes, orientando-os para a vivência evangélica, que efetua a cura definitiva da alma.

PERGUNTA: — Mas ainda não contamos com roteiros ou cursos acadêmicos especializados que possam orientar os médicos para o diagnóstico seguro das diversas necessidades espirituais dos seus pacientes. São raros os médicos que, realmente, estão capacitados para cultivar em suas clínicas o velho conceito helênico de "alma sã em corpo são". Que dizeis?

RAMATÍS: — A humanidade terrena, quanto às suas

necessidades espirituais, nunca foi esquecida pelo Alto, pois inúmeros médicos do espírito passaram pela Terra, deixando os mais sublimes e salutares roteiros para a cura definitiva de sua humanidade. Cada povo do vosso orbe, conforme seus costumes, características psicológicas e religiosas, já recebeu do seu guia espiritual o programa certo e elevado para curar-se de suas mazelas psíquicas, embora o seu corpo físico ainda permanecesse enfermo devido aos desatinos cármicos do pretérito.

Buda na Ásia, Hermes Trismegisto no Egito, Confúcio na China, Zoroastro na Pérsia, Krishna e Rama na índia e Jesus na Judeia, além de outros líderes religiosos e terapêuticas do Espírito, ensinaram com devotado carinho quais os verdadeiros medicamentos para a cura da alma. Eles pregaram as virtudes espirituais em todos os climas geográficos do orbe e o fizeram de maneira sublime e entendível a todas as criaturas. Explicaram que, enquanto os pecados fazem mal ao espírito e o levam ao inferno, as virtudes o beneficiam e o conduzem ao céu. A precariedade da época em que atuaram no vosso mundo não lhes permitia transmitir os seus conhecimentos em linguagem técnica e científica, como atualmente já os podeis entender ante o progresso mental do homem.

Mas é evidente que, em face do vosso progresso atual, já podeis aquilatar a virtude como um processo científico e profilático que diafaniza o perispírito, enquanto o pecado o ensombra e intoxica pela produção de venenos psíquicos, que depois deverão ser purgados nos charcos astrais, ou então transferidos para o corpo carnal combalido e enfermo, através de cruciantes sofrimentos. Enquanto os pecados como a gula, o ciúme, a luxúria, a avareza, o orgulho, a vaidade, o egoísmo, a crueldade, a maledicência ou a hipocrisia produzem fluidos tóxicos e lesivos à delicadeza da vestimenta perispiritual, o espírito adquire a saúde quando se habitua à prática da bondade, da paciência, da humildade, da pureza, da honestidade, do amor, do altruísmo, da filantropia, da frugalidade, da renúncia ou da simplicidade.

Há muito tempo, pois, que já existem os mais eficientes roteiros para a cura definitiva do espírito; resta, apenas, que os médicos sejam mais compreensivos na sua missão terapêutica, libertando-se um pouco mais da exclusividade complexa do preciosismo acadêmico e dos seus vultosos compêndios de Medicina, para também confiarem nos ensinamentos deixados por Jesus, os quais são admiráveis medicamentos do mais alto teor sideral.

PERGUNTA: — Estamos inclinados a crer que, se chegássemos a compreender satisfatoriamente a verdadeira função da dor no aperfeiçoamento do espírito, seríamos levados, em virtude de tal convicção, a nos desinteressar da eliminação do sofrimento no mundo. E, se assim procedêssemos, não estaríamos faltando com o sentimento de piedade e amor ao próximo?

RAMATÍS: — O mais acertado não seria o desinteressar-vos do sofrimento do mundo, porém não contribuirdes mais para a sua maior recrudescência na Terra, como ainda o fazeis atualmente. Que adiantam, por exemplo, os esforços heróicos empreendidos para recuperação dos alcoólatras se, entretanto, ainda vos associais e contribuís para as indústrias, empresas e casas que vendem bebidas alcoólicas? E se também os levais para tomar parte em festas nos vossos lares, mantendo a reserva corrosiva em artísticos "barzinhos" modernos, que muito cedo servem de estímulo para os vossos filhos se acostumarem à embriaguez? Muito pouco resulta dos esforços heróicos que despendem os médicos terrenos tentando salvar os seus pacientes das hepatites, nefrites, úlceras, colites, amebíases, uremias, diabete ou cirrose, pois que a maioria da humanidade ainda despreza a alimentação vegetariana e se sustenta com a carne cheia de venenos do animal sacrificado, que lhe fornecem os frigoríficos e as charqueadas macabras!

Enquanto a Medicina se entrega a uma luta titânica contra o flagelo do câncer pulmonar e o considera mais proveniente dos venenos do fumo, porventura certos médicos não fumam desbragadamente?

Não resta dúvida de que são louváveis os vossos sentimentos humanos quando construís hospitais, sanatórios, clínicas, leprosários, nosocômios e os dispensários que atendem às moléstias venéreas, alcoólicas, sifilíticas ou contagiosas, nos quais abnegados cientistas se devotam heroicamente a amenizar os padecimentos terríveis do homem. Mas qual é a verdadeira origem desses sofrimentos, senão a prostituição dos bens sagrados do espírito, com a qual se verifica o desgaste do corpo humano no sensualismo mórbido da carne, na glutonaria das mesas pantagruélicas ou pelos corrosivos modernos habilmente disfarçados pelas etiquetas aristocráticas!

Sem dúvida, também é preciso aumentar o número de instituições cirúrgicas a fim de socorrerem a mulher "elegante" do século XX, que devido à prática absurda e tão comum do aborto, necessita extrair com segurança os seus órgãos preciosos da maternidade, a fim de não perder a sua linha venusiana e não deformar o ventre! Consequentemente, a morfina, o álcool, a perversão sexual, o fumo, o aborto, a jogatina, a glutonaria, a intemperança, a alimentação carnívora, tudo isso somado ainda ao veneno psíquico do desregramento mental e emotivo, que é produzido pela cobiça, crueldade, ambição, avareza, ódio, raiva, vingança ou luxúria, está a exigir maior quantidade de hospitais, clínicas, penitenciárias, asilos e manicômios, para se alojar o contingente progressivo de criaturas vitimadas pela dor e pelo sofrimento.

Malgrado o sentimento de piedade da classe médica do mundo e a sua preciosa colaboração clínica e cirúrgica moderna, ela não consegue sustar a proliferação incessante das moléstias humanas, com o seu consequente efeito de retificação cármica dolorosa. Muitos cientistas e médicos criteriosos sentem-se quase desanimados em suas tarefas heróicas, ante a impossibilidade de contornar o vasto problema da dor humana pois, mal conseguem debelar certa enfermidade, eis que outra a substitui, tenaz e implacável, desafiando novas pesquisas e experimentações fatigantes. Eles já não conseguem esconder o seu pessimismo e cansaço no combate às moléstias humanas pois, enquanto a ciência médica progride aritmeticamente, a doença insidiosa grassa geometricamente!

PERGUNTA: — A dor ainda deverá ser o fardo pesado do homem por muito tempo?

RAMATÍS: — O sofrimento, como um processo de limpeza psíquica, ainda se torna necessário por muito tempo, no tipo de planeta que habitais. O espírito encarnado na Terra é entidade que exige a dor como elemento de apressamento para a Luz! Conforme lembramos anteriormente, muito cedo ele se submete ao exercício gradativo de condicionamento à dor, a fim de mais tarde poder enfrentar com êxito o sofrimento cruciante, que é mais comum na fase adulta da expurgação tóxica procedida do perispírito. A infância do corpo físico, na Terra, também é de expurgação dos fluidos perniciosos da alma, quando esta enfrenta as moléstias tradicionais como o sarampo, a varicela, a coqueluche, a caxumba, a escarlatina, a furunculose, fenômenos da dentição, etc.

Na verdade, embora muitos possam descrer do que dizemos, tais situações aflitivas tornam-se verdadeiro treinamento que experimenta e gradua a preliminar do descenso mais vigoroso das toxinas psíquicas, prenunciando maiores sofrimentos no futuro. É bem a fase preparatória, que adestra e habilita a alma para-os padecimentos porvindouros; mas, infelizmente, as criaturas enquanto expurgam certa dose maléfica de sua carga psíquica, praticam novos desatinos na vida atual, do que sempre lhes resulta novo acúmulo deletério, que conduzem para a encarnação seguinte.

PERGUNTA: — Mas essas enfermidades como o sarampo, a catapora, a varicela, a caxumba e até mesmo a coqueluche, que na infância podem servir de treino para o espírito adestrar-se ante os piores sofrimentos futuros, porventura também não atacam os próprios adultos, como já temos observado?

RAMATÍS: — Não convém encarardes de modo dogmático as diversas manifestações do sofrimento nas criaturas, pois ele se exerce mais por força de necessidade espiritual do ser, e independente de idade ou de qualquer outra imposição pessoal. As moléstias características da infância, e que podem também atacar os adultos, são verdadeiros ensaios que preparam o espírito para a sua maioridade terrena.

A dor, que varia de espírito para espírito, não é específica de certa idade ou época, mas se manifesta de conformidade com as causas íntimas de cada criatura, independentemente de raça, cor, temperamento, sexo ou idade. Os germes causadores das enfermidades humanas só proliferam perigosamente quando no organismo do homem se estabelece o terreno eletivo para a eclosão da enfermidade. O êxito microbiano depende fundamentalmente da condição mórbida ou "miasmática", que o próprio espírito cria no corpo devido à sua desarmonia psíquica. É o miasma do psiquismo doente que atrai os germes patogênicos e os alimenta, fazendo-os acumular-se em certos órgãos ou sistemas do corpo físico. Os microrganismos, na realidade, são os elos intermediários que se constituem em pontes virulentas e ajudam os espíritos a despejar na carne torturada os seus venenos psíquicos, de cuja ação e presença então se identifica um tipo de moléstia característica e devidamente classificada na terminologia médica.

Geralmente a enfermidade, que depois é assinalada pelo médico, quase sempre vem eclodindo insidiosamente durante anos e até séculos nas encarnações do espírito. Pouco importa, pois, que se assegure um diagnóstico feliz e se detalhe com minúcias o curso evolutivo da doença, ou que o conhecimento acadêmico saiba que a coqueluche é afecção produzida pelo germe de Pertussis, o sarampo uma doença exantemática e cutânea, a escarlatina fruto do estreptococo, a meningite do meningococo, a difteria do bacilo de Klebs, a tuberculose oriunda do bacilo de Koch ou que a caxumba é morbo proveniente de estranho vírus.

Sem dúvida, tais explicações técnicas e médicas ajudam muitíssimo o facultativo a restringir a moléstia e a evitar os perigos do contágio, combatendo os tipos de germes atraídos pelo terreno subvertido e reforçando a defesa orgânica. Mas nada disso impede ou soluciona a verdadeira causa mórbida psíquica, que nutre o corpo enfermo e alimenta o micróbio invasor. A harmonia psíquica é a saúde do corpo físico; na tradição espiritual não nos consta que Jesus houvesse sido perturbado em sua infância por doenças que a Medicina classifica em suas tabelas patológicas. Também não se sabe que Francisco de Assis houvesse desencarnado vítima de qualquer moléstia adquirida pelo contágio entre os infelizes que ele atendia cotidianamente, pois é indubitável que esses espíritos sublimes não produziam o terreno eletivo e favorável para a nutrição patogênica!

Mas aqueles que sobrecarregam o perispírito com tóxicos lesivos ao corpo carnal, quando se encarnam tanto podem fazê-los eclodir no berço de nascimento físico, como durante a sua infância, na fase adulta, ou da velhice. Assim como as flores e as plantas só brotam e repontam em épocas apropriadas, obedecendo aos ciclos lunares e às estações peculiares do ano, os germes também proliferam no organismo de acordo com certas condições e leis biomagnéticas. Desde que eles encontrem fluidos mórbidos que os possam nutrir, então se produzem com facilidade. Conforme seja esse fluido enfermiço ou tipo de miasma, tanto pode-se plasmar a coqueluche, a escarlatina, o sarampo, a varicela, como o câncer ou a tuberculose. Não é a classificação acadêmica, nem o tipo de germe isolado com êxito, o que realmente se responsabiliza pela natureza essencial da doença, mas é o espírito enfermo — repetimos - que pela sua descarga psíquica deletéria produz as condições favoráveis para a eclosão da moléstia.

PERGUNTA: — Como entenderíamos melhor a vossa afirmativa de que o êxito microbiano depende fundamentalmente da condição mórbida ou "miasmática" do psiquismo doente, que então atrai os germes patogênicos e os alimenta?

RAMATÍS: — As causas enfermas, como já expusemos, não residem especificamente na existência ou proliferação desses germes, bactérias ou bacilos; eles só aparecem depois que se estabelece a desvitalização orgânica, quando a carga residual psíquica leva o corpo físico à saturação mórbida e então se produz o estado ou o terreno favorável para a sua procriação. É de senso comum que o organismo humano é portador da progênie de toda espécie microbiana, porquanto o seu arcabouço, na realidade, não passa de vigorosa rede de magnetismo sustentando inumeráveis coletividades de germes invisíveis aos olhos comuns, mas responsáveis por todas as funções e necessidades orgânicas.

A verdadeira causa das moléstias germina no desequilíbrio psíquico, quando a mente se subverte e acelera a dinâmica perigosa das paixões brutais. Então produzem-se os tóxicos nocivos que depois afetam a força vital etérica e alimentam os vírus invisíveis do mundo astral, fazendo-os baixar vibratoriamente até à organização carnal. Ante a desarmonia vital provocada pelo descenso dos venenos psíquicos oriundos da mente desgovernada, o organismo fica incapacitado para impedir a proliferação microbiana perigosa, assim como seria impossível suster-se uma avalancha líquida desenfreada, depois que se rompessem as comportas de uma represa. Aliás, muitos cientistas terrenos já concluem, sensatamente, que "os micróbios acompanham mas não causam a doença".

PERGUNTA: — Ser-vos-ia possível citar algum exemplo mais concreto, com que pudéssemos assimilar melhor as vossas considerações?

RAMATIS: — Lembramo-vos que, embora a Medicina durante muito tempo houvesse considerado os vermes intestinais como parasitas produtores de toxinas maléficas e responsáveis pela estase intestinal, os microbiologistas modernos os aceitam como microrganismos simbólicos e úteis, cuja função é desintegrar os resíduos alimentares e transformá-los sinteticamente em vários elementos, tais como certas vitaminas e proteínas necessárias ao equilíbrio biológico. Na atualidade já se presume que os colibacilos, tão temidos antigamente como microrganismos virulentos, aparecem no intestino do recém-nascido para cumprir a preciosa tarefa de fabricar a vitamina K, de cuja ausência se verifica a incontrolável hemorragia. Outros tipos de microrganismos ou microgênicos produzem o leite, a linfa, os sucos gástricos, os fermentos pancreáticos, os hormônios glandulares, enquanto várias outras espécies filtráveis operam até na admirável rede nervosa.

O bacilo de Koch, por exemplo, não é o responsável específico pela tuberculose pulmonar, pois a sua presença é devida às condições vitais e nutritivas que se estabelecem anteriormente no pulmão, conforme já vos elucidamos. Ele apenas defende o sagrado direito da vida e atende à sua prole procurando terreno simpático para progredir. Lembra o que acontecia com os "peles-vermelhas" americanos, que emigravam para os territórios de caça ou os silvícolas brasileiros, que escolhiam as regiões de pesca e caça ou de frutos nutritivos, onde pudessem cumprir os imperativos da vida humana.

PERGUNTA: — Que ideia poderíamos fazer dessas toxinas psíquicas, que nutrem diversos tipos de micróbios e produzem assim diferentes tipos de enfermidades? Podeis dar-nos algum exemplo mais objetivo?

RAMATÍS: — Conforme o tipo de desregramento psíquico, também se produz a sua toxina específica. Assim é que o fluido mórbido produzido pelo ciúme é muito diferente daquele que é fruto da luxúria, da cólera ou da crueldade. Deste modo, também varia a sua ação virulenta quando verte para a carne, como também varia a sua preferência especial por determinada região ou órgão do corpo físico. Consideremos, por exemplo, certo tipo de toxinas ou fluido mórbido psíquico, produzido pela mente desgovernada, e que ao "descer" do perispírito só se acumule preferencialmente em torno da região do tórax-etérico, onde se situa o "chacra" cardíaco, que é o órgão do duplo etérico controlador dos movimentos autônomos do coração e da respiração do corpo carnal. Sob a lei sideral de correspondência vibratória, esse conteúdo tóxico, oculto no tórax espiritual, há se de transferir e estagnar no tórax físico, quando da encarnação do espírito ou mesmo durante a sua produção deletéria quando encarnado. Só mais tarde, então, com a morte do corpo físico, o veneno será absorvido pela terra, devido à desintegração cadavérica. Conforme seja a resistência orgânica ou o tipo humano com os seus ascendentes biológicos hereditários, é que o veneno psíquico também há de produzir afecções na região respiratória, sob vários aspectos; enferma os alvéolos bronquiais, perturba a diástole ou sístole cardíaca, dificulta a respiração e a circulação nos pulmões, oprime a função irrigadora das coronárias ou asfixia o campo magnético onde se move o coração. Em algumas criaturas resultam as dispneias asmáticas, as arritmias, os estados respiratórios opressivos; noutras é a propensão fácil para a bronquite ou afecções pulmonares mais graves.

Queremos esclarecer-vos, enfim, que um mesmo tipo de toxinas baixadas do psiquismo pode provocar diferentes reações enfermiças quando atua em diversas criaturas diferentes, pois a maior ou menor resistência dependerá particularmente das suas constituições orgânicas hereditárias. Há casos, por exemplo, em que o mesmo veneno psíquico que num indivíduo afeta exclusivamente a função cardíaca, noutra criatura apenas atinge o centro respiratório, ou então produz o terreno propício para a proliferação do pneumococo.

Quando esse tipo de veneno psíquico, eletivo da região torácica, é bastante denso e excessivamente radioativado em suas emanações nocivas, em certos casos pode causar uma espécie de asma de fundo tipicamente astral. E para espanto da Medicina acadêmica, esta moléstia só é aliviada ou curada sob o tratamento de passes magnéticos, medicamento homeopático de alta dinamização, ou então pelo poder dissolvente do magnetismo terapêutico, que é irradiado pelo processo de "simpatia" ou "benzimento", muito familiar a certos magistas e curandeiros sertanejos.

PERGUNTA: — Podeis dar-nos algum exemplo que nos faça compreender melhor como é que esse veneno psíquico radioativado pode provocar um tipo de asma de fundo astral?

RAMATÍS: — O fenômeno faz lembrar a estranha propriedade de certos arvoredos excêntricos, que acumulam fluidos e se tornam radioativados e, em seguida, bombardeiam a aura magnética das criaturas que se colocam sob a sua influência, produzindo-lhe alergias edematosas, urticárias e eczemas, conforme acontece com o conhecido "pau-de-bugre" do vosso país. Sabem os curandeiros e benzedores que a aura da pimenta-brava cura eczemas no processo de simpatia e benzimento; a arruda, semelhante a um barômetro vegetal, assinala e condensa fluidos perniciosos e a "guiné-pipi" os transforma para higiene magnética do ambiente.

PERGUNTA: — Tendes afirmado que a maior ou menor virulência das toxinas que baixam do psiquismo e depois se materializam na carne também pode depender do estado mental positivo ou negativo da criatura. Podeis exemplificar-nos melhor o assunto, tomando por base o caso das doenças cardiopulmonares?

RAMATÍS: — Não resta dúvida de que, se o espírito é mais credenciado no curso da vida espiritual, também enfrenta com maior êxito a operação de "descida" das toxinas do seu perispírito, enquanto o que é excessivamente pessimista, cuja mente se atemoriza ao primeiro sintoma enfermiço, ainda favorece o campo mórbido para maior receptividade de venenos psíquicos. Desde que sob a Lei Cármica "a colheita é de acordo com a semeadura", os espíritos que se descuidam de viver de modo positivo e confiantes nos objetivos espirituais superiores produzem em si mesmos estados negativos, que futuramente hão de oferecer melhor repasto para a procriação de germes e consequente enfermidade. Há enfermos graves que se curam com facilidade sob o mesmo tratamento com que outros de menor gravidade se aniquilam completamente, porque ainda fortalecem o miasma doentio em sua organização psicofísica.

PERGUNTA: — Qual o processo pelo qual o "miasma" citado por vós provoca a tuberculose, quando de sua "descida" do perispírito para o corpo humano?

RAMATÍS: — Convém repetir-vos, mais uma vez, que a tuberculose não é moléstia específica produzida por bacilos, mas é essencialmente oriunda de um tipo de veneno psíquico gerado pelo desregramento mental e que, ao se desagregar do perispírito e se transferir para o organismo físico, acumula-se, de preferência, em torno da região etérica pulmonar. Após a sua descida vibratória, ocorre o já citado fenômeno da "estase" ou a estagnação do magnetismo enfermiço, que se transforma num lençol virulento, nutritivo, e inacessível aos exames de laboratórios terrenos. Constitui-se, então, em ótima alimentação morbígena para multiplicar a progênie do bacilo de Koch, que é considerado academicamente o responsável direto pela tuberculose pulmonar.

A estrutura vital-física pulmonar vai-se fragmentando rapidamente, por efeito de proliferação dessa vida microbiana anormal para o organismo; perturba-se a aglutinação molecular e a sua harmonia eletrônica na formação de novas células. Após a convergência dos bacilos atraídos pelo tipo do miasma descido do psiquismo enfermo e transferido do perispírito para a região pulmonar, não tardam a surgir as cavernas que posteriormente são acusadas pelas chapas radiográficas e que a ciência classifica sob a etiologia tuberculínea. Cada moléstia classificada pela Medicina corresponde exatamente a um tipo de subproduto de fluido tóxico mórbido, que é gerado pela mente desgovernada e se acumula na contextura do perispírito; mas, em verdade, isso apenas confirma a existência de um doente e não da doença! Quanto à infecção microbiana, é apenas um fenômeno natural da vida do mundo infinitesimal, que procura a nutrição adequada para a justa procriação de sua espécie, e não por qualquer ferocidade inata.

PERGUNTA: — Baseando-nos em vossas elucidações, seria contraproducente, por exemplo, empreender-se a cura da tuberculose, quando sabemos que se trata de um espírito expurgando certo tipo de veneno psíquico acumulado noutras vidas? A sua cura física não poderia perturbar-lhe o próprio curso benfeitor de retificação espiritual?

RAMATÍS: — Tornamos a lembrar-vos que é muito justo o empenho dos médicos em procurar debelar as enfermidades humanas, o que deve ser feito sem qualquer preocupação em se saber se a doença é expurgação tóxica do espírito enfermo, ou apenas moléstia específica da carne. O que temos a lamentar é que, apesar de tantos esforços louváveis e sacrifícios de abnegados cientistas e estudiosos, infelizmente a humanidade nunca se apresentou tão enferma quanto na atualidade, embora se verifiquem os mais admiráveis progressos terapêuticos e cirúrgicos da Medicina moderna. Apesar de esta haver conseguido algumas soluções felizes sobre velhas incógnitas patológicas, novas enfermidades têm substituído as antigas, desafiando os mais eficientes recursos atuais e zombando da terminologia médica elaborada à custa dos exaustivos esforços de laboratórios e pesquisas meticulosas.

As estatísticas terrícolas advertem do aumento assustador do câncer e de várias outras moléstias exóticas e desconhecidas; a poliomielite, as anemias, as afecções exóticas, as dermatites graves, as úlceras gástricas e pépticas e o aumento incessante das enfermidades hepáticas, ainda afrontam o talento e a previsão médica dos mais abalizados cientistas. Cresce a neurose, a alienação mental, e os hospitais se tornam insuficientes para atender a tantos desequilíbrios nervosos e desacertos mentais. Embora a humanidade terrena ainda esteja usufruindo dos favores da penicilina, estreptomicína, aureomicina, terramicina e outras conquistas da terapia moderna dos antibióticos, infelizmente a Medicina ainda não pôde vencer com êxito o mortificante páreo da dor e do sofrimento humano!

A patologia do câncer, a morféia nervosa e os terríveis efeitos remanescentes da sífilis continuam a exigir o heroísmo dos mais devotados e geniais cientistas responsáveis pela saúde humana; os abalizados médicos e os pesquisadores brilhantes discorrem gravemente sobre as últimas teorias terapêuticas assinaladas nos mementos farmacológicos mas, infelizmente, também precisam considerar como obsoletas muitas das práticas e terapias que prognosticavam sucessos incomuns, mas foram inúteis! Médicos sensatos e prudentes advertem da perigosa e inócua medicação fabricada à última hora, que só atende aos interesses comerciais e aos ganhos inescrupulosos, sem a garantia de demorada experimentação preventiva!

As moléstias continuam a exigir as mais demoradas reflexões dos clínicos abalizados, enquanto os hospitais se tornam insuficientes para abrigar os enfermos de todas as classes. Na realidade, a Medicina tem debelado ou impedido de grassar muitas doenças perigosas para a espécie humana, graças aos seus excelentes recursos de laboratório e radiologia. Conseguiu certo êxito contra a tuberculose, a lepra, a brucelose, o tifo e certas afecções reumáticas, impedido a proliferação microbiana indiscriminada e opondo-lhe as comportas maciças dos antibióticos ou da farmacologia pesada de última hora.

Mas é evidente que, apesar da liquidação apressada dos germes específicos de tais moléstias e o represamento da enfermidade por hábil entancamento medicamentoso, isso não tem conseguido impedir a vertência contínua do tóxico produzido pelo psiquismo doentio. Sob a lei de biologia psíquica, as toxinas que fluem do perispírito para a carne, quando são represadas pelo êxito médico da Terra, apenas aguardam oportunidade mais favorável para então verter, outra vez, em direção ao campo material. Nenhuma força humana conseguirá impedir tal expurgo do perispírito para o corpo físico, seja na atual ou na próxima encarnação. E mesmo que a Medicina volte a arrasar os micróbios responsáveis pelas doenças da terminologia médica, as toxinas tornarão a baixar para o condensador vivo, de carne.

A cura real e definitiva da tuberculose ou de qualquer outra enfermidade só se concretizará depois que for efetuada a limpeza completa dos venenos acumulados na veste perispiritual, ou quando o espírito se entregar definitivamente à observância cotidiana dos princípios terapêuticos estabelecidos pelo Cristo-Jesus — o Médico Divino! Doutra forma, embora louvemos a sabedoria e os esforços heróicos dos médicos enfrentando as mais graves enfermidades, ficai sabendo que, sem a sanidade espiritual, o morbo psíquico represado ou estorvado pela terapêutica do mundo sempre encontrará ensejo para prosseguir novamente pela carne no seu curso ou "descenso" implacavelmente expurgativo!

PERGUNTA: — Como entenderíamos melhor esse "desvio" que os venenos do perispírito efetuam para a carne, quando são reprimidos pelos recursos da terapia terrena?

RAMATÍS: — A corrente letal vertida pelo psiquismo enfermo, quando é estorvada, escoa-se por outras vulnerabilidades orgânicas, para então produzir novos quadros enfermos conhecidos ou exóticos. Desde que a Medicina ou a Cirurgia impeça a sua eclosão para a matéria, quer pela barricada medicamentosa, quer pela extração dos órgãos enfermos, não tenhais dúvida: a expurgação há de continuar na próxima encarnação do espírito, caso não consiga êxito nos charcos depurativos do astral. Então o corpo que servir para a nova encarnação também se tornará a esponja absorvente do tóxico psíquico que porventura haja ficado reprimido e ainda pese na economia do perispírito. E o círculo vicioso da patogenia humana há de continuar, até que alhures se complete o expurgo de todo o conteúdo enfermiço da alma. Assim, embora os pacientes louvem a Medicina, quando esta lhes faz a diagnose brilhante da sífilis, da tuberculose, do diabetes, da hepatite ou do artritismo crônico e interrompe a descida dos venenos psíquicos para a carne, é possível que, na encarnação seguinte, esses mesmos espíritos venham a despertar no berço físico já condenados a terríveis padecimentos, que serão produzidos pelo mesmo fluido tóxico que foi estagnado pela intervenção médica. Talvez se verifique a poliomielite, o reumatismo deformante, o câncer, a epilepsia, as dermatites graves ou quaisquer outras moléstias e distrofias conhecidas, e que ainda podem ser exacerbadas por outras novas irregularidades mentais e emotivas.

Não basta, pois, apenas o massacre indistinto dos bacilos de Koch ou de Hansen, dos espiroquetas, vírus ou parasitas indesejáveis, para que o morbo psíquico se esgote e deixe de nutri-los, porquanto ele continuará a circular na vestimenta perispiritual até nova oportunidade de expurgo. É por isso que, certas vezes, após o médico rejubilar-se pela cura de qualquer enfermidade insidiosa, depois se surpreende dolorosamente, quando o seu paciente sucumbe vítima de outra moléstia desconhecida. Isso prova que não houve êxito terapêutico completo, mas que apenas foram superados os efeitos enfermos, enquanto permanecia latente a causa mórbida psíquica, que voltou novamente a ferir o corpo carnal.

PERGUNTA: — Considerando-se, por exemplo, que deter-

minado homem deveria desencarnar tuberculoso aos 60 anos de idade, mas que, em face de socorro médico, ele fica curado aos 40 anos, podemos pressupor que o seu espírito terá de enfrentar, no futuro, nova existência física, tornando a ser tuberculoso mais 20 anos?

RAMATÍS: — Somos obrigados a recordar-vos, mais uma vez, que, nesse exemplo que citais, a Medicina não teria curado o doente, mas apenas reprimido a doença. Sem dúvida, as toxinas psíquicas, cujo expurgo completo só se efetivaria aos 60 anos de idade física, foram refreados pela intervenção médica aos 40 anos e, realmente, ainda restariam 20 anos para a sua expurgação total. Mas há a considerar que, embora o corpo ficasse curado, nem por isso ter-se-ia diminuído a quantidade de veneno psíquico acumulado no perispírito, para a qual a técnica sideral previra um expurgo total no prazo de 60 anos de vida carnal. Embora o tisiologista pudesse liquidar os bacilos de Koch e recuperar o terreno pulmonar pela urgente calcificação do doente, isso não seria o bastante para comprovar-se que se extinguira completamente o conteúdo tóxico incrustado na veste perispiritual.

Malgrado o êxito do médico sobre o corpo carnal, as toxinas do perispírito não desapareceriam, pois a quantidade represada antes do prazo marcado para a sua descida total ainda continuaria afligindo o espírito no mundo astral, depois da sua desencarnação.

PERGUNTA: — Consequentemente, esse espírito do nosso exemplo ainda teria que ser tuberculoso, na sua próxima encarnação, durante mais 20 anos; não é assim?

RAMATÍS: — Não julgueis a Lei do Carma como sendo uma lei draconiana, semelhante à do "olho por olho e dente por dente". Nenhum acontecimento na vida criado por Deus é de natureza punitiva! A tuberculose, ou qualquer outra doença, como um produto da descida dos venenos psíquicos acumulados pela alma nos seus momentos "pecaminosos", manifesta-se tão virulenta ou suave nos seus sintomas patogênicos conforme seja a resistência orgânica hereditária, do paciente.

A própria Medicina distingue e classifica os tipos humanos em suas diversas tendências, vulnerabilidades e resistência congênitas, conforme os seus fatores anatômicos e fisiológicos. Há os indivíduos de propensão tuberculínea, diabética, reumatóide, sifilítica ou apoplética, assim como também os biótipos sanguíneos, nervosos, linfáticos, fosfóricos, carbônicos, hipertireóidicos ou hipotireóidicos. Em consequência, a carga fluídica enfermiça, que baixa do perispírito para a carne do homem, também produz a moléstia em perfeita afinidade e coesão com todos os fatores inerentes a cada tipo humano.

Para melhor entendimento do que perguntais, recordamos o que já vos temos dito anteriormente, isto é, que o mesmo tipo de fluido danoso "descido" do perispírito para o corpo carnal, e que se acumula de preferência na região cardiopulmonar, modifica-se na sua ação deletéria quando flui por entre indivíduos que diferem entre si na sua resistência biológica. Em alguns seres os venenos psíquicos podem produzir a arritmia cardíaca, a miocardite, a doença azul, a angina ou enfarte; mas, atuando noutros, embora na mesma região torácica, causam a bronquite, a asma brônquica ou a gripe crônica, a pleurisia ou pneumonia. E nas criaturas de ascendência hereditária mais débil o mesmo miasma pode estabelecer o terreno eletivo para a tuberculose, porquanto se torna ótimo alimento para a coletividade microbiana do bacilo de Koch.

Por isso, um indivíduo curado de tuberculose aos 40 anos de idade, quando ainda lhes restavam 20 anos de vida física para a purgação total do veneno do seu perispírito, tanto poderá sofrer um novo surto de tuberculose na sua próxima encarnação, como ser vítima de qualquer outra moléstia semelhante na zona cardiopulmonar. Tudo dependerá, na realidade, do novo tipo biológico de organismo em que ele venha a se encarnar no futuro, e da maior ou menor qualidade dos seus ascendentes hereditários.

PERGUNTA: — Mas insistimos; em face da lei que exige o pagamento "até o último ceitil", tal espírito não devia ser tuberculoso na seguinte encarnação, durante 20 anos em que foi interrompida a expurgação dos seus fluidos tóxicos, devido à cura prematura de sua tuberculose?

RAMATÍS: — O espírito conjeturado como exemplo em vossas indagações poderia reduzir sua cota de venenos psíquicos na própria existência em que fosse curado prematuramente, aproveitando os últimos 20 anos de sua vida física para viver submisso aos ensinamentos salvadores de Jesus. Se o ódio, o ciúme, a inveja, a raiva ou a cobiça vertem venenos psíquicos para o corpo físico, o amor, o altruísmo, o perdão, a humildade, a mansuetude ou a bondade fazem bem à saúde! Uma vida pura e de serviço amoroso incessante ao próximo não somente apura a carga doentia do espírito intoxicado, como ainda volatiliza grande parte do seu conteúdo deletério, reduzindo-a para a encarnação seguinte. E se na próxima encarnação tal espírito evitar produzir toxinas lesivas ao seu novo corpo físico, também dispensará a prova da tuberculose que ainda deveria ser cumprida nos 20 anos restantes. Desde que se enfraquecesse o seu tóxico psíquico, sob o treino sublime do Evangelho, também poderia expurgá-lo de modo suave e menos ofensivo à carne, porquanto não existe nenhuma deliberação sádica ou punitiva por parte do Criador a exigir pagamentos sob a lei draconiana do "olho por olho e dente por dente".

Quando o espírito encarnado atinge o prazo final de sua

expurgação tóxica, ou tenha-se renovado pelo Evangelho do Cristo, basta muitas vezes uma singela prescrição medicamentosa de qualquer médico inexperiente, curandeiro ou médium, para que ocorra a sua cura instantânea e desapareçam os últimos sintomas enfermiços do seu organismo físico. Então o povo atribui logo esse sucesso incomum aos poderes sobrenaturais ou à intervenção divina, enquanto tais curas miraculosas e intempestivas também servem para confundir os cépticos e ativar a fé nos crentes indecisos.

PERGUNTA: — Do fato de se verificar o contágio de certas moléstias, não se poderia deduzir que as enfermidades nem sempre dependem da "descida" de toxinas, mas são consequentes dos fatores adversos e naturais da própria vida física?

RAMATÍS: — O contágio patogênico só é possível quando nas próprias criaturas contagiadas existe o elemento fundamental "miasmático" que, então, serve de base para os germes contagiantes. A maioria da humanidade terrena ainda é portadora de carga fluídica mórbida, ou de um miasma crônico, que vem sendo nutrido através dos séculos e dos milênios, pela imprudência dela mesma. Esse miasma, que se entretém como uma carga mórbida coletiva, serve então de elo favorável para que a moléstia epidêmica se dissemine e se faça o contágio. É uma soma residual dos tóxicos psíquicos que são elaborados pelas criaturas em sucessivas encarnações, constituindo-se na essência mórbida básica, que faz eclodir as enfermidades semelhantes e alimenta os germes afins.

PERGUNTA: — Mas em face dos cuidados e da profilaxia vacinoterápica, com que os médicos reduzem atualmente o perigo do contágio, entre as enfermidades epidêmicas, isso não comprova que tais moléstias são mais próprias do meio físico, não provindo de qualquer miasma incubado na humanidade, que sirva de base do contágio?

RAMATÍS: — Durante qualquer epidemia há um "eriçamento" do mesmo tipo de morbo psíquico, ou toxicismo coletivo, que permanece latente nos indivíduos saturados pela mesma espécie de desregramento mental e emotivo do passado. Os germes, então, encontram fácil acesso nos conjuntos ou grupos de indivíduos mais afinizados entre si, provocando os surtos epidêmicos. Mas é evidente que durante as epidemias também não perecem todas as criaturas.

E a prova de que não existem doenças mas doentes está em que, apesar de grassarem epidemias que atacam grande porcentagem das populações, muitos seres são completamente imunes ao contágio mórbido, tal como acontece com certos médicos, enfermeiros, frades, freiras e auxiliares, que atuam em asilos, hospitais, dispensários ou conventos algumas vezes infestados por moléstias contagiosas. A verdade é que não existe nessas criaturas o "elo" enfermiço, ou a essência mórbida que deveria alimentar o terreno favorável para a proliferação do germe responsável pela doença contagiosa. Falta-lhes, pois, o miasma de contato, ou elemento mórbido invisível que nutre e ajuda a progênie do vírus da moléstia. Inúmeros seres abnegados, tais como Francisco de Assis e outros, viveram entre leprosos ou tuberculosos sem que seus organismos protegidos pela admirável harmonia espiritual apresentassem qualquer dano ou moléstia!

PERGUNTA: — De vez que o espírito expurga gradativamente pelo corpo físico o seu veneno psíquico acumulado em vidas passadas, não lhe seria possível descarregar todo esse tóxico de uma só vez, ou seja, livrar-se dele numa só encarnação?

RAMATÍS: — Os venenos psíquicos que são despejados do perispírito para o vaso físico, que é o corpo humano, significam o lixo resultante das "operações baixas" efetuadas pela mente espiritual no passado e no presente. Assim, variam a resistência de cada espírito e a sua capacidade estóica para aguentar a operação tóxica drenativa para a carne.

Muitos espíritos, depois de encarnados, e olvidando a promessa corajosa feita no Espaço, desesperam-se ante a impossibilidade de uma cura corporal e preferem fugir da vida terrena pela porta truculenta do suicídio. Mesmo aqueles que aceitam uma expurgação tóxica muito intensa, mas que ainda se conservam encarnados até o fim do prazo combinado no Além, algumas vezes também se deixam aniquilar por um pessimismo tão desolador e mortificante, que ainda acrescentam nova dose de fluidos mórbidos à sua carga enfermiça primitiva, trazida do passado. Assim, não só prejudicam grandemente a oportunidade de sua higienização psíquica, pelo excessivo compungimento e forte melancolia, como também se transformam nos conhecidos tipos hipocondríacos descrentes dos experimentos benfeitores da vida humana e curtindo amarguras até nos momentos venturosos. O otimismo e a fé nos objetivos da espiritualidade ajudam a diafanizar o perispírito e favorecem a maior eclosão de luz interior, que fluirá em socorro do espírito combalido.

Os mentores siderais, prevendo muitas vezes o fracasso dos espíritos mais débeis na tentativa de expurgarem de uma só vez para a carne a sua carga tóxica, providenciam para que a cura psíquica se faça gradativamente, em várias encarnações terapêuticas que lhes permitam a suportação até o final da existência física. Mas ainda existem certas almas que conservam estagnados no seu perispírito os venenos remanescentes de milênios passados, em vista de haverem desperdiçado excelentes oportunidades de drená-los para o mundo material. E a sua situação dolorosa ainda perdura por muito tempo, porque tais entidades, em vez de manterem o sensato equilíbrio entre a emotividade e a mente, preferem contaminar-se novamente com as explosões pecaminosas de cólera, ciúme, inveja, cobiça, maledicência, luxúria, ódio, avareza e cupidez. Assim, o conteúdo pernicioso que conseguem expurgar pelo sofrimento purificador, através da carne, é substituído constantemente por nova carga ruinosa, enquanto algemam-se outra vez ao círculo triste das reencarnações físicas retificadoras e transpõem os milênios atadas ao jugo do Carma doloroso!

P*ERGUNTAS: — Como poderemos conhecer os tipos encarnados que já se encontram nas derradeiras existências de esgotamento final dos seus venenos psíquicos para a carne?*

RAMATÍS: — São as criaturas que, embora acometidas das mais terríveis moléstias, mantêm-se resignadas, pacíficas, brandas e conformadas. Atravessam a vida física transformando suas dores em verdadeiros hinos de beleza espiritual, animando com sua coragem até aqueles que sofrem muito menos e se conservam rebeldes e desanimados. Em geral, devotam-se profundamente aos ensinamentos de Jesus, haurindo nele as forças de que tanto precisam para não sucumbir nem incorrer em novas faltas cármicas.

Essas renunciam às ilusões do mundo material e partem da Terra como as aves que se libertam do viscoso lodaçal, alçando o voo sereno para as regiões celestiais. Elas aceitam a dor como o sublime ensejo para purificarem e lavarem o traje nupcial, que o espírito precisa depois vestir nas esferas paradisíacas.

PERGUNTA: — No entanto, acreditamos que também existam espíritos corajosos, que preferem tentar a expurgação do seu veneno perispiritual numa só existência física mais gravosa; não é assim?

RAMATÍS: — Realmente, alguns espíritos heróicos decidem-se a acelerar a descarga dos seus fluidos doentios e tormentosos do passado e, se possível, fazê-lo numa só existência, embora seja muitíssimo raro que o consigam em tão curto prazo pois, além de o expurgo psíquico muito intenso provocar dores atrozes, ainda pode causar lesões que perturbam o sistema nervoso e dificultam o aproveitamento consciente da encarnação. Não há dúvida de que, apesar dos padecimentos vultosos nas provas mais sacrificiais de esgotamento tóxico, as entidades sempre conseguem expulsar grande quantidade de morbo que oprime a sutilíssima veste perispiritual.

Mas, enquanto há espíritos que preferem descarregar de

uma só vez os tóxicos incrustados no seu perispírito — o que lhes seria menos ofensivo e cruciante se o fizessem gradativamente em várias encarnações posteriores — também há outros portadores de venenos psíquicos tão violentos que, embora reduzam ao mínimo a sua vertência para a carne mortificada, padecem terrivelmente desde o berço até ao túmulo.

PERGUNTA: — Que dizeis sobre a lepra que, além de causar um sofrimento tão acerbo, ainda deforma suas vítimas?

RAMATÍS: — A lepra provém quase sempre de uma grande drenação de venenos que baixam do perispírito. Isso tanto pode acontecer aos espíritos que tomaram a decisão espontânea de concentrar o mais possível os fluidos nocivos do seu perispírito, acelerando o expurgo violentamente para a carne, assim como também àqueles que, sendo portadores de toxinas psíquicas demasiadamente virulentas, quando as despejam para a matéria, embora o façam na menor dose possível, também produzem a estagnação fluídica apropriada para nutrir os bacilos de Hansen, que são os germes causadores da lepra.

O leproso, cuja situação pungente ainda mais se agrava pelo imperativo de isolar-se da família, é obrigado a uma vida de grande introspecção e dolorosas reflexões, tendo de reconhecer que nada mais lhe resta de esperança no trato com o mundo exterior. Então sublima-se pela concentração de energias espirituais e pela catarse psíquica, que o ajuda a desagregar mais breve o veneno fluídico incrustado no perispírito, à semelhança da lente que conduz os raios solares para um mesmo ponto de convergência. O seu corpo torna-se um dos mais vigorosos condensadores vivos, absorvente das emanações deletérias do perispírito; é como um vasto mata-borrão que, depois de completamente embebido das toxinas do psiquismo doente, deve despejá-las no seio da terra, num admirável processo de enxugamento da alma contaminada.

Muitos leprosos pressentem subjetivamente que da sua situação trágica há de resultar excelente compensação para o espírito atribulado, motivo pelo qual são resignados e corajosos, embora sob um destino tão cruel. Os mais otimistas organizam movimentos sociais, recreativos e até desportivos; fundam jornais, cultivam seus pendores artísticos e culturais dos quais se viram privados no mundo exterior. É que no silêncio de suas almas a voz amiga e confortadora dos seus guias espirituais assiste-os continuamente, inspirando-os para cumprirem até o final a operação drenadora do conteúdo tóxico do tecido perispiritual, conforme lhes foi estabelecido no Espaço antes de encarnarem.

PERGUNTA: — Ainda gostaríamos que nos explicásseis com mais clareza por que motivo ficam leprosos tanto os espíritos que querem apressar voluntariamente o expurgo dos fluidos tóxicos do seu perispírito, como também aqueles que são obrigados a tal processo de purificação psíquica. Podeis fazê-lo?

RAMATÍS: — Conforme já dissemos, há espíritos que são heróicos e decididos e que, desejando efetuar mais depressa a sua limpeza perispiritual, preferem expurgar os seus fluidos tóxicos de modo intenso e rápido para a carne, em vez de fazê-lo através de existências mais suaves e de menor sofrimento. Para isso, submetem-se a um processo técnico nas instituições adequadas no Espaço, do qual resulta maior reação e convergência das toxinas psíquicas para o corpo carnal. A carga deletéria, que é então ativada para maior descenso do perispírito à matéria, provoca depois a estagnação fluídica enfermiça, com a qual se cria o terreno eletivo para a proliferação fácil dos bacilos de Hansen.

No entanto, há outros espíritos delinquentes, portadores de tóxicos tão perniciosos que, embora os expurguem na menor quantidade possível para o organismo físico, assim mesmo produzem nele a estase fluídica apropriada à nutrição do germe da lepra. A dose mínima dos venenos que esses espíritos perversos vertem obrigatoriamente para a carne equivale ao máximo de veneno que outros drenam por sua espontânea vontade.

Os primeiros espíritos poderiam drenar sua carga tóxica em várias encarnações futuras, como já o dissemos, sob a atuação de moléstias menos ofensivas e sem curtirem as grandes torturas próprias das enfermidades atrozes e incuráveis; mas, como reconhecem a necessidade de sua urgente higiene espiritual e para mais breve poderem se elevar às regiões paradisíacas, preferem concentrar todas as "dores menores", das encarnações seguintes, na "grande dor" de uma só existência, embora sob incessante depuração desde o berço. Lastimavelmente, os outros espíritos rebeldes, obrigados a purgar a toxidez psíquica contra sua vontade, por mais que lhes favoreça a vertência nociva do perispírito infeccionado, não se livram, também, da lepra e de outras doenças similares.

PERGUNTA: — Como essa descida de tóxicos do perispírito para o corpo físico é assunto complexo demais para o nosso entendimento, poderíeis nos descrever alguma operação química do nosso mundo, que nos desse uma ideia melhor do acontecimento psíquico?

RAMATÍS: — Embora se trate de um exemplo rudimentar, lembremos que o enxofre, quando submetido ao calor, passa do estado sólido ao gasoso, através do conhecido fenômeno de sublimação química. Em estado gasoso, ele ainda é visível no seio da retorta mas, se for submetido à ação de um calor cada vez mais intenso, torna-se transparente, alcança o estado radiante e ficará invisível. No entanto, em operação inversa, pelo resfriamento gradativo, o químico pode fazê-lo retornar ao seu antigo estado sólido; então o gás fluidíssimo e invisível, do enxofre sublimado, "baixa" outra vez do mundo oculto e se faz visível aos olhos físicos.

Assim, também, diríamos que o "tóxico psíquico", que circula no perispírito da criatura, é como o gás invisível do enxofre bastante sublimado pelo calor e que, por efeito de um "resfriamento mental", também baixa em sua frequência vibratória, até condensar-se, pouco a pouco, na carne do corpo físico, produzindo a estagnação que favorece a infecção microbiana ou a degeneração orgânica.

PERGUNTA: — A Medicina classifica as doenças como infecciosas, quando produzidas pelos micróbios e suas toxinas, e como degenerativas quando os elementos do próprio organismo o enfermam. Para melhor entendimento do que nos expondes, devemos situar a "descida" de toxinas do perispírito nessa classificação médica?

RAMATÍS: — Embora se considere que as doenças, quando infecciosas, são provocados por bactérias ou vírus e, quando degenerativas, causadas pelos tóxicos e outros elementos do próprio organismo ou, ainda, pela cronicidade microbiana, o certo é que as moléstias são realmente o produto fundamental da "baixa" dos venenos do perispírito para o corpo carnal. Apesar de esses microrganismos infecciosos causarem destruições terríveis, atingindo a pele, o sistema nervoso, os ossos, as glândulas; perturbando as funções vitais, destruindo, matando, causando a gripe, a encefalite, a sífilis, a tuberculose, a poliomielite, a amebíase ou a nefrite, conforme já vos informamos tantas vezes, o seu êxito depende exclusivamente do "miasma psíquico" que produza o terreno eletivo para eles se nutrirem e proliferarem na carne indefesa.

E isso também ocorre com as doenças degenerativas, pois que também elas não passam de condições mórbidas, cujas raízes estão nos distúrbios psíquicos e na consequente vertência de tóxicos do perispírito. Não importa se provêm de infecções crônicas microbianas, de toxinas produzidas por certas glândulas ou tecidos orgânicos, ou ainda da desarmonia ou ausência de certos hormônios, originando o diabetes por falta de insulina do pâncreas, a anemia perniciosa pela insuficiência da supra-renal, o mixodema pela perturbação da tireoide, ou as anomalias hipofisárias. E existem também diversas afecções nervosas e mentais que se originam nas perturbações da alma, embora causando outros distúrbios celulares e endocrínicos, nos quais se destaca o câncer, conhecido em sua degeneração celular mas ainda ignorado quanto à sua essência mórbida.

Essa multiplicidade de sintomas e distúrbios orgânicos, que podem ser revelados pelos laboratórios, exames de radiografia ou diagnósticos inteligentes, revelam apenas a derradeira fase da "descida" dos venenos psíquicos, e quando eles já se disseminam à vontade pelo organismo humano. Infelizmente, quando a ciência médica toma conhecimento objetivo e faz a diagnose clássica da moléstia, o miasma já terminou o seu curso no mundo oculto dos sentidos físicos e se infiltra na carne, lesando órgãos, tecidos, glândulas e nervos! A infecção orgânica ou degeneração física só evidencia então o termo final enfermiço, quando já se produziu a estagnação mórbida, com o terreno favorável para a convergência microbiana e consequente positivação da moléstia à luz dos exames médicos.

PERGUNTA: — Então podemos concluir que toda enfermidade humana é exclusivamente produzida pelos desequilíbrios e venenos psíquicos, que baixam do perispírito para o corpo carnal?

RAMATÍS: — Não convém qualquer conclusão extremista no caso, visto que nem todas as enfermidades e sofrimentos são produtos exclusivos do psiquismo perturbado, pois existem muitas atribulações humanas que são específicas do próprio mundo em que viveis. Não deveis esquecer a natureza do meio terreno, onde o vosso espírito atua, e que ainda é dominado pelas forças primárias agressivas, que oprimem e afetam o organismo do homem no seu esforço de se adaptar às condições físicas extremas. A natureza delicada do corpo carnal leva desvantagem quando entra em choque com os elementos rudes do mundo terráqueo, acontecimento, no entanto, que não é produto de toxicose do psiquismo nem da desarmonia mental. Se a criatura despenca-se de considerável altura sobre o solo pedregoso, é óbvio que o seu corpo físico ficará em frangalhos pois, de acordo com as próprias leis do mundo material, a carne do homem é bem menos resistente do que a pedra em que ele se abate.

Embora se considere a maior parte das enfermidades humanas como sendo oriundas da desarmonia psíquica, não se podem esquecer as doenças e perturbações que provêm dos acidentes, das mutações rápidas da pressão atmosférica, do clima, e que afetam os órgãos respiratórios; as moléstias venéreas, a glutonaria, a má alimentação, o uso imoderado do álcool e do fumo, o extremismo perigoso dos gelados, o excesso de trabalho físico e de ruídos, a desarmonia no dormir, a fadiga ocular por excesso de estudo ou leitura, os ferimentos decorrentes dos conflitos humanos, das revoluções ou guerras tão ao gosto do terrícola! Da mesma forma, não se pode atribuir à toxicidade do espírito o sofrimento produzido pelo gesto tresloucado da criatura que ingere formicida, arsênico ou qualquer outro veneno; ou que pela abstinência de alimento fresco e da consequente avitaminose, torne-se vítima da discrasia hemorrágica! Há que se considerar também a fome com o seu cortejo doloroso próprio da desnutrição nas épocas epidêmicas ou belicosas, sofrimentos que, embora possam ser cármicos, não são consequência da "descida" de toxinas psíquicas.

O homem que sofre dores cruciantes, porque seus dentes estão cariados, provavelmente não está sofrendo o efeito da "baixa" dos tóxicos psíquicos para a carne: sem dúvida, a dor pode provir simplesmente da sua impossibilidade ou descuido em visitar o dentista. Se se tratar de espírito elevado, é certo que a menor quantidade de toxinas no seu perispírito também reduzirá a probabilidade de aumento dos germes dentários. É possível que no corpo da criança acidentada por queimaduras se encontre a alma de algum cruel inquisidor do passado a efetuar a sua colheita cármica dolorosa, mas é evidente que também sofre queimaduras aquele que, por curiosidade ou imprudência, põe a mão no fogo ou na água fervente, embora não esteja resgatando culpas do passado. Isso nem há de ser acontecimento cármico nem consequência de venenos psíquicos mas, sem dúvida, coisa muito natural porque é de lei que o fogo queime...

PERGUNTA: — Como poderíamos compreender mais claramente essas vossas conclusões?

RAMATÍS: — O principal escopo de nossas comunicações é o de fazer-vos compreender as principais condições do sofrimento que afeta o espírito encarnado em sua jornada terrena. Destacamo-vos as consequências funestas decorrentes dos desequilíbrios espirituais do pretérito ou mesmo da atual existência, quando se produzem os venenos que depois vertem para a carne, sob as condições dolorosas e desagradáveis de padecimentos cruciantes, assim como também temos apontado as dores que são apenas oriundas das condições gravosas do tipo de planeta que ainda habitais. Se não fora assim, teríamos de considerar que as moléstias dos animais são também provenientes de culpas cármicas de vidas passadas, ou então consequentes da "descida" de toxinas psíquicas! Mas, não havendo dores injustas nem imposições draconianas por parte de Deus, a vida da alma na carne serve para ajudá-la a polir suas arestas animais e elevar-se para as regiões superiores, onde não atuam as leis severas que regem a matéria. O espírito, quando encarnado, não deve entregar-se à queixa ou à censura contra o mundo físico que habita, mas aceitá-lo como o seu melhor ensejo de aperfeiçoamento espiritual. Não convém esquecer de que ainda poderá habitá-lo novamente, em futuras encarnações, bem assim que lhe compete fazer todo o possível para torná-lo melhor, pois outras almas necessitadas seguem à sua retaguarda, como candidatos às mesmas lições planetárias.

PERGUNTA: — E por que motivo os próprios líderes espirituais, quando em contato com o mundo físico, também sofrem reações dolorosas em sua natureza elevada, pois nos parece que não deveriam verter toxinas do perispírito, nem mesmo efetuar quaisquer resgates cármicos do passado?

RAMATÍS: — Assim como um homem que enverga delicadíssimo traje será contaminado pelas impurezas do pântano que atravessar, os espíritos elevados e sem pecados, quando baixam ao vosso mundo em missão sacrificial, também não podem eximir-se das reações agressivas do ambiente físico tão rude. Jesus, embora fosse um espírito elevadíssimo e sublime hierárquico dos céus, não pôde furtar-se à ação contraditória e opressiva do clima da Terra, que lhe provocou reações orgânicas bastante aflitivas para a sua natureza angélica. Apesar de ser um anjo descido dos mundos celestiais, viu-se obrigado a empreender esforços os mais heróicos para manter-se a contento no plano de vida inferior do mundo terráqueo. O mesmo pântano que pode ser motivo de euforia para o batráquio satisfeito com as emanações mefíticas do gás de metano, será de cruel tortura para o pássaro que deva suportá-lo apenas por alguns minutos.

PERGUNTA: — Concluindo as nossas perguntas sobre o assunto do presente capítulo, desejamos saber o que nos aconselhais de mais sensato e inteligente, a fim de nos podermos libertar mais cedo do carma doloroso do pretérito. Achais mais justo entregarmo-nos completamente ao sofrimento e à dor, uma vez que são efeitos resultantes do "expurgo" mórbido de toxinas que afetam o nosso perispírito enfermo?

RAMATÍS: — Muitas vezes já vos temos dito que não viveis na terra em consequência de algum castigo ou equívoco por parte do Criador, mas apenas vos educais para no futuro usufruirdes o direito de habitardes os planos paradisíacos.

Aproveitai bem vossas experiências espirituais, assim como fazem os bons alunos no currículo escolar. Embora a dor e o sofrimento sejam desagradáveis, a sua função é a de transformar a vestimenta perispiritual oriunda das energias telúricas do mundo animal na contextura delicada da túnica angélica. A encarnação do espírito nos mundos planetários é providência abençoada, que desenvolve a sua consciência e proporciona-lhe a oportunidade de alcançar a ventura pelo mérito do esforço pessoal. A sua demora no contato com a matéria provém do desejo sempre insatisfeito e do apelo demasiado à grande ilusão da vida física, como se esta fora a verdadeira vida. Os entretenimentos ilusórios da matéria e as paixões perigosas, quando muito cultuados, enfraquecem a vontade e a hipnotizam de retorno à linhagem animal que constitui a base do perispírito. Mas é de lei divina que todas as almas terminem saturando-se pela mediocridade dos sentidos físicos e modifiquem seus planos e destinos, para buscarem em definitivo as compensações elevadas dos mundos espirituais.

E sob a nossa singela opinião, o Cristo-Jesus ainda é o "Caminho, a Verdade e a Vida", e por esse motivo vos aconselhamos a segui-lo como o roteiro mais certo para a nossa vida e mais breve libertação das algemas cármicas do passado! Em toda a sua obra excelsa permanece a semente oculta da senda venturosa. Desde que ele, como o inconfundível medianeiro dos céus, aceitou tranquilamente o sofrimento e o sacrifício que não merecia, para libertar o homem das sombras da animalidade, cremos que também podeis entregar-vos confiantes e serenos à dor que purifica e aperfeiçoa. Sem dúvida, enquanto Jesus era inocente, vós só expiais o resultado da semeadura imprudente do passado; mas, através dos ensinamentos evangélicos revigorantes da alma, podereis desatar muito breve os grilhões de vossas culpas pregressas e vos libertar do sofrimento, pois curando-se as moléstias da alma curar-se-ão também as doenças do corpo!

Nenhum medicamento portentoso do vosso mundo pode equiparar-se às recomendações terapêuticas que o Sublime Nazareno nos deixou no admirável "Sermão da Montanha" e que o evangelista Mateus nos transmitiu no capítulo 5: 1 a 12 do seu evangelho: "Bem-aventurados os mansos, os que choram; os que têm fome e sede de justiça; os misericordiosos; os limpos de coração; os pacíficos; os que padecem perseguições; os humildes de espírito; os injustiçados, porque serão consolados, alcançarão misericórdia e deles é o reino dos céus".

19.

A influência do psiquismo nas moléstias digestivas

PERGUNTA: — Podeis explicar-nos se as moléstias do aparelho digestivo do homem — que aumentam assustadoramente na atualidade — também são provindas exclusivamente das alterações psíquicas mental e emotiva, ou se devemos considerá-las apenas como consequência da alimentação artificial e enlatada, da vida moderna?

RAMATÍS: — Sem dúvida, sabeis que o tão famoso sistema nervoso vagossimpático é poderosa rede de neurônios sensibilíssimos, que desde o encéfalo se estende por todas as vísceras e tecidos do corpo humano, entranhando-se profundamente por todas as regiões carnais, até atingir as células cutâneas da ponta dos dedos e alcançar os vasos capilares da planta dos pés. Nesse duplo sistema nervoso que se origina na intimidade do cerebelo, tanto as células dos centros cerebrais, controladoras do metabolismo geral, como as dos gânglios, expedem duas espécies de correntes nervosas: as células simpáticas enviam a corrente excitante e as células parassimpáticas, ou do vago, emitem os impulsos frenadores ou inibidores do organismo.

Este trabalho delicadíssimo de ambos os sistemas, por lei biológica deveria sempre se exercer do modo mais harmonioso possível, a fim de que se mantivesse o equilíbrio perfeito da saúde psicofísica do homem. É de sua função biológica que, enquanto as células simpáticas excitam o organismo a trabalhar, as parassimpáticas têm por função fazê-lo descansar. O nervo simpático é o autor de todas as reações dinâmicas e laboriosas do corpo; cumpre-lhe acelerar a atividade do coração, estreitar os vasos e dilatar as veias respiratórias, assim como aumentar a cota de oxigênio no sangue, mobilizando o açúcar armazenado no fígado e administrando o combustível necessário para que os músculos possam trabalhar a contento.

Mas ao nervo vago, ou parassimpático, cabe realizar ação inversa, embora também num sentido de labor orgânico, pois tanto estimula as atividades intestinais, a fim de que o homem se nutra enquanto repousa, como também apressa o trabalho dos rins para eliminarem os resíduos sobejados no metabolismo geral. Sob a sua ação, a respiração se enfraquece, reduzem-se os batimentos cardíacos e o afluxo de circulação de sangue, o que impede que o corpo carnal se desgaste totalmente e sim descanse e se renove a contento das necessidades cotidianas do espírito. Eis por que a Medicina considera o sistema simpático como sendo o nervo do trabalho, enquanto o vago é o nervo responsável pelo descanso corporal.

Acontece, no entanto, que o corpo astral (ou "corpo dos desejos", muito conhecido dos ocultistas e fiel tradutor das emoções do espírito para o organismo carnal) encontra-se apoiado exatamente nesse sistema duplo do nervo vagossimpático, que ocupa e penetra profundamente a região abdominal, cercado pelo sistema dos gânglios nervosos do plexo solar. Em consequência, toda emoção, desejo ou sensação do espírito repercute imediatamente nessa região tão delicada, que a Medicina cognominou de "segundo cérebro", ou cérebro abdominal, considerando-a como a "subestação" nervosa mais importante do corpo humano, depois da responsabilidade e das funções do cérebro comandante de todo o organismo de carne.

Quando a mente do espírito encarnado emite impactos violentos e agressivos, quer devido à sua irascibilidade, ciúme, ódio ou medo, perturbam-se as funções de todos os órgãos digestivos, uma vez que a repercussão nervosa que os atinge dificulta o trabalho da vesícula na sua drenação biliar, altera a produção dos sucos gástricos, fermentos pancreáticos, insulina, hormônios hepáticos e perturba as demais operações químicas que se efetuam na intimidade do trato intestinal. Os movimentos peristálticos sofrem profundamente, em seguida às alterações ocorridas no psiquismo; esses impactos mórbidos agressivos, iguais às ondas de um lago agitado, manifestam-se desde o estômago, piloro, duodeno e intestino delgado, e alcançam o intestino grosso, ofendendo-lhe o cólon. Então produz-se, pouco a pouco, o terreno eletivo para as colites, atrofias ou dilatações dos vasos sanguíneos, originando-se também as fístulas, as hemorróidas e as estenoses retais.

Essa ação ofensiva do psiquismo perturbado, sobre o aparelho digestivo, pode ser facilmente comprovada. É muitíssimo conhecido o caso de estudantes em vésperas de exames, ou pessoas que voam pela primeira vez em aeronaves, serem atacados de surtos disentéricos devido ao medo. Eles não conseguem conter os fortes impactos da angústia e temor que lhes dominam o espírito e que se canalizam fortemente do corpo astral para o sistema vagossimpático, refletindo-se depois no metabolismo do intestino delgado e perturbando o fenômeno digestivo de nutrição.

Sob a mesma repercussão vibratória ofensiva, um ataque de cólera, ciúme, ou ódio, muito intenso, transforma-se em força psíquica violenta, que se escoa atrabiliariamente pelo plexo solar; então contrai de modo agressivo o fígado, oprime a vesícula e altera a importante função drenativa da bílis, influindo nas funções digestivas e causando irritações com graves consequências futuras. Desde que se trate de um indivíduo vítima de assíduos acometimentos de raiva, ciúme, irascibilidade, inveja, ou mesmo de excessivas aflições emotivas e preocupações exageradas, é óbvio que, de acordo com a lei de que "a função faz o órgão", a sua vesícula, por exemplo, encontrar-se-á sempre afetada por incessante opressão nervosa sob o fígado congesto, terminando por aderir ao tecido hepático.

PERGUNTA: — E como se produzem as úlceras gástricas ou duodenais, que na atualidade se multiplicam epidemicamente sob essa ação do psiquismo alterado?

RAMATÍS: — Toda preocupação, descontrole emotivo ou inquietação mental, quando muito frequente, termina por causar a irritação da mucosa do estômago, a inflamação ou estreitamente do duodeno. Sob uma carga emotiva constante e opressora, o segmento muito sensível do intestino delgado, que é o duodeno, vê-se obrigado a manter-se sob incômoda e tensa contração espasmódica, que termina aglutinando-lhe as células substitutivas numa conformação anatômica deformada. Assim, a perturbação funcional que o desequilíbrio psíquico e as emoções mórbidas provocam no fígado também repercutem pela vesícula, impedindo-a de verter em tempo justo os ácidos biliares, que devem ativar o fermento do pâncreas sobre o bolo alimentar, depois de atravessar o piloro. Então perturbam-se a harmonia e a segurança protetora do processo químico, devido às alterações das substâncias e hormônios digestivos, resultando as irritações comuns na mucosa duodenal. Com o tempo, o médico radiologista comprova a proverbial diagnose da "duodenite" e, futuramente, a formação dos "nichos", que então confirmam a presença da úlcera indesejável.

Muitos médicos modernos já não opõem dúvida ao fato de que a maioria das úlceras do aparelho digestivo é produto mórbido da neurastenia e predisposições neurovegetativas; consideram que a úlcera é resultado de um conflito gerado pela dependência ao desejo de posse, de amor, de glória e poder, e que depois de frustrado provoca maior secreção de suco gástrico pela contração espasmódica das paredes do estômago e a consequente irritação das mucosas internas. Aludem aos traumas psíquicos e às emoções de qualquer proveniência pessimista, que se podem transformar em elementos que tanto favorecem ou agravam a doença como podem detê-la sob a ação de um estado bastante otimista. E quando o psiquismo não se mostra favorável e ainda sustém os espasmos da mucosa, o recurso médico, portanto, será unicamente o de prescrever os anestésicos, antiespasmódicos ou substâncias neutralizantes dos ácidos ofensivos ao estômago e ao duodeno.

Mas o fato, em síntese, é que são as ondas desatinadas da carga mental ou emotiva, que o espírito invigilante lança no seu corpo físico através do sistema vagossimpático, que o ofendem e mais tarde então se concretizam na forma de perturbações orgânicas. Muitas pessoas consideradas enfermas físicas, na realidade não passam de doentes psicopáticos; há fobias, histerismos, depressões e manias que também podem produzir os quadros típicos das úlceras. E quando o clínico não consegue o diagnóstico plausível com a prova material da chapa radiográfica com os nichos ulcerosos, raramente comete equívoco se ainda prefere considerar como evidente o caso das "úlceras nervosas".

O organismo carnal — já o dissemos várias vezes — é um verdadeiro mata-borrão do perispírito, pois absorve-lhe toda a carga mórbida produzida pela desarmonia mental e pelos descontroles emotivos da alma, para depois ficar intoxicado pelos fluidos psíquicos enfermiços. E a situação do corpo físico se torna mais aflitiva se o médico, em vez de ajudá-lo a expurgar os venenos endógenos, ainda o satura com o quimismo agressivo das drogas tóxicas da farmacologia pesada. Eis por que cresce atualmente o número de doenças do aparelho digestivo, à medida que mais se perturba o espírito do homem que, vivendo a sua hora apocalíptica tão profetizada pelos videntes bíblicos, desinteressa-se de conseguir a sua saúde espiritual através dos ensinamentos terapêuticos de Jesus!

E como as alterações psíquicas e emotivas das criaturas muito se parecem em certas épocas, regiões ou latitudes geográficas, daí a frequência de propagação de doenças semelhantes, uma vez que na maioria das pessoas contagiadas ou enfermas dominam as mesmas causas do desgoverno mental e emotivo. Não vos é estranho que, nas épocas de revoluções ou guerras, em que as criaturas de certo país ficam debaixo de uma semelhante emoção coletiva de ódio, vingança ou medo, também se produzem as condições apropriadas para certas enfermidades que, em época normal, só eclodem de modo isolado. Embora se alegue que em épocas belicosas a má nutrição, a falta de higiene ou o meio insalubre são responsáveis pelas doenças epidêmicas, sabe-se, por exemplo, que a neurose de guerra com o seu cortejo mórbido ocorre independente de qualquer ação nociva do meio e só devido ao estado de espírito das criaturas dominadas pelo medo ou pela angústia.

Daí também impor-se em determinados períodos a moda da apendicite, da amigdalite, das úlceras gástricas ou pépticas, as vesículas preguiçosas, as colites, amebas, giárdias, estrongilóides ou, então, como ocorre atualmente, o aumento assustador do câncer! Observa-se que essas anomalias parecem corresponder exatamente a um "momento psíquico" mórbido, afinizando-se a certo tipo de preocupação, angústia, tensão nervosa ou acontecimentos lastimáveis no mundo. As estatísticas médicas chegam a assinalar certos tipos de moléstias generalizadas que se casam perfeitamente ao modo de vida e temperamento de certas raças e povos.

Mas é evidente que a mansuetude, o perdão, o amor, a ternura, a humildade, a paciência ou a renúncia, ensinados por Jesus, não alteram a harmonia mental nem fustigam o perispírito, assim como também não bombardeiam o sistema vagossimpático! A familiaridade cristã e o culto salvador do Evangelho dinamizam a energia nervosa e angelizam o psiquismo do homem, assim como a prece eleva o "quantum" vibratório de defesa da alma.

PERGUNTA: — Em virtude de tantas vezes terdes distinguido o "doente" da "doença", poderíeis explicar-nos com mais detalhes as diferenças fundamentais que existem em ambos os casos?

RAMATÍS: — Certamente sabeis que a doença é mais propriamente uma desordem funcional do que qualquer anomalia à parte, que se isole completamente da unidade atômica, fisiológica ou mental. Embora, pelo conceito anatômico do ser vivo, a Medicina ainda tenda a fazer de cada órgão ou sistema enfermo uma doença e desta uma especialidade que requer tratamento específico, não resta dúvida de que sempre há doentes e não doenças. Apesar de o diagnóstico médico ser normalmente condicionado a uma enfermidade especial no corpo humano, é evidente que, se nesse corpo ainda continua a manter-se a mesma unidade e a predominância do espírito imortal no seu comando, é o "todo-indivíduo" quem realmente está doente e não apenas um órgão ou qualquer parte anatômica isolada.

Há que distinguir, pois, entre a "doença" que é diagnosticada pela Medicina oficial, considerada unicamente em razão de um órgão ou sistema orgânico enfermo, e o "doente", que é o indivíduo (o todo psicofísico, a alma e o corpo) que precisa ser examinado em toda sua extensão e profundidade psicossomática. Enquanto o paciente for considerado apenas em função de várias doenças, que surgem e desaparecem pelas peças vivas do seu corpo carnal, é certo que ele continuará visitando os consultórios médicos até o fim da vida, sob a melancólica tarefa de substituir enfermidades, assim como as mulheres trocam de moda nas diversas estações do ano. Na doença, basta considerar-se o órgão doente; no doente, antes de tudo é preciso descobrir quais as desarmonias do seu espírito, em relação aos princípios vibratórios da vida cósmica!

PERGUNTA: — Podeis ilustrar a questão com um exemplo adequado, que nos faça melhor compreender a diferença entre doente e doença?

RAMATÍS: — Suponde que determinada criatura traz do médico o diagnóstico de que é portadora de uma "colite". Não há dúvida de que nesse paciente foi classificada e apontada uma doença isolada num órgão, num ângulo à parte do todo indivíduo, separada do seu cosmo psicossomático. O diagnóstico, no caso, não se refere ao doente mas, indubitavelmente, a uma doença chamada colite, ou seja, inflamação no cólon intestinal. O médico comum pode ignorar, nesse caso, que se trata de um morbo psíquico, oculto à sua visão física e aos testes de laboratório e que, depois de haver circulado por certo tempo pela contextura do perispírito do seu paciente, aflorou à região abdominal e represou-se exatamente no cólon intestinal, por ser este o local mais débil e vulnerável de todo o organismo. Sem dúvida, a doença "colite" há de ser tratada isoladamente, sob a terapêutica específica mais eficiente, condicionada às últimas descobertas médicas, pesquisas patológicas e recursos elogiáveis da farmacologia moderna.

O cólon intestinal inflamado será protegido e imunizado sob adequada medicação e dieta razoável, malgrado se ignore tratar-se de um impacto mórbido baixado diretamente do campo psíquico, tendo perturbado as funções nutritivas e irritado qualquer um dos ângulos do intestino grosso. É certo de que a apressada proteção medicamentosa ao cólon enfermo também irá aumentar-lhe a resistência contra a ação mórbida dos resíduos tóxicos baixados da mente desgovernada ou produzidos pelas emoções descontroladas; talvez impeça mesmo a maior difusão pelo tecido delicado ou reprima o impacto mórbido do mundo oculto e impeça maior estagnação das toxinas. No entanto, se estas toxinas ficam impedidas de se espraiar pela região imunizada, nem por isso há solução de cura definitiva, pois elas desviar-se-ão em seguida para condensar-se noutro órgão ou região orgânica que, após o cólon intestinal, se apresente mais vulnerável à sua ação virulenta.

Desde que o paciente persista nos seus desequilíbrios mentais e emotivos, que são alimentadores do morbo psíquico circulante do seu perispírito, mesmo que a Medicina lhe cure uma doença chamada "colite", o certo é que ele mesmo não ficará curado! Algum tempo depois há de se queixar do duodeno, da vesícula, do fígado, do estômago, do pâncreas ou dos rins, precisando reiniciar a antiga peregrinação pelas clínicas médicas e arcar novamente com todos os tormentos de praxe. Quiçá, terá que recorrer à tubagem tradicional para esgotar a bílis estagnada, ou então aos medicamentos colecinéticos para ativar a vesícula; necessitará de novas provas radiográficas, dos alcalinizantes, anestésicos, ou antiespasmódicos, vivendo da esperança de que o médico, em breve, há de lhe descobrir a verdadeira doença! Não há dúvida de que não tardará a nova sentença médica firmada pelo preciosismo acadêmico: talvez seja uma hepatite, úlcera duodenal ou gastrite; colecistite ou amebíase; esplenite, nefrite ou grave apendicite! Mas, embora o médico consiga curar a vesícula, o estômago, o baço, o duodeno, os rins ou o fígado enfermos, ou o cirurgião extirpe os órgãos afetados, nem por isso o doente pode-se considerar curado. O fato de livrar-se dos sintomas dolorosos ou dos órgãos que adoeceram sob o veneno psíquico vertido pelo perispírito não comprova a cura do doente, mas apenas a transferência da carga enfermiça. A cura se torna necessária no doente no todo-indivíduo, isto é, não basta tratar somente dos órgãos enfermos, mas também será preciso operar na mente da criatura enferma, para que se renove na composição de seus pensamentos perturbadores e evite novas cotas de toxinas psíquicas que, por lei de gravitação física, hão de fluir para o corpo indefeso.

Não basta que o médico assinale em sua tabela patológica o tipo de moléstia diagnosticada com habilidade, e depois siga a terapêutica mais aconselhável no momento; no subjetivismo da alma do enfermo permanecerá a afirmação de que não ficou curado, mas apenas contemporizado em seu estado molesto. E sempre há de persistir o seu temor: em que órgão o indesejável hóspede oculto e mórbido há de se aninhar novamente, para produzir outra "doença"? Evidentemente, depois que o morbo psíquico tiver efetuado a travessia por todos os órgãos mais vulneráveis do organismo carnal, expulso a cada passo pelo bombardeio medicamentoso ou porque o cirurgião extirpa o seu ponto de apoio material, cessará a sua marcha destruidora na última estação de parada — o coração!

E o paciente, apesar de tantas doenças diferentes e habilmente curadas, finda seus dias mais doente do que quando compareceu pela primeira vez ao consultório médico porque, além das moléstias propriamente ditas, encontra-se lesado pela intoxicação medicamentosa ou marcado pelas cicatrizes operatórias!...

20.

Considerações sobre a origem do câncer

PERGUNTA: — Podeis dizer-nos se o câncer é uma enfermidade proveniente do meio planetário que habitamos?

RAMATÍS: — Já vos dissemos anteriormente que o corpo físico é o prolongamento do próprio perispírito atuando na matéria; podeis mesmo compará-lo a um vasto mata-borrão capaz de absorver todo o conteúdo tóxico produzido durante os desequilíbrios mentais e os desregramentos emotivos da alma. Qualquer desarmonia ou dano físico do corpo carnal deve, por isso, ser examinado ou estudado tendo em vista o todo do indivíduo, ou seja o seu conjunto psicofísico. O corpo humano, além de suas atividades propriamente fisiológicas, está em relação com uma vida oculta, espiritual, que se elabora primeiramente no seu mundo subjetivo, para depois, então, manifestar-se no mundo físico.

O espírito é uno em sua essência imortal, mas a sua manifestação se processa em três fases distintas; ele pensa, sente e age. Em qualquer aspecto sob o qual for analisado, ou em qualquer uma de suas ações, deve ser considerado sob essa revelação tríplice, que abrange o pensamento, o sentimento e a ação. E para maior êxito no verdadeiro conhecimento do homem, é conveniente saber-se que ele é também a mesma unidade quando manifesta as suas atividades morais, intelectuais, sociais e religiosas. Deste modo, quer na enfermidade ou na saúde, não há separação entre o pensamento, a emoção e a ação do homem; em qualquer acontecimento de sua vida, há de sempre revelar-se numa só consciência, num só todo psíquico e físico, numa só memória forjada no simbolismo do tempo e do espaço.

Em consequência, como o espírito e o corpo não podem ser estudados separadamente, quer na saúde, quer na doença, é óbvio que também no caso do câncer e do seu tratamento específico é muito importante e sensato identificar-se antes o tipo psíquico do doente e, em seguida, considerar-se então a espécie de doença. Embora certa porcentagem de incidência do câncer seja oriunda do choque ocorrido entre as forças ocultas que descem do plano superior e as energias astrais criadoras dos diversos reinos da vida física, a sua manifestação mórbida no homem é proveniente da toxicidade fluídica que ainda circula no perispírito e que foi acumulada pelos desatinos mentais e emotivos ocorridos nas várias encarnações pretéritas.

Esse morbo fluídico "desce", depois, do perispírito para concentrar-se num órgão ou sistema orgânico físico, passando a perturbar a harmonia funcional da rede eletrônica de sustentação atômica e alienando o trabalho de crescimento e coesão das células.

Embora cada corpo físico seja o produto específico dos ascendentes biológicos herdados de certa linhagem carnal humana, ele sempre revela no cenário do mundo físico o aspecto interior da própria alma que o comanda. Mesmo considerando-se as tendências hereditárias, que disciplinam as características físicas das criaturas, há também que se reconhecer a força dos princípios espirituais que podem dirigir e modificar o corpo de carne. Cada organismo físico reage de acordo com a natureza íntima de cada alma encarnada, e de modo diferente entre os diversos homens; e isto ocorre tanto na saúde como na enfermidade.

Assim, variam as reações e a gravidade de um mesmo tipo de tumor canceroso em diferentes indivíduos, porque a sua maior ou menor influência, além da resistência biológica, também fica subordinada à natureza psíquica, emotiva e mesmo psicológica do enfermo.

PERGUNTA: — Então devemos considerar que o câncer é uma doença espiritual, uma vez que provém dos deslizes psíquicos cometidos pelo homem no passado?

RAMATÍS: — É na intimidade oculta da alma que realmente tem início qualquer impacto mórbido, que depois perturba o ritmo e a coesão das células na organização de carne.

É por isso que também se distinguem a natureza, a frequência e a qualidade das suas energias, tanto quanto elas agem mais profundamente no seio do espírito humano. Assim, a força mental sutilíssima que modela o pensamento é muitíssimo superior à energia astral, mais densa, que manifesta o sentimento ou a emoção, da mesma forma que, na matéria, o médico também reconhece que a força nervosa do homem é superior à sua força muscular. Eis por que, durante a enfermidade, seja uma simples gastralgia ou o temido câncer, o raciocínio, a emoção e a resistência psíquica de cada doente apresentam consideráveis diferenças e variam nas reações entre si. Enquanto o homem predominantemente espiritual e de raciocínio mais apurado pode encarar o seu sofrimento sob alguma cogitação filosófica confortadora ou aceitá-lo como justificado pelo objetivo de sua maior sensibilização, a criatura exclusivamente emotiva é quase sempre uma infeliz desarvorada, que materializa a dor sob o desespero incontrolável, devido à sua alta tensão psíquica.

O certo é que as energias sutilíssimas, que atuam no mundo oculto da criatura humana e se constituem na maravilhosa rede magnética de sustentação do edifício atômico de carne, só podem manter-se coesas e proporcionar tranquila pulsação de vida desde que também permaneça o equilíbrio harmonioso do espírito. Só então a saúde física é um estado de magnífico ajuste orgânico; o ser não sente nem ouve o seu pulsar de vida, porque o seu ritmo é suave e cadenciado pelo mais leve arfar de todas as peças e funções orgânicas. Manifestando-se admiravelmente compensadas em todo o seu metabolismo, elas não perturbam a consciência em vigília, porque não provocam o desânimo, a inquietação ou a angústia, que se geram durante a desarmonia do espírito.

O animal selvagem ou o bugre puro, da floresta, embora sejam de vida rudimentar, são portadores de organismos bem dispostos, como preciosas máquinas estruturadas de carne a funcionarem tão ajustadas como se fossem valiosos cronômetros de precisão. Sem dúvida, isso acontece porque vivem distantes das inquietações mentais dos civilizados, não lhes ocorrendo quaisquer distúrbios psíquicos que possam alterar-lhes a harmonia das forças eletrônicas responsáveis pela coesão molecular da carne.

Não desconhecemos a existência de certas doenças capazes de afetar os seres primitivos e que não se produzem por quaisquer ações ou emoções desatinadas; mas insistimos em vos lembrar que é justamente entre os civilizados, como seres pensantes em essência, que a enfermidade grassa cada vez mais insidiosa. É notório que os selvagens sadios enfermam com facilidade logo que entram em contato com as metrópoles e passam a adotar os seus vícios e capciosidades mais comuns.

O câncer, que tanto se manifesta na forma de tumores como desvitalizando o sistema linfático, nervoso, ósseo ou sanguíneo, não deve ser considerado apenas como um sintoma isolado do organismo, pois a sua maior ou menor virulência mantém estreita relação com o tipo psíquico do doente. O morbo cancerígeno avulta pelos desatinos mentais e emotivos, que abalam o campo bioelétrico animal e lesam o sistema vital de defesa, para depois situar-se num órgão ou sistema orgânico mais vulnerável do corpo carnal. Em consequência, a "causa remota" patológica, do câncer, deve ser procurada consciensiosamente no campo original do espírito e na base de suas atividades mentais e emotivas. Não se trata de acontecimento mórbido da exclusividade de qualquer dependência orgânica, que se produza sem o conhecimento subjetivo do todo-indivíduo.

PERGUNTA: — Como poderíamos entender melhor essa manifestação mórbida do câncer "desde o campo original do espírito"?

RAMATÍS: — O espírito é o comandante exclusivo e o responsável pela harmonia e funcionamento de todo o cosmo de células que constituem o seu corpo de carne, o qual não tem vida à parte ou independente da vontade do seu dono. Mesmo o senso instintivo que regula as diversas atividades orgânicas do corpo físico, e que se presume funcionando sem o conhecimento direto da alma, tal como o fenômeno de nutrir-se, andar e respirar, não é acontecimento autômato, pois a sua harmonia e êxito de ação controladora ainda dependem do melhor contato do espírito com a carne. O sistema respiratório, o estômago, o intestino ou o próprio coração também podem alterar-se sob a menor emoção ou mudança de pensamento pois, embora sejam órgãos fora do alcance de nossa vontade, são perturbados no seu automatismo quando submetidos a demasiada insistência de nosso temor, angústia, irascibilidade ou melancolia.

É do conhecimento popular que a alegria aumenta o afluxo da bílis no fígado, a cólera o paralisa e a tristeza o reduz. Os médicos afirmam que se produzem inúmeras modificações e reações na vesícula biliar à simples variação do nosso pensar e sentir. E essas alterações, como já lembramos anteriormente, ocorrem mais comumente na região hepática, porque o corpo astral, que é o responsável pela manifestação das emoções do espírito, encontra-se ligado ao de carne justamente no plexo solar, mais conhecido por plexo abdominal na terminologia médica, e o principal controlador dos fenômenos digestivos. Também acontece ali se ligarem os nervos simpático e parassimpático, com importantes funções nessa zona; o primeiro tem por função acelerar o trabalho dos órgãos digestivos e regular a vertência da bílis, na vesícula, enquanto o segundo retarda todos os seus movimentos fisiológicos.

Inúmeros fenômenos que ocorrem no corpo físico comprovam a intervenção do pensamento produzido pela mente humana, que atua através do sistema nervoso e repercute pelo sistema glandular, facilmente afetável pelas nossas emoções. O medo, a vergonha, a raiva ou a timidez causam modificações na circulação cutânea e produzem a palidez ou vermelhidão do rosto. Sob as descargas de adrenalina e demais alterações dos hormônios, sucos gástricos e mudanças nos centros térmicos, as pupilas se contraem e se dilatam, assim como os vasos capilares. Muitas enfermidades próprias da região abdominal, como as do estômago, do intestino ou do pâncreas, originam-se exatamente das perturbações nervosas decorrentes do descontrole mental e emotivo.

Desde que o corpo físico é constituído por células em incessante associação com as mais variadas e inúmeras coletividades microbianas, que vivem imersas nos líquidos hormonais, sucos, fluidos, e noutras substâncias químicas produzidas pelos órgãos mais evoluídos, é evidente que a coesão, a harmonia e a afinidade de trabalho entre essas forças vivas assombrosas, do mundo microscópico, também dependem fundamentalmente do estado mental e da emotividade do espírito. Este é o verdadeiro responsável pelo equilíbrio eletrônico da rede atômica e pelas relações do mundo oculto com o mundo exterior da matéria. A saúde, pois, assim como a doença, vem de "dentro para fora" e de "cima para baixo", conforme já o definiram com muita inteligência os homeopatas, porque a harmonia da carne depende sempre do estado de equilíbrio e da harmonia do próprio espírito encarnado.

Já explicamos que a força mental comanda a força nervosa e esta é que então repercute no organismo muscular, para depois efetuar as modificações favoráveis ou intervir desordenadamente, lesando a estrutura dos órgãos ou sistema orgânico. A doença, pois, em vez de ser uma desarmonia específica de determinado órgão ou sistema de órgãos, é o produto de uma desordem funcional que afeta toda a estrutura orgânica; é um estado mórbido que o próprio espírito faz refletir perturbadoramente em todos os seus campos de forças vivas e planos de sua manifestação. Já dissemos que a irregularidade no campo mental também produz suas toxinas específicas mentais, as quais repercutem pelo corpo astral e carbonizam as forças astralinas inferiores. Então processa-se o gradativo abaixamento vibratório do conteúdo tóxico psíquico, que se encorpa e se adensa, fluindo para a carne e constituindo-se no morbo que se situa, depois, em qualquer órgão ou sistema do corpo físico, para produzir a indesejável condição enfermiça.

Assim é que a manifestação mórbida que provoca a doença no organismo humano principia pela perturbação do espírito "desde o seu campo original" de ação espiritual, e depois "baixa" gradativamente através dos vários planos intermediários do mundo oculto.

***PERGUNTA:** — Diante de vossas considerações, dedu-*

zimos que o câncer também pode provir de várias origens diferentes entre si. Estamos certos?

RAMATÍS: — O câncer, no homem, não fornece a possibilidade de se identificar, no momento, um agente infeccioso propriamente físico e passível de ser classificado pelos laboratórios do mundo, assim como se descobriram pelo microscópio os bacilos de Koch, Hansen, Kleber ou o espiroqueta de Shaudin. Não se trata de um microrganismo de fácil identificação pela terminologia acadêmica, pois é um bacilo psíquico, só identificável, por enquanto, no mundo astral, e que se nutre morbidamente da energia subvertida de um dos próprios elementais primários, criadores da vida física. Esse elemental primitivo e base da coesão das células da estruturação do mundo material, torna-se virulento e inverte os polos de sua ação criadora para destruidora, assim que é irritado em sua natureza e manifestação normal, o que pode acontecer tanto pelo choque de outras forças que fecundam a vida, que operam na intimidade da criação, como pela intervenção violenta, desarmônica e deletéria por parte da mente e da emoção humana.

É certo que alguns tipos de animais e aves, como o coelho, o camundongo, o sapo, o marreco, a rã, a galinha e o peru, podem acusar a transmissibilidade e contaminação do câncer, atestando, pois, a existência de um vírus ou agente infeccioso quando são inoculados pelo filtrado ativo de tecido canceroso e cujas células tenham ficado retidas no filtro. Mas essa experiência já não serve de paradigma para se verificar o câncer no homem, que é um ser mais complexo e evolvido que o animal, revelando também uma vida psíquica superior. Mas, como no fundo de qualquer câncer permanece dominando morbidamente uma energia primária criadora, que foi perturbada, capaz de alimentar o vírus de natureza predominante astral ou psíquica, no animal ela sofre essa alteração para pior, em um nível magnético mais denso, mais periférico no campo das forças instintivas. Deste modo, o vírus astral cancerígeno, que se nutre dela, manifesta-se então mais à superfície da matéria no réptil, no animal, na ave e mesmo na vegetação, com possibilidade de ser entrevisto no futuro, assim que a Ciência conhecer o microscópico "eletro-etéreo".

Como essa alteração da energia primária criadora, no homem, que é criatura mais evolvida, processa-se no seu campo mental e emotivo mais profundo, o vírus astral não adquire o encorpamento necessário para ser pressentido à luz do laboratório físico ou conjeturado em qualquer outra experiência de ordem material.

Desejamos esclarecer-vos — embora lutemos com a falta de vocábulos adequados — que na vegetação, nas aves, nos répteis ou nos animais, o vírus do câncer ainda é passível de ser auscultado pelo aparelhamento material, porque a energia criadora subvertida o fecunda na frequência mais baixa, num campo biomagnético mais denso e inferior, enquanto que no homem o mesmo fenômeno se processa em nível superior mental e emotivo, o que torna inacessível a sua auscultação no aparelhamento físico. Em ambos os casos, esse elemental primário perturbado durante a simbiose das energias criadoras ou pela intervenção nefasta da mente ou da emoção humana, atua depois desordenadamente no encadeamento normal das células físicas, originando o câncer tão temido!

PERGUNTA: — Como poderíamos entender melhor esse choque de forças criadoras que perturbam o elemental primário, dando ensejo ao câncer nos animais, ou então produzindo-o no homem devido à irritação mental e emotiva?

RAMATÍS: — Trata-se de uma das energias primárias fecundantes da própria vida física e que, ao ser desviada de sua ação específica criadora, converte-se num fluido morboso que circula pelo perispírito ou nele adere na forma de manchas, nódoas ou excrescências de aspecto lodoso. Transforma-se num miasma de natureza agressiva, assediando ocultamente o homem e minando-lhe a aglutinação normal das células físicas. A sua vida astral mórbida e intensamente destrutiva, numa perfeita antítese de sua antiga ação criadora, escapa à intervenção propriamente física procedida de "fora para dentro"; daí, pois, o motivo por que é imune à radioterapia, cirurgia ou quimioterapia do mundo material, permanecendo ativa, como um lençol compacto de vírus interferindo na circulação astral do perispírito, capaz de produzir as recidivas como a proliferação dos neoplasmas malignos nos tecidos adjacentes aos operados ou cauterizados.

Se a Medicina pudesse estabelecer uma patogenia psicoastral e classificar minuciosamente todas as expressões de vida e forças que se manifestam no mundo astralino microcósmico e interpenetram toda a estrutura atômica do globo terráqueo, nutrindo os reinos vegetal, mineral e animal, é certo que também poderia identificar esse elemento primário e criador que, ao ser irritado por forças adversas em eclosão, ou pela mente humana, perturba a base eletrônica das células construtoras do organismo físico. Quando é violentado no campo de forças mais densas, que caldeiam as configurações vivas mais grosseiras, origina os efeitos cancerosos que atingem os vegetais, as aves, os insetos, os répteis e os animais; porém, se é atingido por alterações energéticas mais profundas, produzidas pelas forças mental e emotiva, então produz o câncer no homem!

Sendo uma das energias que participam da extensa cadeia de forças vivas ocultas e criadoras das forças do mundo físico, é semelhante ao alicerce de pedras que, embora permaneça oculto no solo pantanoso ou no terreno rochoso, garante a estabilidade do arranha-céu. No entanto, desde que esse alicerce arruine-se pela infiltração de umidade, por alguma deficiência na liga da argamassa, ou por qualquer erosão do solo, é evidente que todo o edifício sofrerá na sua verticalidade e segurança, porquanto a sua garantia e base sólida transformam-se num elemento perigoso para a sustentação arquitetônica.

O mesmo ocorre com o elemental primário oculto, que provoca o câncer, o qual é também um dos alicerces sustentadores do edifício atômico das formas vivas do mundo físico, desde que não seja subvertido por qualquer intervenção perturbadora. Se o desviam de sua ação criadora ou o irritam pelo uso delituoso, ele se transforma numa energia prejudicial às mesmas coisas e seres a que antes servia de modo benfeitor. Revela-se, pois, uma força nociva e destruidora quando o convocam do seu mundo oculto para fins contrários à sua energética normal.

PERGUNTA: — A fim de podermos perceber melhor qual a ação exata dessa energia, que tanto sustenta a vida física como também pode perturbá-la causando o câncer, poderíeis dar-nos algum exemplo comparativo com qualquer outra energia conhecida em nosso mundo?

RAMATÍS: — Cremos que a natureza e a ação da eletricidade poderiam ajudar-vos a compreender melhor a natureza e a ação desse elemental primário que, ao ser irritado, produz o terreno mórbido para o câncer. A eletricidade é uma energia pacífica no mundo oculto, e integrante de todos os interstícios de toda vida planetária e, também, só se manifesta à periferia da matéria, depois de excitada ou irritada, quer seja pelo atrito mecânico e irritação das escovas de metal sobre o dorso dos dínamos em movimento, quer pela simples fricção entre dois panos de lã. A energia elétrica, pois, encontra-se também em estado latente no seu mundo natural, na forma de um elemental primário, atendendo a certa necessidade da vida física. Mas, assim que a irritam, baixa em sua vibração normal e passa a agir vigorosa e intempestivamente na superfície material.

O homem, através da máquina elétrica, produz a eletricidade pela fricção desse elemental energético e natural do mundo astral, porém interpenetrante em toda a vida física. É evidente, pois, que a energia elétrica existe tanto no dínamo como em suas escovas de metal, mas a sua revelação só se faz pela fricção, que o homem consegue controlar habilmente. Quando o relâmpago risca o céu e o raio fende o espaço carbonizando a atmosfera, partindo árvores ou fundindo objetos na sua atração para o solo, ainda nesse caso é a mesma energia primária que se transforma em eletricidade, materializando-se por efeito do atrito ou da "irritação" produzida pelos choques das nuvens.

Embora a eletricidade seja, depois, força agressiva e perigosa quando aflora do mundo oculto para o exterior, o homem dispõe de aparelhamento capaz de transformá-la e armazená-la para o aproveitamento útil e adequado no vosso mundo. Mas, como do nada não pode provir nada, a eletricidade também não poderia provir do nada, mas sim derivar de um elemental oculto no seio da própria matéria integrante de todas as formas e seres.

A eletricidade é conhecida do homem porque ele a produz pela fricção ou por outros métodos modernos; mas é evidente que ainda ignora qual seja a espécie exata de força oculta dispersa pelo Cosmo e que, depois de excitada, "baixa" do mundo invisível em sua frequência vibratória e se torna sensível ao aparelhamento terreno. É força que precisa ser convenientemente controlada para evitar-se a sua ação ofensiva e destruidora, pois há muita diferença entre o transformador de alta tensão, que suporta 10.000 ou 50.000 volts, e o modesto transformador do rádio doméstico, que só resiste a 120 volts.

Analogamente à eletricidade, também podeis avaliar a existência de um elemental primitivo ou energia primária oculta em todas as coisas e seres vivos, que as sustenta no processo de coesão e substituição das células responsáveis pelo fundamento do reino vegetal, mineral e animal. A poderosa rede eletrônica de força primitiva do mundo invisível, que é constituída por entidades vivas astralinas e inacessíveis à instrumentação do mundo físico, quando perturbada pode inverter os polos de sua função coordenadora específica, provocando as rebeliões das células e os consequentes tumores cancerígenos ou a leucemia.

Assim como a eletricidade se produz pela fricção que irrita o seu elemental primário oculto, o câncer também se manifesta pela irritação que altera o curso normal da ação pacífica e construtiva do elemental responsável pela coesão e labor sinérgico das células da matéria, as quais, embora sejam unidades com vida própria, tanto anatômicas como fisiológicas, fundamentam a sua sustentação harmônica na energia que o espírito distribui em sua vestimenta imortal.

Esse elemental, que tanto faz parte integrante do perispírito como do organismo físico, é capaz, por isso, de reagir conforme seja a disposição mental e emotiva do homem. Quando o homem pensa, emite ondas cerebrais eletrodinâmicas, que afetam todo o campo de suas energias ocultas e, quando se emociona, pode alterar a frequência vibratória do seu próprio sistema eletrônico de sustentação atômica. É natural, pois, que um elemental cancerígeno venha se irritando em sua intimidade há decênios, séculos e até milênios, pela força das vibrações dos pensamentos desregrados e das emoções violentas do espírito encarnado, e essa carga nociva, atingida a fase de sua saturação, deve convergir profilaticamente para a carne! A mente aí funciona em distonia, projetando dardos mentais que desorganizam as aglomerações celulares, adensando-se o magnetismo até obstruir o trabalho criativo do cosmo orgânico, impondo-se então a moléstia cancerosa através da desarmonia psicofísica.

PERGUNTA: — Como poderíamos entender melhor essa irritação ou mau uso do elemental primário, que depois produz o câncer?

RAMATÍS: — Sabeis que a eletricidade é energia dinâmica e o magnetismo é energia estática; a primeira intervém de modo súbito e pelas descargas de chofre, enquanto a segunda exerce o seu efeito mais suavemente, por força da atração ou de imantação. Isso também sucede com o elemental primitivo que, invertendo a sua ação benfeitora, produz o câncer; ele tanto pode agir de imediato, alterando a intimidade celular dos vegetais ou animais, em face do conflito entre as demais forças criadoras, como também ser violentado pela mente ou irritado pelas emoções perniciosas do homem, produzidas pelas paixões indomáveis.

Qualquer energia potencializada a rigor tanto pode produzir benefícios como efeitos nocivos, e o homem, pela sua força mental desordenada e suas emoções em desequilíbrio, pode provocar irritações nesse elemental primário, que depois o prejudicam, promovendo a rebelião das células. A mesma radioterapia que, sob a aplicação benfeitora, será capaz de desintegrar certos neoplasmas malignos, transforma-se em força maléfica quando é imposta sobre algumas zonas delicadas do sistema nervoso.

PERGUNTA: — Podeis explicar-nos como é que o elemento primário, em questão, pode provocar o câncer nos animais, devido ao "conflito de energias" operantes na intimidade dos mesmos?

RAMATÍS: — Conforme já sabeis, o câncer não atinge apenas o homem, mas também afeta certos peixes, répteis, animais e até vegetais, embora seja muito raro nos animais selvagens ou nos silvícolas, que ainda vivem em perfeita harmonia com a natureza. Como já explicamos, é uma doença que pode provir das circunstâncias do meio e do conflito entre as próprias forças criadoras da vida, porque, cerceando-lhes a atividade dinâmica, também atua o elemental primitivo que, depois de perturbado, torna-se virulento e cancerígeno.

Esse conflito pode produzir-se durante o acasalamento sinérgico entre as forças ocultas e criadoras do mundo instintivo inferior e as energias vitais diretoras, que baixam do plano do psiquismo superior. Nem sempre essa simbiose de vida realiza-se de modo harmonioso na intimidade das plantas e árvores, ou dos animais; então origina-se o choque energético, desorganizando a composição das células vegetais ou animais.

PERGUNTA: — Em face da complexidade do assunto, apreciaríamos que nos ajudásseis a compreender melhor a natureza desse conflito energético, e como ele se processa entre as forças da vida instintiva e as energias psíquicas descidas dos planos superiores.

RAMATÍS: — Assim como o choque entre as correntes de ar frio e ar quente, que se processa na atmosfera, produz o conflito motivado pela diferença de pressão e temperatura, resultando os vórtices ou turbilhões mais conhecidos como redemoinhos, e que às vezes atingem até à violência do furacão, as forças criadoras do astral inferior, quando se defrontam com as energias diretoras do astral superior, provocam, por vezes, os conflitos no campo magnético ou eletrobiológico dos seres vivos, perturbando a aglutinação das células e favorecendo as excrescências anômalas. Então altera-se o crescimento normal do cosmo celular do animal ou do vegetal, sem qualquer possibilidade de ser sustada a ação desordenada e corrigido esse desvio biológico, porque a irritação se processa justamente num dos próprios elementos energéticos sustentadores da vida.

Daí o motivo por que não devemos considerar essas manifestações cancerígenas dos animais como decorrentes de culpas cármicas do passado, mas apenas como consequência natural da desarmonia nas trocas energéticas do meio hostil onde precisam gerar-se as espécies inferiores. A Terra ainda é um imenso laboratório de ensaios biológicos destinados a fixar os tipos definitivos do futuro e a tecer os trajes orgânicos mais evoluídos, que devem vestir novas expressões do psiquismo adormecido. É cadinho de forças onde o Criador ensaia, tempera e plasma os invólucros para o espírito adquirir consciência de existir e saber.

Nem sempre as adaptações para melhor se fazem sob a desejada harmonia celular. É o caso dos animais domesticados que, por isso, ficam enfraquecidos no seu senso instintivo de adaptação e sobrevivência ao meio, uma vez que passam a depender diretamente do homem, que lhes modifica até a alimentação tradicional. Eles se tornam mais vulneráveis ao câncer, porque seus hábitos milenares são perturbados, irritando a energia primária de sua sustentação biológica natural. E o que acontece com o cão, o cavalo, o boi, o carneiro e mesmo os ratos das cidades que, para sobreviverem a contento, devem adaptar-se apressadamente às condições de vida do civilizado, embora na sua contextura biológica ainda lhes grite o condicionamento selvagem de milênios! E por isso os mais débeis pagam também o tributo do câncer quando submetidos a essas urgentes mutações, sem quaisquer culpas cármicas de vidas pregressas, mas em face da passagem algo violenta da vida selvagem para a domesticada. No entanto, o animal selvagem e livre só muito raramente se torna canceroso, porque permanece um sadio equilíbrio em sua rede de sustentação e coesão molecular, sem a irritação do elemental primário e a consequente alienação do crescimento das células.

Apesar de parecer injusta essa porcentagem de sacrifício entre os animais, em consequência do câncer, o aperfeiçoamento prossegue e compensa depois os acidentes naturais e imprevisíveis que, durante a sutilíssima simbiose energética, conduzem para melhor os seres e as coisas. Entretanto, o câncer no homem é essencialmente de natureza cármica, pois a sua predisposição mórbida resulta do expurgo da carga miasmática elaborada pelos seus atos danosos no passado, em prejuízo do semelhante.

PERGUNTA: — Poderíeis expor-nos com maiores detalhes como se dá a intervenção ou ação do homem sobre o elemental primário que lhe causa o câncer?

RAMATÍS: — Já vos explicamos alhures que o homem, na qualidade de criatura que pensa, sente, age e pode examinar os seus próprios atos, tanto é responsável pelas "virtudes" que o beneficiam, como pelos "pecados", que o prejudicam espiritualmente. No primeiro caso, ele sensibiliza-se afinando a sua indumentária perispiritual; no segundo, perturba-se pela mente e pela emoção descontroladas, alterando a harmonia eletrônica das energias ocultas que lhe sustentam o equilíbrio biopsíquico. Conforme for a natureza do pecado ou a violência mental que exercer em oposição espiritual, também perturbará o tipo de elemental primário ou energia básica primitiva do mundo astral e que, no conhecido choque de retorno, produz uma reação lesiva idêntica, no perispírito, e que depois se transfere do mundo oculto para a carne, produzindo o estado enfermiço que a Medicina então classifica em sua terminologia patológica.

Conforme a natureza do pecado, o conflito mental ou emotivo que a criatura cria para com a harmonia do seu espírito também irrita o tipo de elemental específico que lhe sustém o eletronismo biológico, estabelecendo o terreno mórbido que se torna eletivo para determinada invasão microbiana. Assim produz-se a nefrite, a tuberculose, a asma, a lepra, a sífilis, a amebíase, o pênfigo ou o câncer e, conforme seja ainda a devastação orgânica, pode ocorrer a alienação mental, a esquizofrenia ou a epilepsia. O processo morboso que reage do mundo oculto, através do próprio elemento criador que é perturbado, ataca o sistema linfático, o sanguíneo, o ósseo, o endocrínico ou o muscular, produzindo doenças características e diferentes entre si, desarmonizando as relações entre o perispírito e a carne.

A maioria dos casos de câncer que afetam o homem produz-se pela disfunção da base psíquico-eletrônica da organização das células, devido ao elemental que fecunda a vida material se tornar virulento. Então essa modificação morbosa se torna o alimento predileto de certos bacilos psíquicos ainda inacessíveis a qualquer percepção do aparelhamento de laboratório terreno, pois a origem mórbida só pode ser avaliada no campo das conjecturas patológicas. O residual enfermiço vai se acumulando no perispírito, na decorrência das encarnações, formando a indesejável estase, em que o organismo físico satura-se até ficar excessivamente sensibilizado. É bastante uma singela contusão mal cuidada, estenose insolúvel, enfermidade mais demorada num órgão debilitado, irritação por agentes químicos, abuso excessivo do fumo, do álcool, da carne de porco, dos narcóticos ou sedativos a granel, intoxicação medicamentosa, hemorragia incontrolável, intervenção cirúrgica inoportuna ou excrescência parasitária, para se iniciar a desarmonia celular com a vertência do morbo fluídico para a carne e a consequente anomalia no crescimento e justaposição das células.

Poucos médicos sabem que algumas vezes é bastante um estado de irascibilidade, ódio, violência, mágoa ou insidiosa melancolia para dar início à drenação tóxica e à incidência cancerígena, que se manifesta como se tivesse sido acionada por forte detonador psíquico!

A virulência fluídica em descenso do perispírito rompe o equilíbrio entre o eletronismo biológico do homem e as coletividades microscópicas que lhe garantem a estabilidade da vida física, sempre dependente da harmonia psicossomática. Então a carne é a grande sacrificada pelos neoplasmas que, depois, a terminologia acadêmica distingue na forma de sarcomas, epiteliomas, etc., ou da implacável leucemia.

PERGUNTA: — Poderíeis explicar-nos, de modo mais compreensível, como se processa o acometimento cancerígeno no corpo da criatura humana, através da subversão do elemental primário de função criadora? Ser-vos-ia possível dar-nos uma ideia do motivo de ser tão dificultosa a cura do câncer, embora a Medicina já conte com aparelhagem tão eficiente?

RAMATÍS: — Sob a nossa visão espiritual, temos observado que o elemental fluídico primitivo e criador, depois de subvertido ou irritado pelas vibrações violentas ou mórbidas da mente humana, adensa-se como um forte visco astral que adere ao tecido delicado do perispírito, ameaçando perigosa petrificação que exige pesado tributo à alma. Verificamos que no fundo de todas as tumorações físicas cancerosas ele se acumula na forma de manchas, emplastros ou excrescências astralinas, que muito se assemelham à lama, aderente às contrapartes etéreo-astrais, mantendo ali uma vida parasitária e independente, como se fossem nódoas negras sobre uma vestidura de linho alvo.

Através do fenômeno de osmose, o fluido contaminado do elemental alterado é absorvido pelo perispírito, e salienta-se como o hóspede indesejável no processo mórbido do vampirismo fluídico que, por lei da vida sideral, precisa ser alijado da vestimenta imortal do espírito, uma vez que se trata de energia nociva, que não pertence à sua circulação normal. No caso da leucemia ou do câncer sanguíneo, esse elemental lodoso, primário e posteriormente agressivo, circula pela contextura do perispírito, polarizando-se mais fortemente nas contrapartes etéreo-astrais, que são as matrizes ajustadas à medula óssea, ao fígado e ao baço, ensejando perturbações perniciosas ao conhecido processo da hematopoese, ou seja, da formação dos glóbulos de sangue, constituindo a nossos olhos verdadeira "infecção fluídica".

Se o médico terreno pudesse examinar essa essência primária alterada pelo próprio espírito do homem, como excrescência lodosa aderida à organização perispiritual, sem dúvida iria associá-la às formas características repugnantes dos lipomas, que por vezes deformam grotescamente o rosto das criaturas! E um dos fatos mais significativos é que ela aumenta a sua força e vibração agressiva em perfeita sintonia com os resíduos de outras energias deletérias, que o homem movimenta na imprudência de novos desequilíbrios mentais e emotivos. Nutre-se, fortifica-se em sua virulência quando recebe novo combustível fluídico pelo psiquismo humano durante os estados de ódio, cólera, ciúme, inveja, crueldade, medo, luxúria ou orgulho. Eis por que os médicos modernos têm verificado que as crises dos cancerosos mantêm estreita relação com os seus estados psíquicos.

O homem, como centelha emanada do Criador, um foco de luz obscurecida pela personalidade transitória carnal, deveria manter-se acima das paixões e interesses inferiores do mundo material a fim de, concentrando as energias que lhe ativam a luminosidade espiritual interior, projetar as forças que dissolvem as aderências e as petrificações astrais do seu perispírito, livrando-o dos processos morbosos que lhe obscurecem a transparência sideral. E no caso do câncer só a dinamização vigorosa de forças geradas no mundo interior do espírito é que poderão diminuir a ação agressiva do elemental primário que, depois de perturbado, é o causador do câncer.

PERGUNTA: — Ainda podeis estender-vos mais um pouco sobre a forma desse elemental primário responsável pelo câncer, informando-nos como ele opera sobre o perispírito na sua invasão morbosa?

RAMATÍS: — Para a nossa visão de desencarnados, esse elemental, depois de subvertido, perde a sua aparência comum de fluido cintilante, que lembra o fluxo do luar sobre o lago sereno, para tornar-se obscurecido, denso, repugnante, agressivo e insaciável na sua ação invasora. Invertido na sua função criadora, assume a forma destruidora e ataca a substância translúcida e tenuíssima do perispírito; tenta, mesmo, combinar a sua natureza inóspita e deletéria com a contextura evolvida daquele, procurando rebaixá-lo para uma forma e condição astralina conspurcada, lembrando a nódoa de tinta alastrando-se pelo tecido alvacento.

A sua configuração mais comum aderida ao perispírito lembra gigantesca ameba fluídica, que emite tentáculos sob movimentos larvais incessantes, ou assume a forma de exótica lagosta ou reptil aracnídeo, interceptando o curso nutritivo das correntes "vitais-magnéticas", para alimentar a sua vida parasitária e vampírica. A sua ação é interpenetrante na veste perispiritual e condensa facilmente toda substância mental que, por efeito do mau uso dos dons do espírito, baixa em sua frequência vibratória; também atua fortemente ao nível das emoções descontroladas e interfere principalmente na função do "chacra esplênico", que é o centro etérico controlador e revitalizante das forças magnéticas que se relacionam através do baço. No perispírito, que é a matriz da organização carnal, já se pode observar, então, a caracterização subversiva das células neoplásticas do câncer, cuja proliferação anárquica repercute pouco a pouco em direção ao corpo físico, em concomitância com o fluido pernicioso que opera subrepticiamente no seu incessante abaixamento vibratório. Infelizmente, é o próprio espírito do homem que enfraquece o seu comando biológico e concorre com os seus desatinos mentais e paixões violentas para que a manifestação cancerígena se processe mais cedo!

Ante a desarmonia verificada nesse comando eletrônico, responsável pela aglutinação atômica que edifica a carne, o miasma astralino intercepta o fluxo vital e perturbam-se as linhas de forças magnéticas que predispõem a harmonia orgânica, resultando a rebelião incontrolável das células.

Os clarividentes encarnados podem observar, com certa clareza, que esse miasma cancerígeno emite uma série de tentáculos ou pseudópodes que, emergindo do perispírito, depois se interpenetram invisivelmente pela pele e pelos órgãos físicos, aos quais se aferram com vigor, traçando antecipadamente o curso anárquico das formações celulares. Doutra feita, estendem-se pela intimidade da medula óssea, do fígado ou do baço, vampirizam os glóbulos vermelhos e caracterizam a hiperplasia do tecido formador dos glóbulos brancos.

As células físicas embebidas por essa essência aviltante e parasitária se disturbam e atropelam-se em sua genética, materializando-se na carne sob a conformação heterogênea e nociva dos neoplasmas malignos.

21.

Aspectos do câncer em sua manifestação cármica

PERGUNTA: — Quais são as espécies de perturbações psíquicas que originam o câncer?

RAMATÍS: — Certos tipos de câncer, que se prolongam por várias encarnações do mesmo espírito, são resultantes da magia negra, do enfeitiçamento ou da hipnose para fins lucrativos, egoístas, lúbricos ou de vingança que alguns espíritos têm praticado contra seus semelhantes desde os tempos imemoriais da extinta civilização atlântida. Para isso conseguir, esses espíritos dominavam e manipulavam um dos elementos primários ou energia fecundante do astral inferior, que deveria servir de veículo para suas operações perniciosas.

Tendo sido esse elemento usado depreciativamente, terminou incorporando-se ao perispírito dos seus próprios agentes delituosos, transformando-se em energia nociva ou fluido tóxico que, ao ser expurgado para a matéria, desorganiza as bases eletrônicas do aglutinamento das células, dando ensejo à formação de neoplasmas malignos ou provocando a leucemia pelo excesso dos glóbulos brancos.

Qualquer estudante de Magia sabe que toda energia ou elemental primário a ser usado para esse fim deve, em primeiro lugar, ser atraído pela mente do magista, em quantidade necessária para sustentar a operação projetada. Daí os grandes perigos da operação da magia, quando mal intencionada, pois a energia elemental que for convocado do mundo oculto astralino incorpora-se por todos os interstícios do perispírito do indivíduo, permanecendo como força submissa que, depois, obedece instantaneamente à vontade e à emoção boa ou má da alma. Só é possível o êxito do magista quando ele consegue penetrar diretamente no seio das forças vivas que utiliza, pois o fenômeno não se concretiza sob comando a distância, como ainda pensam alguns desavisados praticantes da arte mágica.

Em consequência, quando a energia ou o elemento primário convocado do mundo oculto é manuseado em benefício do semelhante, ele afina-se e melhora a sua natureza primitiva e hostil, porque atua sob influência espiritual superior e volatiza-se facilmente do perispírito de quem o utilizou. Mas esse elemental de natureza criadora, se for empregado para fins degradantes ou destrutivos, torna-se agressivo, virulento e parasitário, aderindo e contaminando o organismo perispiritual daquele que o usou ignobilmente. Ele permanece como excrescência nociva e circulante nas criaturas, nutrindo-se com as energias delicadas e depois descendo para a carne na patogenia do câncer, cumprindo-se o carma do ódio, da vingança, da crueldade e de outras ações contra o próximo.

PERGUNTA: — Então podemos considerar que todas as vítimas atuais do câncer foram magistas, feiticeiros ou movimentaram forças deletérias contra o próximo?

RAMATÍS: — Certos tipos de câncer são propriamente resultantes da magia negra; no entanto, outra parte da humanidade sofre expurgo de fluidos que acumulou em encarnações passadas, não como resultado "direto" da prática da magia negra, mas concernente à soma de todos os pensamentos danosos e sentimentos maldosos que movimentou no passado contra o seu semelhante. O câncer, em sua essência mórbida, poderia ser denominado o "carma do prejuízo ao semelhante", como consequência de um fluido nocivo elaborado durante as atitudes e ações antifraternas.

Alguns, pois, sofrem o câncer porque movimentaram diretamente os recursos deletérios da magia negra para fins egocêntricos; outros, porque há decênios ou séculos vêm armazenando energias perniciosas na contextura delicada do seu perispírito, devido à sua invigilância espiritual e à prática da maledicência, da calúnia, crítica maldosa, desejos de vingança, inveja, ciúme ou ingratidão.

PERGUNTA: — Quereis dizer que os feiticeiros, magistas negros ou macumbeiros serão, no futuro, as vítimas clássicas do câncer cármico; não é assim?

RAMATÍS: — O câncer não é apenas o carma daqueles que foram os instrumentos diretos ou agentes de enfeitiçamento ou magia negra contra o semelhante; às vezes, o feiticeiro ou o magista são os menos culpados disso, porque a sua ação nefasta é praticada a pedido ou sob o comando de outras vontades mais despóticas e cruéis. Mesmo no vosso mundo há leis que punem severamente tanto os agentes criminosos como os seus autores ou mandatários intelectuais.

Em outro capítulo desta obra já explicamos que o feitiço, na realidade, abrange todo prejuízo que parta de qualquer ato ou campo de ação humana. Assim, pois, há o feitiço mental, que se pratica pelo ciúme, inveja ou despeito pela felicidade alheia; o feitiço verbal, criado pela crítica antifraterna, pela calúnia, maledicência, pelo falso julgamento ou traição à amizade; finalmente, há o feitiço propriamente de natureza física ou material, que é praticado pela chamada "bruxaria", ou magia negra, através de objetos preparados pelos entendidos, que passam a funcionar como interceptadores dos fluidos vitais e magnéticos das vítimas enfeitiçados.

O câncer, como carma consequente de prejuízo ao semelhante, reúne, sob suas garras temíveis, tanto aqueles que operam diretamente na forma de agentes de magia maléfica, os seus contratantes ou mandatários intelectuais, assim como todos os espíritos que nas encarnações passadas foram acumulando toxinas pela subversão do elemental primário no uso do enfeitiçamento mental ou verbal.

PERGUNTA: — Podeis dar-nos algumas explicações sobre o motivo por que o câncer varia em sua manifestação mórbida, diferenciando-se pelos tumores epiteliais, sarcomas, ou atacando o sistema ósseo, linfático ou sanguíneo, como no caso da leucemia? Porventura não é um só o tipo de elemental ou fluido tóxico que baixa do perispírito para a carne?

RAMATÍS: — Justamente pelo fato de comprovardes essas diferentes formações cancerígenas, podeis avaliar que não existe uma doença específica chamada "câncer" com uma ação mórbida idêntica em todas as criaturas; porém há vários tipos de doentes, que diferenciam na carne o processo morboso das tumorações e afecções cancerígenas, em correspondência com as suas próprias constituições psíquicas e responsabilidades cármicas individuais. Não nos podemos alongar pelos escaninhos da ciência médica a fim de explicar-vos meticulosamente a etiologia exata do epitelioma, do sarcoma, dos processos que alteram o núcleo ou o protoplasma das células, ou da proliferação dos glóbulos brancos, como no caso da leucemia, mas podemos afirmar que a virulência, o tipo das tumorações e outras afecções cancerosas dependem muitíssimo da quantidade e da fluência do tóxico que se acumula no perispírito. Certos espíritos ainda possuem resíduos mórbidos cancerígenos remanescentes da magia negra do final da civilização atlântida, motivo pelo qual ainda darão curso ao câncer em outras encarnações futuras, a fim de poderem expurgar todo o conteúdo tóxico. Outras entidades, como já explicamos, foram acumulando a energia cancerosa lentamente, através de decênios ou séculos, sob a ação vibratória do feitiço mais mental ou verbal, sem haver adquirido o estigma virulento, que se produz na prática da bruxaria, que atrofia e lesa a vida física do semelhante que é enfeitiçado.

Há ainda a destacar aqueles que na encarnação anterior agiram sob tal espírito de malignidade contra o seu semelhante, que isso foi o bastante para uma subversão de suas energias criadoras, tornando-os candidatos à inapelável prova do câncer na próxima existência.

Queremos esclarecer-vos que os efeitos cancerígenos correspondem exatamente à intensidade das mesmas causas mobilizadas no passado em desfavor do próximo. Eles ajustam-se à porcentagem equitativa de prejuízos gerados anteriormente, quer pela magia mental, verbal, antifraterna ou pela prática detestável da bruxaria. A lei do Carma, equânime e justa, obriga o algoz do passado a colher exatamente o produto da semeadura nociva do pretérito, compreendendo todas as dores, desilusões e angústias morais causadas ao próximo.

PERGUNTA: — Podeis explicar-nos mais claramente essa colheita cármica no caso do câncer?

RAMATÍS: — Referimo-nos ao fato de que a patogênese do câncer exerce-se adstrita às mínimas causas criadas pelo espírito no passado; o seu acometimento corresponde à "soma" de males físicos ou morais cometidos. Daí, pois, a diversidade das tumorações de câncer, os tipos de órgãos e sistemas que ele ataca, assim como a época ou idade em que se manifesta. Basta lembrar-vos que é bem grande a diferença de provação do homem rico e moço que, em vésperas de realizar seus sonhos e desejos, vê-se acometido pelo câncer implacável, em comparação com o mesmo acometimento no homem pobre, deserdado da sorte e exausto dos desenganos do mundo! Sem dúvida, enquanto o primeiro mergulha no mais profundo desespero e amargura, o segundo entrega-se, indiferente, à sua sorte, porquanto já não espera coisa melhor!

No entanto, sob a justiça e o rigor da Lei Cármica, o que semeou maior cota de ilusões e desenganos no passado também terá que colhê-los posteriormente sob a equanimidade de que "a cada um será dado conforme as suas obras". Daí o motivo por que o expurgo cancerígeno tanto pode acontecer na idade adulta como na juventude ou na velhice; e varia também na forma de sua manifestação, eclodindo em alguns de chofre, sem probabilidade de qualquer socorro, enquanto noutros o faz lentamente, em zonas facilmente operáveis ou então sob a forma de tumores benignos que, às vezes, até se confundem com outras moléstias de menor ofensividade.

Eis por que o câncer também ataca a criança ainda no berço ou em sua adolescência, fazendo-a peregrinar bastante cedo pelos consultórios médicos e hospitais, para curtir dores e angústias ou mutilar-se pelas operações preventivas. Doutra feita a moléstia surge insidiosamente na moça ou no jovem belíssimo, rico e entusiasta da vida, e ainda o deforma na face, fazendo-o sofrer as maiores amarguras e humilhações atrozes.

Sem dúvida, é mais intensa a amargura das criaturas que apresentam tumorações cancerosas na face ou ofensas nos órgãos dos sentidos físicos, fazendo-as preocupar-se para não repugnar ou chocar o próximo, enquanto a prova se torna mais suave para aqueles em que o câncer só afeta os órgãos ou sistemas velados à visão pública. No primeiro caso, a prova cancerígena ainda apresenta um aspecto emotivo mais cruel e de recrudescência no seu sofrimento moral, ensejando recalques ou complexos de frustrações além das dores propriamente físicas. Mas, ainda nesse caso, a Lei funciona com absoluta equanimidade, pois aquele que, além das dores físicas do câncer, ainda deve curtir as dores morais ou as frustrações emotivas durante a afeção cancerígena, também colhe a soma exata das horas que empregou no passado em prejuízo do próximo, provocando sucessivas amarguras, frustrações, desenganos e vicissitudes ao seu semelhante.

PERGUNTA: — Poderíeis explicar-nos mais claramente essa soma de horas mal empregadas no passado, que ainda acrescentam amarguras morais às dores físicas provocadas pelo câncer?

RAMATÍS: — Suponde um espírito que já viveu vinte existências carnais, na Terra, nas quais praticou várias ações que causaram inúmeras aflições aos seus semelhantes. Somando todas as horas em que ele praticou gestos e atitudes de ingratidões, indiferenças, descasos, negativas, decepções ou calúnias e sofrimentos físicos causados ao semelhante, suponde, agora, que atinjam a 3.000 horas de antifraternismo. Tornando-se necessária a retificação desses desvios condenados pela Lei Cármica e provocados voluntariamente pelo espírito, que se serviu do melhor em detrimento alheio, a sua prova consiste em viver todos os atos, atitudes mentais e expressões verbais que porventura tenha exercido prejudicialmente. Em consequência, desde que tenha reencarnado para retificar todos os deslizes cometidos nas vinte existências, no total de 3.000 horas de faltas praticadas contra a Lei, não há dúvida de que, além de suas dores físicas inerentes à descida das toxinas do perispírito, também há de viver até pagar o "último ceitil" correspondente às amarguras semeadas alhures.

PERGUNTA: — Em face de nos informardes que o câncer cármico é mais propriamente resultante de certo tipo de fluido tóxico que se produz pela mente, nas operações de magia mental, verbal ou bruxaria praticadas contra o próximo no passado, pedimos que nos expliqueis por que motivo também ataca criaturas reconhecidamente santificadas pela sua bondade, ternura e resignação, como já temos testemunhado várias vezes. Isso não quererá dizer que a Lei é atrabiliária e injusta, porque colhe em suas malhas tanto justos como injustos?

RAMATÍS: — Se o simples fato de assumirmos bons propósitos e os realizarmos numa só existência fosse suficiente para extinguir a carga deletéria fluídica armazenada durante séculos ou milênios no perispírito, é evidente que, além de uma visível incongruência na pedagogia sideral, as responsabilidades mais graves seriam resgatadas facilmente através de qualquer atitude pacífica interesseira para isso se conseguir. Mas o fato é que os próprios espíritos, em geral, preparam-se no Espaço para cumprir as suas expurgações mais severas quando encarnados e livrarem-se mais cedo da carga maligna que ainda lhes pesa na veste perispiritual. Aqueles que mais se exercitam para isso, no Além, atravessam a vida física exercendo severa vigilância sobre os seus atos, evitando qualquer probabilidade de nova perturbação psíquica e atentos à voz oculta dos seus mentores desencarnados.

Alguns espíritos, quando encarnados, pressentem a aproximação de suas provas cancerígenas, e desde cedo desencantam-se das ilusões da vida material, haurindo forças na meditação e renunciando deliberadamente aos bens e ao conforto materiais. Transformam-se assim em criaturas serviçais e estoicas, procriando e atendendo com ânimo à sua prole consanguínea, enquanto as mais heróicas ainda chegam a criar os filhos alheios. Vivem cristãmente e se tornam utilíssimas à coletividade, efetuando o máximo aproveitamento de todos os minutos disponíveis da existência e revelando grande capacidade de resistência moral. A moléstia as encontra preparadas para o cumprimento cármico, e às vezes não escondem a conformação espiritual de que estão sendo purificados.

Daí justificar-se o fato de existirem seres santificados pela sua heroica maneira de viver e que, embora tendo semeado bênçãos e auxílio ao próximo, desencarnam sob as dores atrozes do câncer, como que desmentindo a bondade de Deus e a convicção de que o Bem compensa! O miasma cancerígeno que pesa na vestimenta do perispírito ao ser expurgado, sempre provoca lesões proverbiais do câncer, quer isto aconteça com um ser rebelde à sua prova cármica, quer com uma criatura decidida, útil e boa, que resolveu extinguir o seu residual mórbido. O certo é que, enquanto o espírito rebelde, durante o seu expurgo obrigatório, continua a produzir nova carga enfermiça para sofrer futuras expurgações dolorosas, a alma conformada efetua sua drenação tóxica exercitando-se sob a bondade, o afeto, a humildade, a renúncia e o amor ao próximo, evitando contrair de novo o mesmo débito que lhe produziu tão grande sofrimento.

A história religiosa do Catolicismo narra-vos a vida de muitos santos que, à medida que mais padeciam dores cruciantes, também sublimavam-se pela sua fé e confiança mais intensas nos propósitos sublimes da vida criada por Deus. O menor resíduo tóxico astral que ainda existe no perispírito deve ser expurgado para a carne, e por esse motivo alguns seres muitíssimo elevados, cujo espírito se apresenta bastante diáfano, ainda podem possuir remanescentes de toxicose psíquica, lembrando o fenômeno da bruma seca, que por vezes vela a transparência luminosa de um céu inteiramente azul e belo.

Há casos, também, em que a alma santificada, e que já dispõe de bons créditos junto à contabilidade divina, também se sacrifica voluntariamente para aliviar parte das dores dos seus pupilos, assim como o fez Jesus para salvar a humanidade terrena. É também o caso do grande e admirável santo da Índia, Sri Ramana Maharshi que, rodeado dos seus mais ardentes discípulos, que estavam ansiosos para encontrar o "caminho direto" da Consciência Cósmica, apiedou-se de suas angústias humanas e ocultamente participou-lhes do fardo cármico, atraindo para si parte da toxicidade perispiritual que eles possuíam, para mais tarde desencarnar de atroz tumor cancerígeno, que lhe devorava o braço e lhe exauria as forças orgânicas, mas sem o menor queixume ou protesto contra a sua dor!

22.

Considerações sobre as pesquisas e profilaxia do câncer

PERGUNTA: — Acreditam muitos cientistas que o câncer é proveniente de algum vírus ou ultravírus filtrável, que mais hoje mais amanhã será conhecido e isolado para a sua sumária extinção.

RAMATÍS: — Após o advento do microscópio e o êxito das pesquisas de Pasteur, os cientistas acreditaram que seria descoberta toda a fauna do reino microbiano e feita a identificação de todos os inimigos ocultos do homem, que, no seu mundo infinitesimal, ainda se entrincheiravam nos interstícios das células humanas. Os microbiologistas modernos também guardam a esperança de que, através de mais poderosos microscópios eletrônicos, hão de vislumbrar o mundo imponderável dos ultravírus filtráveis, e assim solucionar todas as incógnitas patológicas da Medicina.

Mas a verdade é que o homem não é apenas uma entidade física vítima da agressão microbiana, pois o seu espírito atua noutros planos interiores, modelando o pensamento e fundamentando a emoção, para depois então manifestar-se no cenário do mundo material. O corpo físico é somente uma entidade transitória, constituída pelo turbilhão de elétrons agregados pelo molde perispiritual e sob o comando da consciência espiritual. Ainda são raros os médicos que se devotam às pesquisas do mundo oculto, interessados em conhecer realmente a complexa maquinaria imortal do perispírito, que é a base dos desejos humanos e das operações mentais. É o perispírito que realmente sustenta o organismo físico e o modela desde a sua primeira aglutinação celular; a sua influência é fundamental na carne, pois é ele, em essência, que tanto organiza como desorganiza as células orgânicas.

Não basta, pois, que a ciência do mundo analise unicamente os elementos químicos que compõem a substância material do organismo físico; já é tempo de auscultar e conhecer também a contextura do perispírito, avaliando-lhe o peso, a densidade e o energismo etéreo-astral que dele emana e interpenetra o edifício atômico de carne. Daí o fato de as emissões de tristeza, de ódio, de cólera ou de revolta, que dimanam de sua rede bioelétrica, perturbarem a organização física, enquanto a alegria, a mansuetude, o amor ou a resignação favorecem o seu equilíbrio energético.

A guerra sistemática do cientista terrícola contra o mundo microbiano não se fundamenta num senso inteligente pois, se o corpo físico, conforme diz a ciência, é um aglomerado de micróbios, vírus e energias movendo-se superativas para manter a vida e a estruturação orgânica da carne, a violência, a destruição deliberada e incessante contra o mundo infinitesimal só tende a alterar a harmonia do cosmo humano e favorecer o círculo vicioso de enfermidades estranhas, em que as velhas moléstias que são combatidas surgem novamente com nova rotulagem acadêmica.

O micróbio, o vírus ou o ultravírus são a base, os elementos imprescindíveis ou a verdadeira substância viva de que o espírito necessita e se utiliza a fim de poder configurar-se à luz do mundo material. Quando o laboratorista já não consegue identificar determinado vírus ou germe demasiadamente sutil, que lhe foge à acuidade física e ao qual atribui a moléstia insidiosa, é porque o seu aparelho material já ficou aquém das forças ocultas criadoras, e não está em condições de prestar o serviço que dele se quer exigir.

O caldo de cultura filtrado pela vela de porcelana e depois inoculado à cobaia, e que ainda manifesta virulência capaz de enfermar em novo experimento, não constitui o êxito definitivo na pesquisa exata da doença, só porque lhe foi atribuída a presença de qualquer vírus ou ultravírus filtrável. Na verdade, trata-se sempre de um agente vivo, o "materializador" da moléstia, que é, em suma, a prova de que a vida maior é o produto exato da aglomeração das vidas menores. É indiferente que o classifiquem de miasma, elemental primário, energia, bacilo, vírus ou ultravírus ainda ocultos aos sentidos humanos, pois eles atuam e formam a base fundamental da doença exatamente no mundo psíquico-mental que a ciência olvida de investigar.

Em consequência, no caso do câncer é muito importante que, além da preocupação exclusiva de ser isolado um vírus responsável pela doença, se examine também qual a base ou o agente oculto na alma humana, que nutre a manifestação virulenta dessas energias microcósmicas vivas e criadoras que, depois de alteradas, enfermam o homem. Quais serão os estados mórbidos da alma, que mais facilmente podem irritar essas energias, invertendo sua ação fecundante para a investida destruidora? De que modo a alma atrai e modifica essas forças e as associa morbosamente à sua organização psicofísica, sendo depois obrigada a expurgar os resíduos deletérios pela carne, sob padecimentos que só terminam no túmulo? Por isso, no caso das enfermidades humanas em que domina uma causa espiritual, pouco adianta identificar-se unicamente o "meio", o vírus ou o agente responsável pela materialização mórbida e pelo efeito patológico.

Não há dúvida, entretanto, de que os cientistas terrenos ainda hão se isolar ou identificar o "agente patogênico" do câncer quando, devido a maior sensibilidade do seu aparelhamento futuro e domínio das forças ocultas, também puderem atuar no limiar do astral onde, realmente, estagia o elemental cancerígeno.

Eis por que os espíritos adiantados, em geral, acham de grande importância que a Ciência terrena investigue com ânimo e sem preconceitos acadêmicos qual a origem dos desequilíbrios mentais e emotivos que, tanto na atual existência como no pretérito, têm sido responsáveis ocultos pela manifestação e aceleramento cancerígeno. Assim, talvez a humanidade cesse, pouco a pouco, de produzir o terrível miasma cancerígeno e a conselho médico, trate de volatizá-lo do perispírito sob sentenciosa prescrição evangélica.

A Medicina concentrou-se numa luta intensa e feroz contra o mundo microbiano, esquecendo de que ele é um "motor" funcionando bem ou mal, conforme seja a vontade ordeira ou o comando irascível do espírito a plasmar no mundo exterior os impulsos da vida interior.

PERGUNTA: — Somos de parecer que só a pesquisa laboratorial há de contribuir para a mais breve cura do câncer; não é assim? É o processo que nos parece mais sensato para que a Ciência logre êxito contando com os recursos terrenos!

RAMATÍS: — Não desconhecemos os esforços heróicos e a firmeza de ideal de inúmeros médicos e cientistas, que se devotam abnegadamente à cura de cancerosos. Entretanto, à medida que o homem for compreendendo a verdadeira função da dor e do sofrimento, como processo de limpeza psíquica da vestimenta perispiritual, é certo que as pesquisas e preocupações humanas também se voltarão mais atentamente para a causa mórbida milenária e enraizada no espírito.

Visto que o organismo físico é um agregado de órgãos compondo um todo vivo, que deve pulsar coeso sob a combinação harmoniosa das energias mental, astral, etérica e física, reduz-se o êxito médico quando o examinam apenas pelas suas partes constituintes. O laboratório, em sua pesquisa louvável, fornece os elementos materiais para auxiliar o diagnóstico da "doença", mas não habilita o médico a conhecer o todo psicológico doente. Às vezes, malgrado a existência de vários exames negativos, de laboratório, assegurando a ausência de bactérias, bacilos, parasitas ou germes considerados ofensivos e que então negam a presença da enfermidade suspeitada, o paciente continua enfermo, pois é uma unidade orgânica perturbada em seu todo e não apenas em partes isoladas. São os vícios, os hábitos perniciosos, as emoções descontroladas, os pensamentos daninhos e os objetivos imorais que se constituem nos elementos fundamentais a se materializarem mais tarde na forma de prolongamentos enfermiços, que interpenetram morbidamente a admirável contextura celular do corpo humano.

No instante em que o laboratório ou o exame clínico anuncia a formação cancerígena no homem, é que o médico pode identificar com firmeza a floração do morbo à exterioridade dos sentidos humanos. Mas a verdade é que, sub-repticiamente, o câncer já vinha se desenvolvendo havia alguns meses ou anos, na intimidade do paciente. A carga cancerosa, quando drena-se pela pele, pelos órgãos, pelos sistemas sanguíneo, linfático, nervoso ou pela medula óssea, apenas comprova o êxito de ter alcançado a contextura sólida do organismo físico, pois há muito tempo já incursionava na intimidade perispiritual do indivíduo, incorporando-se nele durante os seus desatinos mentais e emotivos, para depois servir de alimento aos bacilos, vírus ou miasmas, cuja vida e potencial vigorosos decorrem no mundo astral, ainda inacessível aos sentidos comuns dos encarnados.

Sob a inteligente terminologia médica, a análise de laboratório revela à luz do microscópio os germes de determinada doença e contribui diretamente para orientar o médico na escolha do medicamento adequado, que deve ser administrado para exterminar aquele tipo de micróbio materializado pelo morbo baixado do psiquismo enfermo. Mas é evidente que a pausa ou a simples interrupção da "descida" da energia corrosiva, que se expurga do perispírito intoxicado para a carne, conseguido durante o massacre dos micróbios identificados no laboratório, não comprova que também se extinguiu completamente a causa oculta enfermiça residente no espírito.

Qualquer resíduo mórbido que ainda permaneça no perispírito terá que ser drenado, expelido ou absorvido posteriormente pela terra, não existindo outro recurso mais favorável do que fluí-lo para o mata-borrão vivo e sacrificial do corpo físico. E se o perispírito ainda conservar qualquer saldo mórbido depois de haver desencarnado, terá de expurgá-lo nos charcos astrais inferiores do Além, salvo se por concessão superior puder transferi-lo para a próxima encarnação, mas dessa concessão resultará nova enfermidade.

PERGUNTA: — Temos sido informados de que já foram encontrados germes em lesões cancerosas do homem, o que poderia fazer pressupor a existência do micróbio propriamente físico, causador do câncer. Estamos certos?

RAMATÍS: — Mas é óbvio que, onde há matéria em desorganização, seja uma fruta podre ou um tecido orgânico em decomposição, ali existem bactérias ou micróbios, que se aproveitam da zona desvitalizada e acéfala para cumprir o sagrado dever de procriar. Quando sobre a terra jazem carniças ou matéria deteriorada, é evidente que para ali também convergem os corvos, atraídos pela nutrição apropriada aos seus tipos biológicos. Em consequência, num foco canceroso podem ser encontradas bactérias, cogumelos, protozoários, vírus, toxinas estranhas e outros germes microscópicos, sem que se possa responsabilizá-los diretamente pelo câncer.

PERGUNTA: — Que podeis dizer-nos acerca do tratamento moderno do câncer? Porventura há qualquer equívoco no esforço heróico que a Medicina empreende para debelar enfermidade tão insidiosa?

RAMATÍS: — Não nos cabe censurar os processos químicos, as mutilações cirúrgicas, as cauterizações ou a radioterapia no tratamento do câncer, porquanto se trata de recursos que ainda muito se afinizam às necessidade de retificação cármica dos terrícolas. Assim que a humanidade houver expurgado da contextura delicada do seu perispírito as toxinas e as impurezas astralinas que ali aderiram devido às anomalias e desregramentos psíquicos pregressos, a terapêutica do câncer também será exercida de modo mais suave e com maior êxito médico.

O câncer pode ainda se tornar mais virulento e irritado quando o represam ou desviam-no do curso de sua manifestação natural para a carne, desde que não se efetue em concomitância com a modificação espiritual do doente. O seu represamento através dos recursos científicos do mundo material termina por espraiá-lo na forma de novos surtos patogênicos futuros, devendo retornar posteriormente sob a vestimenta mórbida de outros flagelos, que a Medicina moderna terá que classificar sob nova rotulagem patológica. As velhas moléstias que foram curadas só à periferia da carne, não atingindo a profundidade da alma, desapareceram momentaneamente, para ressurgir mais tarde embuçadas por nova terminologia médica!

Malgrado o valioso esforço médico atual, reduz-se a tuberculose, mas aumenta a anemia perniciosa e o câncer leucêmico; vence-se a lepra, mas proliferam os tumores cancerígenos; diminui a sífilis, mas aumenta o artritismo e a paralisia infantil;[7]

7 Nota: Até o final da década de 1950, época em que estas informações foram

extingue-se a febre amarela, a maleita, a disenteria, mas infelizmente avolumam-se as enfermidades cardíacas, as úlceras gástricas e pépticas, as colites, amebíases e diabetes! Venceram-se as moléstias como o tifo, a difteria, a pelagra, a cólera, mas o estranho morbo que enferma o organismo da humanidade e mora no perispírito perturbado ataca novamente por todas as frestas de carne e procura emergir embuçado sob outros rótulos patogênicos. O arsenal médico cai em cima dos micróbios, graças à produção maciça da indústria farmacêutica, mas esse morbo reprimido irrita-se e perturba também o delicado sistema nervoso para, em certos casos, sublimar-se na forma de doenças mentais!

Os cientistas e os médicos devotados, na sua maior porcentagem, só têm podido lutar heroicamente para reprimir e curar os efeitos lesivos que se materializam na "descida" incessante do fluido enfermo vertido pelo perispírito do homem. Mas, infelizmente, o conteúdo tóxico milenário, ao ser reprimido, muda de rota ou então subdivide-se em outros estados enfermos. Assim que o clínico demonstra o seu cansaço e desanima ante as recidivas insidiosas e a impossibilidade de sustar a doença, é então chamado o cirurgião, a quem compete intervir e mutilar os órgãos ou membros do doente.

Assim sendo, não desejamos opinar sobre a eficiência dos tratamentos médicos modernos sobre o câncer, que estão justíssimos diante do grau evolutivo do terrícola, porquanto as nossas mais graves preocupações são de ordem espiritual, quando aludimos propriamente ao homem-espírito imortal, antes do homem-carne transitório. Assim que houver êxito completo na terapêutica do espírito, obviamente será curado o seu prolongamento de carne, da mesma forma que, asseada a corrente líquida, deixa de se contaminar o vasilhame. O homem, pois, precisa ser curado em sua essência, visto não ser ele uma maquinaria viva, cujas peças acidentadas possam ser reparadas à parte de suas emoções e pensamentos.

PERGUNTA: — Temos sabido que a cura de muitas enfermidades dependeu somente do fato de a ciência haver encontrado no enfermo uma carência vitamínica ou a falta de uma simples imunização ou vacina adequada. Nesse caso, ainda restará algum morbo que, baixando do psiquismo do doente, se possa manifestar noutra forma enfermiça?

RAMATÍS: — O fato de a ciência haver encontrado o "meio" ou o agente que materializava à luz do mundo físico o morbo oculto no perispírito, ou ter acrescentado o elemento que faltava para a saúde do enfermo, não é garantia suficien-

---

recebidas, a paralisia infantil ainda não havia sido controlada. De acordo com o Ministério da Saúde, o último caso de poliomielite registrado no Brasil aconteceu em 1989. Atualmente, a cobertura vacinal brasileira contra pólio é acima dos 95%.

te para se extinguir a causa enferma, pois apenas eliminou-se um efeito verificável pelo aparelhamento ou conhecimento médico terreno. Assim como a "descida" dos fluidos tóxicos do perispírito provoca a proliferação perigosa de certos germes para o corpo físico, também pode neutralizar um tipo de hormônio, fermento, suco ou vitamina, surgindo então a carência que é anotada objetivamente. Sem dúvida, feita a recomposição vitamínica, também há de desaparecer o efeito mórbido correspondente e que a ciência pudera diagnosticar; no entanto, na intimidade do ser, o morbo que destruía a vitamina faltante ou perturbava o mecanismo que a assimilava continua atuando sobre outro elemento orgânico e que mais tarde a Medicina fixará sob novo surto patogênico.

Não há dúvida de que muito se deve às pesquisas médicas louváveis e aos abnegados trabalhos de experimentação laboratorial, que puderam corrigir inúmeras doenças graves que dizimavam criaturas na forma de temíveis flagelos insolúveis. Já vos dissemos que, se não fora o médico ajudando o encarnado a drenar seus tóxicos de modo suportável, pois o atende e o alivia, evitando-lhe a completa saturação patológica, de há muito tempo o vosso mundo seria apenas um aglomerado de seres alucinados! Por isso, no seu devido tempo, o Criador encaminhou à Terra os espíritos missionários que se devotaram completamente às pesquisas e experimentações médicas, com o fito de sustar determinada manifestação patogênica a estender-se em demasia no gênero humano. Graças a Fijkman, Funk e Cooper, o beribéri pôde ser dominado, apenas atendendo-se à carência de vitaminas B1 e B4; Lind liquidou o escorbuto, descobrindo o mal da falta da vitamina C; Koch e Hansen identificaram os bacilos da tuberculose e da lepra; Pasteur consegue a vacina anti-rábica; Benting e Best prolongam o curso de vida dos diabéticos com a descoberta da insulina; surge a sulfanilamida extinguindo grande lastro das infecções mais perigosas e Fleming alivia muitas "provas cármicas" ante a sua extraordinária penicilina!

Esses benfeitores da humanidade acudiram-na no devido tempo, eliminando sintomas e efeitos molestos que já ameaçavam mais perigosamente o campo da vida humana e impedindo a desintegração patogênica da carne. É por isso que de tempos em tempos Deus equilibra a vida terrena, atendendo às necessidades do corpo com o envio de espíritos que se encarnam devotando-se à Medicina; ou então ajudando a esclarecer o espírito da humanidade pelo sacrifício de missionários de alta pedagogia espiritual, tais como Hermes, Krishna, Confúcio, Zoroastro, Buda, Kardec, Hendel, Blavatsky e muitos outros que se devotaram a clarear o caminho interno da alma, em que Jesus é o sublime sintetizador divino!

Uns, pois, cuidam da saúde do corpo carnal; outros surgem no vosso orbe exclusivamente devotados ao restabelecimento da saúde espiritual e comprovando, realmente, que os efeitos molestos observados no organismo físico hão de desaparecer quando se extinguirem as causas patológicas enraizadas na profundidade da alma. Eis porque as doenças podem ser mudadas, substituídas ou aparentemente eliminadas, sem que por isso a energia psíquica mórbida que as alimenta tenha sido eliminada ou sequer modificada em sua essência molesta, da mesma forma como a mudança de lâmpadas coloridas não altera a natureza da força elétrica.

A ideia central da vida é a harmonia, constituindo a saúde humana uma prova do funcionamento perfeito e disciplinado do organismo carnal em admirável sintonia com o ritmo e o comando espiritual. Embora a sulfanilamida seja valiosa numa peritonite, a penicilina estacione a proliferação perigosa dos microrganismos invasores ou a cloromicetina debele o surto perigoso do tifo, a verdade é que só pode ocorrer a virulência na carne do homem enquanto ainda existirem resíduos mórbidos no seu perispírito.

PERGUNTA: — Temos observado, na leitura de alguns artigos sobre Medicina, que já existe certa tendência de alguns médicos para considerarem o câncer como uma doença capaz de ser provocado pelo psiquismo do enfermo. Cremos que essa nova atitude médica indica as primeiras simpatias para com a terapêutica espiritual do futuro, a que tendes aludido em vossas comunicações anteriores; não é assim?

RAMATÍS: — Realmente, alguns médicos terrícolas já possuem relatórios e estatísticas sobre a evolução de certos tumores cancerosos, comprovando que determinadas alterações favoráveis ou desfavoráveis, que se processam nos mesmos, sintonizam perfeitamente com o caráter, o estado mental e as condições psíquicas do enfermo na época do exame. Enquanto alguns enfermos mais otimistas melhoram suas crises cancerígenas, os pessimistas agravam-nas visivelmente. Alguns diagnósticos precoces do câncer mais tarde modificaram-se para melhor conceito em sua apreciação médica porque, em face da maior resistência psíquica do enfermo, o tumor ainda incipiente foi absorvido pelo próprio organismo e sem necessidade de qualquer intervenção terapêutica ou cirúrgica posterior.

É a própria medicina que assim comprova não existir apenas uma doença isolada chamada "câncer", no corpo carnal, mas que é o espírito enfermo que, de acordo com as suas características mentais e condições psíquicas, tanto pode apresentar a etiologia cancerosa como apenas um simples resfriado. Os médicos antigos, inclusive Ambrósio Paré, pressentindo a influência do psiquismo nos doentes, costumam situar as moléstias humanas sob o preciosismo dos "humores", julgando-os responsáveis por determinados estados de alma, como a melancolia, o desânimo, a ansiedade, a angústia ou a preocupação enfermiça, apresentando alterações debaixo das emoções superexcitadas.

Certas criaturas temperamentais assemelham-se a um vaso de líquido nocivo repleto até a borda; basta-lhes apenas acrescentar uma gota a mais, para então extravasarem sob condenável descontrole que é facilmente levado à responsabilidade de doença nervosa. Embora já se encontrem saturadas psiquicamente pelo morbo pernicioso trazido de vidas anteriores, ainda o irritam, e sobrecarregam-se com nova quantidade de toxismo produzido na vida atual. Basta-lhes, então, um novo ataque de cólera, de ciúme, um insulto a mais, uma grande decepção, um estado de inveja mais prolongado, para surgir o câncer de modo espontâneo e se desenvolver rapidamente.

E como a carga do psiquismo mórbido atuando no corpo físico produz o desânimo, a melancolia, o pessimismo ou o desespero, aqueles que sob tais condições prejudiciais não empreendem uma reação psíquica otimista, tornam-se os candidatos eletivos às enfermidades incuráveis e à morte mais breve.

Daí o motivo de nossa teimosa insistência em advertir-vos de que, ante qualquer surto de enfermidade, quer se trate da mais suave intoxicação hepática ou do câncer tão temido, a primeira medicação de urgência, mais aconselhada, ainda deve ser o restabelecimento do domínio mental do enfermo e a sua urgente renovação espiritual. As paixões violentas, quando domesticadas e sob o controle do espírito, tornam-se energias úteis e criadoras no campo do magnetismo do ser.

E, apesar de inúmeras descrenças e da ironia das criaturas chamadas mais intelectualizadas, é a evangelhoterapia o recurso mais eficiente para ajudar a alma no controle de suas impulsividades perigosas!

Não havendo doenças, mas doentes, estes devem-se esforçar o máximo possível para curar o seu espírito, embora comprovem que o tóxico descido da vestimenta perispiritual já lhes atingiu a carne pois, assim que se extinguir o foco maligno sediado na intimidade oculta da alma, é fora de dúvida que também se extinguirá a enfermidade, da mesma forma como a planta daninha morre assim que lhe cortem as raízes. É o próprio organismo que combate e vence a moléstia, atuando com os seus recursos naturais, e por esse motivo qualquer renovação mental e emotiva do enfermo transforma-se em salutar contribuição energética elevada, para a maior facilidade de cura.

Mesmo entre as mulheres acometidas de câncer, as reações mais favoráveis contra a enfermidade verificam-se nas mais resignadas, cujo espírito não se tortura pelo medo ou pelo desespero, mantendo a fé e a confiança nos objetivos superiores da vida criado por Deus. As que são mais afetivas, bondosas, alegres, generosas e inimigas da maledicência ou quizílias cotidianas conservam um estado de espírito positivo e resistente a muito acontecimento desagradável.

Sabe-se que o câncer é menos pródigo nos retardados mentais ou mentalmente apáticos, isso comprovando que o fato de o psiquismo permanecer a distância das aflições e desatinos mentais conscientes ou deliberações propositadas, também resulta na falta de alimentação mórbida para o desenvolvimento cancerígeno. Podeis notar que o câncer é mais frequente nos homens inquietos, ansiosos, temperamentais, medrosos, neurastênicos e hipocondríacos, cujos estados mentais e emotivos, superexcitados, parecem acelerar o esgotamento do tóxico psíquico para a carne.

PERGUNTA: — A Medicina tem empreendido intensa luta contra o câncer, com a instituição de campanhas laboriosas e cruzadas de alertamento popular, fazendo exposições adequadas, a fim de reduzir a incidência dessa moléstia tão temível. Que dizeis dessas providências?

RAMATÍS: — É fora de dúvida que, devido a essas campanhas, veio ao conhecimento da massa comum uma enfermidade que era pouco compreendida em suas características mórbidas e ainda confundida com outras moléstias bem mais inofensivas. Mas, como a própria Medicina já deve ter provado que a maior ou menor virulência do câncer depende muitíssimo do estado psíquico do paciente, é evidente que qualquer cruzada profilática sobre o mesmo deve ser efetuada com certa prudência e severa orientação psicológica pois, do contrário, o seu efeito pode ser até pernicioso e tornar-se alarmante, fazendo recrudescer o pavor e a angústia entre as criaturas mais pessimistas e facilmente sugestionáveis. As mais impressionáveis passarão a viver sobressaltadas ante a presença de inofensiva verruga, quisto sebáceo, sinais, pintas, bolotas ou alteração de cor na pele; a mente assustada e mórbida encher-se-á de preocupação contra o câncer em face de qualquer contusão demorada, gastralgia, resfriado, dispepsia, diminuta hemorragia, rouquidão ou estado febril. Há que evitar-se, pois, os extremos desaconselháveis, seguindo-se a própria advertência popular de que "nem tanto à terra, nem tanto ao mar".

A mente humana é usina de força, cuja voltagem fica sob o controle e o equilíbrio do espírito; essa força tanto pode ativar as células do organismo e nutri-las sob um estado de salutar harmonia e construtividade, como também desorganizá-la em sua simbiose energética, devido à incessante atuação mórbida do medo e da angústia. Sendo certo que um pesar longo ou um fracasso amoroso tem força suficiente para perturbar as faculdades mentais de certas criaturas mais débeis, é óbvio que isso é fruto do pensamento mórbido e incessante atuando na base eletrônica de coesão e crescimento das células cerebrais. Assim como essa força mental morbosa projetada sobre o cérebro causa a "loucura das células cerebrais", é evidente que o medo, a angústia ou a ideia fixa do câncer também podem intervir desordenadamente na aglutinação celular de algum órgão ou região orgânica vulnerável, colimando, realmente, por manifestar a doença tão temida! Que é o câncer senão o produto do veneno psíquico produzido pelo espírito nas suas desarmonias mentais e emotivas?

Embora seja razoável prevenir e orientar aqueles que ajudam a proliferação do câncer com a sua ignorância, desleixo e medo, advertindo-os de que o tratamento em tempo apresenta maiores probabilidades de cura, também é necessário não convergir exclusivamente para uma "entidade fantasma" denominada "câncer", uma vez que o homem não é criatura semelhante a um motor, que se pode particularizar isoladamente as suas peças e funções mecânicas. Nos bastidores do homem de carne palpita o espírito imortal movimentando as energias do mundo oculto, a fim de materializar no cenário da matéria os acontecimentos vividos pelo seu psiquismo. Em virtude de serem primeiramente plasmados na mente os moldes de quaisquer acontecimentos sãos ou mórbidos, para só depois se concretizarem em ação no mundo físico, não convém manter a massa humana, que é facilmente sugestionável, sob uma incessante angústia mórbida, vivida sob a visão dos quadros enfermiços cancerígenos a sugerirem-lhe a possibilidade constante do câncer tão temido.

As imagens cancerosas incutidas persistentemente no entendimento apreensivo da população comum e ignorante, que confunde facilmente os esclarecimentos científicos ou iniciáticos, podem alimentar um estado psíquico de pânico mental, perturbando as linhas de sustentação do eletronismo molecular, dando azo a que realmente se mantenha uma situação de fixação mental capaz de alterar a coesão celular do órgão ou região orgânica mais vulnerável.

Sabe-se que os tipos mais nervosos são justamente os que apresentam maior predisposição para a patogenia das úlceras gástricas, pépticas e as colites insidiosas, pois a imaginação superexcitada os leva a considerar a mais leve fadiga estomacal ou cansaço intestinal como formações ulcerosas, contribuindo mais cedo para materializar na carne a conformação real daquilo que antes era simples suposição mental.

De conformidade com a lei de que "a função faz o órgão", quando a mente atua demoradamente sobre determinado setor orgânico e plasma uma configuração doentia, ali também se exerce a opressão mórbida capaz de ajustar o modelo pensado em detrimento do que é definitivo. Quase todos os hipocondríacos mantêm suas vesículas biliares em espasmo, o que lhes retarda as funções normais, tornando-as preguiçosas e com estases prolongadas; em consequência, enrijam facilmente pela pressão mórbida constante e aderem ao tecido hepático, ou então facilitam os processos da litíase.

Em nossas comunicações sobre a dor e o sofrimento, explicamos que o morbo acumulado no perispírito, durante as encarnações pretéritas, é um produto fundamental da mente e da emoção, quando o espírito desequilibra-se no curso ordeiro da vida psíquica. E como a ordem e a harmonia psíquicas só prevalecem sob a prática das virtudes, como sejam o amor, a ternura, a coragem, o otimismo, a bondade, a filantropia ou a renúncia, é evidente que a desordem mental e emotiva, que enseja os prejuízos orgânicos, revela-se pelo ódio, pessimismo, avareza, medo, ciúme, inveja, melancolia, crueldade ou egoísmo!

Daí, pois, a necessidade de que as campanhas ou cruzadas de esclarecimento sobre o câncer não sejam tão mórbidas e imprudentes, capazes de semear o terror, a angústia, o pânico mental ou o pessimismo insuportável na mente sugestionável da massa comum.

O mecanismo da mente sobre o sistema nervoso e endocrínico do ser humano é muitíssimo delicado; e o medo é um estado mental que superexcita e eleva a tensão orgânica, motivo por que, à perspectiva de choques violentos sob tal condição, o organismo protege-se interferindo nos centros térmicos e até na composição dos hormônios. Daí as quedas de temperatura, a palidez mortal e até o eriçamento dos cabelos na criatura, quando é vítima de sustos e terrores inesperados.

O "medo de morrer" e o "medo de ficar doente" terminam, paradoxalmente, por afetar o equilíbrio das próprias energias psíquicas que mantêm a harmonia celular do corpo físico, predispondo a criatura para os sofrimentos ou vicissitudes prematuras. É por isso que o temor gerado pelas preocupações excessivas perturba visivelmente o funcionamento do sistema vagossimpático, alterando o compasso e o ritmo energético das funções digestivas. Em consequência, existem aqueles que também se entregam facilmente à imagem mórbida do câncer e que, invertendo o objetivo dos esclarecimentos científicos, passam a alimentar associações de idéias enfermiças geradas pelo medo dos fantasmas dos sarcomas e epiteliomas expostos nas cruzadas médicas.

É muito importante refletir-se que, apesar dessas louváveis campanhas de esclarecimento popular contra o câncer, este recrudesce cada vez mais!

23.

Motivos da recidiva do câncer

PERGUNTA: — Podereis informar-nos como se produz a nova incursão cancerígena nos tecidos sadios adjacentes aos tumores extirpados ou membros amputados? Asseguram certos médicos que basta o ingresso de algumas células cancerosas na circulação dos tecidos circunvizinhos para que então se manifeste novamente o câncer. É assim mesmo?

RAMATÍS: — Embora tenhamos subordinado algumas vezes estas considerações à disciplina da etiologia, patologia e terapêutica médicas do vosso mundo, desejamos frisar que o nosso principal objetivo ainda é o de examinarmos a parte cármica e psíquica do câncer, insistindo em vos dizer que a sua cura definitiva só é possível pela integração absoluta do homem aos postulados crísticos da vida espiritual. Consequentemente, não podemos defender qualquer tese de contribuição acadêmica para a cura definitiva do câncer, e que se situe sob as exigências das minúcias da nomenclatura médica, porquanto o próprio "médium" que recepciona o nosso pensamento não é médico e sua faculdade é intuitiva, bastando-nos que já explique razoavelmente a ação da Lei Cármica disciplinando a manifestação cancerígena.

O câncer, embora não se possa provar o seu contágio frontal entre os seres humanos, sob visível observação de laboratório, é capaz de ser transplantado ou contagiar o mesmo hospedeiro que já o manifestara anteriormente. É por isso que alguns cancerologistas argumentam não ser conveniente praticar-se qualquer incisão cirúrgica nos neoplasmas, nem mesmo no caso da biopsia, para comprovar-se o diagnóstico de sua malignidade, pois asseguram que as células cancerosas podem-se irritar, propagando-se morbosamente pelo organismo do paciente.

No entanto, sabemos que a recidiva da rebelião celular só se efetua quando também continua a alimentação mórbida oculta, no perispírito, pois a energia letal mínima, que algumas células físicas possam carregar no seu núcleo e afetar a intimidade dos tecidos sadios circunvizinhos ou a distância, não é suficiente para produzir novo foco cancerígeno secundário. Neste caso é o próprio indivíduo (que ainda se encontra contaminado astralmente) que nutre o terreno mórbido para novo surto de câncer.

As criaturas que já estão isentas de qualquer resíduo mórbido não são capazes de nutrir o terreno para novos neoplasmas malignos e nem serão contagiadas, mesmo quando forem inoculadas com o conteúdo de qualquer tumor cancerígeno. Também não existe uma hereditariedade de pais para filhos, no sentido específico de transmissão física dos genes mórbidos do câncer, mas às vezes pode acontecer que participem da mesma família descendentes consanguíneos com muita afinidade psíquica e também eletivos para o mesmo tipo de doenças. O cancerologista então se surpreende quando, ao estudar os ascendentes biológicos hereditários, do canceroso, comprova que um dos seus progenitores sucumbiu de câncer, o que então lhe fortalece a convicção de existir a transmissibilidade infecciosa sob as leis físicas.

Em geral, as células cancerígenas não transportam vírus astrais suficientes para desencadear outra ação infecciosa quando se transferem pela via sanguínea ou linfática após a operação ou radioterapia. Na verdade, é o mesmo agente oculto, ou elemental primário subvertido, causador da primeira tumefação que, atuante no mundo astral, desce da contextura do perispírito e, através do "duplo etérico", converge para a carne e provoca a recidiva, assim que se lhe oferece nova oportunidade mórbida.

O câncer só estaciona ou se extingue, no seu curso destruidor, quando também haja-se esgotado totalmente para o corpo físico o conteúdo tóxico astralino ou volatilizado do perispírito por força mental de alto nível espiritual. Desde que haja sido vertido todo o veneno psíquico para a carne, o cirurgião, ao extirpar um órgão ou membro contaminado, também elimina com a tumoração a derradeira carga mórbida oculta, desaparecendo assim qualquer probabilidade de recidiva cancerígena.

PERGUNTA: — Poderíeis dar-nos algum exemplo algo material, que pudesse esclarecer-nos melhor esse assunto?

RAMATÍS: — Repetimos: a recidiva cancerosa só ocorre quando ainda continua a circular o elemental virulento no perispírito do operado e capaz de nutrir nova tumoração. Quando o cirurgião opera, apenas elimina o "ponto de apoio" físico em que se firmava sub-repticiamente o "miasma" invisível e responsável pela desarmonia na base coesiva das células, porquanto é perfeitamente lógico que os ferros cirúrgicos não podem exterminar o processo mórbido do perispírito. Porventura, deve-se considerar esgotada a água de um reservatório, só porque se retira dele um vasilhame cheio de líquido? É fora de dúvida que, aberta novamente a torneira, o líquido há de extravasar. Em analogia rudimentar, poderíamos dizer-vos que a simples extirpação dos tumores cancerígenos não significa a retirada do último balde de água do reservatório mórbido do perispírito, motivo pelo qual a mutilação cirúrgica não proporciona a cura definitiva do enfermo.

Os espíritas, os esoteristas, os teosofistas e os rosacruzes sabem que, entre o corpo carnal e o perispírito, o homem ainda possui um outro veículo energético chamado "duplo etérico", o qual é portador dos centros de forças etéricas ou "chacras", que são responsáveis pelas relações mútuas entre os dois mundos. Quando o indivíduo "morre" ou desencarna, o corpo etérico, que é provisório e só presta serviço ao encarnado, se dissolve no ar, à superfície do túmulo. Em noites de verão seco, em que há excesso de magnetismo na atmosfera, algumas criaturas mais sensíveis chegam a notar a dissolução do "duplo etérico" sobre as sepulturas dos cemitérios. A sua luminosidade etérica fica fosforescente — devido ao atrito com outras energias circulantes e da decomposição cadavérica — o que faz o vulgo criar a história do "fogo fátuo" e a lenda do boi-tatá.

O duplo etérico, situado entre o corpo físico e o perispírito do homem, serve de canal para a descida do resíduo cancerígeno, que se transfere novamente para a carne após a ablação de qualquer órgão ou amputação de algum membro canceroso. E por vezes essa nova incursão é ainda mais virulenta e irritada ao formar outra vez o neoplasma maligno, e desanima o mais abnegado cirurgião que se tenha devotado hábil e demoradamente a eliminar o menor resquício de tecido enfermo.

PERGUNTA: — Poderíeis configurar-nos, por hipótese, algum exemplo mais objetivo de qualquer órgão ou membro do corpo físico que, depois de operado, se tornasse canceroso devido a nova incidência do elemental primário e mórbido, que dizeis atuar pelo perispírito? -

RAMATÍS: — Suponde, então, um indivíduo que, por hipótese, apresente uma formação cancerígena no dedo anular da mão esquerda; depois de habilmente amputado o dedo canceroso, eis que o câncer o ataca ocultamente, atingindo também os tecidos da mão. É indubitável que o cirurgião especialista no gênero, prevendo uma nova incursão cancerosa, não hesita em cortar a mão afetada, evitando assim que o braço do paciente seja atingido. Mas, realmente, a enfermidade insidiosa persiste sorrateiramente; amputada a mão, eis que o antebraço também se mostra infeccionado e, sendo cortado este, é preciso, depois, decepar o resto do braço já irremediavelmente contaminado, enquanto o morbo prossegue em sua excursão impiedosa até levar fatalmente o enfermo ao túmulo, embora a Medicina mobilize todos os seus mais eficientes recursos. Sob a nossa visão espiritual, então observamos que esse fenômeno mórbido de recidiva cancerígena processa-se independentemente do contágio propriamente físico, ou da incursão das células afetadas na circulação da rede sanguínea ou linfática.

O tóxico subversivo age através do duplo etérico, intermediário entre o perispírito e o corpo físico, e concentra-se novamente sobre os órgãos ou membros que se apresentem mais vulneráveis após as extirpações cirúrgicas. Quando o médico corta o dedo afetado do seu paciente, apenas susta por algum tempo a descida do morbo cancerígeno, por extirpar-lhe a zona de vertência morbosa para a carne, e que depois prossegue pelo braço do perispírito, desce mais adiante, convergindo para a mão e, sucessivamente, pelo antebraço e braço, que vão sendo respectivamente amputados como medida desesperada de salvação.

Combalindo-se o enfermo pelos consecutivos choques anestésicos e operatórios, que envenenam-lhe o fígado ou o pâncreas, e amargurado psiquicamente pelas constantes mutilações, ainda se torna campo mais favorável para a reincidência tóxica, na forma de nova tumoração, a lembrar detestável vasilhame vivo de veneno!

24.

Considerações sobre a cirurgia e radioterapia no câncer

PERGUNTA: — Que dizeis sobre o tratamento do câncer pela radioterapia? Enquanto alguns médicos o consideram de efeitos surpreendentes, outros o condenam como de efeito pernicioso sobre o organismo humano!

RAMATÍS: — Sabemos que a Cancerologia também considera a radioterapia como um dos recursos bastante racionais para o tratamento dos sarcomas e epiteliomas que, sendo neoformações celulares invasoras atacando o tecido conjuntivo e epitelial, não têm a estrutura dos processos inflamatórios. Há 5.000 anos, mais ou menos, os egípcios já cauterizavam com metal em brasa os tecidos cancerosos, o que apresenta certa analogia com o processo aplicado pela radioterapia.

Embora se trate de operação capaz de desintegrar as excrescências anômalas em sua função terapêutica, os próprios médicos advertem que os raios desintegradores devem ficar exclusivamente circunscritos à área enferma objetivada, a fim de não lesarem os demais tecidos sadios, nervos e órgãos delicados adjacentes. As radiações em excesso podem afetar e influenciar a corrente sanguínea, atuando diretamente sobre os órgãos hematógenos responsáveis pela produção de sangue, tais como o fígado, o baço e a medula óssea. Quando a radiação é demasiadamente forte, chega a reduzir a formação dos glóbulos brancos e a provocar a morte pela leucopenia; sob determinada frequência radioterapêutica, pode-se dar o fenômeno oposto, em que a proliferação dos mesmos glóbulos brancos gera a fatal leucemia. A radiotermite costuma lesar os tecidos delicados, a medula óssea se congestiona e pode mesmo se liquefazer, enquanto o baço diminui de tamanho;

em alguns indivíduos menos resistentes, degeneram as gônadas ou glândulas masculinas e, em certas mulheres, atrofiam-se os folículos de Graaf, tendo-se verificado a esterilidade em ambos os sexos.

As radiações excessivas na forma de calor, conforme aconteceu com as nucleares produzidas pela bomba atômica sobre Hiroxima e Nagasáqui, causaram no corpo humano queimaduras, hemorragias, vômitos, necroses, calvície instantânea, liquefação de tecidos e posteriormente, tumores cancerosos e leucemia. Quanto à sua influência na formação dos genes, ensejou o nascimento de seres anormais, abortos, natimortos, prematuros, deformações e outras aberrações agrupadas pela Medicina em suas tabelas teratológicas.

Malgrado algumas soluções benfeitoras conseguidas pela radioterapia, ela ainda não alcançou a porcentagem de curas de câncer que a Medicina previa entusiasticamente no início de sua aplicação. Insistimos em dizer-vos que, embora todos os esforços médicos nesse sentido sejam louváveis, a unidade e a coesão vital do organismo humano dependem particularmente de "leis biológicas" que podereis considerar as contrapartes, atuantes na matéria, das próprias leis espirituais que governam o Cosmo e se entrelaçam com todas as manifestações da vida microcósmica e a vida macrocósmica. Em consequência, a radioterapia não será o recurso exclusivo e capaz de restabelecer o poder central do espírito ainda perturbado no corpo humano, que alimenta o câncer. Da mesma forma, extirpando-se o tumor canceroso ou abortando-lhe o crescimento anômalo, não se infere que com essa providência isolada desapareça em definitivo a causa enferma oriunda da desarmonia espiritual.

Quando a terapêutica se dirige unicamente para a doença local ou tumoração, o que pode ser apenas o sintoma isolado da causa oculta no psiquismo doente, o êxito sempre será duvidoso e raro!

Paradoxalmente, o morbo cancerígeno ainda pode ser evocado mais rapidamente do perispírito para a periferia da carne pelo abuso de raios X, desequilíbrios nutritivos, vacinoterapia, intoxicação medicamentosa mineralizante, soroterapia, emissões mortíferas de minérios radioativos, lençóis líquidos e desintegração atômica. No entanto, esses são apenas os agentes reveladores do câncer sob condições de saturação mórbida na estrutura biológica e vulnerável do ser; na realidade o conteúdo tóxico já existia latente na veste perispiritual e sua descida coincide com alteração de outros elementos perturbados por intervenções exteriores.

PERGUNTA: — Será menos conveniente o tratamento radioterápico no caso do câncer?

RAMATÍS: — Cremos desnecessário repetir-vos mais uma vez que a preferência por este ou aquele tratamento, no caso do câncer, não liquida a causa morbosa de ordem psíquica, que só será solucionável em definitivo quando a humanidade também alcançar a frequência crística de alto nível da vida sadia espiritual. A nossa principal preocupação ainda é ressaltar-vos que, malgrado o aparato e os recursos médicos modernos, a humanidade terrena ainda permanece algemada a um círculo vicioso patológico, mudando as características exteriores das doenças, assim como também varia em seus desatinos mentais e emotivos! Quando aludimos à radioterapia, cirurgia, quimioterapia e outros processos terapêuticos, e às várias hipóteses médicas sobre a proveniência exata da moléstia, procuramos advertir-vos de que, sob todo esse aparato e pressuposições semeando esperanças novas, persiste o veneno insidioso gerado pela mente humana em desequilíbrio, de cuja atuação deriva a desarmonia na rede de sustentação do eletronismo das células.

Não pretendemos aconselhar o canceroso a servir-se unicamente de um método terapêutico da Medicina oficial, porquanto também variam os êxitos em cada indivíduo e em perfeita correspondência com a sua responsabilidade cármica. Certas vezes a radioterapia compensa com soluções satisfatórias; doutra feita, o êxito é pela cirurgia ou, ainda, na prescrição de recursos quimioterápicos, comprovando-vos que todos os esforços médico-terapêuticos compreendem objetivos inspirados pelo Alto, ajudando o enfermo a prolongar sua existência física e a suportar o fardo cármico.

Mas, em geral, a terapêutica terrícola ainda exige certa cota de sacrifícios e decepções dos enfermos, porquanto a humanidade ainda não faz jus ao êxito absoluto na eliminação do sofrimento, uma vez que, sendo curada a doença, infelizmente permanece o psiquismo doente! O medo da doença e o terror da morte não favorecem a natureza do homem para ajudá-lo ao reajuste mais breve após o desequilíbrio mental e emotivo; ele precipita-se desesperado e se entrega afoito a qualquer processo médico, desde que obtenha imediato alívio ou lhe seja assegurada a cura e o afastamento do perigo de abandonar a carne.

O uso muito frequente dos raios X é nocivo e, infelizmente, as criaturas se entregam com muita familiaridade aos seus efeitos desintegradores ante o incômodo mais singelo pois, embora exaltando-se a feliz descoberta de Roentgen, o seu excessivo tratamento também aumenta os riscos do câncer no sangue. As criaturas que por qualquer motivo se vivem expondo demasiadamente às chapas radiográficas, cujo tipo de perispírito absorve facilmente o magnetismo denso, podem-se tornar prováveis candidatas ao câncer futuro, dependendo o prazo de conformidade com a sua resistência orgânica e ausência de agentes cancerígenos exógenos. Há o perigo de transformarem os seus corpos numa espécie de depósito de substâncias radioativas, que passam a circular nocivamente pelo seu "duplo etérico", afetando as relações normais entre o seu perispírito e o corpo carnal.

Alguns cientistas, tendo estudado o passado enfermo de certos cancerosos, surpreenderam-se com o grande número de pacientes que já haviam-se submetido longamente aos efeitos da radioterapia, através do emprego do rádio ou dos raios. Conforme afirmam renomados cancerologistas do vosso mundo, o câncer produzido pela radioatividade desafia depois qualquer tratamento benfeitor, pois a região afetada estende-se cada vez mais em sua área de perturbação vital.

Aliás, não vos deve ser estranha a quantidade de cientistas radiologistas que foram sacrificados pelo efeito desintegrador do material radioativo do equipo de raios X, tais como Parker, Fuchs, Egelhof Dodd, Machketh nos Estados Unidos, Jean Bergoné na França, Spence e Hall-Edwards na Inglaterra, Schoenberg na Áustria e Álvaro Alvim no Brasil.

PERGUNTA: — Tendes aludido à possibilidade de intoxicação medicamentosa mineralizante, no caso de câncer; podeis explicar-nos como é isso?

RAMATÍS: — Certos medicamentos excessivamente mineralizantes também produzem efeitos cumulativos e perniciosos no organismo humano, donde a possibilidade de se manifestar câncer proveniente de intoxicação medicamentosa. No futuro, a Medicina também se defrontará com um novo quebra-cabeça sobre a etiologia do câncer, quando verificar que os antibióticos — atualmente usados a granel ante o resfriado mais singelo — minam também a coesão e procriação de inúmeras coletividades microbianas responsáveis por importantíssimas funções orgânicas e reconstituição anatômica do homem. Como o antibiótico não conduz endereço certo para atacar exclusivamente um determinado conjunto de germes que foi visualizado pelo médico, embora os classifiquem de estafilococos ou estreptococos, ele fere também as outras aglomerações microbianas que sustentam os complexos fenômenos da vida física, ensejando perturbação danosa na rede bioeletrônica e produzindo o terreno para os neoplasmas malignos.

Lembrando-vos a inutilidade de represar o morbo que lesa o organismo carnal e provém do psiquismo desordenado, cremos que, no curso de qualquer enfermidade, o mais sensato sempre seria despertar as energias espirituais do enfermo, ajudando-o a cooperar com a natureza orgânica repleta de sabedoria e de iniciativa terapêutica instintiva.

A farmacologia moderna, quando não é absolutamente inócua devido à inescrupulosidade dos seus responsáveis ,pelo lucro fácil, certas vezes é demasiadamente violenta pela sua metralha mineralizante, provocando reações químicas no corpo, que muitas vezes divergem completamente dos experimentos de laboratórios e ultrapassam as previsões médicas. Existem fatores ocultos, no organismo humano, que ainda escapam ao entendimento do cientista muito aferrado ao dogmatismo acadêmico sobre o comportamento da matéria. Às vezes são sacrificados órgãos sadios e perturbam-se as funções harmônicas, devido ao massacre indistinto das coletividades microbianas destinadas à recomposição das células, e isso apenas para atender moléstias de consequências menos graves.

Esse bombardeio indiscriminado, no seio do mundo vivo do microcosmo, perturba de tal modo o sistema bioeletrônico de garantia harmônica das células e dificulta mesmo a transmissão dos genes na linha hereditária de modo tal que não será muito difícil, no futuro, que um simples espirro mal controlado venha a provocar a eclosão do câncer no homem, tal a violência que ele exerce atualmente nas bases do seu edifício atômico! ...

PERGUNTA: — Em certa resposta a uma de nossas perguntas, dissestes que a homeopatia também produz algum efeito curativo sobre o câncer. Poderíeis dizer-nos algo a esse respeito?

RAMATÍS: — Os medicamentos homeopáticos, principalmente os de alta dinamizarão, como na dosagem de 1.000, 10.000 ou 100 mil, são extremamente ativos na sua ação energética e podem atingir profundamente o campo de magnetismo sutilíssimo da contextura do perispírito. Eles são bastante potencializados ou radioativados, apresentando seus campos eletrônicos muitíssimo acelerados e emitindo vigorosas correntes de partículas infinitesimais em alta velocidade, que depois se transformam em cargas energéticas desintegrantes das massas de astralidade inferior ainda aderidas ao perispírito do enfermo.

Aliás, a própria Medicina moderna já reconhece o valor de diversas energias ocultas, pois as utiliza através de aparelhamento elétrico apropriado, tal como os de infravermelho, ultra-sons, ultravioleta e outros tipos em vias de breve descoberta, e que podem desintegrar manchas, excrescências e formações parasitárias nocivas ao corpo físico.

A homeopatia, conforme já vos explicamos com maiores detalhes em recente comunicação mediúnica, é terapêutica energética que age no corpo humano à semelhança de um catalisador. A sua função principal, atuando como notável fermento oculto, tem por escopo despertar as energias adormecidas na intimidade orgânica e acelerar-lhe as reações eletrônicas. O seu êxito advém justamente do fato de operar com mais resultado na contextura do perispírito e combater pelo bombardeio das suas partículas infinitesimais o próprio elemental de astralidade inferior que alimenta o câncer. Não há dúvida de que, por se tratar de uma terapêutica muito sensível e puramente energética, também exige do enfermo toda a sua colaboração espiritual possível, aliada à maior economia de suas forças vitais, que despertam pela ação catalisadora homeopática. A modificação interior do enfermo, o seu domínio sobre as paixões e os vícios desatinados, não só lhe sublimam as forças de sustentação espiritual superior, como ainda aproveitam o energismo da homeopatia para a recuperação do corpo carnal.

Conhecemos casos em que determinadas criaturas eletivas ao câncer nem chegaram a materializá-lo na carne porque, estando submetidas a tratamento homeopático devido a outras doenças mais inofensivas, o médico homeopata, ao lhes prescrever o medicamento constitucional e afim ao seu tipo psicofísico, logrou restabelecer o energismo perturbado na rede biomagnética.

PERGUNTA: — Não poderíamos supor que esse êxito homeopático poderia ser uma intervenção prematura naqueles que deveriam sofrer, por lei cármica, a prova do câncer?

RAMATÍS: — O câncer não é prova determinantemente expiativa, para se liquidarem culpas pretéritas; é apenas uma fase do processo sideral para o espírito expurgar seus venenos, que o tornarão desventurado no Além. O fatalismo nesse caso é um só: a necessidade de se proceder à limpeza do perispírito drenando um tipo de tóxico específico elaborado nos momentos de desequilíbrios espirituais. Desde que se pudesse efetuar essa drenação sem qualquer sofrimento, não haveria por parte de Deus qualquer propósito de impor a dor como castigo pelas faltas cometidas anteriormente. Entretanto, dentro do cientificismo da Lei do Carma só existe esse meio que, ao ser empregado, provoca o sofrimento na descida das toxinas perispirituais para a carne.

Conforme já vos informamos anteriormente, as criaturas curáveis pela homeopatia são apenas aquelas que já apresentam certa condição psíquica eletiva para essa terapêutica tão delicada; que são dotados de alguma sensibilidade espiritual e menos animalizadas, tendendo sempre para a piedade, a confraternização humana a filantropia, a simpatia fraterna. Os que são curados do câncer pela homeopatia, quer isso aconteça prematuramente ou mesmo depois de enfermos, é fora de dúvida que apresentam condições íntimas eletivas para a terapia das doses infinitesimais, assim como também já possuem melhores credenciais espirituais.

Mas aqueles que ainda conservam o seu perispírito sobrecarregado de toxinas psíquicas que foram acumuladas nas vidas pretéritas e que continuam a acicatá-las com novos impactos mórbidos, candidatando-se a novos expurgos tóxicos nas próximas encarnações, é óbvio que, embora se submetam a intensivo tratamento magnético ou homeoterápico, não lograrão nenhum êxito, porque o curso de uma existência física ser-lhes-á insuficiente para purgarem todo o veneno cuja densidade e quantidade resistem à sutileza da terapêutica energética.

PERGUNTA: — Conforme opinam autoridades abalizadas no assunto, as operações cirúrgicas retardam o desenlace final, e se conhecem casos em que a cura foi radical, embora as intervenções fossem efetuadas sobre tumoração avançada. Parece-nos que tal recurso contraria o carma do doente canceroso, uma vez que, neste caso, a Medicina evita que ele sofra o resto de sua provação cármica; não é assim?

RAMATÍS: — O processo cármico de drenação para a carne dos tóxicos circulantes no perispírito é acontecimento inabalável, que não pode ser desviado ou reduzido em sua marcha profilática. Se o próprio enfermo pudesse sublimar-se instantaneamente para um alto nível angélico, então, sim, lograria a urgente volatilização dos seus venenos astrais. De modo algum a cirurgia livra em definitivo o espírito enfermo do seu elemental mórbido e subvertido pelo mau uso no pretérito. A extirpação de qualquer órgão ou membro canceroso apenas retarda o fluxo da purgação ou então o suspende até ocorrer nova metástase na vida atual ou em outra oportunidade de expurgo na próxima encarnação.

A quantidade de veneno ainda latente no perispírito aguarda somente novo ensejo favorável a fim de escoar-se outra vez para o corpo físico, cabendo a outro órgão próximo a sina cancerígena e o armazenamento do veneno restante em descenso. É muito natural que os encarnados se socorram de todos os meios para fugir de suas provas purificadoras e encarem a dor e o sofrimento de modo diametralmente oposto ao que na realidade hão de apreciar depois que desencarnarem. Enquanto deste lado fazemos votos para que os enfermos ou cancerosos se resignem o mais possível ante o sofrimento, a fim de expurgarem a maior quantidade possível de venenos incrustados na sua vestimenta perispiritual, livrando-os mais breve das angústias das encarnações físicas, eles se desesperam ante a mais débil manifestação de qualquer dor!

Embora o Alto tenha inspirado a Medicina para ajudar o terrícola a suportar o seu fardo cármico com estoicismo e resistência física, este exagera na sua garantia contra a dor e represa à custa de sedativos ou anestésicos o sintoma doloroso mais corriqueiro que, em geral, é um aviso biológico pedindo providências contra sofrimentos mais graves no futuro. Deste modo, vive psiquicamente destreinado para enfrentar as grandes dores, enquanto deposita toda a sua fé na ventura ilusória da vida material e considera o sofrimento, que purifica, como uma situação indesejável que deve ser combatida a todo custo!

PERGUNTA: — Cremos que, diante de vossas considerações, alguns leitores hão de pressupor que não se deveria atender aos enfermos cancerosos, pois seriam perturbados no processo de sua expurgação tóxica e benfeitora para a carne; e então precisariam transferir a prova dolorosa para a encarnação seguinte; não é verdade?

RAMATÍS: — Embora alguém possa julgar desarrazoado ou incoerente o assunto que estamos ventilando, esse é o processo cármico de expurgação dos venenos da alma para a matéria! Obviamente, a opinião dos encarnados não se pode harmonizar com a nossa opinião de desencarnados, em face do ponto de vista diverso sob o qual apreciamos a realidade espiritual, pois justamente o que na Terra significa desventura, em geral, é a porta abençoada que se entreabre para a criatura candidatar-se ao paraíso.

A expurgação dos tóxicos astralinos, causa da patogenia cancerosa, é assunto muitíssimo particular; na verdade, diz respeito ao próprio enfermo, que é o seu maior interessado e a quem cabe escolher o caminho que julgar mais certo para o seu caso. Só com o fim de satisfazermos o sentimentalismo humano, não podemos ocultar a realidade espiritual da evolução humana e expor um panorama da vida que não perturbe a velha concepção da dor e do sofrimento, como seja a do pecado de Adão e Eva! O espírito goza do direito de atenuar ou retardar sua prova dolorosa na Terra, e antes de se reencarnar determina as providências que acha mais adequadas para a sua vida material. Depois de encarnado, tanto pode socorrer-se de todos os recursos médicos e anestesiantes do vosso mundo, quando teme a dor, como pode represar a descida dos venenos psíquicos que havia planejado esgotar.

E se o fluido cancerígeno for estorvado no seu curso e impedido de expurgar-se em parte ou no todo, não há dúvida de que, perante o cientificismo justo e benfeitor da Lei do Carma, o espírito candidata-se a nova prova de purgação tóxica correspondente à quantidade que ainda conseguiu deter no perispírito pela intervenção cirúrgica, cauterização, radioterapia ou outro processo violento. Essa é a verdade sideral, malgrado não consiga satisfazer completamente o raciocínio de muitos encarnados.

Há muita diferença entre a Medicina precária de alguns séculos, quando o ser humano era tratado à semelhança de um animal submetido aos cautérios, vomitórios e às moxas chamejantes, e o trato médico moderno, em que o paciente, graças ao advento da anestesia, quase que só enfrenta as dores mais suaves da convalescença. No futuro, quando a humanidade também apresentar melhor padrão de espiritualidade, a Medicina já terá abandonado o manuseio dos instrumentos cirúrgicos torturantes, e pesquisará na profundeza da alma a causa exata da enfermidade.

Tanto o câncer como qualquer outra enfermidade insidiosa comportam-se perante as leis espirituais do Cosmo como efeito exato da Lei Cármica de que "a cada um será dado segundo as suas obras". Em consequência, a nossa opinião não teria força suficiente para torcer as leis espirituais, criadas por Deus, ou então modificar a patogenia do câncer, para alguns privilegiados poderem escapar pela tangente de sua responsabilidade milenária....

Embora os espíritos apelem para a Providência Divina a fim de fugirem aos destinos atrozes que eles mesmos geraram no passado, a Lei imutável não faz distinções nem outorga privilégios; e, por isso, pagam tributo à patogenia do câncer criaturinhas adoráveis e recém-nascidas, moços vigorosos e velhos laboriosos, bandidos e sacerdotes, homens cultos e homens analfabetos, criaturas belíssimas e seres deformados, mulheres santificadas e infelizes decaídas, homens solteiros e pais de numerosa prole, heróis abnegados e criaturas acovardadas, médicos devotados e pacientes estóicos, ricos e pobres, ateus e devotos!

PERGUNTA: — Mas não é um dever humano tentarem-se todos os esforços possíveis para a cura do câncer, mesmo que saiba tratar-se de uma expurgação psíquica benfeitora?

RAMATÍS: — Infelizmente, o Carma da humanidade terrícola ainda é de expurgo drástico e exige recursos violentos que provocam padecimentos cruciantes nas criaturas, como no caso do câncer. É justo que se procure o lenitivo e, por isso, aventam-se novas hipóteses terapêuticas, constroem-se custosos laboratórios com aparelhamento eletrônico, alimentam-se esperanças ante novas conclusões científicas baseadas em experimentos inéditos, enquanto os charlatões aconselham o uso de plantas, drogas e exorcismos misteriosos! De vez em quando animam-se os cancerosos, pondo toda a sua fé numa raiz exótica ou em qualquer substância superativa ou absorvente; então acelera-se a sua dinâmica psíquica a ponto de produzir efeitos satisfatórios.

Conforme já vos temos ditado alhures, certas curas miraculosas, tais como as ocorridas em Lourdes, os milagres de

Fátima, os sucessos dos taumaturgos do sertão ou das fontes milagrosas que atraem romarias de enfermos, devem-se mais ao fato destes dinamizarem em si mesmos o "detonador psíquico" gerado por intensa fé e confiança. Então acelera-se todo o campo psicofísico do doente e se desatam músculos entorpecidos, substituem-se células aniquiladas e renovam-se as funções atrofiadas há longo tempo. Mesmo após a hipnose, muitos pacientes, ao acordarem do transe, afirmam-se livres de certas dores, incômodos e até vícios que o hipnotizador ordenou-lhes esquecer na mente enfraquecida.

Mas, embora o canceroso tenha sido radioativado, mutilado pela cirurgia ou se intoxicado por excesso de quimioterapia, devido à pressa e o desespero para obter a cura física, só a terapêutica do Cristo ainda é a mais eficiente para restaurar a saúde do espírito eterno.

PERGUNTA: — Embora não tenhais opinado sobre se a cirurgia é aconselhável ou não no caso do câncer, pelo menos podeis dizer se de sua prática não resulta maior agravo para o canceroso, tendo em vista as leis espirituais que lhe disciplinam o resgate cármico.

RAMATÍS: — Não conhecemos agravo sideral por isso, pois o mundo material, além de ser uma escola de educação espiritual, é eficiente laboratório de experimentos, onde a centelha divina, emanada do Espírito Cósmico, modela sua consciência de existir, saber e criar. O espírito do homem pode viver alguns milênios entre equívocos, dores e sofrimentos, a fim de conseguir o seu aprimoramento espiritual, sem que isso lhe obstrua a felicidade eterna, que há de esplender-lhe após a compensação justa do seu passado de ignorância e desatinos. Há de ser o anjo venturoso a substituir o homem cansado da marcha planetária e dos desenganos das formas perecíveis.

O sofrimento resignado aumenta a sua função espiritual purificadora e auxilia a mais breve liquidação das toxinas perispirituais. Sob tal aspecto, é óbvio que a cirurgia do câncer não vai de encontro às leis espirituais, porque é o próprio espírito que decide apressar ou retardar a sua infecção astralina no perispírito. Ressaltamos, no entanto, que nenhum cirurgião pode guardar a presunção de curar enfermos ou cancerosos apenas porque lhes extirpa órgãos ou tecidos doentes. Os ferros cirúrgicos não têm ação prática na renovação crística do espírito, embora possam corrigir carnes deterioradas, aliviar sofrimentos demorados, desviar ou suster o curso mórbido das toxinas milenárias que circulam pelo perispírito enfermiço. As leis espirituais, imutáveis e sábias, determinam qual deve ser o peso específico magnético e a diafaneidade necessária para os espíritos se ajustarem aos mundos paradisíacos. Naturalmente haveis de reconhecer que não podereis conseguir esse padrão espiritual à custa de intervenções cirúrgicas no corpo de carne, embora reconheçamos que elas atendem aos sentimentos fraternos da ciência humana.

Quando o espírito translúcido consegue elevar-se às regiões edênicas, para usufruir definitivamente a Paz e a Felicidade eternas, também não lastima os bilhões de horas-sofrimento, as milhares de intervenções cirúrgicas a que se submeteu, nem a extensa fila de médicos, enfermeiros e farmacêuticos que convocou para solver as suas desarmonias físicas. Quando então isso acontece, ele comprova que a saúde espiritual foi fruto de sua purificação através da dor, não como expiação de culpas, mas apenas como processo de aprimoramento.

25.

A terapêutica dos passes e a cooperação do enfermo

PERGUNTA: — Em face de os espíritos de vossa esfera conhecerem a origem do câncer da maioria da humanidade, supomos que eles também saberão qual o meio mais eficiente para se curar esse flagelo; não é assim?

RAMATÍS: — Embora a humanidade terrena considere o câncer como um flagelo terrível, a Técnica Sideral só o tem na conta de um efeito especial, no processo de expurgação do tipo de tóxico aderido ao perispírito e que se elabora principalmente pelos atos que trazem prejuízos ao próximo. Convém refletirdes que, quando o médico opta pela cauterização de qualquer ferida maligna, não o faz para atormentar o seu paciente, mas apenas lança mão do recurso drástico mais eficiente e que no momento pode curá-lo da infecção perigosa.

O câncer deverá ir desaparecendo à medida que a humanidade também reduzir a cota de energias malignas que ainda lhe circula pelo perispírito. Se os espíritos desencarnados pudessem sugerir alguns meios eficientes para o homem obstar a "descida" do morbo que lhe provoca o câncer, isso seria revelação extemporânea e nociva, uma vez que a sua cura definitiva depende da drenação de todo o tóxico existente no perispírito e não do prematuro e insensato represamento. A única terapia presentemente aconselhada e que então auxiliará a Medicina para o mais breve êxito, insistimos em repetir-vos: é a cristificação do homem e o seu devotamento incondicional ao Evangelho de Jesus, com a consequente sublimação do espírito enodoado. O elemental subvertido canceroso é tão rude e primitivo, que a sua natureza inóspita foge à ação espiritual direta das entidades mais elevadas que poderiam intervir com êxito na cura, pois elas não conseguem o abaixamento vibratório suficiente para poder atuar ao nível da formação cancerígena.

O câncer ainda é imune às intervenções terapêuticas exógenas e só o próprio paciente é que poderá modificá-lo em sua natureza agressiva; acha-se tão intimamente aderido à contextura perispiritual que, já o dissemos, embora seja amputado um dedo canceroso, esse elemental movimenta-se novamente pelo molde etérico e depois "baixa", infeccionando a mão, em seguida o antebraço e, finalmente, o braço, transferindo-se depois de um foco primitivo para outro adjacente ou distante, até minar fatalmente todo o organismo. É o seu portador, portanto, quem deverá expurgá-lo da sua circulação, ficando o corpo físico condenado a servir de condensador do tóxico e devolver ao seio da terra a energia subvertida, que foi depreciada no mau uso e pela imprudência do espírito enfermo.

Seria inútil, pois, qualquer intervenção precipitada e inoportuna, em que se procurasse extinguir primeiro a "doença" sem curar o "doente" que, uma vez livre da carga mórbida, não só passaria a elaborar novo veneno na contextura delicada do seu perispírito, como ainda não se preocuparia com o controle dos seus pensamentos e emoções, dada a facilidade com que os espíritos o livrariam de qualquer sofrimento posterior. Demais, desde que o homem não se conforma em renunciar ao mundo profano e aderir absolutamente ao "reino do Cristo", e ainda se aflige pelos desejos ardentes, cultuando o reino ilusório de Maya, seria inútil qualquer processo intervencional dos espíritos pois, mesmo que de início houvesse resultado satisfatório, o ex-canceroso não tardaria em eleger-se novamente à mesma doença do câncer.

PERGUNTA: — Uma vez que não é possível aos espíritos desencarnados indicarem o remédio infalível para a cura do câncer cármico, quais serão os recursos apropriados de que poderiam servir-se os cancerosos que precisam drenar implacavelmente o tóxico do seu perispírito?

RAMATÍS: — Como a solução radical só poderia ser concretizada pela expulsão total da substância nociva aderida ao perispírito, a cura mais breve implicaria ainda no apressamento da própria enfermidade, ou seja num expurgo mais intenso dos venenos existentes. E isto levaria, também, ao mais breve desenlace, salvo se o enfermo pudesse despertar em tempo suas energias angélicas em socorro de sua urgente purificação. Os pajés de certas tribos africanas conseguiam, por vezes, estacionar o avanço do elemental cancerígeno, do perispírito para a carne, através de exorcismos e trabalhos de magia curativa, que o atacam diretamente no seu campo magnético primário; na Índia, em alguns casos, os iogues aliviam a carga cancerígena dos seus discípulos aplicando-lhes intenso tratamento magnético ou absorvendo-lhes algo do elemental irritado, volatizando-o do meio astral.

Não vos é estranho o caso de alguns médiuns ou passistas curadores que, depois de aplicarem os seus passes, revelam-se assediados pelos mesmos sintomas que aliviaram dos enfermos, sob o fenômeno da "absorvência magnética". Algumas substâncias radioativas absorventes podem ser úteis para contemporizar a disseminação cancerosa, porque projetam para o interior da organização perispiritual certo "quantum" energético, que volatiza parte do elemento tosco através da aura do próprio enfermo. Também se poderia usar do bombardeamento controlado de elétrons, o que pode aliviar ou reduzir no perispírito a carga morbosa do astral inferior. Mas o acúmulo cármico dessa energia primária agressiva só é definitivamente reduzido pelo concurso do próprio paciente, devido a se tratar de substância que é fortemente concentrada no campo das forças desintegradoras do mundo extrafísico.

PERGUNTA: — Se vos fosse possível opinar por um tratamento mais sensato no caso do câncer, qual seria a vossa recomendação?

RAMATÍS: — Recomendaríamos que qualquer tratamento físico se socorresse das forças magnéticas, pois estas é que no momento serão mais capazes de atingir o "elemental primário" que nutre o terreno para o câncer. Conforme é costume entre alguns terapeutas orientais, submetidas as partes cancerosas ao tratamento das descargas magnéticas do pólo Sul de poderoso magneto, à distância de uns 4 a 6 centímetros das partes afetadas, e no mínimo de duas horas para cada irradiação, haveria alguma probabilidade de estacionamento da proliferação neoplasmática. E desde que o enfermo passe a cooperar mentalmente, trabalhando por sua incessante elevação espiritual, esse tratamento magnético ainda se torna bem mais eficiente.

As intervenções cirúrgicas em órgãos cancerosos poderiam surtir maior efeito curativo se os instrumentos operatórios fossem altamente magnetizados ou eletromagnetizados porque, então, exerceriam uma ação mais profunda no perispírito do enfermo. O bombardeio magnético ou a emissão radioativa, que se efetua com maior penetração na intimidade oculta do ser, também atua com mais eficiência sobre o morbo astral cancerígeno ali localizado, e o dissolve em parte. Os médicos terrenos criticam certos processos terapêuticos de que alguns magos puderam servir-se no passado e com os quais obtiveram efeitos miraculosos, porque não sabem que eles operavam mais profundamente no campo das energias ocultas do espírito imortal.

Os instrumentos ou aparelhamentos médicos fortemente magnetizados tornar-se-iam excelentes bombardeadores do elemental primário invisível, porque as partículas radioativadas e os grupos de elétrons em fuga produzem também a fissura na substância astral que circunda o foco canceroso e o sustêm na sua proliferação nociva. Eis por que o passe magnético e mesmo o proverbial passe espírita, quando provindo de criaturas de boa saúde e elevada moral, constituem-se em excelentes potenciais, transfundindo ótimas energias magnéticas aos enfermos e minorando-lhes as dores cancerígenas. Há casos em que alguns cancerosos chegam a dispensar a morfina e desencarnam tranquilos, apenas porque foram submetidos a um tratamento longo e intensivo de passes curativos, aplicados por médiuns ou passistas magnéticos de alto critério espiritual.

PERGUNTA: — Já que tocastes nesse assunto, poderíeis dizer-nos mais alguma coisa sobre o magnetismo curador e a terapêutica do passe mediúnico, também aplicáveis ao caso do câncer?

RAMATÍS: — Considerando-se que as enfermidades físicas, em geral, são provenientes da desarmonia psíquica, intoxicação ou debilidade magnética vital do perispírito, os passes magnéticos ou fluídicos são recursos que proporcionam verdadeiras transfusões de energia através do "duplo etérico", insuflando-as pelos plexos nervosos e ativando também o sistema glandular para proceder às devidas correções orgânicas. Em geral, já existe uma contínua vampirização do magnetismo humano entre os próprios encarnados quando, sob a regência da Lei dos vasos comunicantes, os mais débeis sorvem as energias magnéticas dos que são mais vigorosos ou gozam de mais saúde.

O passe é uma transfusão de fluidos espontâneos e benfeitores, sem dúvida tão eficientes e poderosos quanto o seja o potencial emitido pela vontade do seu agente. Pode mesmo ser considerado um elemento catalisador que, agindo no paciente, acelera-lhe as forças estagnadas e desperta o campo eletrônico do psiquismo diretor do organismo carnal. O passista inteligente, regrado em sua vida, senhor de uma vontade forte e afeiçoado à alimentação vegetariana, consegue insuflar vigorosas cotas magnéticas nos órgãos doentes, elevando-lhes não só a frequência vibratória defensiva das células, como também auxiliando a substituição das células velhas e cancerosas por outras células novas.

Mesmo no caso da leucemia, do câncer no sangue, o passista pode insuflar o seu potencial magnético em todo o trajeto do vagossimpático, sobre as ramificações dos plexos, e comandá-lo mentalmente para o interior da medula óssea do doente, ativando assim o processo da produção de glóbulos vermelhos e a troca mais acelerada de novas células. Sem dúvida, não se queira obter êxito completo nos primeiros dias de tratamento magnético, pois é o próprio organismo do doente que, tornando-se receptivo, deve assimilar as energias doadas pelo passista e distribuí-las a contento de suas necessidades vitais. Só após algumas semanas de transmissão ininterrupta e disciplinada dos fluidos energéticos, é que será possível verificar-se o maior ou menor aproveitamento do magnetismo que é ofertado pelo passista. Se tendes observado pouco êxito na maioria desses tratamentos, é porque falta ao passista o estoicismo e abnegação necessários para devotar-se mesmo por algumas horas ao enfermo canceroso; ou então, é este que logo se impermeabiliza ante as projeções fluídicas benfeitoras, uma vez que não observa o "milagre" da cura nas primeiras insuflações e perde a confiança na continuidade do trabalho.

PERGUNTA: — Por que essa severa exigência do modo de vida e alimentação do passista? Não deveriam bastar apenas o seu conhecimento e a sua capacidade vital-magnética, para então doar as energias aos mais débeis?

RAMATÍS: — Dependendo grandemente do estado de saúde do passista o êxito da ação terapêutica das energias que ele movimenta e transmite aos cancerosos, é natural que então precise devotar-se a uma vida sã, escolher uma alimentação mais energética e menos tóxica, poupar-se vitalmente e fugir das paixões e dos vícios deprimentes. Em face da capacidade de penetração dos seus fluidos depender muitíssimo da sua frequência psíquica e equilíbrio mental é preciso que não se deixe desarmonizar pelas expressões de cólera, ciúme, maledicência, vingança ou luxúria. E o enfermo, por sua vez, também terá que elevar o seu padrão psíquico moral, auxiliando a própria cura por um estado mental positivo e capaz de recepcionar sem desperdiçamento as energias que recebe do passista. Em vez de exigir deste que, por estrita obrigação, deva mobilizar suas forças magnéticas em excesso, para dissolver os miasmas psíquicos ou as toxinas astrais circulantes no seu perispírito, o enfermo deve ajudar a limpá-lo sob a íntima concentração energética e a confiança na terapêutica fluídica.

Quando coincide uma inteligente sintonia de relações entre o passista e o canceroso, após certo tempo chegam a um aproveitamento e efeitos admiráveis, que os mais desavisados chegam a considerar como resultados miraculosos. A cooperação consciente e dinâmica do paciente, aliada ao seu otimismo, ajuda-o a formar clareiras na aura do seu perispírito, favorecendo a penetração do magnetismo mais pródigo do passista. Lembra o caso de um copo com água suja, que sempre será mais fácil ser substituída por água limpa desde que, antes, seja entornada a primeira, pois seria tolice achar mais certo derramar-se a água limpa, aos poucos, sobre a água suja, até ficar limpa. Da mesma forma ocorre com o passe magnético sobre os cancerosos e outros enfermos; eles precisam, de início, ajudar a volatizar do seu perispírito a maior quantidade de massa fluídica perniciosa que se acumula pelos descuidos morais, pela melancolia, pela descrença, pelos pensamentos depressivos ou torpes. É necessário que também expulsem "de dentro para fora" o fluido mais sujo da aura, a fim de que se aproveite o fluido limpo da transfusão.

PERGUNTA: — Temos observado ser generalizada a ideia de que o passista se refaz rapidamente da perda dos fluidos que transmite aos enfermos, assim como a sua força magnética é um dom, faculdade ou aquisição, que nada tem que ver com as exigências receptivas do paciente. Que dizeis?

RAMATÍS: — Cremos que não seria muito difícil avaliar quão delicada é a tarefa do passista altamente espiritualizado e vibrando em alta frequência, quando precisa insuflar suas emanações magnéticas na aura do magnetismo denso dos enfermos psiquicamente abatidos pelo desânimo ou animalizados pelas paixões grosseiras. É evidente que, por maior abnegação e amor existentes num médium ou passista magnético, o seu trabalho resultará quase inútil desde que o paciente não empreenda a sua renovação mental e se integre ao Evangelho de Jesus, ou mesmo aos princípios nobres e elevados de qualquer outra doutrina louvável de pedagogia espiritual.

Conforme nos relata a tradição evangélica, Jesus curava os enfermos pelo simples toque de suas mãos abençoadas, graças à força extraordinária do magnetismo sublimado e da frequência elevada do seu perispírito. No entanto, sabemos que muitas criaturas não puderam ser curadas por ele, pois não apresentavam as condições morais receptivas para captarem o magnetismo sublime do Mestre. Em suas auras ainda fervilhavam as larvas, os miasmas, os bacilos e os germes psíquicos do mundo astral torturado, que opunham resistência a qualquer insuflação de energia angélica.

PERGUNTA: — Tomamos ainda a liberdade de solicitar-vos algumas explicações sobre a influência do magnetismo sobre o câncer, a fim de que os leitores dos vossos ensinamentos possam compreender melhor a sua ação e natureza terapêutica. Seria possível atender-nos ainda nesse assunto?

RAMATÍS: — Tanto quanto for evoluindo o conhecimento e a aplicação sensata do magnetismo entre os homens, paralelamente com o desenvolvimento mental e a renovação moral humana, é certo que o caso do câncer também será solucionado com mais brevidade. Então a Medicina cuidará mais de tratar o conjunto humano doente, desde o espírito até à periferia orgânica de suas células, considerando em situação mais secundária a entidade mórbida chamada "câncer".

O homem, como já dissemos por diversas vezes, não é um ser dividido por compartimentos estanques e com a possibilidade de serem eles avaliados isoladamente do todo psicofísico. Na verdade, é centelha imortal; é consciência e memória já acumuladas no tempo e no espaço, que age através de vários veículos ocultos no mundo invisível a vibrar nos seus planos correspondentes, para só depois situar-se na cápsula de carne, que é o corpo físico. Em consequência, como o homem é composto da essência da vida cósmica e também se liga a todas as manifestações de vida no Universo, devemos considerar que qualquer de suas perturbações íntimas também há de se refletir no seu todo-indivíduo.

A matéria, como energia condensada, é força disciplinada pela coesão cósmica e submetida às leis que regulam as polarizações e o intercâmbio recíproco de nutrição energética. O homem, como um organismo eletrobiológico, também obedece a uma polaridade, que se equilibra pelas cargas negativas e positivas, para atuar em perfeita sincronia com os movimentos cardíacos e da respiração. Deste modo, as lesões que se processam no seu corpo físico, quer sejam as tumorações cancerosas ou o distúrbio leucêmico ocorrido na intimidade da medula óssea, na verdade, devem a sua origem ao elemental criador alterado pela desarmonia dinâmica dessas correntes eletromagnéticas, que descompensam o potencial de sua sustentação celular.

Assim é que, no tratamento do câncer, o passista magnético deve, em primeiro lugar, cuidar de restabelecer o equilíbrio compensador do fluxo dinâmico das correntes negativas e positivas no todo-indivíduo, operando ao longo do sistema nervoso; depois que conseguir uma ação eficiente e energética do magnetismo circulando em todo o organismo, é que deverá concentrar as cotas de energias magnéticas, necessárias às zonas ou órgãos enfermos. Essa transfusão de energias magnéticas, de um pólo positivo para outro negativo, termina por auxiliar extraordinariamente o corpo físico a empreender as correções orgânicas para o seu restabelecimento. Não resta dúvida de que o corpo humano é um absorvente espontâneo de energias boas ou más; ele tanto pode-se tornar uma esponja ávida por embeber-se de forças superiores que o renovam e o ativam, como também se transforma no mata-borrão absorvente dos venenos deletérios, desde que o espírito sintonize-se às correntes baixas do mundo astral inferior.

O espírito, como um eletroímã poderoso, tanto atrai como repele energias que palpitam livres no seio da vida cósmica. Ele é sempre um centro de atração magnética, onde quer que esteja e atue; condensa, liberta, expande ou agrupa as correntes magnéticas ou energéticas, que o ajudam mais breve a nivelar-se às regiões paradisíacas; ou então pode baixar vibratoriamente sob a lei dos pesos específicos, estagnando em sintonia com a vida degradada dos mundos deletérios do astral inferior. Deste modo, o principal papel do passista é o de interferir no campo dessas energias poderosas e canalizá-las para os enfermos na quantidade e qualidade capazes de renovarem-lhe as células doentes ou cansadas, operando as transformações benéficas nas coletividades microbianas que recompõem os tecidos e órgãos físicos.

Atingido o ponto de equilíbrio magnético do corpo humano, é este mesmo que opera, defendendo-se da invasão dos germes e elementos mórbidos, extinguindo qualquer mazela ou excrescência que perturbem a sua harmonia.

PERGUNTA: — Conforme nos têm dito alguns médicos amigos, o "passe magnético" é completamente inócuo no caso do câncer! Que dizeis a respeito?

RAMATÍS: — O passe magnético terapêutico é de grande proveito no tratamento do câncer, porque este também é moléstia produzida pelo desequilíbrio "eletromagnético" na intimidade do ser, com a consequente perturbação no trabalho edificativo das coletividades microbianas, que são responsáveis pela harmonia física e consequente organização celular. A brilhante classificação e a etiologia médico-acadêmica, discorrendo sobre os quadros cancerígenos, na observação do comportamento dos tumores e na experimentação de novos métodos de tratamento, não são suficientes para augurar bom êxito terapêutico no tratamento do câncer. Conforme já lembramos, nem mesmo o fato de se isolar algum vírus em experimentação de laboratório seria a desejada solução pois, ainda nesse caso, ter-se-ia apenas identificado o "materializador" do morbo psíquico baixado à luz da observação física, ou seja o agente que se alimentaria pela condição psíquica morbosa. Comprovar-se-ia apenas um efeito visível ou sensível ao microscópio, sem que por isso fosse origem verdadeira do desequilíbrio enfermiço situado entre as energias etéreo-astrais do mundo oculto e responsáveis pela coesão atômica. Mas ainda nesse caso a terapêutica mais aconselhada sempre seria a de restabelecerem-se as causas espirituais desarmonizadas "de dentro para fora", ou seja, do espírito para a matéria.

Eis por que o espiritismo que, embora se devote fundamentalmente às relações do espírito imortal para com a matéria, é também doutrina fundamentada na própria ciência humana, pode considerar-se também pioneiro da verdadeira terapia humana, pois há quase um século já considerava que a cura das enfermidades físicas e, portanto, o câncer também, deve começar em primeiro lugar pela renovação psíquica do doente.

Embora o academismo, ainda muito preso à frialdade do sistematismo científico, considere que os passes magnéticos não passam de terapia infrutífera, ingênua ou empírica, a realidade é que todo passista criterioso e de boa envergadura espiritual torna-se um indiscutível dinamizador das energias vitais latentes, armazenadas no próprio enfermo canceroso. O seu trabalho será o de restabelecer a ordem violada, o campo biomagnético do ser humano, cuja desorganização tanto pode provir do conteúdo subvertido de elementos tóxicos psíquicos acumulados nas vidas anteriores, como do bombardeio incessante da mente descontrolada pelo ciúme, raiva, cólera, ódio ou crueldade. O câncer, embora se trate de doença classificada minuciosamente nas tabelas patológicas do mundo, convinha ser sondado quanto à responsabilidade do espírito doente, que o produz através do desequilíbrio psíquico!

Algumas vezes temos verificado, na intimidade de certas criaturas, que o desenvolvimento canceroso sub-reptício, e ainda ignorado fisicamente, cessou o seu avanço mórbido ou estacionou na forma de tumor benigno, porque coincidiu com o fato de elas se entregarem a uma doutrina ou treinamento espiritual elevado, que lhes modificou radicalmente o temperamento irascível. A energia angélica, quando dinamizada pelo espírito devotado a uma frequência superior, flui vigorosamente pelo perispírito, aniquilando miasmas, bacilos, resíduos e excrescências próprias da astralidade inferior.

26.

Motivos do recrudescimento do câncer e sua cura

PERGUNTA: — Não achais que o medo do câncer é bem justificável, pois que se trata de enfermidade comumente fatal ao indivíduo? Uma vez que a crença no outro mundo, por parte dos encarnados, raramente não passa de conjetura, tornando-se difícil provar a imortalidade do espírito, cremos que o medo ainda deverá ser o companheiro inseparável do homem por muito tempo; não é assim?

RAMATÍS: — A criatura que se entrega definitivamente ao exercício dos postulados salvadores do Cristo, decidida a conhecer sincera e devotadamente o processo cármico que retifica os desvios do espírito e a oportunidade abençoada da reencarnação, que é ensejo de recuperação do tempo perdido, há de ser naturalmente despreocupada da doença e da morte. Desde que o sofrimento purifica e a morte liberta o espírito da carne, não há razões, para ela, para a tortura do medo ou a angústia pelos dramas da vida humana transitória.

Embora o homem tenha o direito de procurar o alívio da dor e a cura da sua doença, quando ele conhece o objetivo venturoso da vida humana, criada por Deus, há de considerar a dor, a enfermidade ou o câncer como fases do processo abençoado que, através das várias reencarnações retificadoras, rompe as algemas do espírito preso à matéria.

PERGUNTA: — Considerando-se que o câncer é fruto da purgação inadiável dos venenos aderidos ao perispírito, os empreendimentos profiláticos e preventivos para a sua cura, assim como a edificação de hospitais para os cancerosos, não seriam providências inúteis e infrutíferas, que ainda impediriam, desaconselhadamente, a descida providencial do morbo cancerígeno?

RAMATÍS: — Essas realizações são inspiradas pelo Alto, pois os médicos cumprem o sagrado dever de mobilizar todos os seus esforços para ajudar o homem a se livrar de suas moléstias e retornar à saúde da vida física. Não lhes compete decidir se o paciente deve expurgar qualquer morbosidade do perispírito, nem se merece ou não o alívio do seu sofrimento na extirpação dos tumores ou amputação dos seus membros cancerosos. O médico, em última hipótese, deve socorrer o enfermo, mesmo que o faça pelo simples impulso fraterno do "amai-vos uns aos outros" ou do "fazei aos outros o que quereis que vos façam".

Sem dúvida, há de ser a sabedoria médica — mas em função sacerdotal junto ao espírito combalido — que há de banir o câncer da Terra, e não a maior quantidade de hospitais ou indústrias de drogas farmacêuticas. Os hospitais são iniciativas louváveis, que beneficiam fraternalmente as infelizes vítimas do câncer, proporcionando-lhes o repouso, a alimentação adequada, o teto amigo e o medicamento que alivia as dores cruciantes. Diante da evolução humana atual e dos recursos da Medicina moderna, já não se justificará a morte do indigente canceroso, abandonado nas valetas imundas das ruas, como ainda hoje acontece em certas regiões da Ásia.

É preciso ajudá-lo a entregar sua alma ao Pai, protegido da fome, do frio e da chuva e suavizado em suas dores tão atrozes. Embora o sofrimento tão acerbo, provocado pelo câncer, justifique-se pelo cientificismo da colheita cármica do espírito, que determina a retificação dos equívocos pregressos até o pagamento do "último ceitil", o certo é que o amor crístico, inspirado nos sublimes preceitos de Jesus, deve sempre mobilizar todos os esforços humanos para minorar a dor do semelhante.

PERGUNTA: — Quereis dizer que a maior parte dos cancerosos já traz em si mesma a predisposição para o câncer; não é verdade?

RAMATÍS: — Sem dúvida, pois existem indivíduos "não eletivos", como os "eletivos" para o câncer. A diferença está em que os últimos produzem em si mesmos a condição psíquica implacável para a manifestação cancerígena, ante o armazenamento da carga morbosa no seu perispírito, gerada pelas imprudências pregressas. Buscando recursos na terminologia médica, diríamos que tais seres provocam uma "arritmia" psíquica, que termina por desorganizar-lhes a justaposição harmoniosa das células construtoras do corpo físico. As toxinas do astral inferior, como produtos de desequilíbrio espiritual, tendem a baixar à carne sob a lei de gravitação astralina, dependendo apenas da oportunidade favorável, uma vez que se tornam cada vez mais virulentas quando permanecem estacionadas na tessitura delicadíssima do perispírito. Trata-se de espíritos que, ao se reencarnarem, são fatalmente eletivos ao câncer, pois este funciona como um remédio drástico que beneficia e purifica a alma faltosa.

PERGUNTA: — Não achais justo que o homem ainda considere o câncer como um dos maiores flagelos da humanidade, uma vez que ele recrudesce tão destruidoramente na época atual?

RAMATÍS: — Embora o câncer seja tão temido, ele ainda não é o flagelo de maior responsabilidade pela morte dos terrícolas. Nos países onde o câncer efetua maior número de vítimas, situam-se maiores aglomerações demográficas e as suas estatísticas, que tanto impressionam, são perfeitamente correspondentes à grande quantidade dos seus habitantes. Na Terra, atualmente, ainda se morre mais de síncopes, enfartes cardíacos e outras moléstias de menor importância que o câncer.

O câncer é doença velhíssima, já conhecida desde o final da civilização da grande Atlântida. A sua terapêutica já era praticada há uns 5000 anos, no Egito, depois entre outros povos da época, principalmente na Grécia e entre diversas tribos belicosas da Asia. Embora se justifique o vosso temor e seja sensato o exame cancerígeno preventivo ante qualquer formação ou sintoma orgânico suspeito, o homem não se deve aterrorizar pela cancerofobia — o medo do câncer! As criaturas psiquicamente eletivas para o câncer terão que sofrê-lo, sem poder escapar pela tangente da Lei Cármica, uma vez que já conduzem no seu perispírito o morbo cancerígeno a ser expelido para a carne; os "não eletivos" não contrairão de modo algum a moléstia, mesmo que tenham contato com resíduos infeccionados das tumorações.

A vida no orbe terráqueo é um dos meios mais eficientes para o espírito despejar o seu fluido cancerígeno, funcionando a cova terrena à semelhança de eficiente laboratório desintegrador das substâncias nocivas ao espírito atribulado.

PERGUNTA: — Mas, em virtude de o câncer recrudescer tanto, atualmente, conforme o demonstram as estatísticas médicas, não se poderia supor que quase toda a humanidade está contagiada por ele? Trata-se de moléstia velhíssima que decresce, ou de enfermidade nova que se alastra pelo mundo?

RAMATÍS: — Em face do aumento sucessivo de habitantes na Terra, quer devido à encarnação progressiva de espíritos provindos das regiões médias e inferiores do astral, como também às entidades desencarnadas que imigram de outros planetas mais ou menos semelhantes ao vosso, é certo que também recrudesce o número de almas portadoras de venenos psíquicos e que, ao serem drenados pelo corpo carnal provocam o câncer e outras moléstias insidiosas.

Grande parte da humanidade terrícola ainda produz e acumula fluidos perniciosos nas "operações baixas" exercidas pela mente e pelos desejos torpes, transformando os seus corpos carnais em condensadores vivos, que depois despejam o lixo psíquico para a sepultura.

Embora Jesus, no Ocidente, e Buda, no Oriente, continuem inspirando os movimentos humanos com os seus elevados ensinamentos do "purificai-vos" e o "sede perfeitos", os terrícolas ainda se deixam atar às paixões delituosas e escravizantes, enquanto agravam os seus deslizes das vidas anteriores e geram novos desequilíbrios, vencidos pela inquietação neurótica da vida moderna. Desgasta-se rapidamente a maquinaria viva do corpo físico, enquanto "baixa" incessantemente a morbosidade psíquica, acelerando a desarmonia celular e aumentando de modo apreensivo o câncer da humanidade. A angústia e a insatisfação das criaturas dominadas por forte cobiça e competindo desesperadamente para a maior exaltarão política, social ou acadêmica, é que então exacerbam a patogenia cancerosa, muito sensível ao acicate psíquico. Ela só será reduzida através de uma vida espiritual sublimada e a distância de tanta cupidez, ganância, deboche e vícios degradantes.

O ódio que ainda vibra na humanidade belicosa e a conduz às guerras sangrentas; a afoiteza e a desonestidade crescente para o culto do luxo; a exaltação pelas gloríolas efêmeras e a crescente lascívia da hora apocalíptica, então produzem o traumatismo que violenta a harmonia laboriosa das coletividades microbianas e celulares, que são responsáveis pela vida física e psíquica do homem. Deste modo, estabelece-se o terreno favorável para o curso das moléstias exóticas, que se alimentam facilmente pelo adensamento das energias subvertidas do mundo oculto.

PERGUNTA: — Podeis dizer-nos se a nossa humanidade ainda se encontra muito longe de ver extinto completamente o câncer?

RAMATÍS: — A inquietação mental, a insatisfação, a angústia e a excitação emotiva, que acometem vossa humanidade no século atual, transformam-se em péssimos multiplicadores morbosos do psiquismo invigilante. Então aceleram facilmente a frequência do câncer pois, se é doença que anarquiza o crescimento e a coesão das células, também é muitíssimo influenciável pelas perturbações contraditórias mentais e emotivas. Em face de a humanidade haver atingido a época profética do "juízo final", ou da grande seleção espiritual à direita e à esquerda do Cristo, precisa livrar-se o mais rapidamente possível de todos os tóxicos milenários que ainda lhe aderem à contextura evoluída do perispírito. A purgação incessante, que aumenta dia a dia, também apressa o curso das enfermidades insidiosas, produzindo o clima adequado para o recrudescimento do câncer!

Malgrado os apelos médicos e a profilaxia preventiva das campanhas e cruzadas contra o câncer, a sua redução depende fundamentalmente da cristificação consciente e desinteressada dos homens, constituindo-se renúncia deliberada contra os vícios e as paixões que violentam o eletronismo básico da organização física. Mas não é suficiente a simples adesão a qualquer seita religiosa ou filosofia admiravelmente superior para obter-se a desejada solução terapêutica pois, se isso bastasse, também não sucumbiriam de câncer os sacerdotes, os bispos, os cardeais, as freiras, os pastores protestantes, os abalizados doutrinadores espíritas, os sisudos teosofistas, os sentenciosos chefes de terreiros ou líderes entusiastas dos modernos movimentos espiritualistas ecléticos.

Nenhuma droga farmacêutica, nenhum processo cirúrgico, nenhuma aplicação de radioterapia, poderá extinguir prematuramente o morbo cancerígeno, cujas raízes enfermiças aprofundam-se no terreno cultivado pelos desatinos da alma — a grande esquecida de todos os tempos! Enquanto a droga química pode curar o corpo, que é apenas o organismo transitório atuando no cenário da matéria, só o medicamento evangélico será capaz de curar o espírito, que é entidade imortal do Universo.

PERGUNTA: — Embora sem a intenção de sermos indiscretos, gostaríamos que pudésseis nos dizer qual seria a terapêutica mais indicada, no momento, para a melhor solução do caso do câncer, mesmo independentemente da modificação espiritual urgente do enfermo. Podeis fazê-lo?

RAMATÍS: — Sem dúvida, é a bioquimioterapia que melhor se apresenta para o tratamento do câncer, na atualidade, assim como certos recursos que a Medicina pode encontrar na fitoterapia. Aliás, é a própria Medicina que considera o câncer como enfermidade eminentemente clínica, motivo por que deveria ser tratada especialmente por tais meios. A cirurgia, embora preste socorro avançado em certos casos, apenas mutila, sacrificando mesmo parte de tecido normal para evitar a recidiva, recurso aliás inútil, porquanto o morbo continua flutuando no perispírito do enfermo, à espera de novo ensejo patogênico. Quanto a outros métodos, alguns já experimentados e postos de lado, entre os quais citamos o termocautério, a fulguração elétrica ou bisturi elétrico, as radiações pelos raios X, ou a bomba de Cobalto-60, só podem combater o sintoma objetivo, que é uma decorrência local e não atingem a estrutura morbosa afetando o todo-indivíduo.

Assim, o médico sempre terá melhores ensejos de cura operando através da quimioterapia e da botânica, porquanto se dirige ao todo metabólico, enquanto a cirurgia somente extrai as peças vivas mortificadas pelo câncer, e a radioterapia procura extinguir o foco cancerígeno à periferia da matéria, isto é, na sua vertência mórbida, no seu efeito e não em sua causa. O cientista terreno há de ter algum êxito compensador, caso se interesse pelo uso de substâncias absorventes, radioativas ou superativas no tratamento cancerígeno, e que possuam os elementos essenciais para a estase da proliferação anômala, em virtude de poderem atuar no metabolismo das células por uma ação magnética e de influência eletrônica, obrigando o morbo a convergir mais intensamente para a carne e, ao mesmo tempo, neutralizá-lo. Nesse caso, a liquidação dos neoplasmas malignos, no momento, seria mais sensata por esse processo, sem lesar os tecidos circunvizinhos, até que o cidadão terreno ainda mais se sensibilize e apresente a necessária eletividade psíquica para maior cura da humanidade através da magnetoterapia e da homeopatia sob alta dinamizarão.

E como o vírus astral que provoca o câncer não pode ser visualizado ou aniquilado pelos recursos da terapêutica física, a química e a botânica ainda oferecem melhores perspectivas de sucesso, porque o emprego da substância absorvente e radioativa não só o convoca à frequência mais periférica, como apresenta melhores probabilidades de ser ele extinto sob o bombardeio magnético dos elétrons de incidência mais profunda. Isso se poderia efetivar com certos produtos carboníferos, derivados da hulha, que tenham permanecido em terrenos ricos de magnetismo e radioatividade e, possivelmente, constituídos com os resíduos de forte comburência pré-histórica. O carvão mineral possui uma exótica faculdade no tratamento do câncer; ajuda a inverter os polos do elemental criador que foi subvertido pelo conflito energético ou pela intervenção desatinada da mente e emotividade humana! Predispõe, assim, para um novo encadeamento celular dentro do plano normal da criação.

PERGUNTA: — Desde que o câncer só seria curado completamente pela renovação espiritual do homem, porventura é inócua a ação médica do mundo físico, sem produzir qualquer efeito terapêutico no caso?

RAMATÍS: — Ambos se completam, pois a cura psíquica conseguida pela renovação espiritual do homem, que há de se processar "de dentro para fora", precisa da contribuição do médico, a fim de mais breve recuperar-se ele das anomalias físicas produzidas pelos desatinos da alma. Aliás, não convém que vos situeis nos extremos unilaterais quanto a essa questão, porquanto o espírito também precisa se cingir e respeitar as leis biológicas do mundo onde passa a atuar.

Quantas vezes encontrais criaturas sadias de corpo, mas delinquentes em espírito, isto é, doentes espirituais! E, no entanto, há seres deformados, rebotalhos em chagas, que manifestam elevada conduta espiritual!

O espírito mais santificado, caso tome arsênico ou se lance sobre brasas, não há dúvida de que ficará com o seu corpo terrivelmente molestado e enfermo, malgrado sua grandeza de alma, pois não lhe é possível derrogar as leis da natureza onde está operando. Daí, pois, a contribuição necessária do médico e do cientista no mundo terreno, em concomitância com a renovação que o enfermo ou o canceroso efetuar no espírito. A Medicina, como das mais nobres ciências da Terra, assumiu a pesada responsabilidade de consertar e recuperar a vestimenta carnal do homem, toda vez que o espírito irresponsável a mortifica ou mutila, quer pela sua imprudência e ignorância, quer pelos seus vícios e paixões. Em analogia ao caso, se não fordes cuidadosos com o vosso traje de seda ou de algodão, também haveis de estragá-lo prematuramente, exigindo-se os serviços urgentes do alfaiate para restaurá-lo. Que é o médico, senão o alfaiate do corpo carnal, intervindo toda vez que se verifica a enfermidade, quer esta seja produzida pela vertência de fluidos psíquicos morbosos, quer pela infecção por falta de higiene, irritação ou agressividade dos agentes mesológicos, ou mesmo devido à ignorância dietética!

No caso do câncer, cabe também ao médico a meritória tarefa de solvê-lo na sua manifestação mais periférica, mais física, atacando-o paulatinamente com os recursos terapêuticos mais eficientes, que deverão completar a cura definitiva à medida que o homem também eleve o seu quociente espiritual.

PERGUNTA: — Chegados ao término deste capítulo, podeis dizer-nos qual o sentido mais significativo que se deve destacar em vossas comunicações sobre o câncer?

RAMATÍS: — A nossa mensagem se endereça a toda criatura viva, principalmente aos enfermos e cancerosos, fazendo-os ver a necessidade urgente de compreenderem que a saúde verdadeira é patrimônio indiscutível do espírito equilibrado. Há 2500 anos, os gregos já esposavam o conceito de que "alma sã em corpo são" era a solução ideal para a felicidade da vida humana, porquanto na alma se encontra realmente a origem da saúde e da enfermidade. Sem desmerecermos o valioso e abençoado esforço médico, frisamos, no entanto, que o êxito completo da saúde humana há de ser concretizado quando o médico, além de prescrever os medicamentos da farmacologia terrena, preceituar o cumprimento integral dos postulados do Cristo!

É muito justo e bastante louvável o trabalho de pesquisas, experimentações e técnicas modernas no campo cirúrgico; o domínio das energias terapêuticas dinamizadas pela eletricidade e o progresso químico, destinados à cura do corpo físico e ao socorro do homem, para não tombar prematuramente na sua romagem terrena. Mas a sanidade humana definitiva há de se efetivar tanto mais cedo quanto o medico conjugar os seus esforços terapêuticos em favor da alma enfermiça!

O principal escopo de nossas considerações é lembrar--vos que a riqueza terminológica dos conceitos da patologia do mundo, a eficiência do aparelhamento médico moderno, a multiplicação de hospitais, clínicas, sanatórios ou indústrias farmacêuticas, não são suficientes para eliminar do mundo o conteúdo mórbido que ainda afeta o organismo perispiritual da humanidade terrícola, cada vez mais enferma! O espírito que atualmente desce do Além para a carne, mal acorda no berço físico, já o perfuram com as hipodérmicas, submetem-no aos raios X, saturam-no de antibióticos, mineralizantes e vitaminas, enquanto, devido ao "medo das doenças que podem acontecer", imunizam-no sob uma dezena de vacinas contra os prováveis perigos epidêmicos. Ante a mais singela perturbação gripal ou vacilação intestinal em adaptação à alimentação artificial, a farmacologia pesada cai em cima do recém-encarnado, violentando-lhe todas as coletividades microbianas responsáveis pela harmonia celular. Consequentemente, cumpre-nos a série de advertências espirituais para que, além da angústia de sobrevivência na carne, a alma tranquilize-se pela certeza de sua realidade imortal.

O HOMEM ASTRAL E MENTAL

Ramatís / Hercílio Maes

124 páginas – ISBN 978-65-5727-063-9

Hoje é de conhecimento geral que o "períspirito" kardequiano inclui, além do duplo-etérico humano, dois veículos distintos: os corpos astral e mental. Corpos autônomos e que correspondem ao que podemos designar como o homem que sente e o homem que pensa.

Esta compilação de textos de Ramatís e Atanagildo, de diversas obras, decompõe a intimidade desses dois corpos, detalhando faculdades, poderes e funcionamento de um e outro, com o diferencial de nos trazerem o olhar e a experiência de habitantes do Invisível.

Atanagildo, na condição de espírito desencarnado, compartilha suas sensações e vivências com o corpo astral, seus órgãos, o extraordinário novo sentido da vista astral, a faculdade de volitação e os recursos utilizados no mundo astral para tratar os corpos dos recém-chegados, e narra suas experiências de treinamento para tornar-se um "espírito criador" no Invisível. Ressalta de sua narração o imperativo de desenvolvimento dos poderes mentais ainda enquanto estivermos no corpo físico.

Ramatís, como sempre facultando-nos o conhecimento de aspectos ocultos da vida e do ser, desvenda alguns mecanismos singulares que operam nos corpos astral e mental, pela ação do pensamento e das emoções, alterando as formas astrais e refletindo-se no físico. Examina os diversos níveis da mente, e as produções do corpo mental conhecidas por ondas mentais e formas de pensamento, traduzindo a expressão das diversas cores que são produzidas nos corpos internos pela ação humana de pensar e sentir. Complementa-se sua exposição com o extraordinário capítulo intitulado "Enfeitiçamento mental", em que expõe com clareza a produção e os efeitos da ação nefasta do pensamento orientado pelo sentimento inferior.

São mensagens de extrema oportunidade e vitais para a Era do Mentalismo que se aproxima.

FISIOLOGIA DA ALMA
foi confeccionado em impressão digital, em setembro de 2025
Conhecimento Editorial Ltda
(19) 3451-5440 — conhecimento@edconhecimento.com.br
Impresso em Luxcream 70g, StoraEnso